KB190631

기독교 공적 관계론

기독교사회윤리 이론과 실천

기독교 공적 관계론
기독교사회윤리 이론과 실천

초판 1쇄 인쇄 | 2022년 6월 22일
초판 1쇄 발행 | 2022년 6월 29일

지은이 이창호
펴낸이 김운용
펴낸곳 장로회신학대학교 출판부

등록 제1979-2호
주소 (우)04965 서울시 광진구 광장로5길 25-1(광장동)
전화 02-450-0795
팩스 02-450-0797
이메일 ptpress@puts.ac.kr
홈페이지 http://www.puts.ac.kr

값 19,000원
ISBN 978-89-7369-482-2 93230

| 이창호 지음 |

기독교
공 적
관계론

기독교사회윤리
이론과 실천

장로회신학대학교출판부

기독교의 공적 관계와 참여에 있어
학문적으로 또 실천적으로 모범이 되어 주신
장로회신학대학교 제21대 총장
임성빈 교수님께
이 책을 바칩니다.

머리말

교회는 그 본성상 공적이다. 다시 말해, 공적 실체로서 기독교회의 본질은 공공성에 있다. 공공성 公共性의 사전적 의미는 '한 개인이나 단체가 아닌 일반 사회 구성원 전체에 두루 관련되는 성질'이다.[1] 여기서 우리는 하나의 '성질'로서 공공성을 구성하는 몇 가지 중요한 요소가 있음을 알 수 있다. 먼저 공공성은 사적 영역과 대비되는 다른 영역 곧 공적 영역을 상정한다. 또한 공공성은 공적 영역과 '관련된' 성질을 가리킨다. 공적 영역과의 관계성이라는 요소가 중요하게 자리 잡고 있다고 하겠는데, 관계성은 관계를 이루는 주체들 사이의 상호작용을 동반하며 그러한 상호작용은 공적 변화를 일으키게 된다. 마지막으로 공적 영역과 관계를 형성하고 또 그 관계성 안에서 공적 영향을 끼칠 수밖에 없다면, 그러한 공적 관계성과 영향의 가능성은 존재론적인 공적 본질과 연관되어 있다는 점을 내포한다. 이를 교회의 공적 본성에 적용해 본다면, 기독교회의 공공성은 공적 영역과의 관계성을 결정적인 요소로 내포하는데 이 관계성은 필연적으로 그 관계에 참여하는 주체들 사이의 관계 형성과 상호작용을 동반하며 그러한 상호작용은 공적 변화를 일으키게 되는 것이다. 그러므로 교회가 세상과 공적 관계를 형성하고 또 공적으로 참여하는 것은 윤리적으로 당위적인 명령이라고 해야 할

---

1 〈NAVER 국어사전〉. https://ko.dict.naver.com/

것이다. 이렇게 공적 관계를 형성하고 공적 영역에 참여하여 그 영역과 상호작용하며 공적 영향을 미치는 사회적 관계성을 필자는 '공적 관계성'이라고 칭할 것이다. 공적 관계성에 내포된 공적 관계 형성과 참여가 교회의 책무라면 어떻게 공적 관계를 형성하고 또 어떻게 공적 변화의 주체로 참여할 것인가? 기독교회의 공적 관계성에 대한 신학적 정당화의 논거는 무엇이며 참여의 방식은 어떠해야 하는가?[2] 이러한 질문들에 대해 적절한 응답을 찾고 또 구체적으로 사회윤리적 혹은 공적 책무를 수행하는 것은 기독교회의 중대한 과제라고 할 것이다.

교회의 '공적 영역과의 관계 형성과 공적 참여'를 윤리적 당위성으로 존중하면서, 본 저작에서 필자는 기독교의 공적 관계론^{공적 관계성 이론}을 이론적으로 또 실천적으로 논구하고 제시할 것이다. 이를 위해 필자가 하고자 하는 바는 크게 두 가지이다. 먼저 공적 관계성의 이론적 기초를 닦는 것이다. 기독교 공적 관계론을 신학적으로 또 윤리적으로 논구하면서 그 이론적 토대를 구축하고자 하는 것이다. 이론적 논의를 위해 주목하고자 하는 연구주제들로는 영적 정부와 세속 정부의 관계성을 주된 논점으로 하는 '두 정부'론에 대한 고전적 현대적 논의 탐색, '율법과 복음'론과 '두 정부'론의 상관성 탐구를 통한 개인 윤리와 사회 윤리의 통전 가능성 모색, 종교의 공적 참여에 관한 철학적 기독교윤리적 성찰, 기독교 공적 참여 모형의 모색·제안과 에큐메니칼적 기반 구축 등이다. 다음으로 기독교 공적 관계론의 적용을 모색할 것인데, 이를 통해 교회의 공적 관계성을 실천적으로 성찰할 것이다. 공적 관계성 이

---

2   이창호, "교회의 공공성에 관한 신학적 윤리적 탐구: 고전적 '두 정부'론의 규범적 이해와 현대신학적 전개 및 발전 탐색을 중심으로," 『기독교사회윤리』 29 (2014), 143.

론의 적용과 실천적 대안 모색을 위해 필자가 탐구하고자 하는 연구주제들로는 한국 교회의 공적 관계성에 대한 유형론적 분석과 평가, 통일정책에 대한 기독교윤리적 성찰, 물적 자산에 대한 기독교사회윤리적 규범 모색, 장로회신학대학교 신학에 대한 공적 관계성의 관점에서의 분석과 평가 등이다. 공적 관계성에 대한 이론적 실천적 탐구와 성찰을 통해 기독교회와 신자들이 공적 사회윤리적 정체성과 역할을 좀 더 온전하게 이해하고 또 역사와 삶의 현장에서 충실하게 구현하는 데 의미 있는 기여를 할 수 있기를 바란다.

각 장에서 탐구하고자 하는 핵심적인 내용을 정리해 보자. 1장에서 필자는 교회의 공적 관계성을 구성하는 규범적 요소들을 밝히고 그 요소들을 신학적으로 또 윤리적으로 해명하고자 한다. 특별히 교회의 공적 관계성에 관한 규범적 이해를 '두 정부'론^{혹은 '두 왕국'론}의 관점에서 탐색·서술할 것이다. 이 사회윤리적 가르침은 기본적으로 교회와 국가 혹은 세속 정부와 영적 정부 사이의 대비적 구분을 상정한다. 내적 삶의 참된 경건과 예배 그리고 사회적 행동과 시민적 덕 사이를 구분하는 것이다. 두 정부 사이에 차이^{구분}가 존재하지만, 기독교 역사에서 둘 사이에 복잡한 관계의 형태들이 존재해 왔음을 지적해 두어야 하겠다. '종교적·영적' 정부와 '시민적·도덕적' 정부 사이의 관계는 무엇인가? 둘 사이의 관계는 필연적으로 적대적이거나 갈등적이어야 하는가? 그렇지 않다면, 영적 정부가 세속 영역을 변화시킬 가능성이 있는가? 공적 실체로서의 교회의 정체성에 관한 신학적 정당화의 논거는 무엇인가? 이상의 질문들은 영적 정부와 세속 정부 사이의 관계성, 전자의 후자에 대한 공적 영향^{변혁}의 가능성, 영적 정부^{교회}의 공적 정체성의 신학적 근거 등의 주제로 묶어 볼 수 있겠다. 필자는 먼저 고전 신학자들인 어거스틴 St. Augustine, 아퀴나스 Thomas Aquinas, 루터 Martin Luther 그리고 칼뱅 Jean Cal-vin의 '두 정부'론을 고찰하면서 교회의 공적 관계성의 규범적 기초를 탐색할 것이다. 그리고 나서 현대신학의 주된 패러다임들의 공적 관계성 이해를 '두 정부'론의 관점에서 고찰하면서, 고전적 사회윤리와의 연속성을 살피고 한 걸음 더 나아가 교회의 공적 관계성에 대한 규범적 이해의 성숙을 위한 현대신학의 기여 가능성을 모색하고자 한다. 마지막으로 기독교의 공적 관계성 성숙을 위한 몇 가지 윤리적 제안을 함으로 1장을 맺고자 한다.

    개신교 구원론은 기본적으로 개인적^{혹은 사적}이다. 하나님과 개별 신자 사이의 인격적인 영적 관계라는 관점에서 구원이 논의된다는 뜻에서 그렇다. 개인적 구원에 관한 교리적 논의에서 '율법과 복음'은 근본적이다. 일반적으로 말해서 율법을 통해 죄를 인식·고백하고 복음에로 인도되며, 믿음으로 예수 그리스도의 복음을 수용함으로써 신적 의인^{義認}의 은총을 받게 되는 것이 이신칭의^{以信稱義} 구원론의 요체이다. 그렇다면 율법과 복음은 개인의 구원에 대해서만 하나님의 뜻과 계획을 알리는 계시의 통로로 간주되어야 하는가? 그렇지 않다. 루터와 칼뱅은 공히 율법의 시민적^{혹은 사회적} 기능을 말하는데, 여기서 율법은 정치사회 공동체를 규율하는 법적 제도적 질서의 근본 토대가 된다. 아울러 율법의 제3사용으로 알려진 칼뱅의 율법 이해에 따르면, 율법은 구원 받은 신자들의 교회 안팎의 삶^{혹은 성과 속의 삶}의 자리에서 그들의 윤리적 실천과 삶의 양식을 규율하고 안내하는 규범적 기준으로서 작용한다. 바르트 Karl Barth는 루터나 칼뱅과 마찬가지로 '율법과 복음'론과 '두 정부'론 사이의 연속성에 대한 관념을 기본적으로 공유하며, 더 나아가 그리스도·중심적으로 율법과 복음 그리고 영적 정부와 세속 정부의 통일성을 강화하는 방향을 취한다. 2장에서 필자는 '율법과 복음'론과 '두 정부'론의 상관성을 논구하고 거기에 담긴 사회윤리적 함의를 탐색하고자 한다. 이 목적을 이루기 위해 루터, 칼뱅 그리고 바르트의 '율법과 복음'론과 '두 정부'론을 각각 다루고 이 두 이론 사이의 관계성을 유비혹은 유사성의 관점에서 주로 해명할 것이다. 또한 세 학자를 비교·평가하면서 본장이 추구하는 담론의 넓이와 깊이를 심화하고자 한다. 이러한 탐구의 과정을 통해 기독교사회윤리의 중요한 규범적 실천적 통찰을 얻게 될 것이다. 마지막으로 몇 가지 윤리적 제안을 할 것인데, 이 제안들이 기독교회와 신자들의 윤리적 삶을 통전적으로 진술하고 기독교사회윤리를 성경 계시의 총체적 기반 위에 세우는 데 의미 있는 기여를 할 것으로 기대한다.

공적 영역 혹은 공적 담론의 장場에서는 공공정책이나 법률의 제정과 공직 후보자 선출선거에 관한 시민들 사이의 공적 정치적 상호작용과 토론이 이루어진다. 일반적으로 공적 담론에 참여하는 시민들은 그러한 상호작용과 토론이 그들이 속한 정치사회 공동체의 공공선 증진에 이바지할 수 있기를 바라고 또 그러한 기대를 가지고 공적 책무를 감당하고자 한다. 공적 담론의 영역에서 기독교회와 신자들은 종교적 존재로서 어떤 역할을 할 수 있으며 또 해야 하는가? 미국의 실용주의 철학자 로티 Richard Rorty 는 공적 영역에서 종교는 담론 성숙과 공공선 증진에 기여하기보다는 부정적 영향을 끼칠 가능성이 높다고 본다. 그래서 그에게 종교는 공적 영역에서 '대화중단자' conversation-stopper 이다. 로티의 이러한 판단과 우려는 과연 정당한가? 3장에서 필자는 로티식式의 주장을 비판적으로 성찰하면서, 종교의 참여는 전체 정치사회 공동체에 긍정적인 영향을 미칠 수 있다는 점을 말하고자 한다. 이러한 근본 전제를 가지고, 3장에서 하고자 하는 바는 크게 두 가지이다. 먼저 종교가 공적 영역에 참여하여 공적 담론의 성숙이나 공공선 증진에 긍정적으로 이바지할 수 있다는 입장에 서 있는 견해들을 살피면서 로티와 같은 실용주의적 자유주의적 입장을 비평하고, 그 대안적 모형을 찾아보고자 한다. 이러한 비판적 성찰을 위해 다루게 될 학자들은 정치철학자인 아우디 Robert Audi, 기독교 종교철학자인 월터스토프 Nicholas Wolterstorff 그리고 기독교윤리학자인 홀렌바흐 David Hollenbach 이다. 3장의 다른 한 가지의 주된 목적은 앞에서 언급한 학자들의 견해를 비교·평가하면서 종교의 공적 참여에 관한 규범적 논의를 심화하고 또 좀 더 온전한 규범적 이해에 이르도록 하는 것이다. 로티와 다른 세 학자 사이의 논쟁점이 주된 논점이 될 것인데, 종교의 공적 참여의 정당화의 문제, 종교의 공적 참여 영역과 방식에 관한 문제, 역사실증적 정당화의 문제 등이다. 이상의 연구에 근거하여 결론적으로 기독교의 공적 참여의 성숙을 위한 몇 가지 윤리적 제안을 하고자 한다.

4장에서 필자는 교회는 그 본질에 있어 공적이기에 공적인 영역에 참여하는 것은 마땅히 할 바임을 전제하면서, 공적 참여 모형을 모색·제안할 것이다. 교회의 공적 참여가 윤리적으로 당위적인 명령이라고 한다면, 어떻게 참여할 것인가? 공적 참여에 대한 정당화의 논거는 무엇이며 참여의 방식은 어떠해야 하는가? 또한 신학과 교회 전통에 따라 공적 참여에 관한 다양한 접근들이 있다는 현실을 감안한다면, 다양성을 존중하면서 교회의 공적 참여를 더욱 증진하는 데 필요한 '공동의 기반'을 찾을 수 있겠는가? 먼저 고전 신학자들과 현대 신학자들 가운데 각 모형을 대표하는 인물들을 선별하고 기독교의 공적 참여에 관해 그들이 제시하는 신학적 논거를 탐색하고자 하는데, 어거스틴과 니버 Re-

inhold Niebuhr의 '사회문화적 공적 변혁' 모형, 아퀴나스와 리츨Albrecht Ritschl
의 '윤리적 보편화' 모형, 재세례파와 요더John Howard Yoder의 '교회됨 구현
의 사회윤리' 모형 그리고 칼뱅과 스택하우스Max L. Stackhouse의 '총체적
공공선지향' 모형 등이다. 기독교의 공적 참여 모형에는 다양성이 존재
한다는 점, 각각의 모형이 갖는 고유한 특징들이 있다는 점 등이 필자
의 탐구를 통해 자연스럽게 드러나게 될 것이다. '서로 다름'이 부각되
어 서로 대비가 되고 또 그러한 비교와 대비의 과정에서 서로 배울 수
있는 기회를 제공할 수 있기를 바라면서, 특별히 4장에서는 다양성과
상이성에도 불구하고 이 모형들 사이에 존재하는 신학적인 공동의 기
반혹은 공통분모을 탐색하고자 한다. 일종의 '에큐메니칼 공적 참여' 신학을
추구하고자 하는 것이다. 그렇게 함으로써 기독교의 공적 참여를 더욱
증진하고 강화하는 이론적 실천적 토대를 제시할 수 있을 것으로 기대
한다.

　　5장의 목적은 고전적인 신학적 사회윤리의 빛에서 교회의 공적
관계성, 특히 교회와 정치사회 영역 사이의 관계성을 신학적으로 또 윤
리적으로 검토하여 그 관계성을 규범적으로 유형화하고, 관계성 유형
의 관점에서 한국 교회와 정치사회 영역특히 정치권력 사이의 관계성을 분
석·평가하는 것이다. 먼저 한국 근현대사를 일제 초기1905-1919, 일제 후
기1919-1945, 이승만 정부에서 노태우 정부 시기까지1948-1993, 김영삼 정
부에서 노무현 정부 시기까지1993-2008, 이렇게 네 시기로 나누어 교회의
공적 관계성을 탐색할 것이다. 다음으로 어거스틴, 아퀴나스, 루터, 칼
뱅 등 대표적인 고전 신학자들의 '공적 관계성'의 이론을 논구하고 또
유형화할 것이다. 마지막으로 네 가지 유형의 관점에서 한국 교회와 사
회의 공적 관계성을 분석·평가할 것이다.

6장에서 필자는 문재인 정부의 통일 정책을 기독교윤리적으로 성찰·응답할 것이다. 먼저 문재인 정부의 통일 정책을 살피고자 하는데, 문재인 정부 통일 정책의 정책사적 위치와 의미를 간략하게 밝히고 정부 정책의 주요 특징들을 평화의 우선성, 공동번영과 국제협력, 민관협력과 국민적 합의 존중, 생태적 평화와 통일의 추구 등으로 진술할 것이다. 다음으로 그러한 특징들에 상응하는 기독교의 신학적 윤리적 신념과 통찰을 논구하고 그러한 신념과 통찰에 근거하여 문재인 정부의 통일 정책에 대해 기독교적으로 응답할 것이다. '평화의 우선성'에 대해 기독교 평화론의 관점에서 응답을 모색할 것인데, 기독교 평화론의 두 갈래 곧 평화주의와 정당전쟁 전통으로부터 규범적 통찰을 얻을 것이다. 평화주의 전통을 대표하는 에라스무스Desiderius Erasmus와 정당전쟁 전통의 이해를 전형적으로 전개하는 루터와 칼뱅을 주로 탐구할 것이다. '공동번영과 국제협력'을 기독교윤리적으로 논하기 위해서 기독교 범세계주의를 모색할 것이며, 후자의 중요한 토대로서 리츨과 스택하우스를 주목할 것이다. 리츨은 모든 인간에게 주어진 도덕법 곧 '사랑'을 실천함으로 이루어지는 보편적 인류 공동체로서의 도덕적 연합을 역설하며 스택하우스는 전체 세계를 향한 하나님의 애정 어린 섭리에 상응·근거하여 범세계주의에 대한 낙관적 전망과 윤리적 책무를 강조한다. '민관협력과 국민적 합의 존중'에 대해서는 기독교 공적 참여의 윤리를 중시할 것이다. 이를 위해 종교인을 포함한 모든 시민의 공적 참여의 당위성과 유용성을 적극적으로 옹호하는 대표적 이론가인 월터스토프와 전체 정치사회 공동체의 공공선 증진을 위해 기독교가 의미 있는 기여를 할 수 있다는 논지로 기독교 공공선 이론을 전개한 홀렌바흐를 살필 것이다. '생태적 평화와 통일의 추구'에 대해서는 생태계에 대한 책임적인 신학을 모색·역설하는 몰트만^{Jürgen Moltmann}을 중심으로 기독교적으로 응답하고자 하는데, 몰트만은 삼위일체적 사귐, 우주적 기독론의 전개, 종말론과 생태윤리의 연계 등을 통해 기독교의 생태적 책임과 참여를 정당화하고 권고한다.

　　한국 교회가 위기에 처해 있다는 진단은 널리 받아들여지는 현실이 되었다. 왜 이렇게 되었으며, 위기극복을 위한 대안은 무엇인가? 주요 원인들 가운데 물질적 차원에서의 신앙의 퇴락 그리고 기독교회와 신자들의 경제윤리의 약화나 부재에 주목하면서, 7장에서 필자는 물적^{혹은 경제적} 가치들을 '물적 자산'으로 칭하고 이 물적 자산에 대해 신학적으로 또 윤리적으로 성찰하여 물질에 대한 기본적인 관점과 그 사용에 관한 규범적 방향성을 제시하고자 한다. 이를 위해 물적 자산에 대한 성서적 이해를 살피고, 물적 자산에 대한 성경의 기본적인 평가와 기능적 의미 이해에 상응하여 신학적 윤리적 판단에 근거한 규범적 방향성을 모색할 것이다. 규범적 방향성의 관점에서 필자가 주목하고자 하는 논점은 물적 자산의 점유·사용을 위한 규범적 원리로서의 정의, 물질에 대한 토대적 관점으로서의 문화명령 등이다.

　　8장의 목적은 장로회신학대학교의 신학을 공적 관계성의 관점에서 분석·평가하는 것이다. 장로회신학대학교의 신학 곧 장신신학의 공적 관계성을 탐색하고 그러한 탐색을 통해 기독교의 공적 관계성 이해를 이론적으로 또 실천적으로 성숙시키는 데 이바지하고자 하는 것이다. 먼저 1985년, 2002년, 2003년 그리고 2015년에 발표된 장로회신학대학교 신학성명들을 '공적 관계성'의 관점 곧 교회와 세상의 공적 관계 형성, 공적 참여와 변화^{혹은 변혁} 추구 등의 관점에서 논하고, 공적 관계 형성과 변혁 추구에 대한 신학적 정당화를 모색할 것이다. 다음으로 기독교의 공적 관계성의 패러다임적 모형을 탐색하고 그 신학적 근거를 논구하고자 하는데, 이를 위해서 4장에서 제시한 기독교의 공적 참여 모형을 중요하게 참조하면서 9장의 목적에 맞추어 다시 전개할 것이다. 또한 장신신학의 '공적 관계성'을 이 네 가지 모형의 관점에서 분석·평가함으로써 장신신학의 위치를 탐색할 것이다. 마지막으로 이상의 논의를 바탕으로 장신신학의 정체성 강화와 세계 기독교의 공적 관계성 성숙에의 기여를 목적으로 하는 몇 가지 제안을 하고자 한다.

이 책이 나오기까지 힘과 도움이 되어 준 소중한 분들이 있다. 장로회신학대학교 김운용 총장님을 비롯한 선배, 동료 교수님들, 학교를 위해 동역하는 직원 선생님들, 신학함의 길을 동행하는 우리 학생들 그리고 배움의 길을 이끌어주신 스승님들과 사랑하는 가족에게 이 자리를 빌려 깊은 감사의 마음을 전한다.

목차

제2장 '율법과 복음'론과 '두 정부'론 /78

제 1 장

고전적 '두 정부'론과 현대적 전개

이 장은 다음의 문헌을 수정·보완한 것이다. 이창호, "교회의 공공성에 관한 신학적 윤리적 탐구: 고전적 '두 정부'론의 규범적 이해와 현대신학적 전개 및 발전 탐색을 중심으로," 『기독교사회윤리』 29 (2014), 141-189.

기독교 공적 관계론^{공적 관계성 이론}을 전개하는 데 있어 근본이 되는 연구 과제는 교회와 교회 밖 영역 사이의 관계성이라는 주제를 신학적으로 또 윤리적으로 탐구하고 논의한 사회윤리적 이론을 체계적으로 기술하는 것이다. 이 이론은 '두 정부'론^{Doctrine of the Two Governments} 혹은 '두 왕국'론이다. 본 장에서 필자는 공적 관계성의 규범적 요소들을 '두 정부'론의 관점에서 해명·진술하고자 한다.

　　'두 정부'론은 기독교 역사를 관통하여 강인한 생명력을 유지해 온 '교회의 공적 본질과 사명 수행에 관련된 사회윤리적 가르침'을 뜻하는 것으로서,[1] 이 사회윤리적 가르침은 기본적으로 교회와 국가^{혹은 영적 정부와 세속 정부} 사이의 대비적 구분을 상정한다. 내적 삶의 참된 경건과 예배 그리고 사회적 행동과 시민적 덕 사이를 구분하는 것이다. 한편으로 교회 밖의 영역에서 정치적 권위를 행사하는 세속 정부는 불법적 행위들을 제어하기 위해 적절하게 영적정부에 개입하여 강제력을 행사할 수 있다. 다른 한편으로 내적 삶^{혹은 영적 삶}은 오직 성령의 임재와 역사를 통해서만 효과적으로 규율될 수 있기 때문에 영적 정부는 세속 정부의 정치적 영향력으로부터 독립적 지위를 확보하고자 한다. 두 정부 사이에 차이^{구분}가 존재하지만, 기독교 역사에서 둘 사이에 복잡한 관계의 형태들이 존재해 왔음을 지적해 두어야 하겠다. 앞으로 상술하겠지만,

---

[1]　'두 정부'론에 관해 이러한 평가를 내리는 대표적인 학자들로는 오도노반(Oliver O'Donovan)과 리틀(David Little)을 들 수 있다. 이 사회윤리적 가르침을 역사적으로, 신학적으로 그리고 윤리적으로 심도 있게 다룬 주된 저작은 다음과 같다. Oliver O'Donovan, *The Desire of the Nations: Rediscovering the Roots of Political Theology* (Cambridge: Cambridge University Press, 1996); David Little, "Reformed Faith and Religious Liberty," in *Major Themes in the Reformed Tradition*, ed. Donald K. McKim (Grand Rapids: Eerdmans, 1992).

요더^{John Howard Yoder}와 같은 신학자는 영적 정부와 세속 정부 사이의 대조적 구분을 강조하는 반면, 어거스틴^{St. Augustine}과 같은 고전 신학자나 스택하우스^{Max L. Stackhouse}와 같은 현대 신학자는 두 정부를 구분하지만 동시에 둘 사이에 공동의 기반이 존재함을 인정한다. 기본적인 사회질서와 평화, 물질적 삶의 토대, 정의로운 정치사회 공동체의 형성 등과 같은 인간 생존의 조건들은 영적 정부와 세속 정부를 살아가는 모든 이들에게 필요하다는 점에서 두 정부의 구분을 넘어서 공동의 기반을 찾을 수 있다고 보는 것이다.

'두 정부'론과 관련된 중요한 사회윤리적 질문들을 몇 가지로 정리해 보자. '종교적·영적' 정부와 '시민적·도덕적' 정부 사이의 관계는 무엇인가? 전자는 후자와는 독립적으로 혹은 철저하게 분리되어 존재하고 또 본연의 종교적 과업만을 수행해야 하는가? 둘 사이의 관계는 필연적으로 적대적이거나 갈등적이어야 하는가? 그렇지 않다면, 영적 정부가 세속 정부를 변화시킬 가능성이 있는가? 다시 말해, 영적인 영역이 어떻게 교회 밖 공적 영역과의 관계를 형성할 것이며 또 어떻게 공적으로 참여할 것인가? 공적 실체로서의 교회의 정체성에 관한 신학적 정당화의 논거는 무엇인가? 이상의 질문들은 영적 정부와 세속 정부 사이의 관계성, 전자의 후자에 대한 공적 영향^{변혁}의 가능성, 영적 정부^{교회}의 공적 정체성의 신학적 근거 등의 주제로 묶어 볼 수 있겠다.

이 주제들은 교회의 공적 관계성을 윤리적으로 규명하는 데 있어 핵심적인 규범적 요소들이기에, '두 정부'론의 관점에서 '공적 관계성'을 규범적으로 탐구하는 것은 적절하고 또 타당하다. 이러한 탐구를 진행함에 있어, 필자는 먼저 개신교와 가톨릭을 망라하여 신학과 윤리의 토대가 되는 고전 신학자들인 어거스틴, 아퀴나스^{Thomas Aquinas}, 루터

Martin Luther 그리고 칼뱅Jean Calvin의 '두 정부'론을 고찰하면서 교회의 공적 관계성의 규범적 기초를 탐색할 것이다. 그리고 나서 현대신학의 주된 패러다임들의 공공성 이해를 '두 정부'론의 관점에서 고찰하면서, 고전적 사회윤리와의 연속성을 살피고 한 걸음 더 나아가 공적 관계성의 규범적 이해의 성숙을 위한 현대신학의 기여 가능성을 모색하고자 한다. 세속 영역과의 관계성과 상호작용을 위한 '신학의 언어'라는 관점에서 현대신학의 패러다임을 자유주의, 기독교공동체주의, 후기자유주의 그리고 공공신학으로 나누고 각각의 패러다임을 대표하는 학자들을 연구할 것인데,[2] 자유주의의 리츨Albrecht Ritschl, 기독교공동체주의의 요더, 후기자유주의의 홀렌바흐David Hollenbach, 공공신학의 스택하우스 등을 차례로 살피고자 한다. 각 패러다임이 위에서 밝힌 공적 관계성의 규범적 요소들에 관해 어떤 견해를 갖고 있는지를 탐구하고 이들을 비교·평가하면서 교회의 공적 관계성에 관한 좀 더 온전한 규범적 이해를 제시할 것이다. 마지막으로 기독교의 공적 관계성을 증진하기 위한 몇 가지 윤리적 제안을 함으로 본 장을 맺고자 한다.

---

2   자유주의는 외부 세계와의 소통과 담론 형성을 위한 공동의 기반을 찾는 데 관심이 크다. 공통의 철학적 지적 기반이나 공동의 인간 경험 등을 열심히 탐색하는 것이다. 이러한 공동의 기반과 경험을 표현하는 언어는 세속 영역과의 소통의 언어이기도 하고 그 자체로 가장 중요한 신학의 언어가 될 수 있다는 것이 자유주의의 전형적인 이해이다. 후기자유주의도 외부 세계와의 소통을 중요하게 생각하며 자유주의와 마찬가지로 소통을 위한 공동의 기반을 추구한다. 그러나 공동의 기반을 인정하면서도, 후기자유주의는 교회(혹은 신학)에 고유한 언어가 존재한다는 점 그리고 세속의 언어로 포착되고 또 표현될 수 없는 기독교에 고유한 신학적 신념이 존재한다는 점을 견지한다. 공공신학은 자유주의와 후기자유주의 사이 어느 지점에 위치시킬 수 있겠다. 기본적으로 후기자유주의의 입장에 동의하면서, 그보다는 좀 더 적극적으로 공동의 기반을 추구하며 또 기독교의 특수한 신학적 신념이 세속의 청중들에게 공감을 얻고 세속의 영역에서 좀 더 광범위하게 공적 영향을 미칠 가능성에 대해 더 낙관적이다. 앞의 세 패러다임과 달리, 기독교공동체주의는 소통 보다는 신앙 공동체의 형성과 보존에 더 큰 관심을 둔다. 공동의 철학적 지적 경험적 기반의 존재 가능성에 대해 부정적이다. 그러한 기반이 존재한다고 하더라도 신앙 공동체 안팎에서 통할 수 있는 공동의 언어는 기독교의 고유한 메시지를 전달하는 데 부적절하며 기독교의 본질적 신념과 삶의 방식을 순수하게 지켜가는 데 전혀 도움이 되지 않는다는 입장을 견지한다.

I 고전적 '두 정부'론

1. 어거스틴: 긴장과 협력 관계에 있는 두 정부

이 땅을 사는 모든 인간은 두 도성 곧 신의 도성과 세속 도성 중 하나에 속하게 된다.[3] 각 도성의 소속은 "구성원들이 궁극적으로 누구에게 충성하는지 혹은 하나님 앞에서 볼 때 어디에 서 있는지를 통해 결정된다."[4] 다시 말해, 하나님이나 자기 자신 중에 어느 쪽을 더 지배적으로 사랑하느냐에 따라 소속이 달라진다. 세속 도성 사람들은 자기 자신을 지극히 사랑하다가 하나님과 이웃을 멸시하는 것도 서슴지 않는다. 반대로 신의 도성 사람들은 하나님과 이웃을 사랑하기 위해 기꺼이 자기 자신을 희생할 줄 안다. 이 둘은 서로 반대의 자리를 차지하고 있다. 하나님을 사랑하는 것이 선善이며, 하나님이 아닌 다른 존재를 하나님 사랑하듯 하면 그것은 악惡이 된다. 다시 말해, 세속 도성은 하나님보다 자기 자신을 지극히 사랑함으로 악이 되고 신의 도성은 하나님을 무엇보다 더 사랑함으로 선이 된다. 두 도성 가운데 하나라는 식式의 어거스틴의 전형적 구분은 "성인과 불의한 이들, 하나님께 충성을 다하는 이들과 패역한 이들, 선택받은 이들과 버림받은 이들 등으로 나타난다."[5]

---

3   Augustine, *The City of God*, trans. Marcus Dods (New York: Random House, 2000), XIV.1.

4   R. A. Markus, *Saeculum: History and Society in the Theology of St. Augustine* (Cambridge: Cambridge University Press, 1988), 59.

5   위의 책, 59-60.

하나님 사랑과 자기 사랑 그리고 선과 악, 이러한 대립적 관계 설정이 두 도성 사이의 관계를 규정하지만, 이 둘 사이의 구분은 사회적 정치적 관점에서의 어떤 구분과도 일치하지 않는다. 세속 도성은 국가와 일치하지 않으며, 신의 도성 또한 제도로서의 교회와 동일하지 않다. 어디에 속하냐는 원칙적으로 하나님만 아시며 마지막 날 결정적으로 드러나게 될 것이다.

두 도성은 역사적 정치사회적 공동체와 정확하게 맞아 떨어지는 것은 아니지만, '수많은 개인들' 가운데 그들 자신의 사회적 유대를 형성하고 있다. 세속 도성의 사회적 유대는 "[세속 도성에 속한 이들] 스스로 설정한 부패하고 자기중심적이고 또 덧없는 목적들을 향한 추구"를 중심으로 형성된다.[6] 반대로 신의 도성 사람들의 사회적 유대는 공동의 선을 자기 유익보다 항상 앞세우는 구성원들의 참된 사랑에 뿌리를 두고 있다.

어거스틴에 따르면, 평화는 역사 안에서도 최고의 선이다. "평화는 너무나 좋은 것이어서, 이 땅에서의 삶에서도 그렇게 크게 기쁘게 하는 다른 어떤 것이 없다고 할 만큼 기쁘게 하는 것이다. [평화는] 그토록 열심히 추구할 만한 것이 더 있을 수 없을 만큼 추구하는 것이고 또 다른 어떤 것보다도 우리를 만족스럽게 하는 것이다."[7] 역사적 선으로서의 평화의 가치를 확인하였기에, 어거스틴은 역사를 살아가는 모든 사람들은 평화를 공동의 선으로 삼고 협력·추구하게 된다는 점을 역설한다. "신의 도성 사람들도 지상의 평화를 필요로 한다. 이 땅의 순례

---

6   위의 책, 61-63.

7   Augustine, *The City of God*, XIX.11.

에서 믿음과 경건의 삶에 해를 입히지 않는 한에서, 생존에 필수적인 것들에 대한 공동의 의견 일치를 지향하고 또 유지해야 하며, 지상의 평화를 하늘의 평화에 연결시켜야 한다."[8] 여기서 어거스틴은 성과 속의 '공동의 기반'common ground 을 상정한다. 신의 도성 사람들은 지상의 평화를 이용해야 할 뿐 아니라 세속 도성 사람들을 포함하여 다른 시민들과 함께 그것을 추구해야 하는데, 평화를 증진하는 데 기여하며 또 지상의 순례에 도움이 되도록 하기 위해 그렇게 해야 한다. 궁극적으로 완성될 하나님 나라와 이 땅의 현실 사이에 넘어설 수 없는 간격이 존재하지만, 그럼에도 어거스틴은 세속 영역 안에서 이루어지는 하나님의 사랑의 임재와 역사에 대한 여지를 열어 둔다. 사회적 평화, 공동체의 안전, 생존의 물적 토대 등과 같은 지상의 삶을 위한 외적 요건들을 위해 기독교인들이 헌신한다면 그러한 헌신은 신적 임재와 역사의 드러남이라 볼 수 있을 것이며 그 중심에는 역사와 이 세상에 대한 하나님의 애정 어린 섭리적 관심이 있다는 이해인 것이다. 마르커스R. A. Markus 는 어거스틴의 '공동의 기반'론을 다음과 같이 설명한다. "개인적인 가치 인식의 세계들은 다양하게 구성되어 있으며 또 궁극적으로 바라는 바에 대한 생각은 서로 충돌할지 몰라도, [어거스틴은] 가치 인식에 있어서 의견 일치를 이루어야 하는 부분을 배제하지는 않는다. … 어거스틴이 '지상적 평화'의 범주 안에 포함시킨 모든 요소들이 그렇다."[9] 이 점에서 어거스틴은 기독교인들이 세속의 법질서에 복종하라고 권고한다. 왜냐하면 그것이 지상의 평화를 이루는 데 이바지할 것이고 또 '생

---

8   위의 책, XIX. 17.
9   R. A. Markus, *Saeculum: History and Society in the Theology of St. Augustine*, 69.

존에 필수적인 요소들'을 확보하는 데 도움이 될 것이기 때문이다. 요컨대, 어거스틴은 정치적 법적 체제들 안에서 인간의 역사와 사회적 세계를 향하신 하나님의 애정 어린 섭리를 발견하고 있는 것인데, 하나님은 그 체제들을 사용하여 인간 사회 안에 잠재되어 있거나 실제로 일어나고 있는 죄와 악행을 제어하고 통제하려 하시며 또 인간 생존에 필수적인 요소들을 확보하고 제공하게 하신다는 점을 밝히고 있는 것이다.

어거스틴 윤리의 본질은 "모든 행동이 하나님과의 연합이라는 궁극적 목적을 지향하는 것"이며, 이는 순전한 마음의 묵상과 적극적인 형제자매 사랑을 통해 구현되어야 한다.[10] 이 점에서 국가는 궁극적 목적을 향해 목적론적으로 기능해야 한다고 어거스틴은 강조한다. 정치적 권위는 하나님으로부터 온다. 그러나 이것은 무제한적 권력이 국가에게 부여되었다는 것을 의미하지 않는다. 오히려 국가권력은 "위로부터 곧 [국가에] 권력을 부여하신 하나님에 의해 통제받아야 하는데, 이는 제국의 권세는 하나님이 성육하신 기관 곧 교회를 통해 그 한계를 설정받아야 하고 또 방향성을 제시받아야 한다."[11]

어거스틴은 교회가 국가에 대응하는 권력 구조가 되어야 한다거나 권력 구조의 대체물이 될 수 있다는 주장에 분명히 반대한다. 그렇다고 어거스틴은 기독교인들에게 유토피아적 이상을 이루기 위한 혁명적 과업에 참여하라고 권면하지도 않을 것이다. 그러나 기독교인들이 이웃 사랑이라는 소명에 충실하여 세속 정부의 공적 임무들에 참여할 수 있고 또 협력할 수도 있음을 강조한다. 이기적 사랑에 휘둘리지 않고 언

---

10 Ernst Troeltsch, *The Social Teaching of the Christian Churches* I, trans. Olive Wyon (Louisville: Westminster/ John Knox Press, 1992), 110.

11 위의 책, 157.

제나 공동의 선을 위해 자기 유익을 포기할 줄 아는 사람들이 그 사랑으로 살아간다면, 세속 정부의 복지를 증진하는 데 크게 기여하게 될 것이다.[12] 또한 교회는 세속 영역의 궁극적 주권과 국가권력의 기원이 하나님께 있음을 존중하면서, 세속 권력이 갖는 권위의 한계와 방향성을 제시하는 역할을 적절하게 감당해야 하는 것이다.

2. 아퀴나스: 단일체적 통일성 안에 있는 두 정부

아퀴나스에 따르면, 인간은 본성적으로혹은 생래적으로 사회적이다. 어떤 형태이든 사회의 구성원이 되지 않고서 인간은 존재할 수 없다는 것이다. 사회 구성과 운영에 참여할 수밖에 없다는 의미를 내포하기도 한다. 아퀴나스는 이러한 인간의 사회적 본성은 국가와 같은 정치 체제를 요구한다고 보았다. 정치적 지도력에 관한 아퀴나스의 생각을 들어보자. "어떤 이가 자유인인 다른 이들을 지배하는 위치에 설 수 있는데, 그러한 지배가 필요할 때는 지배하는 이가 지배의 대상이 되는 이들을 개인의 선이나 공동체의 선을 향해 인도해 주어야 할 때이다. … 인간은 본능적으로 사회적이기 때문에 그렇게 창조된 인간은 사회를 이루며 살아갈 수밖에 없는 것이다."[13] 어거스틴에게 국가는 타락과 죄악의 결과로 창조 이후에 만들어진 것인 반면에, 아퀴나스에게 국가는 자연 질

---

12 Augustine, "From Letter 138, to Marcellinus," in *Augustine: Political Writings*, eds. Michael W. Tkacz and Douglas Kries (Indianapolis and Cambridge: Hackett Publishing Company, Inc., 1994), 209-210.

13 Thomas Aquinas, *Summa Theologiae*, in *St. Thomas Aquinas on Politics and Ethics*, trans. and ed. Paul E. Sigmund (New York: W. W. Norton & Company, Inc., 1988), I. 96. 4.

서 혹은 창조 질서의 한 부분이며 기본적으로 구성원들을 위해 행복한 삶의 기반을 마련하는 것에 목적을 둔다. 이런 맥락에서 아퀴나스는 국가권력은 다양한 능력을 가지고 있는 구성원들을 협력 관계로 이끌어 공공선을 증진해 가는 역할을 수행해야 한다는 점과 사회적으로 좋은 삶을 살기 위해서 정치사회 공동체의 구성원들은 서로 화합하지 않으면 안된다는 점을 강조한다.[14]

개인과 공공의 행복이라는 목적에 이르기 위한 통치의 과정에서 주된 정치 도구는 무엇인가? 아퀴나스의 답은 법이다. 법은 '행동하거나 아니면 하지 말아야 하는 바를 지시하는 규칙 혹은 척도'[15]로서 "공공선을 위한 이성의 명령에 다름 아니다."[16] 통치의 주된 척도로서의 법의 본질적 목적은 '공공선을 향한 지향' the ordering of the common good 이어야 하는데, "공공선을 향하여 사는 것은 사회를 이루는 모든 이들의 책임이기도 하고 또 공동체의 지도자의 책임이기도 하다."[17] 따라서 정치권력의 목적은 공공선이며, 이로써 타자에 대한 지배가 정당화되는 것이다.[18] 폭군적 정권은 정당하다고 볼 수 없는데, 왜냐하면 공공선을 지향하지 않고 통치자의 사익을 추구하기 때문이다.[19] 이런 맥락에서 아퀴나스는 "정치 지도자를 선임할 수 있는 권한이 공동체에게 있다면 어떤 통치자가 폭군과 같이 자신의 권한을 남용하려 할 때 왕위에서 물러나게 하거나 권력을 제한하는 것은 불의한 일이 아니다."라고 주장한다.[20]

---

14 Thomas Aquinas, *On Kingship*, in *St. Thomas Aquinas on Politics and Ethics*, trans. and ed. Paul E. Sigmund (New York: W. W. Norton & Company, Inc., 1988), XV.

15 *ST* I-II. 90. 1.

16 *ST* I-II. 90. 4.

17 *ST* I-II. 90. 3.

18 *ST* I-II. 90. 4.

19 *ST* II-II. 42. 2.

이와 반대로, 좋은 권력은 구성원들을 공공선의 증진과 함양이라는 공적 목적을 향해 일관성 있게 이끌어가는 권력이다.

아퀴나스는 인간법 the human law 을 민족들의 법 the law of nations 과 시민법 the civil law 으로 구분하며 그 기원이 자연법 the natural law 이라는 점을 밝힌다. "인간법은 민족들의 법과 시민법으로 나눌 수 있는데, 이러한 구분은 자연법으로부터 도출되는 두 가지 방법에 따른 것이다. 예를 들어, 민족들의 법은 물건을 사고 파는 데 있어서의 공정함 같이 자연법의 원칙들로부터 나온 결론들이다. … 구체적인 적용을 통하여 자연법에서 도출된 바들은 시민법이다. 이 시민법에 근거해서 정치사회 공동체들은 자신들에게 편리한 것이 무엇인지를 판단한다."[21] 법의 속성에 대해 말하면서 아퀴나스는 다시금 이 점을 언급한다. "이성의 첫 번째 규율은 자연법이다. 그러므로 모든 인간의 법은 자연법으로부터 나왔다는 점에서 법으로서의 속성을 보유한다."[22] 그러므로 아퀴나스에게 법의 기원과 속성을 규정하는 것은 자연법이다. 그렇다면 아퀴나스의 신학적 사회윤리에서 자연법의 의미와 역할은 무엇인가? 자연법 이론에서 신학적 정당화의 원리를 찾을 수 있는가? 아퀴나스는 이러한 질문들에 대한 답을 자연법과 영원법 the eternal law [23] 사이의 관계성의 관점에서 제시한다.

---

20   Thomas Aquinas, *On Kingship*, VI.

21   *ST* I-II. 95. 4.

22   위의 책.

23   아퀴나스는 법에 대한 자신의 정의를 적용하여 영원법을 설명하는데, 법이란 "완전한 공동체를 다스리는 지도자가 공포한 바로서의 실천 이성의 규범적 처방이다"(*ST* I-II. 91. 1). 하나님이 신적 이성으로 창조하신 모든 세계를 다스린다는 점에서 법의 속성을 갖는다. 이것이 영원법이다. 이 세상의 어떤 일도 하나님이 원인을 제공하지 않고서 일어나지 않는다. 이러한 원인 제공은 실로 하나님의 행위이다. 그리하여 하나님의 섭리의 계획은 역사와 세계 안의 모든 존재와 모든 사건들을 포괄한다. 다시 말해, 하나님은 역사와 세계에 대한 자신의 통치를 궁극적으로 영원법을 통하여 이루어 가신다.

아퀴나스에 따르면, 자연법은 '영원법에의 참여'이다. "하나님 섭리 안에 있는 모든 것은 영원법이 규율이 되고 또 척도가 되어 움직이기 때문에, 만물은 어떤 형태로든 영원법에 참여한다. 영원법은 만물에 새겨져 있는데, 각각 어떤 행위나 목적을 향한 기질적 이끌림에 반응함을 통해 영원법에 참여한다. 이성적 피조물들은 다른 피조물들 보다 좀 더 우수한 형태로 신적 섭리 안에 존재한다. … 그들은 영원한 이성에 참여하는데, 자신들에게 적절한 행위나 목적들을 향해 본능적으로 지향함을 통해서이다. 이러한 이성적 피조물의 영원법에의 참여를 우리는 자연법이라 일컫는다."[24] 여기서 '참여'라는 개념은 몇 가지 중요한 의미를 내포한다. 첫째, 영원법과 자연법 사이에는 어떤 존재론적 연관성이 있다. 이것은 자연법이 영원법에 존재론적으로 참여함을 뜻하는데, 만물은 영원법이 부여한 본성적 질서를 따라 적절한 목적을 향해 움직인다. 둘째, 영원법은 인간 행동을 위한 궁극적인 규범으로서 작용한다. 자연법은 하나님의 섭리 안에 있는 모든 존재에게 규율과 척도가 되는 영원법의 한 부분이 된다고 할 수 있다. 셋째, 이 개념에서 우리는 어떤 목적론적 지향을 발견한다. 참여는 "어떤 유비적 소유 혹은 닮음"을 내포한다.[25] 이 참여를 통하여, 인간은 하나님과 진리에 대해 알아가며 또 하나님을 닮아간다. 여기서 인간은 "하나님에 대한 진리를 알고자 하는 본능적 이끌림"에 자연스럽게 순응하는 것이다.[26] 요컨대, 자연법을 충실히 따름으로써 영원법의 성취라는 목적을 향하게 되며, 그리하여 인생과 역사와 세계 안에 이루어지는 하나님의 통치에 참여하게

---

24   *ST* I-II, 91, 2.

25   Bernard J. Wuellner, *Dictionary of Scholastic Philosophy* (Milwaukee: Bruce Pub. Co., 1956), 88.

26   *ST* I-II, 94, 2.

되는 것이다.

자연법 실천을 통한 영원법^{혹은 하나님의 보편적 섭리}의 구현은 궁극적인
완성 곧 종말론적 하나님 나라의 완성을 지향한다. 다시 말해, 인간 공
동체가 추구해야 할 공공선에는 역사와 세계의 궁극적 완성도 포함된
다는 말이다. 이런 맥락에서 하나님은 창조하신 세계를 궁극적 목적을
향해 인도해 가시면서, 인간들이 그러한 섭리에 참여할 수 있도록 하신
다. 특별히 정치 지도자들은 막중한 공적 사명을 부여받는데, 전체 사회
의 공공선을 목적으로 하는 그들의 통치 행위는 하나님 나라의 실현이
라는 공공선의 신학적^{혹은 종말론적} 지평을 포괄해야 한다는 것이다.[27] 다시
말해, 정치 지도자의 사명은 백성들을 "하나님을 즐거워하면서 누리는
궁극적 행복"[28]이라는 목적을 향해 이끌어가는 것이다. "이를 위해 천상
의 복락을 향해 움직여 가야하며, 방해요소들^{반대들}을 최대한 제어해야
한다."[29] 이 점에서 정치 지도자의 사명과 인류의 목적은 종말론적 지평
을 갖게 된다. 세속 정부의 통치자는 공동체의 구성원들을 지상에서의
행복한 삶뿐 아니라 궁극적 종말론적 선^善으로 인도하기 위해 모든 역
량을 관리하고 또 방해 요소들을 제어하기 위해 힘써야 하는 것이다. 이
런 맥락에서 아퀴나스는 세속 통치자들은 성직자들의 가르침을 소중히
여겨야 한다고 강조한다. 신법^{神法, the divine law}의 인도를 받으면서, "백성
들이 잘 살 수 있도록 하기 위해 온갖 노력을 경주해야 한다."는 조언인
것이다.[30]

27 Thomas Aquinas, *On Kingship*, XV.
28 위의 책, VI.
29 위의 책, XIV.
30 위의 책, XV.

3. 루터: 두 정부의 역설적 공존

루터는 그리스도 왕국과 세속 왕국을 선명하게 구분한다. 그리스도 왕국은 참된 신자들로 이루어진다. 그리스도 왕국은 영적 정부를 가리키는데, 이 정부는 참된 신자들의 영혼을 다스리며 또 개별 신자들의 경건을 성숙시키는 것을 주된 목적으로 삼는다. 영적 정부는 말씀과 성례의 형태로 나타나는 성령의 임재와 역사에 의해 세워지고 또 유지된다. 참된 신자들에게는 법도 강제도 필요 없는데, 왜냐하면 성령이 "그들을 친히 가르치시고, 그 어떤 잘못도 행하지 않고 모든 이들을 사랑하게 만들며 또 그 어떤 형태의 불의도, 심지어 죽음까지도 기꺼이, 즐거이 받아들이도록 하시기" 때문이다.[31] 반대로 세속 왕국은 모든 불신자들 곧 참된 신자들을 제외한 모든 이들로 구성된다. 이 세상이 오직 참된 신자들로만 가득하다면 하나님은 다른 정부를 세우실 필요가 없었을 것이다. 그러나 참된 신자들은 참으로 드물기에, "하나님은 비신자들을 위해 [그리스도] 왕국 밖에 다른 왕국 하나를 마련하신다."[32] 루터는 세속 정부를 세속의 법이 아닌 복음으로 다스리려 하다 보면 악의 세력이 준동하여 사회를 무질서와 혼란에 빠지게 하며 또 복음을 오용할 수 있는 위험이 있다고 경고한다. 그래서 하나님은 이 정부 안에서 사람들이 법과 정치적 권위에 복종하게 하여 악행과 범법을 제어하시고 생존에 필요한 평화와 질서를 확보하게 하신다.[33]

그리스도 왕국 백성들은 세속 정부에 속하지 않지만 그 안에 살

---

31 Martin Luther, "Secular Authority: To What Extent It Should Be Obeyed," in *Martin Luther: Selections from His Writings*, ed. John Dillenberger (New York: Anchor Books, 1962), 369.

32 위의 글, 370.

고 있다는 점을 감안하면서, 루터는 그들이 세속 정부의 선에 이바지하도록 부름 받았다고 강조한다. 세속 정부가 그들의 이웃의 삶에 유익한 한에서 세속 정부의 공적 임무에 참여할 수 있다. 곧 루터는 기독교인들이 세속 정부에 참여하는 것은 이웃 사랑의 동기에 의한 것이어야 한다고 생각하는 것이다. 그러므로 세속 정부를 위해 일하는 것은 결국 그리스도 왕국에 대한 헌신에 그 뿌리를 두고 있다고 하겠다. "국가에 봉사하는데, 자신의 필요 때문이 아니라 다른 이들의 필요 때문이다. 그리하여 그들이 보호받고 또 악인들이 더욱 악해지는 것을 막을 수 있게 된다."[34] 기독교인들에게 세속법과 강제력의 사용은 일종의 사랑 실천의 도구가 될 수 있는데, 이웃을 섬길 수 있기 때문이다. "칼^{강제력}은 온 세상에 유익할 수 있는데, 평화를 유지하고 죄를 징벌하며 또 악행을 막기 위해서이다. 그리하여 강제력의 사용을 기꺼이 받아들이며 세금을 내고 정치적 권위를 존중한다. 또한 세속 정부를 섬기고 도우며 발전시킬 수 있는 모든 것을 하고자 한다."[35] 요컨대, 신자들은 하나님이 세속 정부를 세우셨다는 점을 인정하면서, 이웃 사랑의 동기를 가지고 세속 정부의 공공선을 위해서 일할 수 있고 또 그렇게 해야 하는 것이다.

　　루터는 세속 권위의 한계를 논한다. 특히 각각의 정부가 통치하는 영역에 대한 분명한 차이를 적시한다. 한편으로 영적 정부의 통치자

33　루터는 인간 이성이 신적 계시를 대신할 수 없다는 신념에 철저하다. 구원과 계시 인식의 도구로서 이성의 가치는 전적으로 부정하지만, 인간의 정치사회적 삶을 위한 이성의 지위와 역할은 긍정한다. 세속 영역에서 공동체의 과제를 수행하는 데 있어 이성은 유용하다는 입장을 견지한다. 정치사회 영역에서 이성은 "모든 법 가운데 최고의 법이며 지배적 입지를 갖는다."고 루터는 주장한다(Martin Luther, *WA* 11, 272. George W. Forell, "Luther's Conception of 'Natural Orders'," *Lutheran Church Quarterly* 18 (1945), 171에서 재인용). 그러므로 여기에서 우리는 사회 질서는 기본적으로 이성의 의해 해석되고 평가되어야 한다는 점, 정의의 원리로서 이성은 세속 정부의 법적 제도적 질서의 규범적 토대로서 작용한다는 점 등을 추론할 수 있다.

34　Martin Luther, "Secular Authority: To What Extent It Should Be Obeyed," 373.

35　위의 글, 372-373.

는 하나님이신데 구성원들의 내적혹은 영적 삶을 관장하신다. 그리스도를 자발적으로 섬기고자 하는 이들을 다스리신다. 다른 한편으로 세속 정부는 인간 실존의 외적 조건들을 관장한다. 예를 들어, 생존에 필요한 경제적 사회적 조건들을 마련하는 것이다. 영혼에 대해서는 하나님 외에 다른 어느 누구도 다스릴 수 없기 때문에, 세속 정부는 그 통치의 권한을 영적인 영역에까지 확장하려 해서는 결코 안 된다. "만일 세속 권력이 영혼의 문제에 대해 세속 법질서에 근거한 개입을 시도한다면 이것은 하나님의 영역을 침범하는 것이요 결국 영혼을 파괴하는 결과를 낳을 것이다."[36]

이러한 구분에도 불구하고, 이 두 정부는 여전히 서로를 필요로 한다. 세속 정부의 도움 없이 영적 정부는 이 세상에서 존재할 수 없다. 전자는 후자가 이 땅에서 영적 사명을 감당할 수 있는 평화와 질서를 확보해 준다. 이 세상에서 악의 세력은 여전히 힘을 쓰고 있으며 영적 정부는 이 세력에 대항한 싸움을 끊임없이 벌여야 한다. 만일 영적 정부가 만사萬事와 만민萬民을 다스리려고 하다 보면, "악에게 고삐를 풀어 주는 꼴이 되고 온갖 악행을 저지를 수 있는 빗장을 푸는 셈이 될 것이다."[37] 또한 세속 정부는 영적 정부를 필요로 한다. 교회를 통한 말씀의 선포와 교육은 세속 정부가 하나님의 뜻을 따라 온전히 작용할 수 있게 하는 데 유익하다는 점을 루터는 강조한다. 기독교인들은 세속 정부의 긍정적인 공적 의미와 역할을 존중하면서, 세속 정부가 본연의 임무를 충실히 감당할 수 있도록 격려하고 비판하는 활동 등을 통해 공적으로

36 위의 글, 382-383.
37 위의 글, 372.

참여할 수 있는 것이다.

트뢸취에 따르면, 루터는 기독교 복음에 대한 '절대적인' 영적 이해와 세상에 대한 '현실적인' 이해를 결합하는 방식으로 영적 정부와 세속 정부 사이의 긴장을 견지한다.[38] 루터는 교회의 제도화^{기구화}를 비판적으로 넘어서면서 기독교 복음을 철저하게 개인주의적으로 해석하는 흐름을 되살려냈다고 트뢸취는 평가한다.[39] 이 점에서 루터의 개인주의는 '소종파 유형'에 가깝다.[40] 그러나 동시에 루터는 교회를 갱신하기 위해 적절하게 교회론적 개입을 허용한다는 점에서 '교회 유형'의 특징을 보유한다.[41] 루터는 역설적이지만, 개인의 자유를 철저하게 보호하려 하면서 동시에 권력자들에 순종해야 한다는 입장을 제시하고 있는 것이다.[42]

---

38   Ernst Troeltsch, *The Social Teaching of the Christian Churches* II, trans. Olive Wyon (Louisville: Westminster/ John Knox Press, 1992), 569-575.

39   위의 책, 469-471.

40   '소종파 유형'으로는 '평화 교회'(Peace Churches) 전통이 대표적이다. 성경에 주어진 예수의 말씀을 철저하게 수행하는 것을 신앙과 구원의 척도로 삼는 교회 전통이다. '누구나 오라'가 아니라, '믿고 철저하게 제자의 삶을 살 사람들은 오라'고 역설한다. 세속 윤리와 문화 그리고 정신과 구별된 기독교의 고유한 삶의 길을 따르고자 한다. 세속 권력에 대해 순종하지만, 결정적 권위를 그것에 돌리지 않는다. 믿음도 중요하지만, 실천을 더욱 강조한다. 자발적으로 선택하여 교회의 구성원이 되고, 철저하게 예수 그리스도의 말씀과 삶의 본을 따라 산다. 소규모의 친밀한 공동체를 선호하며, 세속과 구별된 공동체로서 순수한 신앙의 정체성을 유지하기를 힘쓴다(Ernst Troeltsch, *The Social Teaching of the Christian Churches* II, 993). 세상에 거리를 두고 고립된 공동체를 추구하기도 하고, 반대로 예수의 말씀과 삶이 제시하는 고상한 이상을 세상 속에서 혁명적으로 이루려고도 한다(Ernst Troeltsch, *The Social Teaching of the Christian Churches* II, 802-805).

41   Ernst Troeltsch, *The Social Teaching of the Christian Churches* II, 832.

42   위의 책, 540-544.

4. 칼뱅: 거룩한 연방을 향해 가는 두 정부

칼뱅은 기본적으로 교회와 국가^{혹은 영적 정부와 세속 정부} 사이의 구분을 견지한다. 전자는 사람의 내면 혹은 영혼 속에 통치의 기반을 두고, 후자는 시민적 기구들과 행동에 대한 외적 규율에만 관계한다. 다시 말해, 내적 삶의 참된 경건과 예배는 사회적 행동과 시민적 덕으로부터 분명히 구별된다. 국가가 사회적 불법을 제어하기 위해 형벌을 가할 수 있지만, 영혼의 문제에 대해서 강제를 행사할 수는 없는 것이다. 국가의 지도자들은 '신들'로 일컬어지기도 하는데, 왜냐하면 "그들이 하나님으로부터 임무를 받았고 권위의 근원이 하나님이시기 때문이다." 그들은 '하나님의 대리인'으로서 "하나님의 섭리, 후견인됨, 자비, 정의 등의 이미지를 드러내도록" 부름 받은 것이다.[43] 이처럼 세속 권력의 신적 기원을 인정하면서도, 칼뱅은 내적 혹은 영적 삶은 오직 영적 정부에 의해서 규율될 수 있기에 영적 정부는 원칙적으로 정치적 정부로부터 독립적으로 운영되어야 한다는 점을 강조한다. 다시 말해, 세속 정부는 오직 시민들의 외적 삶의 영역만 관장해야지, '영혼의 삶' 곧 내면적 의도와 동기에 관해서 통치권을 확장해서는 안 된다는 것이다. 요컨대, 한편으로 정치적 정부는 신앙의 고백적 일들에 대해서는 이방인^{stranger}이 되어야 하며 다른 한편으로 교회는 세속 정부에게 주어진 공적 정치적 과업을 감당하려 해서는 안 된다.[44]

그러나 두 정부가 완전히 모순적 관계나 공존이 불가능한 관계

---

43 Jean Calvin, *Institutes of the Christian Religion*, ed. John T. McNeill and trans. Ford Lewis Battles (Philadelphia: Westminster, 1960), IV. 20. 1.
44 위의 책, IV. 11. 3.

에 있다는 식으로 칼뱅을 이해한다면, 이는 온전한 이해가 아니다. 칼뱅은 둘 사이의 공존 가능성에 대해서도 말한다. 둘 사이의 관계를 구분이나 차이의 관점에서만 보아서는 안 되고 두 정부가 긴밀하게 연결될 수 있다는 점을 밝히고 있는 것이다. 칼뱅에 따르면, "시민 정부는 그 중요한 목적으로 예배의 외적 측면을 보호하고 건전한 교리와 교회의 입지를 변호하는 등"의 과업을 부여받았다. 여기서 우리는 세속 정부의 역할과 권위가 인간 행동의 외적 측면에만 머무는 것이 아니라 영적 혹은 내적 삶에도 미칠 수 있다는 점을 추론할 수 있다. 이는 정치적 정부의 임무는 십계명의 두 번째 부분에만 관련되는 것이 아니라 첫 번째 부분에도 미칠 수 있음을 내포하는 것이다. 정치적 권위는 "사람들 가운데 우상숭배, 신성모독, 진리에 대한 비방 그리고 다른 신앙에 대한 공격이 없도록" 하는 데 이바지할 책무를 가진다고 하겠다.[45] 이런 맥락에서 칼뱅은 세속 정부는 사랑의 이중 계명을 완수하도록 부름 받았다고 보는데, 곧 "진실한 믿음과 경건으로 하나님을 예배하는 것"과 "신실한 마음으로 사람들을 품는 것"을 목적으로 삼는다는 점에서 그렇다.[46] 오직 성령의 역사를 통해서만 형성되고 정당화될 수 있는 기독교인의 신앙에 대해서는 국가가 개입할 수 없겠지만, 교회의 입지 강화와 안정적인 신앙 실천의 토대 확보를 목적으로 하여 일정 부분 공적 역할을 감당할 수 있는 여지는 남겨 둔다고 볼 수 있다.

정치적 정부가 정당한 권력 사용의 한계를 위배하거나 불의하고 폭력적인 정권으로 부패할 때, 그러한 정치권력에 대해 어떻게 반응해

---

45 위의 책, IV. 20. 3.
46 위의 책, IV. 20. 4.

야 하는가? 칼뱅은 기본적으로 세속 권력의 근원이 하나님이시기에 그 권력을 존중해야 한다고 주장한다. 그러나 동시에 무조건적 복종을 요구하지는 않는다. 저항해야 할 정당한 이유들이 있다는 점을 지적한다. 몇 가지를 생각해 보자. 첫째, 세속 권력에 복종하는 것이 결과적으로 하나님께 대한 불순종이 된다면, 전자에 복종해서는 안 된다.[47] 둘째, 하나님의 백성이 부당하게 억압받는다면, 하나님은 불의한 지배자들이나 권력을 징벌하기 위해 '개방적 복수자' open avenger 를 세우신다.[48] 셋째, 칼뱅은 백성의 자유를 위해 하위 군주들이 황제 등과 같은 상위 지도자들에 저항할 수 있는 가능성을 열어 둔다.[49] 모든 형태의 정치권력은 하나님께로부터 왔으며, 주어진 범위 안에서 권력을 행사해야 한다. 그런데 만일 불의한 상위의 지도자가 자신의 권력 범위 안에 있는 백성들을 부당하게 억압한다면, 그에 저항하여 자신의 정치적 통치 영역 안에 있는 백성들을 보호할 책임이 있다는 것이다.[50] 넷째, 칼뱅은 개별 시민들의 저항의 가능성도 상정할 수 있는 계기를 마련한다.[51] 다니엘 6장 22절 주석에서 칼뱅은 하나님께 반항하는 정권은 스스로 자신에게 부여된 권력을 부정하는 것이라고 주장하면서, 그런 권력은 일반 백성들에게도 아무런 가치가 없는 것이라고 일갈한다. 그러므로 이런 권력에 대해서는 복종하기 보다는 무시해 버리는 것이 낫다고 강조한다.[52]

---

47 위의 책, IV. 20. 32.

48 위의 책, IV. 20. 30.

49 Quentin Skinner, *The Foundations of Modern Political Thought II: The Age of Reformation* (Cambridge: Cambridge University Press, 1978), 192.

50 Jean Calvin, *Institutes of the Christian Religion*, IV. 20. 31.

51 Quentin Skinner, *The Foundations of Modern Political Thought II: The Age of Reformation*, 194-199.

52 Jean Calvin, CR XLI. 25. Jean Calvin, *Institutes of the Christian Religion* II, 1519에서 재인용.

이러한 저항론의 근본적인 정치신학적 토대는 성과 속 혹은 영적 정부와 세속 정부 모두를 포괄하는 하나님의 주권론이다. 하나님이 궁극적 주권자이시기에 정치사회 공동체의 구성원들은 하나님의 주권적 의도와 계획을 존중하는 것이 마땅하다. 세속 권력은 그 자체로 존재 가치를 갖는 것이 아니라 그 권력의 기원이시며 궁극적 주권자가 되시는 하나님의 뜻을 순전하게 따르고 영적 정부 혹은 교회와 함께 '거룩한 연방'the Holy Commonwealth을 이루어 가는 데 의미 있는 기여를 함으로써 공적 의미와 정당성을 확보하게 되는 것이다.[53] 따라서 칼뱅은 정치사회 영역의 규범적 법적 원리로서의 자연법의 지위를 일정 부분 인정하면서도 독립적 지위를 허용하지 않으며, 궁극적으로 자연법의 지위를 기록된 계시로서의 신법에 종속시킨다. 아울러 성과 속을 하나로 묶는 '거룩한 연방'의 사회적 이상과 연동하는 한편, 영적 정부와 세속 정부 모두 궁극적으로 신법의 규범적 질서 안에 있어야 한다는 점을 지적하면서 둘 사이의 통일성을 강조한다.

5. '두 정부'론과 공적 관계성의 규범적 기초

1) 관계의 형태

두 정부 사이의 관계의 형태라는 관점에서 위의 네 신학자는 규범적으로 둘 사이의 적절한 구분과 관계 형성의 가능성은 견지하지만,

---

53 Ernst Troeltsch, *The Social Teaching of the Christian Churches* II, 604-607.

분리를 주장하지는 않는다. 이 네 사람 사이에 정도와 방식의 차이는 있다 하더라도, 두 정부 사이의 소통과 관계 형성은 불가피하며 필연적이다. 무엇보다도 이 네 사람 모두가 두 정부를 세운 궁극적 주체를 하나님으로 본다는 점은 이러한 두 정부 사이의 관계성 이해에 있어서 핵심적인 신학적 근거가 된다고 할 수 있다. 앞에서 본 대로, 어거스틴에 따르면 세속 영역은 신의 도성 사람들이 삶의 자리를 마련하고 있는 공간이다. 신의 도성 사람들과 세속 도성 사람들은 공히 역사적 제도혹은 기구로서의 교회와 국가에 참여한다. 두 정부 사이의 적절한 구분과 차이를 견지하면서도, 루터 역시 둘 사이의 관계 형성과 협력가능성을 인정한다.

칼뱅과 아퀴나스는 둘 사이의 분리보다는 통일에 좀 더 비중을 둔다. 성과 속의 영역을 포괄하여 교회와 국가혹은 영적 정부와 세속 정부가 하나님의 주권적 통치 안에서 협력적 관계를 형성하여 거룩한 연방을 함께 추구해 가는 사회적 구도는 칼뱅의 정치사회적 이상의 요점이다. 아퀴나스도 분리나 구분보다는 통일성에 더 비중을 둔다. 온 세계와 인간의 역사적 공간 전체를 '영원법'으로 통치하시는 하나님의 보편적 섭리에 근거하여 아퀴나스는 영적 정부와 세속 정부를 단일체적 구도 안에서 설명한다. 다만 교회의 정치권력화와 세속권력의 신앙의 자유 침해를 경계하기 위해 두 정부 사이의 구분을 강조한 루터의 사회윤리적 조언에 아퀴나스와 칼뱅은 귀 기울여야 할 것이다. 두 정부 사이의 연속성과 세속 영역 안에서의 교회의 공적 참여에 대한 강조가 교권·우위적 '세속 권력에 대한 기독교제국적 Christendom 통제'와 세속권력·우위적 '신앙의 자유 침해'라는 결과로 이어져서는 안 된다는 말이다.

2) 공적 영향^{변혁}의 가능성

앞에서 살핀 대로, 어거스틴은 신의 도성 사람들도 세속 영역의 발전에 이바지할 수 있다고 주장한다. 참된 사랑으로 사는 신자들의 존재와 역할 수행은 정치사회 공동체의 공공선 증진에 도움이 된다는 것이다. 루터는 세상 안에 사는 기독교인들에게 가장 중요한 규범은 이웃 사랑이라는 점을 강조한다. 영적 정부에 속한 참된 신자들은 세속 정부에 참여하거나 협력할 수 있는데, 이웃 사랑의 소명을 실현하며 다른 구성원들에게 유익을 끼칠 수 있기 때문이다. 여기서 루터는 기독교회와 신자들은 전체 사회의 공공선 증진에 힘써야 한다는 사회윤리적 가르침을 주고 있는 것이다.

아퀴나스와 칼뱅의 '두 정부'론은 공적 영향의 가능성을 강하게 내포한다. 아퀴나스에 따르면, 국가 공동체의 최고의 목적은 하나님과의 사귐 안에서 지복至福을 누리는 것이다. 정치 지도자의 궁극적 사명은 바로 그가 통치하는 정치사회 공동체를 이 목적을 향해 인도하는 것이다. 정치사회 공동체의 삶이란 목적론적인데, 하나님이 궁극적으로 완성하시는 하나님 나라를 향하여 나아가기 때문이다. 이러한 정치사회 공동체의 목적론적 여정에서 국가^{세속 정부}는 교회^{영적 정부}의 사회적 가르침에 민감해야 한다는 아퀴나스의 조언은 세속 영역에서의 신학적 윤리적 변혁 가능성을 내포한다. 인생과 역사와 피조 세계를 향한 하나님의 주권을 강조하고 성과 속을 포괄하여 율법 말씀에 기초한 법적 제도적 체제와 질서를 구축하려 했던 칼뱅의 신학과 실천에서 우리는 공적 영역에 대한 기독교적 변혁에의 의지와 적극적 사회윤리의 가능성을 찾을 수 있다. 요컨대, 이 네 신학자들에게서 우리는 '공적 영향^{변혁}의 가능성'의 관점에서 최소한의 규범적 공통분모를 찾을 수 있다. 곧 기독교회와 신자들은 세속 영역 안에 삶의 자리를 두고 있으며 그 영역 안에서 동료 신자들 뿐 아니라 정치사회 공동체의 다른 모든 구성원들의 생명과 안전과 복지를 위한 공공선 증진에 이바지할 공적 책임을 가진다는 점이다.

3) 교회의 공적 정체성의 신학적 근거

하나님의 창조의 지평을 존중하는 섭리적 사랑에 입각하여 어거스틴은 기독교인들에게 세속 영역에서 인간과 인간 공동체를 향한 하나님의 사랑을 반영하여 교회 밖에 있는 사람들도 그 사랑의 품 안에 두고 전체 정치사회 공동체의 공공선을 지향하라고 권면한다. 아퀴나스는 정치권력의 존재 목적은 공공선이며, 교회는 목적론적 단일체적 세계관에 따라 정치사회 공동체의 지도자와 구성원들이 역사적이면서 초월적인 공동의 선을 향해 전진할 수 있도록 성실하게 가르치고 인도해야 한다고 권고한다. 루터에 따르면, 세속 정부를 세우신 하나님의 동기는 세속 영역을 살아가는 모든 사람들에 대한 배려이다. 참된 신자들 뿐 아니라 모든 인간이 기본적인 생존의 조건을 갖추고 인간답게 살게 하기 위한 하나님의 사랑의 의도가 있다는 말이다. 칼뱅의 거룩한 연방에 관한 신학적 기획 안에서 우리는 '사랑의 영원한 지배'를 정치적 체제들을 통해서도 구현하시고자 하는 하나님의 주권적 의지를 강렬하게 인지할 수 있으며 기독교인들은 그 주권에 반응하여 공적 영역 안에서 하나님 나라의 기준에 따라 충실하게 살아가야 한다는 사회적 소명을 발견한다. 세속 영역에 대한 궁극적 주권도 하나님께 있으며 하나님은 그 주권을 섭리적 사랑으로 드러내신다는 점이 교회의 공적 정체성을 이해하는 데 있어 핵심적인 신학적 근거가 된다. 기독교인들은 창조의 지평을 존중하는 하나님의 섭리적 사랑에 응답하여 세속 정부의 공적 임무를 충실히 감당하고 이웃 사랑의 열매를 맺음으로써 전체 사회의 공공선을 증진하도록 부름 받은 공적 존재들인 것이다.

Ⅱ '두 정부'론의 현대신학적 전개

1. 자유주의의 리츨: 온 세계 안에 '도덕적 연합'으로서의 하나님 나라를 구현하라!

1) '두 정부'론과 리츨의 사회윤리

리츨의 사회윤리는 '하나님 나라' 이해를 중심으로 구성된다. 여기서 필자는 리츨의 하나님 나라 이해의 두 가지 본질적 요소를 제시하고자 한다. 먼저 리츨의 하나님 나라는 종말론적이다. 다만 리츨에게 고유한 종말론적 이해에 근거하여 그의 '하나님 나라'론에 접근해야 한다는 점을 지적해 두고자 한다. 전통적으로 종말론은 역사와 세계의 마지막에 일어날 일들에 관한 가르침이다. 완성은 현재에 있지 않고 미래에 속하는 '마지막 날'에 있다. 이러한 종말론적 구도에서 현재라는 시간 속에서 구현되는 하나님 나라의 가능성은 신학적 논의의 초점이 될 수 없다. 하나님 나라의 미래성에 비중을 두는 종말론과는 대비적으로, 하나님 나라 구현의 현재성을 강조하는 종말론적 신학이 존재한다. 대표적인 보기로 몰트만Jürgen Moltmann을 들 수 있겠다. 몰트만에 따르면, 종말론은 세상의 끝에 관한 교리가 아니라 '시작'에 관한 가르침이다. 그 시작이란 예수 그리스도의 삶과 십자가와 부활을 통해서 예기적으로 선취된 하나님 나라의 시작을 뜻함이다. 이런 맥락에서 몰트만에게 미래는 과거에서 현재 또 현재에서 미래로 진행해 가는 일직선적 시간 구도 안에서 한 시제로서의 미래가 아니라 하나님 나라의 종말론적 완성의 미래로부터 현재 속으로 들어오는 '도래' adventus 〈아드벤투스〉로서의 미래이다.[54] 이러한 도래를 통해 현재라는 시간 속에서 하나님 나라를 미리 앞당겨 체험할 수 있게 되는 것이다. 하나님 나라는 미래의 어느 때로 유보된 실체가 아니라, 종말론적 완성의 미래로부터의 '도래'안에서 실현되는 현재적 실체인 것이다. 리츨의 하나님 나라는 현재적인가? 아니면 미래적인가? 현재적이기도 하고 미래적이기도 하다. 한편으로 미래의 시점에 방점을 두는 전통적 종말론에 견주어 리츨은 미래에 있을 하나님 나라의 완성은 인간의 현재적 실천에 달려 있다고 주장한다는 점에서 현재적이다. 다른 한편으로 현재의 시간에 실현되고 있는 하나님 나라가 미래의 궁극적 완성을 향해 지속적으로 진보해 간다고 강조한 점에서 미래적이다.[55] 이렇게 볼 때 리츨의 종말론적 하나님 나라 이해는 전통적 종말론과 몰트만적的 종말론 모두에 대해서 비판적이다. 전자에 대해서는 미래적 완성을 강조한 나머지 하나님 나라의 현재적 실현 가

---

[54]   Jürgen Moltmann, *Das Kommen Gottes*, trans. Margaret Kohl, *The Coming of God* (Minneapolis: Fortress Press, 1996), 25-26.

[55]   Albrecht Ritschl, *The Christian Doctrine of Justification and Reconciliation*, trans. H. R. MacIntosh and A. B. Maculay (Edinburgh: T.&T. Clark, 1900), 30-31, 300-301.

능성을 차단한 것에 대해 그리고 후자에 대해서는 예수 그리스도가 예기적으로 선취한 '완성'과 그 완성으로부터의 '도래'를 신적 주권에 둠으로써 하나님 나라의 현재적 구현을 위한 인간의 참여 가능성을 약화시킨 것에 대해 비판적 입장을 견지하고 있는 것이다.

특별히 후자의 관점에서 리츨은 하나님 나라의 실현에 있어서 인간의 '몫'을 강조한다. 역사의 진보와 하나님 나라의 완성을 위한 하나님의 주권적 역사를 인정하면서, 그 역사의 본질적 구현 방식은 인간의 자율적이고 책임적인 실천에서 찾고 있는 것이다. "하나님 나라는 하나님이 인간 공동체 안에 실현하시고자 하는 지고선summum bonum 〈숨뭄 보눔〉이다. 이와 동시에 이는 인간이 공통적으로 추구해야 하는 과제이기도 한데, 왜냐하면 하나님의 주권은 오직 인간 편에서의 순종을 통해 현실화되기 때문이다."[56] 그리하여 리츨에게 이 두 가지 측면은 '상호의존적'이다.[57] 리츨의 하나님 나라 개념은 칭의와 성화의 구원론에 관한 종교개혁적 이해가 강조하는 하나님의 은혜의 주권적 역사와는 다른 강조점을 내포한다. 곧 인간을 위한 하나님의 칭의와 화해의 역사에 있어서 인간의 '자기 주도적 결정의 여지'는 찾아볼 수 없으나 "하나님 나라 구현을 위한 도덕적 실천의 주체로 부름 받아야 하는 인간은 하나님에게 독립적이며 책임적인 행위자들[이라는]" 점이다.[58] 하나님 나라의 실현과 하나님 나라를 통한 하나님 주권의 행사에 있어서 인간의 도덕적 주체성과 하나님의 부르심에 대한 순종은 필수적 요소가 되는 것이

---

56 위의 책, 30.

57 이러한 '상호의존성'에 관한 리츨의 견해를 전개하는 데 있어서 다음의 저작들이 도움이 되었다. 이신형, 『리츨 신학의 개요』(서울: 한국장로교출판사, 2004); Philip Hefner, *Faith and the Vitalities of History: A Theological Study Based on the Work of Albrecht Ritschl* (New York: Harper & Row, 1966).

58 Albrecht Ritschl, *The Christian Doctrine of Justification and Reconciliation*, 30-31.

다. 다시 말해, 인간 편에서의 순종과 하나님 나라의 소명에 응답하는 도덕적 실천을 통해 하나님의 주권은 실제적인 것으로 인생과 역사와 세계 가운데 구현되는 것이다.

다음으로 리츨의 하나님 나라는 '도덕'의 나라이다. 하나님 나라를 언급할 때 리츨은 여러 차례 '도덕적인' moral 이라는 형용사로 수식한다. 하나님 나라의 근본적인 내용이 여기에 있다. 하나님 나라는 도덕적 이상이 실현되는 영역인 것이다. 리츨에게 도덕적 이상향으로서의 하나님 나라에서 구현되어야 할 규범적으로 보편적인 이상은 무엇인가? 사랑이다.[59] 이 사랑은 온 인류를 향하신 하나님의 보편적 사랑에 상응하기에 그 범위에 있어서 보편적이고, 하나님과 인류의 화해를 위해 모든 것을 다 바치신 예수 그리스도의 희생적 헌신적 사랑에 상응하기에 그 내용에 있어서 이타적이며, 예수께서 사랑의 완전한 실천으로 하나님 나라를 구현하고자 하시는 하나님의 뜻에 순종하심으로 소명을 완수하셨다는 의미에서 윤리적 관점에서 의무론적이다. 예수 그리스도는 하나님과 인류의 화해라는 소명에 충실하게 또 철저하게 응답함으로써 '사랑'을 구현하고 그리하여 자신의 '인격'안에 또 '온 인격'을 통하여 하나님 나라를 완수하신 것이다. 예수 그리스도의 화해 사역을 수용함으로 언약 공동체에 속하게 된 사람들은 이제 예수 그리스도의 본을 따라 하나님 나라 실현에 부름 받는다. 예수께서 그렇게 하신 것처럼, 이 세상 안에서 하나님 나라의 도덕적 이상 곧 타자·지향적 희생적 사랑을 구현함으로써 하나님 나라 혹은 하나님의 도덕적 주권를 실현하는 것이다.

혈통적 인종적 사회적 차이 때문에 발생하는 차이와 분열을 극

---

59   위의 책, 610-611.

복하고 인류 전체를 하나로 묶는 '도덕적 연합'moral fellowship에 이르기 위해서 인류는 보편적 사랑에 의해 각성되고 또 규범적으로 인도를 받아 서로를 사랑해야 한다. 사랑으로 실현된 하나님 나라는 무엇보다도 역사내적歷史內的인 정치사회적 체제와 제도들을 넘어서며 또 궁극적으로 이들을 하나 되게 한다. 이러한 하나 됨은 정치사회 공동체가 궁극적으로 지향해야 할 영적혹은초월적 목적이 되며, 그 목적은 '윤리적' 삶의 양식과 실천을 통하여 완성에 이른다. 이 점에서 리츨은 '윤리화'를 통해 영적 완성에 이르고자 하는 것이다. 하나님 나라의 규범적 기반은 리츨의 용어로 '도덕법'the moral law이다. 도덕적 연합은 구체적 행동을 통해 이루어질 수 있다. 도덕적으로 선한 행동은 사랑으로 묶인 보편적 인류 공동체를 이루는 데 기여할 수 있는 행동이다. 도덕법은 그러한 행동들을 규율하는 규범적 체제이며, 이는 하나님 나라의 보편적 목적으로부터 나오는 것이다. 여기서 사랑은 도덕법에 따라 규율되는 모든 행동의 근본적인 동기이며, 도덕법이 지시하는 목적들을 인식하게 하고 또 행동하도록 하는 동력이다.[60] 기독교적 세계 이해에서 하나님 나라는 세계가 지향하는 초월적 최종적 목적이기에, 도덕법은 '시민법'the civil law을 포괄한다.[61] 이런 맥락에서 도덕법은 특수한 정치사회 공동체에 한정되는 사회적 목적들 그리고 그 목적들과 관련된 행동들을 규율하는 시민법을 배제하지 않고 수렴하는 포괄성을 견지하면서, '하나님 나라의 포괄적 목적'을 지향하며 '보편적 사랑의 주관적 동기'에 좌우되는 의도와 행동과 삶의 양식을 규율한다.[62]

---

60   위의 책, 511.
61   위의 책.
62   위의 책, 511-512.

그리스도의 공동체가 예수의 이타적 자기희생의 사랑을 본받아 윤리적 삶을 실천함으로 그리스도를 따르고자 하는 것과 정치사회 공동체의 구성원들이 보편적 사랑을 명령하는 도덕법을 실천하여 '도덕적 연합'에 이르고자 힘쓰는 것은 한편으로 하나님 나라의 구현을 목적으로 한다는 점에서 목적론적으로 상응하며 다른 한편으로 그 목적의 구현을 위해 '사랑의 법'을 규범적 기준으로 삼는다는 점에서 의무론적으로 연속성을 갖는다. 여기서 리츨은 교회 안과 밖의 모든 인간에게 공통적인 도덕·존재론적 moral ontology 기반을 상정하고 있는 것이다. 라너 Karl Rahner의 개념으로, 모든 인간은 '은혜 받은 본성'graced nature을 보유한다. 라너에게 은혜는 초월적 신神의 특별한 개입을 통해 얻을 수 있는 것이라기보다는 인간의 삶의 영역이라면 '언제 어디서나' 경험할 수 있는 성격의 것이다.[63] 다시 말해, 인간 본성은 은혜 없이 가능하지 않다. 모든 인간은 그 본성에서 이미 은혜를 머금고 있는 것이다.[64] 여기에서 "인간의 모든 도덕적으로 선한 행동은 구원의 실제적 질서 안에 있다."는 명제가 흘러나온다.[65] '은혜 받은 본성'은 종교제도로서의 기독교 안팎에 존재하는 모든 인간에게 공통적으로 주어지는 하나님의 은혜이다. 이 은혜는 자유주의의 낙관적 인간 이해와 인간 예수의 도덕적 완성에 상응하여 인간 구원의 선결조건으로서의 선한 잠재성의 도덕적 실현이라는 구원론적 이해의 근거로 또 모든 인간이 하나님 나라 구현에 참여할 수 있고 또 그렇게 해야 한다는 공적 소명의 근거로 작용할 수

---

63   Karl Rahner, *Foundations of Christian Faith: An Introduction to the Idea of Christianity* (New York: Crossroad, 2000), 128.

64   위의 책.

65   Karl Rahner, "Nature and Grace," *Theological Investigations* IV (Baltimore: Helicon, 1966), 180.

있다. 리츨은 하나님 나라와 도덕적 연합을 동일시함으로써 성과 속 혹은 영적 정부와 세속 정부 사이의 구분을 철폐하며, 예수 그리스도를 따르는 신앙 공동체의 사랑의 실천과 보편적 도덕의 원리로서의 도덕법의 실천을 동일시함으로써 종교와 윤리 사이의 구분을 철폐한다. 그리하여 리츨은 교회 안과 밖의 모든 사회 구성원들이 함께 공공선을 추구하는 것을 목적론적 규범으로 삼는 자유주의적 보편윤리의 기초를 닦는다.

2) 고전적 '두 정부'론의 관점에서의 평가

리츨의 두 정부 사이의 관계성 이해는 누구보다도 아퀴나스를 연상케 한다. 영적 정부에 대한 용어로 리츨이 선호하는 '그리스도의 공동체'는 적극적으로 세속 영역과 관계를 형성해야 하는데, 공동체의 창시자인 예수 그리스도의 삶의 양식이 그랬던 것처럼 그를 따르는 이들은 타자와 세상을 위해 '사랑하는' 존재로 살아야 하기 때문이다. 리츨의 사회윤리적 구상은 하나님 나라라는 큰 틀 안에서 둘 사이의 구분이나 분리를 경계하고 단일체적 사회상을 추구한다는 점에서 아퀴나스의 그것과 유사하다. 그리스도의 공동체는 세상 속으로 들어가 적극적으로 사랑을 실천하고 세상을 하나님 나라로 만들기 위해 힘써야 한다는 리츨의 견해로부터 우리는 교회의 공공성에 대한 리츨의 이해는 적극적 참여와 변혁의 추구라는 규범적인 특징을 갖는다는 점을 추론할 수 있다. 다만 하나님 나라의 구현 주체는 영적 정부만이 아니다. 하나님의 보편적인 섭리의 결과로 모든 인간에게 주어진 도덕법에 근거하여 교회 안팎의 모든 구성원들은 보편적 사랑을 구현함으로써 도덕적 연합 곧 하나님 나라의 실현에 적극적으로 참여해야 한다는 공동의 소명을 받는다. 신앙 공동체의 공적 정체성의 근거는 예수 그리스도의 삶의 모범이기도 하지만, 동시에 라너의 개념으로 '은혜 받은 본성' 곧 '도덕법에 기반을 둔 보편적 사랑의 의무의 실행과 연관된 의지적 역동'이다. 이미 신자들에게 주어진 보편적 사랑의 의무와 실행을 위한 도덕적 능력이 신자와 신앙 공동체의 공적 정체성을 구성하는 핵심 요소가 된다는 말이다.

2. 기독교공동체주의의 요더: '교회 안에' 하나님 나라를 이루고 세상을 향해 보이라!

1) '두 정부'론과 요더의 사회윤리

요더의 사회윤리는 성서적이고 기독론적이다. 자연법이나 세속철학과 윤리에 근거를 두지 않고 계시로서의 성경에 근거하고 있는 것이다. "새로운 공동체의 성립과 모든 폭력을 거부하는 것을 특징으로 하는 사회적 지향은 처음부터 끝까지 신약 성경 선포의 주제이다. 그리스도의 십자가는 기독교의 효율이며, 모든 믿는 이들에게 하나님의 능력이다."[66] 이런 맥락에서 예수 그리스도의 십자가로 계시된 말씀은 성경의 다른 모든 본문들을 해석학적으로 지시하는 경전 중의 경전canon within canon 이다.

---

[66]   John Howard Yoder, *The Politics of Jesus: Vicit Agnus Noster* (Grand Rapids: Eerdmans, 1994), 242.

요더에 따르면, 교회는 예수 그리스도로 시작된 새 세대aeon의 나타남이다.[67] 다시 말해, 교회는 예수 그리스도 안에서 하나님이 이루시는 종말론적 구원 역사의 사회적 현시social manifestation이다. 교회는 본질적으로 종말론적 존재이며, 세상 안에 있지만 세상에 속해 있지 않다. 정치적 관점에서 말하면, 교회는 교회에 고유한 이상과 정신을 제시하는 대안적 공동체이다. 히브리어나 그리스어에서 모두, 교회라는 말은 본래 몸의 정치body politics를 지향하는 '숙의의 결사'deliberative assembly를 가리킨다.[68] '경험적 사회적 실재'로서 교회는 자기 자신에게 고유한 이상과 정신을 구현할 때 '사회적 영향력'social leverage으로 작용할 수 있다. 이러한 정치사회적 특성을 고려할 때, 교회의 존재 목적은 교회 밖의 세상을 좌지우지하는 것이 아니다. "기독교인들이 분명하게 인정해야 할 바가 있는데, 이 세상에 소수자일 뿐 아니라 비기독교 혹은 후기기독교 신앙의 추종자들 사이에서 살아가고 있다는 점이다. 바로 이 점이 콘스탄틴 시대로부터 현재에 이르기까지 교회가 갖고 있는 책임 의식 곧 교회가 세상을 조정·유지해야manage 한다는 생각이 얼마나 부적절한 것인지를 밝혀 준다."[69] 교회의 사명이 교회를 둘러싼 정치사회 체제들을 기독교제국적 구도를 따라 재편하는 것이 아님은 분명하다. 오히려 교회는 역사와 사회 속에서 복음의 목적들을 실현한다는 의미에서 '교회 신앙의 본질'을 증언하는 사명을 충실히 감당해야 한다. 교회는 정치사회적 관계들 속에서 사랑이 의미하는 바를 '보여 주는'demonstrate 사명에 부

---

67 John Howard Yoder, *The Christian Witness to the State* (Newton, Kan.: Faith and Life Press, 1964), 9.

68 위의 책, 18.

69 John Howard Yoder, *The Politics of Jesus: Vicit Agnus Noster*, 240.

름 받았다. 요더는 교회가 그렇게 보인 바를 직접 사회 현실 속에 대입하는 가능성은 닫아 두지만, "유비적으로, 교회가 보여 주는 바의 어떤 면들은 사회의 양심에 자극제로서 교훈적인 instructive 역할을 할 수 있다."는 여지는 열어 둔다.[70]

　　요더의 하나님 나라 사상의 본질은 그리스도를 따름 곧 하나님의 뜻을 순종함에 있다. 요더에 따르면, 성화된 신자들의 공동체인 교회 안에서 하나님 나라는 실현되고 있다. 하나님의 섭리는 온 세계를 포괄하지만, 요더는 교회를 이 땅 위에서 하나님 나라가 표현되는혹은 구현되는 어떤 가시적 존재로 이해한다. 그러므로 요더에게 하나님 나라는 타계적 유토피아가 아니라 교회가 이 땅 위에서 도달하기를 열망하는 '역사의 핵'이다. 요더에 따르면, "신약 성경은 현재의 시대교회의 시대, 예수의 오심부터 재림까지를 두 세대 two aeons 가 겹치는 시기로 본다. 이 두 세대혹은 에온 는 함께 존재하기 때문에, 별개라 할 수 없다. 이것들은 본성에서 혹은 방향에서 다르다. 곧 한 세대는 그리스도 밖혹은 전의 인간 역사를 과거 지향적으로 가리키는가 하면, 다른 한 세대는 미래 지향적으로 하나님 나라의 충만한 실현을 향한다. 각 세대는 사회적 드러남인데, 전자는 '이 세상' 속에 일어나는 것이고 후자는 교회 안에서 이루어진다."[71] 요더는 하나님 나라가 이 땅 위에 드러나게 하는 데 있어 교회는 결정적인 도구가 된다고 생각한다. 교회는 역사 안에 존재함으로써 하나님 나라를 불러일으키는 일에 부름 받는다. 다시 말해, 교회가 하나님 나라를 드러냄으로써 사회적 변화에 이르게 하는 '사회적 영향력'으로 작용할 수 있다는 것

70　John Howard Yoder, *The Christian Witness to the State*, 17.

71　John Howard Yoder, *The Original Revolution* (Scottdale, Pa.: Herald Press, 1971), 55.

이다.[72] 교회의 교회됨을 이루어 공적 영향을 미친다는 점에서 요더의 사회윤리를 '교회됨의 사회윤리'라 명명할 수 있을 것이다.

2) 고전적 '두 정부'론의 관점에서의 평가

요더는 두 정부 사이의 통일보다는 구분을 강조하는 어거스틴이나 루터보다도 더 두드러지게 둘 사이의 구분을 강조한다. 교회 밖 영역과의 관계 형성과 공적 영향의 가능성이라는 관점에서 수동적이고 제한적이다. 관계성과 공적 영향의 가능성을 전적으로 부정하지 않지만, 세상 안으로 적극적으로 들어가서 말하고 실천하며 소통하려 하기 보다는 적절한 거리를 유지한 채 예수 그리스도의 윤리적 가르침을 '구현하고 보여주는' 것에 집중한다. 사회적 문화적 정책적 제도적 대안을 제시하기 위해 적극적으로 세속 영역에 참여하려 하지 않고, 대안적 사회 공동체를 구현하고 또 고유한 존재 영역을 고수함으로써 어떤 사회적 영향을 끼치고자 하는 것이다. 이 점에서 요더의 사회윤리는 '공동체 내적 지향'을 강하게 내포하고 있다고 볼 수 있다.

공적 정체성의 기반은 예수 그리스도의 말씀, 특히 십자가로 집약되는 예수의 윤리적 가르침이다. 자연 계시나 철학과 같은 기반에 대해서는 부정적이다. 인간 이성과 자연법을 통해 하나님의 보편적 섭리는 실현되어 간다고 보는 아퀴나스식^ㅊ 이해와 신법에 비해 열등하지만 자연적 이성이 정치사회적 삶의 기초로서 중요하게 작동할 수 있다고 보는 칼뱅식^ㅊ 이해에 대해 요더는 비판적이다. 두 정부 사이의 구분과

---

72   위의 책, 107-124.

차이를 강조하면서, 요더는 두 정부를 규율하는 상이한 규범적 준거 틀을 상정하고 있는 것이다.

3. 후기자유주의의 홀렌바흐: 기독교의 공공선 전통을 회복하고 공공선 증진에 전력을 다하라!

1) '두 정부'론과 홀렌바흐의 사회윤리[73]

홀렌바흐는 종교와 정치의 엄격한 분리와 종교의 공적 영역에서의 가치론적 중립 고수에 대한 자유주의적 강조에 비판적이다. 행복과 공공선에 관한 특수한 신념체계를 견지하는 종교는 사적 영역에 머물러 있어야 종교가 촉발하는 사회적 갈등을 막을 수 있다는 주장에 대해 홀렌바흐는 부정적 입장을 취한다.[74] 또한 행복과 공공선에 관한 특수한 신념을 보유한 종교의 공적 영역에의 진입을 막고 또 그러한 사회적 신념에 관해 철저한 가치중립을 강조한다면 사회적 긴장과 충돌은 어느 정도 방지할 수 있을지는 몰라도, 오히려 도시공동체의 붕괴, 양극화 심화, 가난 문제의 고질적 악순환 등의 사회적 문제를 발생시킬 수 있다는 점을 지적한다.[75] 이러한 문제를 극복하기 위해 기독교회는 무엇을 할 수 있고 또 해야 하는가? 홀렌바흐의 답은 분명하다. 기독교 신학

---

73 홀렌바흐의 사회윤리에 대해서는 공적 관계성을 논점으로 하여 3장에서 좀 더 상세하게 다룰 것이다.

74 David Hollenbach, *The Common Good and Christian Ethics* (Cambridge: Cambridge University Press, 2002), 14-24.

75 위의 책, 10.

과 실천의 역사 속에서 공공선에 관한 신학적 전통을 되살려내야 한다는 것이다. 공적 영역 안에서 다양성과 자유의 가치를 존중하고 기본적인 사회적 평화를 깨뜨리지 않으면서 공적 담론의 성숙과 공공선 증진에 기여할 수 있는 기독교의 사회윤리적 가르침과 대안을 제시해야 하며 또 그렇게 할 수 있다는 말이다.[76] 이를 위해 홀렌바흐가 특별히 주목하는 신학자는 어거스틴, 아퀴나스, 칼뱅 등이다. 이들에 대한 해석을 중심으로 자신의 신학적 윤리적 논지를 전개해 간다.

홀렌바흐는 칼뱅이 "인간 경험에 대한 비평적 성찰이 사회윤리의 근거가 된다고 신학적으로 주장함으로써 정치사회 공동체 안에서 비기독교인들과 어떻게 공존할 수 있는지에 대해 답을 찾고자 할 때 필요한 공동의 기반의 여지를 마련하고 있다."는 점을 지적한다. 칼뱅은 사회적 삶에서 인간 이성의 기능을 긍정한다.[77] "자연적 이성은 그 본질에 맞게 [인간과 인간 공동체에게] 모든 법적 명령들을 존중하라고 지시한다."[78] 칼뱅의 제안에 상응하여 홀렌바흐는 하나님은 인간 이성의 창조자이시기에 "[인간과 정치사회 공동체의] 공공선과 그것의 구현과 관련된 사회적 규범들을 구성해 가는 과정에서 이성이 유용하게 작용한다는 점은 기독교의 성서적 신앙과 충분히 양립할 수 있다."는 점을 밝힌다. 홀렌바흐는 시민들의 정치사회 공동체 civil society 로서 '공화국' a republic 은 신의 도성과 세속 도성에 속한 사람들 모두가 함께 살아가면서 공동의 공적 가치들을 추구하는 공적 공간이기에 기독교인들은 세속

---

76 위의 책, 99.

77 위의 책, 150.

78 Jean Calvin, *Commentary on Deuteronomy*, 17:12. David Little, "Calvin and the Prospects for a Christian Theory of Natural Law," in *Norm and Context in Christian Ethics*, eds. Gene Outka and Paul Ramsey (New York: Scribner, 1968), 183에서 재인용.

정부의 정치적 법적 질서를 존중해야 한다고 권면한 어거스틴의 가르침에 주목한다.[79] 아울러 교회와 국가 사이에는 적절한 구분이 지켜져야 하지만 엄격한 위계적 구도나 극단적 분리로 이 둘 사이의 관계를 규정하고 구현하는 것에 대해서 어거스틴은 신중한 입장을 취한다는 점을 홀렌바흐는 지적한다.[80]

    홀렌바흐는 아퀴나스에게서 기독교 공공선 전통의 심화를 본다. 아퀴나스는 정치사회 공동체의 공공선 실현과 하나님의 섭리 사이의 연속성을 강조한다.[81] "신적 사랑의 완전한 성례전적 성취는 우정이나 가족관계, 일터, 정치 또는 교회, 그것이 어디에서 얻게 되는 것이든 하위의 선들을 위한 하나의 본보기 exemplar 이다. … (그것은) 불완전하지만 예기적으로 정치 영역 안에서도 존재한다."[82] 여기서 홀렌바흐는 아퀴나스의 사회윤리가 하나님 나라의 종말론적 완성과 인간의 역사내적 성취 사이에 차이가 있다는 점을 인정하지만 후자 안에 전자의 흔적을 유비적으로 찾을 수 있다는 점을 강조하고 있다고 해석하는 것이다. 둘 사이에 연속성이 있고 또 하나님 나라의 역사적 실현에 관한 가능성을 열어놓는다 하더라도, 신학적으로 이해할 수 있는 바로서의 하나님 나라의 선善을 '정치적인 수단을 가지고' 성취하고자 하는 시도에 대해 기독교인들은 거부해야 한다고 아퀴나스는 가르친다는 점 또한 홀렌바흐는 지적한다.[83] 요컨대, 홀렌바흐는 기독교 공공선 전통에 근거하면서 기독교 신앙을 사적 영역에 제한하는 정적주의靜寂主義를 경계하고 또 공

79   Augustine, *The City of God*, XIX. 17.
80   David Hollenbach, *The Common Good and Christian Ethics*, 122.
81   Thomas Aquinas, *On Kingship*, XV.
82   David Hollenbach, *The Common Good and Christian Ethics*, 134-136.
83   위의 책, 132.

공선 증진을 위한 기독교인들의 적극적인 공적 참여를 권장한다.[84]

　　이상에서 살핀 홀렌바흐의 공공선·지향적 사회윤리를 현대적 논의에 적용해 보자. 크게 두 가지를 생각해 보고자 한다. 먼저 '공적 영역' 이해에 관한 것이다. 홀렌바흐는 자유주의의 영역 이해에 비판적이다. 비정부기구NGOs, 대학, 교회 등을 포괄하는 시민사회 영역을 '배경문화'로 묶어 공적 영역에서 떼어내는 롤즈식ㅊ 이해를 반대하는 것이다. 홀렌바흐의 공적 영역 이해는 포괄적이다. 그는 국가의 강제력 사용이 합법적으로 용인되는 '정치적' 영역과 '시민사회' 영역을 총체적으로 합하여 공적 영역이라 일컫는다. 다시 말해, 홀렌바흐에게 공적 영역은 강제적 구속력이 허용되는 정부로 대표되는 정치 영역보다는 큰 것이다.[85] 다음으로 참여 방식에 관한 것이다. 홀렌바흐가 선호하는 참여 방식은 '간접적인' 방법이다. 그는 정교분리政教分離가 원칙적으로 지켜지는 자유민주주의 사회에서 정치 영역에 직접적인 영향을 미치고자 하는 방식은 경계해야 하는 것으로 본다. 정치 영역에 직접 참여하는 것보다는 시민사회에 참여하여 '간접적으로' 영향력을 발휘하는 것이 더 낫다고 생각하는 것이다. 종교적 신념은 자유민주주의 사회의 시민에게 "공적 삶에의 적극적인 참여를 위한 공동체적 자원, 정서적 동기부여 그리고 인지적 이유들"을 제공한다.[86] 그래서 종교의 공적 영향은 정치 지도자와 체제 그리고 정책에 대한 직접적 관리 혹은 통제의 결과여서는 안 되며, "종교의 정부에 대한 영향은 시민사회의 다양한 공동체와

84　이창호, "기독교의 공적 참여에 관한 철학적 윤리적 탐구: 로티(Richard Rorty)에 대한 비판적 성찰과 참여 모형 모색을 중심으로," 『신앙과 학문』 18-3 (2013), 177.

85　David Hollenbach, *The Common Good and Christian Ethics*, 109.

86　위의 책, 111.

기관들과 시민의 문화적 자기 이해 등에 종교가 끼치고 있는 영향력을 통해 매개되어야 한다."[87] 홀렌바흐는 이러한 공적 참여를 통하여 기독교가 시민사회를 활성화하고 사회적 변혁에 기여해야 한다는 점을 역설하고 있는 것이다.[88]

2) 고전적 '두 정부'론의 관점에서의 평가

홀렌바흐에게 기독교의 공적 참여는 기독교회와 신자들이 마땅히 응답해야 하는 규범적 명령이다. 기독교의 사회윤리적 과제는 세속 영역에 참여하느냐 마느냐가 아니라 '어떻게' 참여하느냐이다. 세속 영역과 관계를 형성하고 또 참여하되 적절한 구분을 장려함을 보았다. 교회의 공적 관계성의 관점에서 시민사회 영역과는 직접적이고 적극적인 관계 형성을 그리고 정치 영역과는 간접적이고 신중한 관계 형성을 제안한다. 이 점에서 홀렌바흐는 한편으로 세속 영역과 전면적인 관계 형성을 권장한다는 점에서 아퀴나스와 칼뱅의 '관계성' 이해를 계승한다고 볼 수 있고 다른 한편으로 참여의 방식에 있어서 적절한 구분을 강조한다는 점에서 어거스틴과 루터의 신중론을 존중하고 있다고 평가할 수 있다. 특히 후자의 관점에서 홀렌바흐는 정치 영역에 직접적인 영향을 끼치려고 하는 참여 방식이 정치권력에 의한 교회의 고유한 영적 영역 침해와 교회의 세속적 권력화라는 부정적 결과로 이어질 수 있다고 우려하고 있는 것이며, 이 점에서 어거스틴과 루터의 적절한 구분에 대

---

87 위의 책.
88 이창호, "기독교의 공적 참여에 관한 철학적 윤리적 탐구: 로티(Richard Rorty)에 대한 비판적 성찰과 참여 모형 모색을 중심으로," 178-179.

한 강조에서 지혜를 얻고 있다고 할 수 있다.

홀렌바흐가 교회의 공적 정체성 인식에 있어서 중요하게 참고하는 주된 신학적 근거들로는 하나님의 보편적 통치의 원리로서의 영원법을 통해 온 세계를 궁극적인 선으로 인도하시는 하나님의 주권^{아퀴나스}, 성과 속을 살아가는 모든 인간의 인간다운 삶을 위해 필수적인 생존의 요건들을 공급하시고자 하는 하나님의 애정 어린 섭리^{어거스틴} 등을 생각할 수 있다. 이에 더하여 홀렌바흐는 루터와 칼뱅의 '인간 이성의 정치사회적 기능 이해'에 근거하여 정치사회 영역에서 이성이 법적 제도적 체제 구성과 운영을 위해 긍정적으로 작용할 수 있다는 점을 강조함으로써 기독교 공적 정체성의 근거 이해에 있어서 그 지평을 넓히고 있다는 평가를 내릴 수 있다.

4. 공공신학의 스택하우스: 공적 삶의 영역에서 교회의 공공성을 총체적으로 드러내라!

1) '두 정부'론과 스택하우스의 사회윤리

스택하우스에게 기독교 신앙은 본질적으로 공적이다. 무엇보다도 기독교의 복음은 개인적으로 수용하여 신앙의 세계에 들어간다는 의미에서 사적이지만, 개인을 구원한 복음은 기독교 신앙 밖에 존재하는 비신자들이나 잠재적 신자들도 누구든지 들을 수 있고 이해할 수 있다는 의미에서 공적이다. 또한 기독교의 신학과 신앙은 사적인 문제와 영역에 한정되지 않고 공적 영역과 그 영역에서 정치사회 공동체의 구성원들이 다루어야 하는 공적 문제들도 포괄해야 한다는 점에서 공적이라고 할 수 있다.[89] 규범적 차원에서 정치사회 공동체 안에서 방향 제시의 역할을 감당해야 하며 정책적 체제적 차원에서 공적 삶의 '안내자'로서 기능함으로써 기독교는 공공성을 드러내야 한다는 이해인 것이다.[90] 다시 말해, 기독교 신학과 윤리의 원리들은 정치, 경제, 사회, 문화, 교육 등 다른 삶의 영역에 스며들어 공적 영향을 미칠 수 있으며 그러한 영향의 범위는 각 영역을 작동하게 하는 제도와 조직뿐 아니라 좀더 근본적으로 그 영역들을 지탱하는 포괄적 신념이나 공동의 에토스의 형성과 변화에까지 이를 수 있고 또 그렇게 되어야 한다는 것이다.[91]

스택하우스는 공공신학은 반⋉정치신학적이지는 않지만[92] '사회에 대한 정치적 견해'를 구축하고자 하는 정치신학과는 다르다고 주장하면서, 오히려 공공신학은 '정치에 관한 사회이론'에 가깝다는 점을 밝힌다.[93] 스택하우스는 정치신학은 정치적 정부를 '사회의 포괄적인 제도'로 이해하며 정치 영역에서 합법적으로 용인되는 강제력의 축적과 사용의 문제나 사회변혁에 대한 권력적 관점에서의 논의 등에 집중함으로써[94] 사회의 다른 영역들에 대해서 적절하게 응답하지 못하고 있다는 비판적 입장을 취한다. 정치신학과 달리, 공공신학이 채택하는 '정치

---

89 이상훈, "신학해제: 스택하우스의 공공신학에 관한 이해," 새세대 교회윤리연구소 편, 『공공신학이란 무엇인가?』(서울: 북코리아, 2007), 29-30.

90 이상훈, "공공신학적 주제로서의 소명과 코이노니아 관점에서 본 고령화사회," 『기독교사회윤리』 28 (2014), 210-211.

91 Max L. Stackhouse, *Globalization and Grace*, 이상훈 역, 『세계화와 은총』(서울: 북코리아, 2013), 137-138.

92 위의 책, 164.

93 Max L. Stackhouse, 이상훈 역, "공공신학이란 무엇인가? - 미국 기독교의 관점에서," 새세대 교회윤리연구소 편, 『공공신학, 어떻게 실천할 것인가?』(서울: 북코리아, 2008), 34.

94 Max L. Stackhouse, 『세계화와 은총』, 166-167.

에 관한 사회이론'은 "정치 질서의 형성에 앞서 존재하는 삶의 영역들"[95]에 우선적 관심을 둔다. "[정치질서, 정권, 정치형태 그리고 정책들]은 늘 필요하지만 이들 역시 정치체제보다 선행하는 종교적·문화적·가족·경제적 그리고 지적 전통들로부터 파생된 결과물"이라는 점을 스택하우스는 강조한다.[96] 다시 말해, "모든 정당과 정부가 사회의 보다 근본적인 권력들 즉 도덕적으로, 영적으로 그리고 사회적으로 정치질서의 형성이전에 존재하는 삶의 영역들에 종속되는 것"이라는 점을 지적하고 있는 것이다.[97] 이런 맥락에서 스택하우스는 모든 정치적 체제들과 권력구조들은 다른 영역들과의 소통과 봉사의 책임을 성실하게 감당해야 한다고 조언하며, 동시에 정치권력의 원천이 되는 다른 사회 전통들영역들을 과도하게 통제하려 한다면 후자는 전자에 대해 저항하거나 변혁을 꾀할 수밖에 없을 것이라는 경고도 덧붙인다.[98]

스택하우스의 공공신학은 세계화에 관심이 크며, 세계화의 전망에 관해 긍정적이다. 세계화가 "새로운 형태의 시민사회의 가능성을 보여주는 세계적인 인프라의 성장을 수반하는 문명의 전환을 가져올 수" 있으며 이러한 시민사회는 "이전의 모든 민족적, 인종적, 정치적, 경제적 혹은 문화적 정황을 포괄"하는 범세계주의적 cosmopolitan 인류공동체에 가까이 다가설 수 있을 것이라고 전망하는 것이다.[99] 공공신학의 세계화 추구는 신학적 근거를 갖는다. 스택하우스는 하나님의 보편적 사랑을 강조한다. 만인구원론의 맥락에서의 보편성이 아니라, 신자와 비

---

95 위의 책, 167.
96 위의 책.
97 Max L. Stackhouse, "공공신학이란 무엇인가? - 미국 기독교의 관점에서," 35.
98 위의 논문.
99 Max L. Stackhouse, 『세계화와 은총』, 30.

신자를 포괄하여 이 세상을 살아가는 인류에 속한 모든 인간에 대한 섭리적 사랑은 포괄적이라는 의미에서의 보편성이다. 온 인류와 세상을 포괄하는 하나님의 사랑에 상응하여 기독교의 사회적 실천은 세계적 지평을 확보하고자 힘쓸 수밖에 없다는 것이 스택하우스의 생각인 것이다.[100]

어떻게 세계적 지평에서 공공신학을 실천할 것인가? 스택하우스에게 기독교는 '머무는' 종교가 아니라 '나아가는' 종교이다. 참된 행복과 구원의 길이 예수 그리스도의 복음에 있다는 신념을 가지고 온 세상 곧 세계의 모든 문화, 모든 종교, 모든 나라를 향해 나아가는 종교라는 것이다. 그렇게 나아가서, 기독교의 복음과 진리를 소개하고 모든 이들에게 '선택의 기회'를 제공하고자 한다.[101] 또한 기독교는 세계의 다른 종교들과 공존하고 협력할 수 있다. 세계의 여러 지역과 국가들에서 발견할 수 있는 다종교적 상황에서 공적 영역에 들어가 기독교 신앙을 알리는 것도 중요하지만, 정치사회 공동체의 공공선 증진과 보다 나은 인류 공동체 형성을 위해 다른 종교인들과 넓은 마음으로 협력해야 한다는 점을 스택하우스는 강조한다. "이렇게 함으로 우리는 공적인 언어와 행동으로 비기독교인들에게 하나님의 정의로운 사랑을 증거할 수 있을 것이다."[102] 이런 맥락에서 스택하우스가 공공선이 이루어져야 할 대상으로 상정하는 영역은 개별 시민사회나 하나의 국가공동체에 머물지 않는다. 인류가 구성하는 세계의 모든 정치사회 공동체 안에서 공공선

---

100 Max L. Stackhouse, "Why Christians Go Public," 미간행 원고, 2006. Max L. Stackhouse, "공공신학이란 무엇인가? - 미국 기독교의 관점에서," 32-33에서 재인용.

101 Max L. Stackhouse, "공공신학이란 무엇인가? - 미국 기독교의 관점에서," 33.

102 위의 논문.

을 증진하기 위해 헌신할 것을 도전한다. 그러기에 스택하우스의 공공신학적 사회윤리는 '영역'의 관점에서 교회의 안과 밖을 포괄하고 '윤리실천'의 관점에서 개인의 도덕적 실천과 에토스의 형성 그리고 사회구조와 제도의 개선을 포괄하는 '통전적 총체적 사회윤리'라고 명명할 수 있을 것이다.

2) 고전적 '두 정부'론의 관점에서의 평가

스택하우스는 기독교의 공적 본질을 가장 분명하게 인식하고 또 강조하는 신학자라고 평가할 수 있다. 교회는 세상과 적극적으로 공적 관계를 형성해야 한다는 점을 역설한다. 이 점에서 스택하우스의 사회윤리는 아퀴나스와 칼뱅의 그것과 강한 연속성을 지닌다. 정치권력의 목적은 종말론적 선을 포함하여 전체 사회의 공공선 확보와 증진에 있다는 아퀴나스의 사회윤리적 가르침이나 성과 속을 포괄하여 하나님의 보편적 주권이 구현되는 거룩한 연방을 기독교의 사회적 이상으로 제시한 칼뱅의 가르침은 공적 영역을 향한 광범위하고도 적극적인 참여를 역설하는 스택하우스의 공공신학적 지향과 상응한다고 볼 수 있다. 다만 스택하우스는 아퀴나스와 칼뱅의 정치사회적 이상이 성과 속의 신정체제적神政體制的 통일 혹은 일치로 해석되고 운용될 가능성은 경계한다.

교회의 공적 정체성에 관한 공공신학적 정당화의 근거는 하나님의 주권적 섭리와 신학적 인간론이다. 스택하우스의 공공성 이해의 통전성혹은 총체성은 인간과 인간의 사회 그리고 피조 세계 전체를 향한 하나님의 애정 어린 섭리에 그 근거가 있다는 점에서 그의 이해는 어거스틴적이다. 앞에서 본 대로, 어거스틴이 공공선 증진을 목적으로 하는 기독교인의 공적 참여를 강조한 신학적 근거는 창조의 지평을 존중하는 하나님의 섭리적 사랑이다. 또한 이 섭리적 사랑은 인간론적으로 볼 때 인간의 가치에 대한 존중에 상응한다. 스택하우스는 하나님의 창조의 결과로서 인간은 하나님의 형상으로 지음 받은 존귀한 존재라는 점을 강조한다. 모든 인간의 존엄성을 하나님의 형상과 결부하여 이해함으로써 기독교는 보편적 인권의 보호와 신장을 위한 이론화와 실천에 매진하게 된다는 것이 스택하우스의 생각이다.[103]

III 비교와 평가 및 교회의 공공성 증진을 위한 윤리적 제안

1. 비교와 평가

1) 관계의 형태

고전적 '두 정부'론의 네 신학자와 마찬가지로, 위에서 살핀 현대 신학자들 역시 영적 정부와 세속 정부 사이의 극단적 분리를 주장하지 않는다. 방식과 정도의 차이가 있다 하더라도, 네 사람 모두 둘 사이의 관계성을 교회의 공공성의 규범적 요소로 인정하고 있다. 하나님 나라

---

103 Max L. Stackhouse, 『세계화와 은총』, 213-222.

라는 공동의 목적을 두고 둘 사이의 강한 연속성을 역설하는 리츨을 한 쪽 끝으로 하고, 분리는 아니더라도 통일이나 연속성보다는 구분을 강조하는 요더를 다른 한 쪽 끝으로 위치시킬 수 있겠다. 그 사이에 정치 영역과 시민사회 영역을 구분하면서 교회의 공적 참여를 강조하는 홀렌바흐와 교회 밖 공적 영역에 대한 포괄적 참여를 역설하는 스택하우스의 입장을 차례로 둘 수 있다. 공적 영역과의 관계성을 교회 공공성의 규범적 요소로 확정하고 강조하는 데 있어 이 네 사람의 사회윤리는 공히 유효하다.

　　리츨이 공동의 공적인 목적을 위한 영적 정부와 세속 정부의 협력적 관계를 제안한 점은 전체 사회의 공공성 증진에 기여할 수 있는 장점이 있다 하더라도, 둘 사이의 일치 혹은 통일의 강조가 한 쪽이 다른 한 쪽으로 포섭되거나 둘 사이의 관계가 지배와 복종의 관계로 변질될 수 있는 위험이 있음을 지적해 두어야 하겠다. 두 정부 사이의 적절한 구분을 철폐할 경우, 단일한 정부나 권력 혹은 세계관이 성과 속을 포괄하여 전체 삶의 공간을 독점적으로 지배하게 되는 결과로 흐를 수 있다는 우려인 것이다. 이러한 '단 하나의' 정부의 출현은 어떤 방향으로 진행되는 것이든 두 정부에 대한 하나님의 주권을 확증하는 방향 보다는, 그 주권을 부정하거나 침탈하여 인간의 권력이 전체 사회를 지배하는 우상숭배적 양태로 귀결될 가능성이 높다고 필자는 생각한다. 이 점에서 둘 사이의 구분을 강조하는 견해들이 내포하는 의도와 취지를 되새기는 것은 의미 있는 일이 될 것이다. 우리가 본 대로, 루터의 신중론을 반영하여 홀렌바흐는 교회의 공적 참여가 정치 영역을 직접적으로 통제하는 방식이 되어서는 안 된다고 제안한다. 이러한 제안은 교회의 세속 권력화와 정치권력의 부적절한 종교적 침해를 막기 위한 의도를 내포한다고 볼 수 있다.

이런 맥락에서 두 정부 사이의 구분을 강조하는 요더의 이해가 강점이 있다고 할 수 있다. 다만 요더의 모형이 둘 사이의 구분에 과도한 비중을 둔 나머지 극단적인 분리의 양상으로 발전할 수 있다는 점을 간과해서는 안 될 것이라고 필자는 생각한다. 교회의 본질적 사명이 복음을 증거하고 또 살아내는 데 있다는 점을 재확인한 기여를 인정하더라도, 교회 밖 인간과 역사의 공간 안에서도 동일한 사랑으로 주권을 실현하시고자 하는 하나님의 섭리에 바르게 반응한다면 좀 더 능동적으로 또 좀 더 넓은 범위로 공적 참여에 힘써야 하지 않느냐는 비판적 조언을 들어야 할 것이다. 이러한 비판적 입장의 선봉에 스택하우스가 서 있다. 스택하우스의 공공신학이 세속 영역과의 소통을 강조하다가 기독교에 고유한 신학적 신념들을 소홀히 하고 있다는 비판도 있지만,[104] 앞에서 살핀 대로, 스택하우스는 한편으로 기독교가 전체 사회의 공공선 증진을 위해 공적 영역에 적극적으로 또 광범위하게 참여할 것을 역설하고 다른 한편으로 기독교 복음의 독특성을 소중히 여기며 선교와 변증에 깊은 관심을 보이고 있다는 점을 주목해야 할 것이다. 이를 고려할 때, 스택하우스는 리츨의 자유주의적 '일치' 모형을 경계하며 동시에 요더의 모형이 교회와 세상의 이원론적 분리로 흐를 가능성을 차단하는 데 기여할 수 있다는 점을 지적해 두고자 한다.

---

104 Alister E. McGrath, *Passion for Truth: the Intellectual Coherence of Evangelicalism*, 김선일 역, 『복음주의와 기독교적 지성』(서울: IVP, 2001), 142-145.

2) 공적 영향^{변혁}의 가능성

교회의 공적 관계성에 대한 긍정은 공적 영향의 가능성에 대한 긍정으로 이어진다. 우리가 살핀 현대 신학자들의 사회윤리는 교회의 공적 영향의 가능성을 긍정하며 또 그러한 가능성을 교회의 공적 본질의 중요한 규범적 내용으로 수용한다. 다만 공적 영향의 방식, 내용, 강도 등의 관점에서 차이가 있다. 리츨의 사회윤리는 세속 영역에서 일으켜야 할 변혁의 내용과 목적이라는 관점에서 분명한 입장을 견지한다. 교회와 세상 모두에게 가장 중요한 공적 삶의 목적은 하나님 나라이다. 하나님 나라의 궁극적 실현 주체는 하나님이지만, 그 구현에 있어서 인간의 '몫'은 필수불가결한 요소이다. 그러므로 모든 인간에게 하나님 나라 구현에 참여하라는 소명이 주어진다. 성과 속의 공동의 목적으로서 하나님의 나라는 보편적 사랑의 의지로 묶여진 평화로운 인류 공동체 형성을 통해 이루어진다. 요더에게도 공적 목적은 하나님 나라이다. 그러나 실현 주체와 영역 그리고 방식의 차원에서 리츨과 다르다. 실현 주체는 예수 그리스도의 윤리적 가르침을 철저하게 따르고자 하는 제자와 제자 공동체이며, 주된 실현의 영역은 '교회 안'이다. 그리고 주된 실현 방식은 교회가 하나님 나라의 지상적 구현체로서의 교회를 바라보고 있는 이 세상 앞에서 참된 교회됨을 실현하여 드러내는 것이다. 요더의 하나님 나라는 예수 그리스도가 가르치고 완전하게 실천한 십자가의 정신을 구현할 때 이루어진다. 십자가의 규범적 요체는 비폭력 무저항의 사랑이자 타자와 공동체를 위한 지고지순한 타자·지향적 헌신이다.

홀렌바흐와 스택하우스에게 교회의 공적 영향의 가능성의 관점에서 가장 중요한 목적은 공공선이다. 이 둘은 기독교의 공적 참여는 전체 사회의 공공선 증진에 이바지해야 한다는 이해를 공유한다. 다만 세부적으로는 둘 사이에 차이가 있다. 홀렌바흐가 중요하게 여기는 공공선의 내용에는 사회적 정의의 회복과 확장, 공적 변혁의 원동력인 시민사회의 활성화 등이 포함된다. 스택하우스는 좀 더 포괄적이다. 교회가 공공선을 위해 사회 정의 구현이나 시민사회 활성화 등의 사회적 과업에 참여하는 것은 물론이고, 동시에 정책·제도·구조적 차원의 변혁, 공공선 증진을 지향하는 시대적 가치관 혹은 에토스의 형성과 확산, 개별 정치사회 공동체와 인류 공동체의 평화로운 공존을 위한 다양한 전통, 문화, 학문 사이의 원활한 소통과 대화 등의 공적 사명에도 힘써야 한다는 것이 스택하우스의 생각인 것이다.

리츨과 요더가 설정한 공적 목적과 실현 방식이 구체적이지 못하고 또 지나치게 낙관적이지 않은가 하는 비평적 성찰이 있을 수 있다. 모든 인간에게 주어졌다고 믿는 보편적 사랑에의 의지와 도덕적 잠재성 곧 도덕법의 규율 안에서의 사랑의 실천이 인류 공동체를 평화의 세상으로 만들 것이라는 낙관적인 인간론과 세계 이해를 갖는 것은 존중 받을 만하다. 그러나 인간의 도덕적 능력에 대한 과신, 인간의 죄성이나 이기성에 대한 적절한 인식의 결여 등의 인간론의 문제, 이것과 연동된 것으로서 인간이 다양한 정치사회 공동체의 형태로 집단화했을 때 여지없이 나타나는 집단 이기주의와 폭력성의 엄연한 현실을 충분히 고려하지 않는 역사 이해의 문제 등은 비판적 성찰이 필요한 대목이다. 요더의 경우, 교회 공동체로 그 영역을 제한하지만 리츨에게서 발견할 수 있는 낙관론이 강하게 작동하고 있다. 요더는 교회 안에서 하나님 나라를 불러 일으켜야 하고 또 그렇게 할 수 있다고 믿는다. 다시 말해,

예수 그리스도의 공동체는 하나님 나라를 구현해야 한다는 의무ought를 받았고 수행할 능력can 또한 받았다고 믿는 것이다. 교회 안에서든 세상 안에서든, 하나님 나라를 지향하는 그 어떤 공적인 선善도 현실화할 수 없다는 패배주의도 경계해야 하겠지만, 이 역사 속에서 하나님 나라를 완전히 이룰 수 있고 또 인간에게 그렇게 할 수 있는 충분한 능력이 주어졌다고 믿는 순진한 낙관론도 경계해야 할 것이다. 전체 사회의 공공선 증진을 위한 적극적인 공적 참여를 권장하면서도, 홀렌바흐와 스택하우스는 패배주의와 순진한 낙관론 사이의 긴장을 유지하기 위해 힘쓴다. 앞에서 본 대로, 홀렌바흐는 어거스틴과 아퀴나스의 사회윤리에 근거하여 하나님 나라의 종말론적 완성과 인간의 역사내적 성취 사이의 차이를 존중하며, 스택하우스는 하나님 나라의 궁극적 완성의 주권을 하나님께 돌림으로써 인간과 인간 공동체의 역사적 성취를 상대화한다.[105]

3) 교회의 공적 정체성의 신학적 근거

이성을 중심으로 하는 자연법적 인식과 기독교 경전으로서의 성경에 근거한 특수·계시적 인식 사이의 관계성이라는 관점에서 어떤 견해를 가지고 있느냐에 따라 네 신학자는 일종의 스펙트럼을 형성한다. 양쪽 끝에 리츨과 요더가 위치한다. 리츨은 예수 그리스도의 모범을 신앙 공동체의 공적 참여의 근거로 삼지만 도덕법의 규율에 따른 보편적 사랑의 실천 가능성을 신앙 공동체 안팎의 모든 인간에게 주어진 보편

---

[105] Max L. Stackhouse, 『세계화와 은총』, 321-340.

적 은혜로 이해함으로써, 기독교 계시의 특수성과 인류에게 공통적인 윤리적 보편성 사이의 경계를 허물어뜨린다. 그리하여 교회의 공적 참여의 신학적 근거는 '도덕법'이라는 보편적인 인식과 규범의 틀로 서술되고 설명될 수 있는 성격의 것이 된다. 다른 한 쪽 끝에는 요더가 위치한다. 그는 철저하게 특수 계시에 의지한다. 넓게는 성경 전체, 좁게는 예수 그리스도의 삶과 가르침만이 신자들과 그들의 공동체인 교회의 공적 정체성의 근거가 되어야 한다는 것이다. 만일 교회가 이성이나 자연법을 윤리적 토대로 삼는다면, 결국 교회는 예수 그리스도의 본래적 가르침 특히 예수의 사랑의 윤리을 위반하게 될 것이라고 요더는 경고한다. 홀렌바흐와 스택하우스는 리츨과 요더 사이의 어떤 지점을 차지한다. 홀렌바흐는 한편으로 정치사회적 체제와 법적 질서의 구성과 유지를 위한 이성의 기능을 긍정적으로 보며 다른 한편으로 이성의 완전성과 무오류성을 부정하면서 신법 혹은 성경이 이성의 오류를 치유하며 불완전성을 보정하는 역할을 해야 한다는 입장을 취한다. 스택하우스도 교회와 세속 영역 사이의 소통을 극대화하기 위해 이성과 같은 공동의 기반을 중요하게 여기지만, 그렇다고 이성을 계시와 대체할 수 있는 것으로 보지 않는다.[106] 기독교의 공적 참여는 계시와 이성의 관계를 지배와 복종의 관계로 이해하는 신정체제적 모형을 지향해서도 안 될 것이며, 이성에 절대적 가치를 부여하여 공적 영역에서 하나님 나라를 추구하는 과정에서 기독교 신념의 고유성과 규범적 선도의 가능성을 부정하는 오류를 범해서도 안 될 것이다.

---

106 임성빈, "맥스 스택하우스의 신학윤리사상과 한국교회에 주는 의미," 새세대 교회윤리연구소 편, 『공공신학이란 무엇인가?』(서울: 북코리아, 2007), 54-55; Max L. Stackhouse, 심미경 역, 『지구화·시민사회·기독교윤리』(서울: 패스터스하우스, 2005), 9.

2. 윤리적 제안

지금까지 수행한 교회의 공적 관계성에 관한 규범적 고찰을 토대로 하여, 필자는 기독교의 공공성 증진을 위한 몇 가지 윤리적 제안을 하고자 한다. 크게 두 가지를 생각할 것이다. 첫째, 공적 영역에 참여하고 또 공적 영향을 불러일으켜야 한다는 교회의 공적 사명에 관한 것이다. 교회는 본질적으로 공적이며, 그러기에 교회 밖 영역혹은 공적 영역에서 공공성을 구체적으로 드러내야 한다. 기독교의 복음을 변증하고 복음에 내포된 윤리적 함의와 정치·사회·문화적 이상을 찾아 세상과 소통해야 하며 또 구체적으로 인간의 역사 공간 안에서 하나님의 정의와 사랑을 구현하기 위해 공적으로 참여함을 통해 교회는 공적 본질을 구현해야 하는 것이다. 교회가 세상과 만나는 접촉면은 그야말로 전면적이다. 교회 밖 공적 영역을 구성하는 모든 체제들 곧 정치, 경제, 문화, 예술, 교육, 생태계 등의 체제들 모두를 교회의 공적 관계성 형성의 대상으로 삼아야 한다는 말이다. 필자는 스택하우스와 마찬가지로, 정치신학적 '사회에 대한 정치 이론화'를 경계하지만 그렇다고 정치 영역을 교회의 참여와 변혁의 대상에서 제외해서는 안 된다고 생각한다. 정치 영역에 앞서며 또 그 영역의 토대가 되는 다른 영역들에 대해 우선적인 관심을 가져야 하지만, 그렇다고 정치 영역에 참여하여 정책·제도·구조적 관점에서 기독교가 공적 영향을 발휘하는 것을 배제하지 않는다는 말이다. 다만 정치 영역과의 관계 형성과 그 영역에의 참여에 있어서 적절한 구분과 신중하고 지혜로운 접근이 요구된다. 한편으로 정치의 권력 지향적 속성을 고려하면서 교회의 정치 참여가 권력화로 귀결되지 않도록 주의해야 할 것이며 다른 한편으로 정치 영역과의 관계 형성이 정치권력으로 하여금 정치적 목적을 위해 교회를 도구화하는 결과에 이르지 않도록 경계해야 할 것이다.

둘째, 교회의 공적 정체성과 참여에 대한 신학적 정당화에 관한 것이다. 공적 실체로서의 교회의 공적 참여에 대한 신학적 정당화의 가장 중요한 근거는 신학적 인간론과 '주권적 섭리'론이다. 모든 인간은 하나님의 창조의 결과로서 천부적 존엄성을 부여 받았다는 신학적 인간 이해에 터하여, 교회는 정치사회 공동체 안에서 그러한 존엄성을 보존하고 신장하기 위한 사회윤리적 책무를 감당해야 하는 공적 주체인 것이다. 또한 하나님은 창조하신 세계를 예수 그리스도의 구속의 역사를 통해 드러난 지극한 사랑으로 지탱하시고 돌보시며 궁극적 완성으로 인도해 가시고자 한다는 '주권적 섭리'론에 터하여, 교회는 이러한 하나님의 섭리적 사랑에 응답하여 그 사랑이 미치는 인생과 세계와 역사의 영역에 들어가 '공적 언어와 행동'으로 소통하고 실천하여 공동의 선을 증진해야 하는 공적 정체성을 보유하고 있는 것이다. 여기서 우리는 하나님 사랑과 공공선에 대한 사랑 사이의 긍정적 연속성을 발견한다. 그러므로 교회는 하나님의 섭리적 사랑에 성실하게 반응하여 공적 영역과의 공동의 기반과 소통을 적극적으로 추구하되, 신정 체제를 열망해서도 안 될 것이며 반대로 도피주의 혹은 정적주의에 빠져서도 안 될 것이다. 이 둘을 경계하지 않는다면 기독교는 고유한 도덕적 영역을 확보하는 데 실패하고 말 것이다.

제 2 장

'율법과 복음'론과 '두 정부'론

이 장은 다음의 문헌을 수정·보완한 것이다. 이창호, "'율법과 복음'론과 '두 정부'론의 상관성과 사회윤리적 함의탐색: 루터와 바르트를 중심으로," 『기독교사회윤리』 34(2016), 139-174.

개신교 구원론은 기본적으로 개인적^{혹은 사적}이다. 하나님과 개별 신자 사이의 개인적인 영적 관계의 관점에서 구원이 논의된다는 뜻에서 그렇다. 이 개인적 구원에 관한 교리적 논의에서 '율법과 복음'은 근본적이다. 일반적으로 말해서 율법을 통해 죄를 인식·고백하고 복음에로 인도되며, 믿음으로 예수 그리스도의 복음을 수용함으로써 신적 의인^{義認}의 은총을 받게 되는 것이 이신칭의^{以信稱義} 구원론의 요체이다. 그렇다면 율법과 복음은 개인의 구원에 대해서만 하나님의 뜻과 계획을 알리는 계시의 통로로 간주되어야 하는가? 그렇지 않다. 종교개혁 신학자인 루터^{Martin Luther}와 칼뱅^{Jean Calvin}은 공히 율법의 시민적^{혹은 사회적} 기능을 말하는데, 여기서 율법은 정치사회 공동체를 규율하는 법적 제도적 질서의 근본 토대가 된다. 아울러 율법의 제3사용으로 알려진 칼뱅의 율법 이해에 따르면, 율법은 구원 받은 신자들의 교회 안팎의 삶^{혹은 성과 속의 삶}의 자리에서 그들의 윤리적 실천과 삶의 양식을 규율하고 안내하는 규범적 기준으로서 작용한다. 요컨대, 율법과 복음은 이신칭의 구원의 계시적 중추^{中樞}일 뿐 아니라 신앙 공동체와 정치사회 공동체를 포괄하는 전체 삶의 영역에서 신자들의 윤리적 실천과 정체성을 구성하는 규범적 토대가 되는 것이다.

이러한 율법과 복음의 사회윤리적 함의를 생각할 때, '율법과 복음'론을 사회윤리적 관점에서 검토하고 성찰하는 것은 기독교사회윤리 담론의 성숙을 위해 의미 있는 작업이 될 것이다. 특별히 기독교사회윤리 담론의 역사에서 기독교회와 신자들의 사회윤리적 삶을 논하는 가장 중요한 이론으로서 '두 정부'론^{혹은 '두 왕국'론}을 '율법과 복음'론과의 관계성의 관점에서 논구하는 작업 곧 두 이론 사이에 본질적인 연속성이 존재한다는 점, 후자가 전자의 이론적 토대가 된다는 점 등을 밝히는 작업은 구원의 삶의 개인적 차원과 사회적 차원을 통전적으로 해명하고 기독교사회윤리를 성경 계시의 총체적 기반 위에 구축하는 데 이바지할 것이다.

기독교 역사에서 이러한 연속성을 가장 두드러지게 탐색할 수 있는 대표적인 신학자들로는 루터, 칼뱅, 바르트 Karl Barth 등을 생각할 수 있다. 앞으로 상세히 살피겠지만, 루터는 두 이론 사이의 연속성에 대한 분명한 인식을 가지고 있는데, 특별히 '두 정부'론을 '율법과 복음'론과의 유비 혹은 연속성의 관점에서 또 성경을 근거로 하여 해명하려고 한다.[1] 칼뱅은 정치사회 공동체의 법적 체제적 토대를 율법과 복음을 포괄하는 하나님의 말씀에 두고 영적 정부와 세속 정부가 그 말씀의 규율과 방향제시를 따라 '거룩한 연방'을 향해 협력·전진해야 한다는 점을 역설하면서, '율법과 복음'론과 '두 정부'론을 긴밀히 연결시킨다. 바르트는 루터와 칼뱅과 마찬가지로 두 이론의 연속성에 대한 관념을 기본적으로 공유하면서도, 한 걸음 더 나아가 그리스도·중심적으로 율법과 복음 그리고 영적 정부와 세속 정부의 통일성을 강화하는 방향을 취한다. 바르트의 신학적 기획 안에서 한편으로 율법과 복음은 그리스도의 구속에 내포된 은혜와 선의善意의 원리를 중심으로 해서 '은혜의 말씀'으로서의 통전성을 확보하며 다른 한편으로 영적 정부와 세속 정부는 그리스도 안에서 또 그리스도에 뿌리를 두고 그리스도를 공동의 중심으

---

1   William H. Lazareth, *Christians in Society: Luther, the Bible, and Social Ethics* (Minneapolis: For-
     tress, 2001), x; 손규태, 『마르틴 루터의 신학사상과 윤리』(서울: 대한기독교서회, 2004), 182-185,
     362-369.

로 삼는 동심원적 일체성을 형성하며 공동의 목적인 하나님 나라를 함께 지향한다.

　　　본 장의 목적은 '율법과 복음'론과 '두 정부'론의 상관성을 논구하고 거기에 담긴 사회윤리적 함의를 탐색하는 것이다. 이 목적을 이루기 위해 루터, 칼뱅 그리고 바르트의 '율법과 복음'론과 '두 정부'론을 각각 다루고 이 두 이론 사이의 관계성을 유비 혹은 유사성의 관점에서 주로 해명할 것이다. 또한 세 학자를 비교·평가하면서 본 장에서 다루는 주제에 대한 담론의 넓이와 깊이를 심화하고자 한다. 이러한 탐구의 과정을 통해 기독교사회윤리의 중요한 규범적 실천적 통찰이 제시될 것이다. 마지막으로 몇 가지 윤리적 제안을 할 것인데, 이 제안들이 기독교회와 신자들의 윤리적 삶을 통전적으로 진술하고 기독교사회윤리를 성경 계시의 총체적 기반 위에 세우는 데 의미 있는 기여를 할 것으로 기대한다.

I 루터의 '율법과 복음'론과 '두 정부'론의 상관성

1. 루터의 '율법과 복음'론

1) 신적 기원과 율법과 복음의 구원론적 통전성

"기독교인의 자유"에서, 루터는 성경을 두 부분으로 나눈다. 곧 명령과 약속 혹은 율법과 복음이다. 율법은 우리가 무엇을 해야 하는지를 가르친다. 다시 말해, 인간의 삶에서 선한 것이 무엇인지를 가르친다. 그러나 율법의 이러한 가르침의 기능은 우리가 추구하고 행해야 할 '선한 것'을 실천할 수 있는 '능력'의 제공을 동반하지는 않는다. 오히려 율법은 선을 행할 수 없는 우리의 무능력과 무기력함을 일깨워준다. 바로 이 지점에서 하나님의 약속 곧 복음이 진정한 의미를 찾는다. 율법의 요구를 행함으로 얻을 수 없는 바를 하나님의 약속이 우리로 하여금 믿음을 통하여 이루고 또 얻게 해 준다. 하나님은 모든 것을 믿음에 의존하게 하셔서 믿음이 있는 이는 모든 것을 가질 수 있게 되지만, 믿음이 없는 이는 그러지 못하게 될 것이다. 그리하여 "[하나님의 약속은] 하나님의 계명들이 요구하는 바를 허락하고 또 율법이 요구하는 바를 이루게 한다. 그래서 모든 것이 오직 하나님께 속하게 될 것이다. … 하나님 홀로 명령하시고 또 이루신다."[2] 여기서 루터는 성경을 각각의 목적에 따라 두 부분으로 나누어 생각하지만 계명이 주어지는 것과 하나님의 약속 안에서 계명을 이루는 것은 오직 하나님의 주권에 달려 있다는 점을 역설하고 있는 것이다. 이런 맥락에서 율법과 복음 사이의 통일성^{혹은}연속성은 전체로서 말씀은 오직 하나님으로부터 왔고 또 하나님께 기름부음 받았다는 진실에 달려 있다는 것이 루터의 인식이다.

이러한 통일성은 이신칭의의 은혜에 이르기 위해서는 율법과 복음 모두를 설교해야 한다고 강조한 루터의 가르침에서도 찾을 수 있다. 세례 요한과는 달리 예수 그리스도는 회개를 요청하는 율법 말씀만 설교하지 않으셨다. 율법과 함께 복음 말씀도 설교하셨다는 것이다. 그러므로 예수 그리스도의 선포 양식을 따라, 설교자들은 둘 중에 하나만 전해서는 안 된다고 루터는 강조한다. "인간은 하나님의 율법의 위협과 두려움에 의해 자신을 발견하고 또 겸손하게 된 이후에 약속 안에서 믿음으로 위로받고 구원에 이를 수 있게 된다."[3] 말씀 수용을 통한 이신칭의의 과정은 하나님의 말씀으로서의 율법과 복음의 통전성에 상응한다. 이 둘은 서로 묶여 있어 떼어 놓을 수 없으며 율법의 작용과 더불어 복음의 역사를 총체적으로 고려하면서 구원론을 전개해야 한다는 것이다. 그러므로 믿음으로 말미암는 '하나님의 의롭다하심'은 오직 율법에 의해서라기보다는 율법으로부터 촉발된 죄인식과 회개 그리고 복음 수용을 통한 용서와 칭의의 체험이라는 '율법과 복음의 통전적 작용'의 결과라고 할 수 있는 것이다.

2   Martin Luther, "Freedom of a Christian," in *Martin Luther: Selections from His Writings*, ed. John Dillenberger (New York: Anchor Books, 1962), 57-58.
3   위의 글, 72-73.

2) 율법과 복음의 기능 이해

"갈라디아서 주석"에서 루터는 율법에는 두 가지 기능이 있다고 말한다. 하나는 '시민적' 기능이고 다른 하나는 '신학적 혹은 영적' 기능이다. 율법의 시민적 기능은 죄악된 세상에서 범법과 악행을 제어하는 기능을 가리킨다. 하나님은 정치 지도자들이나 부모, 교사, 법률의 수행 등을 통해서 이를 실현하신다. 이러한 시민적 기능은 한편으로 기본적인 사회질서나 평화와 같은 인간 공동체의 생존의 조건들을 확보하는데 필수적이기에 중요하며 다른 한편으로 복음의 진보가 인간의 악행에 의해 방해 받아서는 안 되기 때문에 중요하다.[4]

루터에 따르면, 율법의 신학적 혹은 영적 기능은 참되고 순전하다. 율법은 죄악됨을 드러내고 또 "범법을 증가시킨다increase transgressions." 이는 끊임없이 우리를 고소하고 또 하나님의 진노와 심판과 영벌 선고에 이르게 한다. 그야말로 죄인들에게 율법이란 "죽음의 망치요 지옥의 천둥과 신적 진노의 번개로 역사해서 모든 교만과 무지를 산산조각 내는" 하나님의 말씀인 것이다. 그러기에 죄인을 위한 하나님의 구원이라는 관점에서 율법은 매우 유익하고 필수적이라는 것이 루터의 확고한 신념이다.[5]

복음과 율법 사이의 차이를 강조하면서, 루터는 복음의 본질에 대해 역설한다. 복음은 죄인과 가장 무익한 이들에 대한 하나님의 자비이다. 하나님의 자비로 부름 받은 이들은 그리스도의 죽음으로 죄와 영

---

4   Martin Luther, "Commentary on Galatians," in *Martin Luther: Selections from His Writings*, ed. John Dillenberger (New York: Anchor Books, 1962), 139-140.
5   위의 글, 140-141.

원한 죽음에서 구원함을 받았고 또 십자가의 승리로 값없이 하나님의 선물 곧 은혜, 죄의 용서, 의로움과 영생 등을 받게 되었음을 굳게 믿는다.[6] 율법과 복음의 근본적 차이는 무엇인가? 율법의 '이중 기능'의 관점에서 생각해 보아야 한다. 첫째, 율법의 시민적 기능의 관점에서, 율법은 시민적 공적 영역에 관계한다. 복음은 인간 삶의 공적 혹은 외적 토대에 관계하지 않고, 구원이나 하나님과의 사귐과 연관된 영혼 혹은 내면의 문제를 관장한다. 둘째, 신학적 기능의 관점에서, 율법은 우리가 누구인지를 밝혀 주는데, 특별히 우리의 죄성과 유한성을 적나라하게 드러내 준다. 복음은 죄용서와 칭의의 은총을 가져다준다. 율법 자체에는 그 어떤 치유와 구원의 능력이 없다. 복음이 역사할 때, 구원에 이르게 되는 것이다. 요컨대, 예수 그리스도를 통한 하나님의 은혜의 역사의 전체성 안에서 율법과 복음은 각각의 기능에 따라 다르게 역사한다.

2. 두 이론의 상관성 모색[7]

이제 두 이론 사이에 유비 혹은 유사성이 존재함을 밝히면서 이 둘의 상관성을 탐색하고자 한다. 여기서 상관성은 둘 사이의 이론적 연속성을 내포하며, 특별히 '두 정부'론으로 전개되는 루터의 정치윤리는 '율법과 복음'론에 그 중요한 토대를 갖고 있다는 점을 드러내고자 하는 것이다. 율법과 복음의 통일성의 원천적 근거는 하나님이 말씀의 유

---

6   위의 글, 144-145.
7   루터의 '두 정부'론에 대해서는 1장에서 다룬 바를 참고하길 바란다.

일한 기원이 되신다는 점이듯이, 두 정부의 통일성은 이 둘을 기름 부어 세우신 궁극적 주체가 하나님이시라는 점에 기인한다. 곧 이 두 경우 모두에 있어, 신적 기원과 위임이 연속성을 결정하는 요인이 된다는 말이다. 또한 영역의 관점에서 유사성이 있다. 우리가 본 대로, 한편으로 율법의 시민적 기능은 정치사회 영역에서의 생존을 위한 외적 요건들과 관련이 있으며 다른 한편으로 복음은 개인적 차원에서 신자의 내적 영적 삶에 관계한다. 이는 '두 정부'론에도 적용된다. 한편으로 그리스도 왕국혹은 영적 정부은 인간의 내적·영적 영역을 관장하며 다른 한편으로 세속 왕국혹은 세속 정부은 인간 실존의 외적 요건들 곧 생존을 위한 물질적 기반, 사회적 실존을 위한 기본적 질서와 평화 등의 요건의 확보와 증진을 위해 존재한다.

한 가지 더 생각한다면, 구원이나 사회적 삶과 연관된 기독교인의 '정체성'의 관점이다. 기독교인의 정체성과 실존이 율법과 복음 모두를 통해 결정되듯이, 기독교인의 역사적 사회적 실존은 그리스도 왕국의 권위뿐 아니라 세속 정부의 권위 아래에서 형성되고 유지된다. 인간은 율법을 경험하지 않는다면 복음을 듣고자 하는 욕구를 가질 수 없다. 율법 없이 우리의 죄성을 인식·인정할 수 없으며, 더 나아가 구원을 위한 그리스도의 역사를 받아들일 수 없다. 하나님의 구원에 이르기 위해, 기독교인들에게 율법과 복음은 둘 다 필수불가결한 요건이다. 마찬가지로, 기독교인의 삶은 두 정부 모두를 필요로 한다. 두 정부는 구별되지만, 이 세상 속에서 이 둘은 모두 현존하며 다른 한 쪽이 없이는 충분하게 그 본래적 기능과 목적을 이룰 수 없다. 오직 그리스도 왕국만이 통치한다면, "악에게 고삐를 풀어 주는 꼴이 되고 온갖 악행을 저지를 수 있는 빗장을 푸는 셈이 될 것[이며], 세상은 영적인 일들을 받아들일 수도 없고 이해할 수 없게 될 것"이다.[8] 그러기에 세속 정부는 필요하다. 더욱이 기독교인들은 이웃을 사랑하기 위해 세속 정부를 사용할 수 있다는 루터의 권고를 여기서 주목할 필요가 있겠다. 이와 대비적으로, 세속 정부만이 정치적 권위를 행사한다면 '하나님 말씀에 순종함이 없는' 위선에 빠지고 말 것이다. 그러기에 교회는 세속 정부가 하나님의 뜻을 따라 그 공적 책무를 온전히 수행할 수 있도록 공적 지도자들과 봉사자들에게 말씀을 선포하고 가르쳐야 한다는 것이 루터의 생각이다.

Ⅱ 칼뱅의 '율법과 복음'론과 '두 정부'론의 상관성

1. 칼뱅의 '율법과 복음'론[9]

1) 신적 계시로서의 율법과 복음 말씀의 절대적 필요성

칼뱅의 인간 이해의 핵심에는 인간의 깨어짐과 부패가 자리 잡고 있다. 타락을 통하여 인간은 하나님으로부터 소외되고 그리하여 하나님의 형상이 상당한 수준으로 손상을 입게 되었다. 물론 완전히 파괴

---

8   Martin Luther, "Commentary on Galatians," 372.

9   이 부분은 다음의 문헌을 토대로 한 것임을 밝힌다. 이창호, 『신학적 윤리: 어거스틴, 아퀴나스, 루터, 칼뱅을 중심으로』(서울: 장로회신학대학교 출판부, 2021), 173-174, 181-186.

된 것은 아니지만 말이다. 우리의 자기 인식은 다름 아닌 죄성에 대한 인식이다. 칼뱅은 이러한 인식을 시편 51편 5절에 나오는 다윗의 죄 고백의 관점에서 설명한다. "[다윗은] 거기서 아버지와 어머니를 그들의 죄를 들어 비난하는 것이 아니다. 오히려 자신을 향한 하나님의 선하심을 칭송하기 위해 어머니가 잉태한 때로부터 자신은 악했음을 고백하고 있는 것이다."[10] 다른 곳에서 칼뱅은 인간 삶에 치명적인 악영향을 끼치는 죄의 힘을 강조한다. "인간의 마음은 완전히 하나님의 의로부터 이탈되어 있다. … 마음이 죄의 독에 흠뻑 절여 있어서 역겨운 악취 외에는 아무것도 숨 쉴 수가 없다."[11] 여기서 칼뱅은 인간에게 선한 것이 아무 것도 남지 않았다는 것을 말하는 것이 아니라 우리 인격의 모든 부분이 죄의 영향을 받고 있다는 점을 말하고 있는 것이다. 이러한 죄의 전방위적 영향력을 인정할 때, 인간은 그리스도께 온전히 의존할 수밖에 없게 된다.[12]

인간이 죄에 사로잡힘으로써 하나님에 대한 지식이 심각하게 왜곡되었다. 칼뱅은 인간 이성은 완전히 능력을 상실한 것은 아니라고 주장하는데,[13] 물론 그것이 온전히 선하거나 질서 있게 작용하는 것은 아니라는 점을 확인하면서 말이다.[14] 인간은 그런대로 이성적으로 혹은 합리적으로 살 수 없을 만큼 어두워진 것은 아니다. 그러나 이러한 긍정적인 측면을 감안하고서라도, 인간은 인간 지성을 통하여 하나님과 하나님 사

---

10 Jean Calvin, *Institutes of the Christian Religion*, ed. John T. McNeill and trans. Ford Lewis Battles (Philadelphia: Westminster, 1960), II. 1. 5.

11 위의 책, II. 5. 19.

12 William J. Bouwsma, "The Spirituality of John Calvin," in *Christian Spirituality: High Middle Ages and Reformation*, ed. Jill Raitt (New York: The Crossroad Publishing Company, 1987), 326.

13 Jean Calvin, *Institutes of the Christian Religion*, II. 2. 12-16.

14 위의 책, II. 2. 24.

랑에 대한 참다운 지식에 이를 수 없다. "영적 통찰은 크게 세 가지 영역에 있다: 1 하나님을 알기; 2 거기에 우리의 구원이 있는 바, 우리를 위한 하나님의 아버지로서의 사랑을 알기; 3 하나님의 법을 따라 우리 삶을 어떻게 구성해야 하는지를 알기. 첫 번째와 두 번째의 경우 — 특히 두 번째 — 위대한 천재도 두더지 보다 더 어둡다."[15] 인간이 하나님을 알 수 있는 능력을 갖추고 있지 못하다는 점을 고려하면서, 칼뱅은 하나님에 대한 참된 지식의 추구는 하나님과 떨어져서는 가능하지 않다는 점을 강조한다. 그러므로 예수 그리스도 안에서 주어진 바로서의 하나님의 은혜는 인간이 하나님과 관계를 회복하고 또 참된 하나님의 지식에 이르는 데 필수적이다.

칼뱅은 『기독교강요』를 다음과 같이 시작한다. "우리가 소유하는 거의 모든 지식 곧 참되고 건전한 지혜는 두 부분으로 되어 있다. 곧 하나님의 지식과 우리 자신에 대한 지식이다."[16] 인생의 궁극적 목적은 하나님을 아는 것이다. 모든 참된 지식은 오직 하나님으로부터 온다. 기독교인의 삶은 하나님 지식 없이 현실적으로 불가능하다. 어떻게 인간이 하나님 지식을 획득할 수 있는가? 앞에서 본 대로, 칼뱅은 이 지식에 관한 인간의 능력에 대해 부정적이다. "우리가 하나님에 대해 생각하는 것이 무엇이든, 어리석고 또 무엇을 말하든 얼빠진 소리다."[17] 인간의 마음은 너무나 연약하여 하나님을 이해할 수 없고, 오직 "하나님의 거룩한 말씀이 도와 주셔야 한다."[18] 그러므로 우리가 하나님을 탐구하고

---

15 위의 책, II. 2. 18.
16 위의 책, I. 1. 1.
17 위의 책, I. 13. 3.
18 위의 책, I. 6. 4.

또 알기를 원한다면, 우리는 하나님의 인도하심을 받아야 한다. "성경의 제자가 되지 않는다면, 바르고 건전한 교리 가운데 털끝만큼도" 제대로 인식할 수 없다.[19] 그러므로 "십자가의 설교가 인간의 본능과 부합되지 않는다 하더라도, 창조자이시오 주관자가 되시는 하나님께로 돌아가서, … 다시 하나님의 아들딸이 되기를 원한다면 우리는 겸손하게 [그 말씀을] 받아들여야 할 것이다[롬 1:16; 고전 1:24 비교]."[20] 여기서 칼뱅은 구원을 위한 하나님 지식에 이르기 위해 신적 계시 곧 성경 말씀은 필수불가결한 요소가 된다는 점을 역설하고 있는 것이다.

2) 율법 말씀의 세 가지 기능

칼뱅은 율법 말씀의 세 가지 기능을 말한다. 첫째, 신학적 기능이다. 율법 말씀은 죄와 악함을 드러내고 회개와 구원에 이르게 한다. 비유하자면, 거울과 같은 기능이다. 우리의 있는 그대로의 모습을 보게 한다. 특히 거룩한 말씀에 비추어 나의 존재와 행위의 거룩하지 못함과 죄악됨을 드러나게 하고 또 인정하게 한다. 다시 말해, 영적 가난, 연약함, 불의, 죄악됨 등을 직시하게 하고 더 나아가 연약함과 죄악됨을 인정하고 고백하게 한다. 믿지 않는 이들을 끊임없이 고발하고 하나님의 심판의 자리에 이르게 한다. 그런데 율법의 신학적 기능은 저주와 심판으로 끝나지 않는다. 유한하고 죄악된 모습을 적나라하게 드러내주어 예수 그리스도의 구속의 은총 없이는 구원받을 수 없음을 인정하게 할 뿐 아

---

19   위의 책, I.6.2.
20   위의 책, II.6.1.

니라 복음 말씀 곧 구원의 복음에로 인도하는 역할을 하는 것이다.[21] 갈라디아서 표현을 빌리자면, 복음에로 이끄는 '초등교사'로서 기능하는 것이다[갈 3장].

둘째, 시민법적[혹은 사회적] 기능이다. 시민법은 비유하자면 정치사회 공동체라는 몸을 구성하는 가장 강력한 근육과도 같다.[22] 모든 시민법은 자연법에 기원이 있다고 보는데, 칼뱅에게 자연법은 인간의 마음속에 하나님이 심겨 놓으신 것으로서 '공평의 지배' rule of equity 이다. 모든 시민법은 도덕법 곧 십계명을 기준으로 판단해야 하는데, 도덕법의 핵심은 '사랑의 영원한 지배'이다. "도덕법이라 일컫는 하나님의 법은 다름 아닌 자연법과 양심의 증언이다. 이 공평의 지배는 인간의 양심에 새겨져 있다. 그리하여 이 사랑의 영원한 지배 혹은 공평의 지배가 모든 법의 목적이요 규율이어야 한다."[23] 하나님이 율법 말씀을 주신 이유는 타락 이후 인간의 악행과 범법을 제어하여 인간 공동체에 평화와 질서를 확보해 주시기 위함이다.

사람들이 공동체를 이루어 살아가면서 사회적 생존을 위해 필요한 평화와 질서를 확보하고 유지하기 위해 공동체 구성원들이 존중하고 또 준수해야 할 윤리적 합의와 법적 제도적 체제가 있다. 그런데 이것을 어기고 무력화한다. 범법과 악행을 저지르는 이들이 존재하는 것이다. 그대로 내버려 두면 평화와 질서에 큰 타격을 줄 수 있고 공동체적 실존이 불가능한 혼란과 무질서에 빠질 수 있기 때문에, 이러한 범법과 악행을 율법을 통해 통제하고 제어해야 하는 것이다.

---

21 위의 책, II.7.6-9.
22 위의 책, IV.20.14.
23 위의 책, IV.20.16.

셋째, 율법의 제3사용이다. 칼뱅에 따르면, 이것은 율법의 가장 중요한 기능으로서, 신자들이 하나님 뜻의 본질을 선명하게 이해할 수 있도록 하며 또 지속적으로 그 뜻을 행하도록 권고하고 자극한다. 복음 말씀을 수용하여 신자가 되고 또 하나님의 백성이 된 사람들이 어떻게 살아야 하는지에 대한 응답으로서 규범적 방향성과 기준을 제시하는 것이다. 다시 말해, 여기서 율법은 신자들의 도덕적 판단과 선택 그리고 행동을 규율하고 안내하는 궁극적 규범으로서 작용한다.

율법의 제3사용의 문제는 칼뱅의 성화론과 연계해서 논구할 필요가 있다. 쿠엔호벤 Jesse Couenhoven 은 칼뱅이 칭의와 성화 사이에 균형을 맞추길 원하지만 후자를 좀 더 강조한다고 보면서, 그 중요한 이유로서 "『기독교강요』에서 칭의 보다 성화에 대해 더 먼저 또 더 길게 다룬" 점을 든다.[24] 칼뱅의 성화에 대한 강조는 율법의 제3사용에 대한 그의 강조와 연결된다. 칼뱅에게 이것은 율법의 주된 용법인데, 이는 신자들로 "매일 주의 뜻을 더 철저하게 배우도록" 한다.[25] 성경은 끊임없이 신자들로 하여금 그들의 삶을 하나님의 뜻에 맞추도록 도전하는데, 그 뜻이란 신자들이 그들의 삶에서 표현해야 할 예수 그리스도의 본﹡인 것이다.[26] 다만 율법에 입각한 삶의 변화 추구를 인간·주도적 행위로 이해하지 않는다. 오히려 이는 성령의 역사의 결과이다.[27] 칭의와 성화는 은혜 안에서 주어지는 바인데, 믿음의 이중적 열매 곧 삶의 갱생과 의의 전가이다. 기독교인들은 의롭다함을 받으며 은혜 가운데 선행의 열매를

---

24 Jesse Couenhoven, "Grace as Pardon and Power: Pictures of the Christian Life in Luther, Calvin, and Barth," *Journal of Religious Ethics* 28 (2000), 72.

25 Jean Calvin, *Institutes of the Christian Religion*, II.7.12.

26 위의 책, III.6.2-3.

27 위의 책, III.2.11.

맺는다. 그리하여 칼뱅은 '선행의 은혜' the grace of good works 를 말한다. "하나님의 모든 은사가 우리에게 주어질 때 … 그것들은 하나님의 얼굴의 광채와 같다. 그 광채가 우리를 조명하여 그 선함의 지고의 빛을 묵상하고 깨닫게 돕는다. 이것은 선행의 은혜에서도 마찬가지이다. 이 [선행의 은혜]는 양자의 영이 우리에게 주어짐을 증거한다."[28]

3) 자연법과 율법 그리고 복음의 연속성

칼뱅에 따르면, 자연법과 모세의 율법 사이에 큰 차이는 없다. 새로운 내용이 후자에 첨가되지 않았다는 것이다. 무지와 교만으로 어두워져 이성과 양심을 통한 자연법 인식에 문제가 생겼기에, 하나님은 모세의 율법과 같은 성문법을 주셔서 자연법의 내용에 좀 더 충실히 접근할 수 있게 하신 것이다. 더 나아가 예수 그리스도가 주신 말씀보다 모세의 율법이 열등하다고 보아서는 안 된다고 칼뱅은 주장한다. 후자가 뭔가 부족하기에 예수께서 무언가를 덧붙여 더 주신 것이 아니라는 말이다. 다시 말해, 그리스도는 율법을 통해서도 율법 말씀의 수용자들에게 드러나셨으나 복음 안에서 더 분명하게 알려지신다는 것이 칼뱅의 이해인 것이다.

율법은 경건한 사람들이 그리스도의 재림을 기다리며 믿음을 견지하는 데 유익하지만, 그가 임하실 때 더 큰 빛을 보게 될 것을 소망해야만 한다. 이런 이유로 베드로는 "이 구원에 대하여는 너희에게 임할

---

28 위의 책, III. 14. 18.

은혜를 예언하던 선지자들이 연구하고 부지런히 살펴서"^{벧전 1:10}라고 말했다. 또한 "이 섬긴 바가 자기를 [혹은 이 세대를] 위한 것이 아니요" 복음을 통하여 "이제 너희에게 알린 것"이다^{벧전 1:12}. 이것들[이제 너희에게 알린 것]을 듣게 되는 것이 고대인들에게 무익하거나 심지어 선지자들에게 아무 가치가 없는 것이 아니라, 오히려 하나님이 그들을 통해 우리에게 전수해 준 보물을 그들이 소유하지 못했을 뿐이다! 그들이 증언한 그 은혜가 오늘 우리 눈앞에 놓여 있다. 그들은 그 은혜의 한 부분을 조금 맛보았을 뿐이지만 우리는 좀 더 넉넉하게 즐길 수 있게 되었다. 그러므로 그리스도께서 모세가 자기를 증언했다고 선언하시면서도^{요 5:46}, 우리가 유대인들보다 더 많이 그 은혜를 받았기에, 그 은혜의 크기를 칭송하셨다.[29]

최윤배는 칼뱅 당시 사람들이 율법은 '행위를 통한 공로'의 관점에서 그리고 복음은 '은혜로 전가된 의'의 관점에서 이분법적으로 이해한 것에 대해 칼뱅이 비판한 점을 들면서, 이 둘 사이에는 '내용적으로 상대적 차이'만 존재한다는 점을 밝힌다.[30] 하나님의 법을 전체로 볼 때, 복음이 갖고 있는 차별성은 '드러남의 선명성'이라는 것이다. 다시 말해, 율법과 복음의 차이는 '계시의 명료도'의 차이라는 것이 칼뱅의 인식인 것이다.[31] 요컨대, 복음은 구약의 율법을 능가하지 않는다. 그러나 모세의 율법이 자연법을 더 분명하게 해석하는 것처럼, 복음은 율법을 더욱 분명하게 이해할 수 있게 한다. '최상의 해석자'이며 '완전함으로

---

29 위의 책, II.9.1.
30 최윤배, 『칼뱅신학 입문』(서울: 장로회신학대학교 출판부, 2012), 149.
31 Jean Calvin, *Institutes of the Christian Religion*, II.9.4.; 최윤배, 『칼뱅신학 입문』, 149.

회복하신 분'이신 예수 그리스도는 복음을 통해 율법의 내용을 선명하게 드러내신다.

2. 두 이론의 상관성 모색[32]

　　루터와 마찬가지로, 칼뱅에게 율법과 복음의 통일성 그리고 두 정부 사이의 통일성의 원천적 근거는 하나님이 유일한 기원과 위임의 근원이 되신다는 점이다. 다만 칼뱅은 한편으로 율법과 복음을 관통하는 내용적 토대로서 사랑의 영원한 지배를 강조하고 다른 한편으로 세속 정부와 영적 정부 사이의 통일성을 그러한 지배의 일관성에 근거 지움으로써 두 정부 사이의 구분보다 연속성에 좀 더 큰 비중을 허용한다.

　　다음으로 통치 영역의 관점에서 상관성을 탐색해 보자. 대별하여 정리한다면, 한편으로 율법은 교회 밖 정치사회 영역에서 도덕적 사회적 삶을 규율하는 규범적 토대로 작용하며 다른 한편으로 복음은 개별 신자의 영혼을 규율한다. 칼뱅은 루터의 접근과 유사하게 둘 사이의 구분으로부터 출발하지만 '연속성'에 더 큰 비중을 두고 해석될 수 있는 여지를 남긴다. 율법의 제3사용이라는 개념을 통해 율법-복음-율법의 구도로 신자의 영적 삶을 통전적으로 해명함으로써 칼뱅은 율법 말씀을 시민적 차원뿐 아니라 개별 신자의 영적 차원에서도 주목한다. '두 정부'론에서도 이와 유사한 양상을 탐색할 수 있다. 루터와 마찬가지로, 칼뱅은 기본적으로 영적 정부는 인간의 영혼의 삶을 다스리는 반면 세

32　칼뱅의 '두 정부'론에 대해서는 1장에서 다룬 바를 참고하길 바란다.

속 정부는 구성원들의 시민적 정치사회적 삶을 관장한다는 의미에서 둘 사이의 구분을 말한다. 그러나 칼뱅은 구분을 넘어서 연속성의 관점에서 두 정부 사이의 관계성을 이해할 수 있는 여지를 많이 남겨둔다. 세속 정부의 운영을 위한 법적 제도적 토대는 그 심층에 있어 율법과 복음을 포괄하는 하나님 말씀이다. 시민적 용법으로서의 율법은 범법과 악행을 응징하는 정의의 구현을 기본으로 하지만, 칼뱅의 '두 정부'론은 복음의 '사랑'의 정신을 반영할 규범적 공간을 마련한다. 법적 제도적 질서는 궁극적으로 사랑의 영원한 지배를 반영해야 한다는 칼뱅의 가르침을 여기서 주목해야 한다. 또한 율법이 개별 신자의 삶에서 죄에 대한 경고와 심판의 기능을 수행함으로 복음에로 이끄는 작용을 하는 것에 그치지 않고 복음 수용 이후 거룩한 존재로의 변화를 견인하는 기준과 동력의 장치로 작동하는 것에 상응하여, 그것이 사회적 시민적 용법의 관점에서 정치사회적 생존의 요건 마련과 증진을 위해 기능할 뿐 아니라 성과 속을 포괄하는 전체 사회의 거룩한 연방에로의 전진과 변화를 위한 사회윤리적 동력과 기준으로서 작용할 수 있는 여지를 칼뱅은 마련해 둔다.

　　마지막으로 칼뱅은 루터와 마찬가지로 기독교인의 영적인 삶은 율법과 복음의 총체적인 역사에 기초하며 기독교인의 정치사회적 실존은 영적 정부와 세속 정부 모두의 권위 아래서 구성된다는 점을 견지한다. 그러나 루터와 달리, 칼뱅은 기독교인의 영적이면서 정치사회적인 실존을 구성하는 데 있어 율법과 복음 그리고 세속 정부와 영적 정부가 좀 더 긴밀한 연관을 가지고 작용해야 함을 강조한다. 율법이 심판과 정죄의 장치로서 죄인을 복음으로 인도하는 초등교사의 역할을 감당하는 데 머물지 않고 복음 수용을 통해 칭의의 은혜를 받은 신자들이 성화^{혹은}

거룩함에 이르게 하는 '희망의 계시'로 작용해야 한다고 강조함으로써 칼뱅은 기독교인의 영적인 정체성 형성이 복음만이 아니라 율법의 역사를 통해 이루어져야 한다는 하나의 '총체적' 관점을 견지한다. 이에 상응하여, 세속 정부는 영적 정부인 교회의 입지와 건전한 신앙을 강화하는 데 기여함을 통해서 또 영적 정부는 세속 정부가 율법의 규범적 원리와 방향성을 온전히 구현하도록 돕는 안내자의 역할을 감당함을 통해서 하나님의 주권이 '총체적으로' 구현되는 거룩한 공동체를 지향해야 한다는 '희망적인 사회적 기획'을 칼뱅은 역설한다.

III 바르트의 '율법과 복음'론과 '두 정부'론의 상관성

1. 바르트의 '율법과 복음'론

1) 하나님의 구원론적 결의의 관점에서 본 율법과 복음 이해

바르트에 따르면, 예수 그리스도의 복음은 '태초에' 이루어진 성부 하나님의 영원한 결의 God's eternal decree 에 기원을 둔다. 바르트에게 있어 이 하나님의 결의는 예수 그리스도와 예수 그리스도가 선포한 복음의 결정적인 토대이다.[33] 이 결의는 삼위일체 하나님의 '밖을 향한' ad extra 〈아드 엑스트라〉 신적 행위들의 기초가 될 뿐 아니라 인간과 피조 세계를 향한 하나님의 자유롭고 또 한결같은 은혜의 표현이기도 하다. 그러므로 이 결의 안에서 하나님은 예수 그리스도를 통해 인류의 죄악됨과 그 결과를 감당하시기로 또 예수 그리스도 안에서 죄악된 인간을 선택하여 하나님의 구원의 영광에 참여케 하시기로, 스스로 선택·결정하신 것이다.[34] 이 결의의 관점에서 복음의 메시지를 평가할 때, 예수 그리스도의 복음은 오직 기쁨의 복음 곧 구원과 은혜의 신적 '선의'善意만을 내포하는 복음이 되는 것이다.

　　이런 맥락에서 바르트의 죄론은 하나님의 영원한 결의의 관점에서 적절하게 이해될 수 있다. 하나님은 왜 인간의 죄와 악의 실재를 허용하시는가? 바르트는 하나님의 자유에 근거하여 응답한다. 하나님은 창조 이전 자유로운 신적 의지의 결정 안에서 죄와 악이 존재하도록 허용하셨다. 관계적 실존을 신적 본질로 하시는 하나님은 삼위일체 하나님의 밖을 향한 핵심적 활동으로서 피조물 인간과 언약의 관계를 맺고자 하시는데, 그 언약의 대상인 인간이 죄인이기에 하나님은 예수 그리스도 안에서 스스로 인간의 죄와 악을 감당하기로 결정하신 것이다.[35] 뿐만 아니라 영원 전부터 하나님은 언약의 파트너인 인간을 위하여 복과 생명과 구원을 선사하기로 결정하셨다. 하나님의 죄 허용은 바로 하나님의 이러한 자유로운 선택혹은 결정의 관점에서 이해되어야 한다. "하나님의 긍정적 의지와 선택은 오직 그의 영광의 넘쳐남이며 인간의 복과 영생이다. 유혹과 타락에 인간이 쉽게 넘어지도록 허용하신 것조차

---

33 Karl Barth, *Die Kirchliche Dogmatik, Church Dogmatics* II/2, ed. Thomas F. Torrance and Geoffrey W. Bromiley, trans. Geoffrey W. Bromiley and J. C. Campbell et al. (Edinburgh: T.&T. Clark, 1957), 94-195.

34 위의 책, 94.

35 위의 책, 168-185.

도 심지어 죄를 허용하신 것도 언제나 하나님이 의지적으로 뜻하신 것이다. ⋯ 하나님은 그의 영광의 빛을 자신에게만 비추는 것이 아니라 자신의 밖을 향해서도 비추도록 의지적으로 결단하셨기에, 인간을 이 영광의 증언자로 세우기로 의지적으로 결단하셨기에, 오직 이런 까닭에 악을 의지적으로 허용하신다."[36] 그러므로 하나님은 하나님의 신적 명령에 대한 인간의 자유로운 복종과 예수 그리스도 안에서 주어지는 구원의 은총에 대한 자유로운 응답을 보장하기 위해 죄와 악을 허용하셨다고 볼 수 있다.[37] 바르트가 분명하게 밝히고 있는 대로, 하나님의 구원을 향한 긍정적 의지가 지배적이고 하나님의 죄의 허용은 종속적이다.[38]

여기서 복음과 율법의 관계성을 검토할 필요가 있다. 바르트에게 인간을 비롯한 피조 세계의 구원을 위한 하나님의 선의가 지배적이라는 점에 상응하여, 복음은 율법에 대하여 주도적 입지를 갖는다. 다시 말해, 율법의 의미와 기능은 복음과의 관계성 속에서만 바로 이해될 수 있다는 것이다. 율법의 의미는 '지배적인' 하나님의 긍정적인 의지를 요체로 하는 복음의 빛 안에서 해명되어야 한다. 율법은 하나님의 구원을 현실화하는 데 기여하는 방향에서 그 본질적 의미와 기능을 찾을 수 있고 또 그렇게 되어야 한다. 율법은 예수 그리스도 안에서 결정적으로 드러난 바대로 '의롭다 인정하는 은혜의 복음'만이 죄사함과 구원의 길을 열어 줄 수 있다는 점을 필연적으로 인식하고 또 수용하게 하는 데 기여할 때 그 존재 의미가 있는 것이다. 바르트는 율법은 복음과 별개로 독립적 지위를 보유할 수 있는 성격의 말씀이 아니라 복음과의 연관성

---

36 위의 책, 170.
37 Herbert Hartwell, *The Theology of Karl Barth: An Introduction* (London: Duckworth, 1964), 122.
38 위의 책, 172.

속에서만 그 지위와 의미를 온전히 파악하고 또 설명할 수 있다는 점을 역설하고 있는 것이다. "율법은 복음이 아닌 것처럼, 복음은 율법이 아니다. 율법은 복음 안에서 주어졌으며 처음부터 끝까지 복음과 함께 전개되기 때문에 우리는 율법을 알기 위해 무엇보다도 먼저 복음을 알아야 한다."[39] 이런 맥락에서 바르트는 율법과 복음 사이의 구분혹은 차이 보다는 연속성혹은 단일성에 비중을 두고 해석하는 것이 더 적절하다고 본다. 다시 말해, 율법과 복음은 모두 은혜의 말씀이라는 관념의 빛 아래서 볼 때 동일한 하나님의 말씀으로서 '단일체적으로' 해석하는 것이 더 타당하다고 강조하는 것이다.

바르트에게 복음은 예수 그리스도를 통해 결정적으로 드러난 하나님 사랑의 계시이며 그 본질은 한 마디로 '은혜'이다. 복음의 빛으로부터 율법을 이해한다면 율법의 본질 역시 은혜요 예수 그리스도를 지향한다. 은혜의 말씀으로서 율법과 복음은 총체적으로 예수 그리스도를 증거하며 영원한 신적 결의 곧 영원 전에 예수 그리스도 안에서 인간과 구원의 언약을 맺기로 결정하신 하나님의 자발적인 은혜의 결의에 달려 있다. 이런 맥락에서 율법은 구속사적 질서 곧 창조-화해-구속의 질서 안에서 은혜의 말씀으로 이해되는데, '예수 그리스도의 복음 수용을 통한 구속의 성취까지의 과정'의 관점에서 율법은 하나님의 은혜의 역사의 과정적 총체성을 구성하는 본질적 요소가 된다는 말이다.[40]

---

39 Karl Barth, *Evangelium und Gesetz*, 5. Robert E. Willis, *The Ethics of Karl Barth* (Leiden: E. J. Brill, 1971), 152에서 재인용.

40 Robert E. Willis, *The Ethics of Karl Barth*, 152-153.

2) '칭의와 성화'론의 관점에서 본 율법과 복음 이해

바르트는 율법주의와 율법폐기론^{혹은 무규범주의}의 위험을 피하기 위해서 신중하게 칭의와 성화 사이의 균형을 맞추려 한다. 둘 사이의 구분과 연속성을 견지하면서 자신의 '균형'론을 전개한다. 먼저 구분으로 시작한다. 바르트에게 칭의와 성화는 원천적인 구원의 사건의 다른 두 양상이다. 바르트는 예수 그리스도가 이루신 구원 사건의 동일성을 견지하면서 그분의 인격과 사역의 관점에서 이 둘을 구분한다.[41] "예수 그리스도가 한 인격 안에서 참 하나님이요 참 인간이라는 점은 그의 참된 신성과 그의 참된 인간성이 동일한 것이라는 것을 의미하거나 이 둘이 서로 호환될 수 있다는 것을 의미하는 것이 아니다. 마찬가지로, 피조물 인간의 자리까지 자신을 낮추신 하나님의 아들 예수 그리스도의 현실과 하나님과의 교제의 자리로 높임 받은 사람의 아들은 한 분이지만, 그 낮춤과 높임 받음은 동일한 것은 아니다."[42] 여기에서 우리는 칭의와 성화는 동일하지 않으며 어느 한쪽으로 포섭되거나 혼합될 수 없다는 점을 추론할 수 있다.[43] 한편으로 구분이 견지되지 않고 성화가 칭의를 포섭하여 종속의 관계가 되면 칭의의 교리는 율법주의에 빠질 위험이 있다. 다른 한편으로 칭의가 성화를 완전히 지배하여 성화마저도 법정적 의미에서의 의의 전가로만 이해된다면 성화의 교리는 그리스도의 거룩함을 향한 변화의 동기와 동력을 잃게 될 것이다.

---

41   이창호, "하나님의 사랑과 인간의 사랑, 그 같음과 다름에 관한 신학적·윤리적 연구," 『기독교사회윤리』 22 (2011), 279.

42   Karl Barth, *Die Kirchliche Dogmatik, Church Dogmatics* IV/2, ed. Thomas F. Torrance and Geoffrey W. Bromiley, trans. Geoffrey W. Bromiley (Edinburgh: T.&T. Clark, 1958), 503.

43   위의 책.

다음으로 바르트는 이 둘 사이의 연속성을 말한다. 이 둘 사이의 상호연관성을 포착하지 못한다면, 한편으로 기독교 구원론은 이른바 '값싼 은혜' 신앙이나 이것과 연관된 정적주의에 빠지게 될 것이고 다른 한편으로 하나님의 은혜로부터 완전히 분리된 잘못된 행동주의로 귀결될 위험이 있다고 우려한다.[44] 이런 맥락에서 "그 안에서 이 둘이 함께 발생하고 효력을 발생하는 바, 살아계신 예수 그리스도가 동시에 참 하나님이며 또 참 인간이듯이,"[45] 칭의와 성화는 별개의 양상으로 발생하는 것이 아니라 '동시에 그리고 함께' 발생한다. 이 점에서 바르트의 견해를 루터와 칼뱅 사이의 어떤 지점에 위치시킬 수 있다. 균형을 맞추고자 하지만, 바르트는 율법주의를 좀 더 경계하는 것으로 보이고 또 성화보다는 칭의에 좀 더 비중을 두고 있는 듯하다. 칭의 받은 신자들의 거룩한 변화도 철저하게 하나님의 은혜의 맥락에서 통전적으로 이해하고자 하는 바르트의 강조점을 감지할 수 있는 대목이다. 바르트는 성화의 과정에서 인간의 행위와 하나님의 행위를 동일시하는 것을 경계한다. 다시 말해, 성화는 인간의 힘으로는 도무지 다다를 수 없는 목적이기에, 하나님의 구원의 은총에 철저하게 의존해야 한다는 것이다.[46]

칭의와 성화의 관계성의 관점에서 바르트의 '율법과 복음'론을 검토할 때 우리는 이 이론에 대한 좀 더 온전한 이해에 이를 수 있다. 칭의와 성화의 연속성을 견지하듯이 바르트는 율법과 복음의 연속성을 강조하는데, 무엇보다도 구원론적 맥락 안에서 복음 안에 계시된 하나

---

44 위의 책. 505.
45 위의 책. 507.
46 이창호, "하나님의 사랑과 인간의 사랑, 그 같음과 다름에 관한 신학적·윤리적 연구," 280-281.

님의 구원의 긍정적 의도가 지배적이기 때문이다. 그럼에도 일치^{혹은 연속}^성만을 강조했을 때 칭의·일변도의 구원론과 도덕적 영적 변화를 배제하는 기독교윤리로 귀결될 수 있다는 점을 감지하면서, 바르트는 '율법 없는 복음'의 이론이 '값싼 은혜'론의 굳건한 토대가 되는 것을 막기 위해 율법과 복음 사이의 차이를 존중하고자 한다.

앞에서 살핀 대로, 율법은 구속사적 질서와 복음과의 총체성 안에서 자기 의를 목적으로 하는 공로주의적 율법 수행의 무의미성을 밝히고 결국 예수 그리스도만이 구원의 길이라는 진실을 받아들이게 함으로써 완성된다. 특별히 복음과의 연관성 속에서의 율법의 완성이라는 주제는 '성자 예수를 통한 성부 하나님의 구원의 역사'의 관점에서 정확하게 해명된다. 하나님은 율법을 제정하시고 명령하시는 분일 뿐 아니라 스스로 그 율법을 완수하신 분이다. 율법의 제정자와 완수자로서의 하나님에 대한 신앙이 율법의 정당성의 근거가 되는 것이다. 하나님이 이렇게 율법을 완수하심으로써 인간은 율법의 굴레 곧 하나님과의 단절 상태에서 율법을 수행함으로써 저주와 죽음에 이르게 되는 자기애적^{自己愛的} 율법 추구의 굴레로부터 해방되는 길을 얻게 되었으며, 이 길을 따라감으로써 인간은 이제 자발적으로^{혹은 참된 자유 가운데} 하나님의 주권을 인정하며 율법에 계시된 하나님의 의에 봉사하게 되는 것이다.[47]

---

[47] Robert E. Willis, *The Ethics of Karl Barth*, 154-155.

2. 바르트의 '두 정부'론

바르트의 '두 정부'론 곧 교회와 국가혹은 영적 정부와 세속 정부에 관한 이론의 초기 단계를 탐색할 수 있는 대표적인 문헌은 『로마서 강해』 제2판이다. 여기서 우리는 국가에 대한 어거스틴적的 이해의 흔적을 찾을수 있다. 어거스틴이 세속 도성으로 칭하는 세속 정부는 악이다. 선으로서의 신의 도성과 대립적 관계에 있는 정부인 것이다. 다만 미묘한 차이가 존재한다. 어거스틴은 역사적 정치사회적 제도로서의 국가를 세속도성과 동일시하지 않으며 국가 공동체 안에 신의 도성 사람들도 함께존재한다는 점을 들어 국가라는 정치사회 공동체를 그 자체로 악으로규정하지 않는 반면, 바르트는 악으로 규정한다. 악으로서의 국가는 하나님의 심판의 도구로서 그 본질적 기능을 수행한다. 하나님은 "[국가권력이라는] 질서가 인간의 악한 행동인간 행동 가운데 그 어떤 것이 악이 아닌 것이 있는가?을 하나님의 심판 아래 세워 [놓는데], 이것을 위해 그 질서가 '세워짐을 받은 것이다.'"[48] 하나님은 국가를 도구로 삼아 죄악으로 점철된 인간의 역사를 심판하시는 것이다. 바르트의 이러한 관념은 제1차 세계대전에 대한 비극적 경험을 통해 강화되었다고 평가할 수 있다. 인류와 인간 문명의 본질이 죄악됨에 있으며, 그 죄악됨이 역사적으로 첨예하게그리고 광범위하게 현실화되어 폭발한 것이 세계대전이라는 것이다. 인류 공동체와 세계 문명의 악으로의 경도에 대해 하나님이 역사적으로 심판을 행하신 것이며, 국가를 그 심판의 도구로 삼으신다고 바르트는 생각한다.[49] 이 때 국가권력과 그 공적 권력의 수행자들은 "악한 것

48　Karl Barth, *Der Römerbrief*, 조남홍 역, 『로마서 강해』(서울: 한들, 1997), 748.

을 행하는 사람들에게 진노를 집행하는 자로서의 하나님의 일꾼"으로 작용한다.[50] 여기서 바르트는 전체 창조 세계와 인류를 향하신 하나님의 애정 어린 섭리를 구현하는 통로로서 정치권력이 사회적 질서와 평화, 생존의 물적 기반 등을 마련한다는 목적론적 의미에서 국가의 정치사회적 순기능을 상정하지 않는다. 뿐만 아니라, 신학적 관점에서 국가와 같은 정치사회 공동체가 순기능적으로 하나님 나라 건설에 이바지할 여지를 전혀 허용하지 않는다.

교회는 그 존재론적 본질에 있어서 국가와 매우 흡사하다. 교회는 여느 정치사회 공동체들과 마찬가지로 하나님 나라 건설에 의미 있는 기여를 하도록 부름 받은 신적 도구가 아니다. 오히려 죄악된 인류의 역사와 현실을 여실히 드러내는 존재일 뿐이다. 김명용은 이 점을 적시한다. "인간들의 공동체인 교회 역시 신의 무덤에 불과하다. 국가이든 교회이든 하나님께서 사용하는 하나님 나라의 도구는 없다. 왜냐하면 그 모든 것들은 시간의 세계에 속하는 인간적인 도구에 불과하기 때문이다. 시간과 영원이 부딪히는 접점의 순간에 하나님의 나라를 경험할 수는 있어도, 시간의 세계 속에 계속적으로 존재하는 하나님 나라의 도구는 『로마서 강해』 제2판에 의하면 존재하지 않는다. … 교회 역시 하나님의 나라를 매개하는 도구가 아니다. 국가와 마찬가지로 교회 역시 하나님의 심판 아래 있는 인간적 세계의 상징들일 뿐이다."[51] 이렇게 볼 때, 『로마서 강해』에 드러나는 바르트 정치윤리에서 교회와 국가혹은 영적

---

49 김명용, "칼 바르트 신학에 있어서의 교회와 국가," 이형기 외, 『공적신학과 공적교회』(용인: 킹덤북스, 2010), 228.

50 Karl Barth, 『로마서 강해』, 751.

51 김명용, "칼 바르트 신학에 있어서의 교회와 국가," 229-230.

정부와 세속 정부 사이의 경계는 흐릿해진다. 특별히 인간과 인간 공동체를 사로잡고 있는 악의 현실을 반영한다는 점에서 둘 사이에 분명한 연속성이 존재한다. 다만 국가권력은 하나님의 심판의 도구로서 작용한다는 점에서 기능론적 차이가 있다는 점을 밝혀 두어야 하겠다.

그러나 이러한 이해가 교회와 국가에 관한 바르트의 이론을 전체적으로 드러내는 것이라고 결론지어서는 안 된다. 『로마서 강해』 제2판 이후 바르트의 저작들에서 탐색할 수 있는 좀 더 발전적으로 전개된 개념과 사상들을 종합적으로 분석·평가하는 작업이 절실히 요청된다. 특별히 주목할 문헌은 "교회와 국가" 1938와 "그리스도인 공동체와 시민 공동체" 1946이다. "교회와 국가"에서 탐지할 수 있는 바르트의 이해는 『로마서 강해』 제2판과는 달리 국가의 정치사회적 순기능의 가능성을 허용한다. 크게 두 가지 국가의 순기능을 주목할 필요가 있다. 먼저 정치사회 공동체 안에서의 국가의 공적 책무에 관한 것이다. 국가권력은 상대적 독립성을 가지고 그 권위와 목적을 실현해 나갈 수 있지만, '원천적으로 또 궁극적으로' 예수 그리스도에 속해 있으며 또 그분의 인격과 사역에 이바지할 수 있어야 한다. 만약 국가권력이 예수 그리스도에의 소속됨과 본래적인 존재 목적을 망각하고 권력을 신비화한다거나 우상화한다면, 그 국가는 '악마적' 권력으로 퇴락하게 될 것이다. 다만 여기서 바르트가 국가권력이 늘 언제나 악마화할 것이라고 주장하지는 않는다는 점에 주목해야 한다.[52] 그에 따르면, 국가의 악마적 퇴락은 필연적인 것은 아니다. 국가가 존재론적 기능적 본질에 충실하여 통치의

---

52 Karl Barth, "Church and State," in *Community, State, and Church*, ed. Will Herberg (Eugene: Wipf and Stock, 2004), 118.

대상이 되는 정치사회 공동체 안에서 정의로 통치적 기능을 수행하고 또 법적 체제와 질서를 온전히 유지·보존한다면 그러한 악마화를 막을 수 있고, 더 나아가 한편으로 예수 그리스도의 존재와 사역에 기여하고 다른 한편으로 정치사회 공동체 구성원들을 유익하게 하는 순기능을 발휘할 수 있다고 바르트는 강조한다.[53] 이러한 국가의 순기능에 대한 이해는 루터적[的]이라 할 수 있는데, 곧 인간과 인간 공동체가 역사적으로 또 정치사회적으로 직면하는 악과 폭력의 현실 속에서 인간으로서의 기본적인 존엄을 유지하며 살아갈 수 있는 필수적 토대가 되는 요소로서의 정의와 평화를 확보하고 증진하는 것이 국가의 책무라는 인식이 깔려 있다는 점에서 그렇다.

또한 바르트는 교회와의 관계성이라는 관점에서 국가권력이 수행해야 할 일종의 영적 책무를 말한다. 하나님 나라 전파와 확산의 매개체로서 교회가 복음의 사명을 감당하기 위해 필요한 사회적 요건이 있다. 이러한 요건을 마련하기 위해 국가는 긍정적인 기여를 할 수 있고 또 그렇게 해야 한다는 것이 바르트의 생각인 것이다. 바르트는 '임금들과 높은 지위에 있는 모든 사람'이 필요하고 또 기독교인들이 그들을 위해 기도해야 하는 까닭이 '모든 경건과 단정함으로 고요하고 평안한 생활'을 영위하기 위해서라는 디모데전서 2장 2절의 증언을 언급하면서, 그 표현으로 다시 중요한 질문을 던진다. 왜 기독교 신자들의 공동체는 그러한 삶을 살아야 하는가? 바르트는 자유라고 답한다. 어떤 자유인가? '만인을 위한 역할 수행을 위한 자유'이다. 이 자유를 위해 '임금들과 높은 지위에 있는 모든 사람'으로 대표되는 세속 정부[혹은 국가]가

---

53   위의 논문, 118-119.

필요한 것이다. 교회의 본질적 사명 수행을 위한 사회적 여건 마련을 위해 국가가 긍정적으로 기능해야 하며 또 그렇게 할 수 있다는 것이 바르트의 인식이다. 여기서 국가의 본질적 기능은 구성원들이 평화로운 관계를 형성하며 조화롭게 공존하는 공동체를 만들어가는 것이다.[54]

　　이와 대비적으로, 바르트에 따르면 교회는 하나님 나라 복음의 전파와 확산이라는 영적 사명의 관점에서 고유한 책무를 부여받은 공동체이다. 이러한 책무는 국가가 감당할 수 없는 과업인 것이다.[55] 교회의 본질과 사명을 하나님 나라와의 연관성 속에서 이해하는 바르트의 교회론의 기초는 그의 말씀의 신학에 있다. 이 말씀의 신학은 하나님 말씀의 삼중 형태 곧 성육하신 예수 그리스도, 기록된 말씀으로서의 성경 그리고 교회의 신앙적 신학적 가르침의 총화로서의 교의를 근간으로 한다. 특별히 하나님 나라의 관점에서 세 번째 형태는 교회론적으로 또 사회윤리적으로 중요한 의미가 있다. 교회는 예수 그리스도와 성경을 토대로 형성하고 축적한 교의적 가르침을 전수·교육·실천함으로써 교회 안팎에서 하나님 나라를 드러낼 수 있고 또 그렇게 해야 한다는 것이 바르트의 생각이다. 다시 말해, 교회는 고유한 말씀 사역을 통해 이 세상 속에서 하나님 나라를 반영하는─혹은 반사하는─ 영적 공동체인 것이다. 강제력을 통해 정의와 평화를 실현해야 하는 국가와 달리, 교회의 내적 삶과 외적 사명을 지배하는 동력과 원리는 힘이 아니라 사랑과 용서이다. 하나님 나라 복음에 내포된 핵심적 가치로서 '사랑'을 구현하도록 부름 받은 역사적 공동체가 교회인 것이다.

54　위의 논문, 128-129.
55　위의 논문, 135-148.

여기서 바르트는 교회와 국가영적 정부와 세속 정부의 구분을 견지한다. 각각 고유한 공적 책무를 부여 받았고 또 그 책무에 충실해야 한다. 국가는 교회의 복음 사명 실천을 위한 사회적 여건 마련에 힘써야 한다는 점, 교회는 국가권력을 존중하고 국가의 고유한 정치사회적 책무의 온전한 수행을 위해 기도하고 협력해야 한다는 점 등을 고려할 때 둘 사이의 협력의 가능성을 배제할 수 없지만 바르트는 둘이 섞이는 것에 대해 좀 더 우려하는 것으로 보인다. 한편으로 국가권력이 교회의 고유한 영역에 침해하거나 관여하는 것을 경계하고 다른 한편으로 교회가 정치적 권력혹은 권위을 획득하려고 시도하는 것에 부정적이다.[56]

바르트의 후기 입장을 드러내는 대표적인 저작은 "그리스도인 공동체와 시민 공동체"이다. 여기서도 바르트는 복음 전파라는 영적 책무는 교회에게 돌리고 그리고 인간과 인간 공동체의 생존을 위한 정치사회적 조건 마련이라는 공적 책무는 국가에게 돌림으로써, 교회와 국가의 구분을 견지하고자 한다. 그러나 이전의 저작들에서 드러나는 입장과 달리, "그리스도인 공동체와 시민 공동체"에서는 구분과 동시에 둘 사이의 연속성 혹은 일치를 강조하는 입장을 탐지할 수 있는데 이것은 바르트의 후기 입장혹은 완숙한 입장을 반영하는 것이다. 이 둘 사이의 연속성을 주장하는 바르트의 입장의 핵심적 근거는 예수 그리스도이다. 바르트는 교회는 안쪽의 원the inner circle 그리고 국가는 바깥쪽의 원the outer or wider circle에 위치시키면서, 이 두 원의 중심은 예수 그리스도라는 점을 강조한다. 영적 정부와 세속 정부의 연속성의 근원적 토대는 원의 중심이신 예수 그리스도 곧 말씀 자체이신 예수 그리스도이시라는 말이

---

56   김명용, "칼 바르트 신학에 있어서의 교회와 국가," 231-236.

다.[57]

이 점에서 바르트의 '두 정부'론은 그의 율법과 복음 이해와 긴밀하게 연동되어 있다고 평가할 수 있다. 다시 말해, '율법과 복음'론이 '교회와 국가'론 형성과 전개에 중요한 영향을 미쳤다는 것이다. 국가를 율법의 형벌적 사용을 통해 법률적 심판의 도구로 작동하는 정치체제로 이해하는 국가론과 달리, 율법과 복음이 공히 기독론적 질서 안에 있듯이 교회와 국가도 기독론적 질서 안에 있다는 것이 후기 바르트의 전형적 이해라는 것이다.[58] 루터와 칼뱅의 정치신학의 핵심 질문은 정치사회 영역을 규율하는 규범적 기반으로서의 율법의 본성을 밝히는 것이다. 한편으로 루터는 율법의 정치사회적 기능을 십계명의 두 번째 부분에 제한하며 다른 한편으로 칼뱅은 루터보다는 율법 안에서 예수 그리스도 복음의 자취를 좀 더 찾으려 하지만 정치사회적 삶의 규범적 기반으로서 율법에 우선순위를 두는 것은 분명하다. 이와 대비적으로 율법은 복음을 들을 때에만 바로 이해할 수 있다는 점, 복음이 율법을 이끌어야 한다는 점 등을 강조하는 바르트에게 그리스도는 정치사회 영역의 주제요 목적이어야 하며, 율법 제정의 궁극적 기초이어야 한다.

여기에 담긴 함의를 몇 가지 관점에서 살펴보자. 먼저 통치의 규범적 기반이라는 관점이다. 이전의 저작들에서 바르트는 국가가 구성하는 법과 제도의 인식론적 규범적 뿌리를 이성과 자연법에서 찾은 반면, "그리스도인 공동체와 시민 공동체"에서는 그 궁극적인 기반을 말씀이신 예수 그리스도에 둔다. 통치와 통치의 정당화의 근거를 이성과

---

57 Karl Barth, "The Christian Community and the Civil Community," in *Community, State, and Church*, ed. Will Herberg (Eugene: Wipf and Stock, 2004), 154-160.
58 Karl Barth, "Church and State," 120-121.

자연법에 두는 입장을 완전히 철회한 것은 아니지만 말씀으로서의 예수 그리스도를 최종적 궁극적 정당화의 근거로 설정함으로써 예수 그리스도의 빛 안에서 이성과 자연법을 비판적으로 평가하고자 하며 하나님 나라를 지향하는 기독론·중심적 견해를 피력하고 있는 것이다. 교회와 국가의 공동의 중심인 예수 그리스도에 근거를 두지 않고 또 그리스도를 궁극적으로 지향하지 않는 '자연법에 근거한 정치사회적 체제와 질서'는 온전치 못하며, 그러기에 자연법은 가장 깊고 중요한 뿌리를 예수 그리스도께 둘 때 비로소 온전하게 작용할 수 있다는 것이 바르트의 생각이다.[59]

　　다음으로 영적 정부와 세속 정부의 기능과 목적의 관점이다. 바르트는 둘 사이의 구분을 강조할 때 기본적으로 목적혹은기능의 관점에서 둘 사이의 구분을 강조하는 것을 보았다. 곧 사회적 정의와 평화의 실현과 유지를 목적으로 하는 세속 정부와 복음 전파를 통한 하나님 나라의 구현을 목적으로 하는 영적 정부의 구분이 그것이다. 그러나 "그리스도인 공동체와 시민 공동체"를 기점으로 바르트의 입장은 동일한 목적을 설정함으로써 둘 사이의 연속성을 허용하는 방향으로 전환하게 되는데, 그 목적은 바로 하나님 나라이다. 교회도 국가도 궁극적으로 하나님 나라를 지향한다. 다만 하나님 나라 구현의 도구로서 교회와 국가의 '쓰임'의 방식은 다르다. 교회를 하나님 나라 건설을 위한 일차적인 도구라고 한다면, 국가는 이차적 혹은 간접적 도구라고 할 수 있을 것이다. 교회는 하나님 나라의 복음을 직접적으로 증거함을 통해서 하나님 나라 확장에 헌신하며, 국가는 인간의 역사적 공동체의 형성과 존속을 위한

59　　Karl Barth, "The Christian Community and the Civil Community," 163-165.

'외적이고 상대적이며 또 임시적인' 정치사회적 목적 구현과 교회의 직접적 증언의 사회적 토대 마련에 기여함으로써 하나님 나라 실현에 참여한다.[60]

　　마지막으로 하나님 나라의 도구로서 국가의 기능 수행에 있어서의 교회의 역할이라는 관점이다. 국가의 본질적 기능은 복음 전파가 아니며, 사실 국가는 복음에 대해 무지하다는 것이 바르트의 기본 인식이다. 국가는 하나님 나라의 도구라는 점 또한 스스로 인지하지 못하고 있다. 그러기에 교회는 국가의 이러한 무지를 벗겨 주어야 한다. 하나님 나라 구현을 위한 의미 있는 도구가 될 수 있다는 점을 인식할 수 있도록 도와야 한다는 것이다.[61] 이러한 이해의 근본적 토대 역시 율법과 복음 이해이다. 바르트에 따르면, 복음은 인간 역사에 존재하는 모든 형태의 법적 체제와 질서를 위한 유일하게 참된 규범적 근거이기 때문에,[62] 복음에 교회론적 본질을 두는 교회의 정치적 활동은 기독교 신앙의 공적 증언이어야 한다고 바르트는 강조한다. "교회의 정치적 활동은 그러므로 기독교 신앙의 공적 고백이 된다. 교회는 이러한 정치적 활동을 통해서 국가공동체가 중립성, 무지 그리고 이교주의로부터 하나님 앞에서의 공동 책임 수행에 매진하도록 이끌어가며, 그리하여 고유한 사명에 충실하게 되는 것이다. 국가가 하나님 나라를 닮게 하고 또 그리하여 국가의 의로운 목적들을 완수하게 하는 역사적 과정을 현실화한다."[63] 요컨대, 바르트는 자신의 좀 더 완숙한 형태의 '교회와 국가'론에

60　위의 논문, 154-155, 157-160.
61　위의 논문, 167-168.
62　Karl Barth, "Church and State," 126-130.
63　Karl Barth, "The Christian Community and the Civil Community," 171.

서 두 정부 모두 동일하게 예수 그리스도의 주권 아래 있으며 규범적으로 말씀이신 그리스도에 근거한다는 관념을 드러낸다. 또한 교회뿐 아니라 국가도 간접적인 혹은 유비적인 방식이긴 하지만 하나님 나라를 지향하고 있다는 점을 강조한다.

3. 두 이론의 상관성 모색

바르트가 율법과 복음을 은혜의 말씀으로서 기독론적 총체성 안에서 통합적으로 이해하려 한다는 점, 율법은 "구속사적 질서와 복음과의 총체성 안에서 자기 의를 목적으로 하는 공로주의적 율법 수행의 무의미성을 밝히고 결국 예수 그리스도만이 구원의 길이라는 진실을 받아들이게 함으로써 완성된다."고 주장한 점 등을 고려할 때 율법과 복음은 오직 한 가지 지향점 곧 예수 그리스도를 지향점으로 삼는다는 의미에서 견고한 통일성 안에서 이해되어야 한다. 앞에서 살핀 대로, 바르트의 '두 정부'론은 '율법과 복음'론과 깊은 연관성을 가진다. 후자와의 연관성 속에서 전자에 대한 좀 더 온전한 이해에 이를 수 있다고 말할 수 있을 것인데, 이 점에서 바르트는 루터와 칼뱅의 견해와 다르다. 한편으로 바르트는 칼뱅의 '두 정부'론이 그리스도의 총체적 주권론에 근거하면서 두 정부 사이의 연속성에 더 큰 비중을 두는 것은 긍정하지만 세속 정부의 존재론적 기능론적 기반이 복음 보다는 율법에 설정될 가능성이 높아짐으로써 국가가 하나님 나라를 지향하는 은혜의 복음의 도구로서보다는 법적 제도적 체제와 질서를 통한 심판과 규율의 장치로서 더 비중 있게 작용하게 될 것이라는 점을 우려한다. 다른 한편으로 루터에게서 탐지할 수 있는 대로 율법과 복음 그리고 세속 정부와 영적 정부 사이의 구분혹은 분리의 강조가 히틀러와 나치즘이라는 비극적 역사로 귀결된 것이 아닌가 하는 엄중한 평가를 내린다.[64] 바르트는 복음으로부터 율법을 분리시키는 것을 경계하듯이, 세속 정부를 영적 정부로부터 떨어뜨려 놓는 것을 단호하게 반대한다. 『로마서 강해』 제2판과 같이 초기 입장을 살필 수 있는 문헌들에서 둘 사이의 구분을 말하기도 하지만, 후기의 완숙한 입장에서 바르트는 영적 정부와 세속 정부의 관계를 단일체적 구도 안에서 이해하려 하며 그러한 단일성혹은 통일성의 기반은 은혜의 복음 곧 복음의 말씀 자체이신 예수 그리스도임을 역설한다.

바르트는 영적 정부는 인간의 영혼의 삶을 그리고 세속 정부는 구성원들의 시민적 도덕적 삶을 관장한다는 식ᵃ의 이원론적 이해를 경계한다. 오히려 두 정부의 존재와 기능을 목적론적으로 설명할 때 하나님 나라를 공동의 목적으로 설정해야 한다는 것이 바르트의 확고한 신념이다. 앞에서 본 대로, 하나의 중심을 공유하는 동심원들로서, 안과 밖에 위치한다. 하나님 나라를 향하고 하나님 나라 안에 있으며 하나님 나라를 이루기 위해 존재하는 것이다. 하나님 나라를 위해 각각의 역할을 감당하며 또 협력한다. 다만 '쓰임'의 형태가 다르다. 교회는 일차적혹은 직접적 도구이며 국가는 간접적 도구이다.

신자들은 두 정부 안에 역사적 실존의 터전을 마련하고 있으며, 이 두 영역 안에서 신자로서의 책임을 성실히 수행해야 한다. 이 두 정

---

64   Karl Barth, "First Letter to the French Protestants," in *Letter to Great Britain from Switzerland*, ed. Alec R. Vidler (London: The Sheldon Press, 1941), 31-34.

부가 공동의 궁극적 목적으로 삼고 있는 '하나님 나라를 향한 지향성'이라는 관점에서 신자들은 이 둘이 공적 사명을 온전히 감당할 수 있는 방향에서 긍정적 역할을 할 수 있고 또 그렇게 해야 한다. 특별히 세속 정부의 공적 사명이 하나님 나라 구현에 있다는 점과 하나님 나라의 원천적 토대는 예수 그리스도이시라는 점을 일깨워 주기 위해 정치사회적 영역에서도 하나님 나라를 위한 공적 참여를 일관성 있게 수행해야 하는 것이다. 이 점에서 바르트는 루터보다 칼뱅에 더 가깝다. 세속 정부는 영적 정부와 함께 거룩한 연방을 이루기 위해 매진해야 한다는 칼뱅의 가르침은 하나님 나라를 향한 두 정부의 단일체적인 공적 책무 수행에 관한 바르트의 견해와 연속성이 있다고 하겠다. 다만 칼뱅은 세속 정부는 그 규범적 제도적 토대로서의 율법에 상응하여 적절하게 기능한다는 점을 강조한 반면,[65] 바르트는 국가는 궁극적으로 복음 말씀에 그 존재와 기능의 기반을 두어야 한다고 역설한다. 율법은 복음을 들을 때에만 바로 이해할 수 있다는 점, 복음이 율법을 이끌어야 한다는 점 등을 강조하는 바르트에게 예수 그리스도는 정치사회 영역의 주제요 목적이어야 한다는 것이다.

---

[65] 다만 세속 정부를 규율하고 안내하는 법적 제도적 토대의 심층에는 율법과 복음을 포함하는 하나님 말씀 전체를 관통하는 원리 곧 '사랑의 영원한 지배'의 원리가 있다는 점을 다시금 지적해 두어야 하겠다.

Ⅳ 기독교의 윤리적 통전성 제고를 위한 제안

지금까지 루터, 칼뱅 그리고 바르트의 '두 정부'론과 '율법과 복음'론을 살피고 이 두 이론 사이에 유비 혹은 유사성가 존재함을 밝히면서 이둘의 상관성을 탐색하였다. 여기서 상관성은 둘 사이의 이론적 연속성을 내포하며, '두 정부'론을 통해 중요하게 전개되는 이 세 신학자의 사회윤리는 '율법과 복음'론에 그 중요한 토대를 갖고 있다는 점을 드러내고자 하였다. 이제 필자는 이상의 탐구를 기반으로 하여 몇 가지 윤리적 제안을 할 것인데, 이 제안들이 구원의 삶의 개인적 차원과 사회적 차원을 통전적으로 해명하고 기독교사회윤리를 성경 계시의 총체적 기반 위에 이론적으로 또 실천적으로 구축하는 데 의미 있는 기여를 할 수 있기를 바란다.

첫째, 율법과 복음의 통전성에 상응하는 영적 정부와 세속 정부의 연속성의 관점에서의 제안이다. 율법과 복음의 관계성에 대한 인식에서 루터, 칼뱅 그리고 바르트 사이에 차이가 존재하지만 기본적으로 율법과 복음을 통전적으로 보고자 하는 신학적 경향을 이 세 신학자에게서 공통적으로 찾을 수 있었다. 그러한 통전성의 기반은 신적 기원과 위임에 있다. 마찬가지로, 두 정부 사이에 견지되어야 할 구분 혹은 차이이 존재하지만 그럼에도 둘 사이에 연속성이 있으며 또 그러한 연속성의 핵심적 근거는 두 정부를 세우시고 궁극적으로 주관하시는 분이 하나님이시라는 점을 주목할 필요가 있다. 여기에서 우리는 중요한 사회윤리적 함의를 탐색할 수 있다. 하나님은 영적 정부에만 섭리적 애정과 주권적 뜻을 두시는 것이 아니라 세속 정부에 대해서도 깊은 애정과 섭리적 뜻으로 궁극적 주권을 드러내신다는 점이다. 세속 정부에 대한 하나님의 주권은 인간의 정치사회적 실존을 위한 요건 마련, 영적 정부의 영적 순례를 위한 기반 형성에의 기여, 하나님 나라 구현을 위한 적극적 참여 등의 목적 실현을 위한 세속 정부의 공적 수행을 통해 현실화된다. 이러한 하나님의 주권에 상응하여, 기독교회와 신자들은 세속 정부에 대한 하나님의 궁극적 주권을 존중하면서 세속 정부의 공적 수행을 격려하고 또 적절하게 협력·참여해야 할 것이다. 이 점에서 율법과 복음의 엄격한 분리를 경계하듯이 두 정부의 극단적 분리를 단호히 반대하는 바르트의 입장은 사회윤리적으로 긍정적인 평가를 받아야 할 것이라고 필자는 생각한다. 기독교회의 사명이 세속 영역을 기독교제국적 구도로 좌지우지하는 것이 되어서는 안 되겠지만 그 영역으로부터 도피하거나 분리되어 세속 정부에 대한 하나님의 주권을 소홀히 여기거나 그것과 무관한 삶을 사는 것도 정당화되어서는 안 될 것이다. 오히려 기독교회와 신자들은 신적 기원과 위임의 관점에서 세속 정부와 영적 정부 사이의 연속성에 대한 분명한 인식을 가지고 세속 영역에 대한 애정 어린 섭리적 관심과 손길을 결코 거두지 않으시는 하나님의 주권에 건설적으로 응답해야 할 것이다.

둘째, 율법과 복음의 구분과 두 정부의 통치 영역의 고유성이라는 관점에서의 제안이다. 앞에서 본 대로, 루터, 칼뱅 그리고 바르트는 신적 기원과 위임의 빛으로부터 율법과 복음의 통전성과 두 정부의 연속성을 견지하고자 한다. 다만 세 신학자 사이에 정도와 방식의 차이가 있음을 보았다. 대략적으로 정리한다면, 칼뱅과 바르트는 구분보다는 연속성 혹은 통일성에 더 큰 비중을 두는 반면, 루터는 둘 사이에 적절한 구분이 견지되어야 함을 강조한다. 세속 정부는 정치사회적 실존의 기반 마련과 강화라는 공적 책무에 충실해야 할 뿐 아니라 영적 정부와 더불어 거룩한 연방^{칼뱅} 혹은 하나님 나라^{바르트}의 실현에 이바지할 때 그 본래적 존재 가치를 구현할 수 있다는 사회윤리적 구상도 존중되어야 할 것이다. 그러나 동시에 둘 사이의 일치나 연속성에 대한 지나친 강조로 인해 생길 수 있는 부정적 결과 곧 교회의 정치권력화나 세속 권력의 영적 영역에 대한 부당한 침해 등의 결과를 고려할 때 영적 정부와 세속 정부의 구분도 적절하게 유지되어야 한다는 루터의 사회윤리적 조언에 귀 기울일 필요가 있다. 한편으로 기독교회가 세속 영역에 대한 종교적 지배의 함정에 빠져서는 안 될 것이며 다른 한편으로 개별 신자와 교회 공동체의 신앙적 자유와 고유한 영적 권한에 대한 국가권력의 부적절한 개입을 방지하기 위해 둘 사이의 구분을 견지해야 할 것이다.

세 번째 제안은 기독교 구원론과 사회적 삶의 연관성의 빛에서 본 기독교인의 정체성에 관한 것이다. 기독교인의 구원론적 정체성은 율법과 복음 중 어느 하나의 작용으로만 형성되는 것이 아니라 율법과 복음이 함께 총체적으로 작용할 때 온전히 이루어진다는 것을 루터, 칼뱅 그리고 바르트를 통해 공통적으로 확인할 수 있었다. 물론 세 신학자 사이에 미묘한 차이가 있음을 보았다. 칼뱅은 이신칭의의 복음을 수용하고 구원의 백성으로 부름 받은 이들이 거룩한 변화 곧 성화에 이르러야 한다는 점에서 율법의 중요성을 좀 더 강조하는 반면, 루터는 성화를 칭의의 자동적인 결과로 보는 인식에 상응하여 복음 안에서 의롭다 함을 받는 경험을 성화의 원천으로 강조함으로써 복음의 역사에 좀 더 큰 비중을 허용한다. 바르트는 율법과 복음이 총체적으로 은혜와 예수 그리스도를 지향한다는 일체론적 이해에 근거하여 그리스도·중심적 정체성 이론을 두드러지게 전개한다. 구원받은 이로서의 정체성을 획득한 신자들의 삶의 영역은 영적 정부에 제한되지 않는다. 오히려 세속 정부도 그들의 본질적인 삶의 자리이며, 그들의 정체성은 영적 정부 안에서의 실존을 통해서만이 아니라 세속 정부 안에서의 삶을 통해서도 형성된다. 율법의 시민적^{혹은 사회적} 기능의 관점에서 기독교인들은 공적 영역에서의 실존을 위해 '율법'의 정신과 규범적 지향을 내포하는 정치사회적 법적 체제와 질서를 존중해야 한다. 다시 말해, 기독교인들의 정치사회적 실존을 위해서 정치사회적 규범과 법의 존중 그리고 그것의 근간이 되는 시대정신과 규범적 지향의 내면화가 요구된다. 여기서 우리는 기독교인들의 사회적 정체성 형성은 세속 정부의 작용을 통해서도 이루어진다는 점을 추론할 수 있다. 특별히 영적 정부와 세속 정부가 공동의 '사회적' 목적을 위해 기능하고 협력해야 한다는 칼뱅과 바르트의 사회적 이상을 고려할 때, 거룩한 연방이나 하나님 나라를 위해 존재하는 세속 정부 안에서의 기독교인들의 삶과 실천은 그들의 '신자'로서의 정체성 형성과 무관하다고 할 수 없다. 다만 오늘의 세계는 칼뱅과 바르트가 호흡하며 살았던 세계와는 다른 것이라는 점을 분명하게 인식할 필요가 있겠다. 성과 속을 포괄하는 거룩한 공동체를 '현실적으로' 추구했던 칼뱅의 제네바 공동체도 아니고, 세속 정부도 하나님 나라의 도구여야 한다는 사회적 신조를 역설하고 또 그 신조를 세속 영역에서 구현할 수 있다는 구체적 가능성을 상정할 수 있었던 바르트의 세계와도 다르다. 대략적으로 말해, 성과 속^{혹은 영적 정부와 세속 정부}의 적절한 구분이 존중되고 종교적으로 다원적 현상을 당연한 것으로 받아들여야 하며 그래서 다원성 인정이 사회적 실존을 위해 필연적 조건이 되어 가는 시대적 상황을 고려한다면, 칼뱅과 바르트의 사회적 이상은 그야말로 '이상적인' 이론으로 머물 수밖에 없다는 비관적 전망이 나옴직하다. 그러나 이러한 현실주의적 진단과 평가를 소홀히 여길 수 없다 하더라도, 기독교 사회윤리 구상에 있어서 여전히 존중해야 할 사회적 '이상'이라는 점을 간과해서는 안 될 것이다. 율법과 복음이 한 분 하나님으로부터 온 것이듯이, 영적 정부와 세속 정부의 궁극적 주권은 하나님께 있으며 그 주권은 임의성과 우연을 특징으로 하는 것이 아니라 분명한 목적과 뜻을 내포하는 것이라고 한다면, 기독교회와 신자들은 세속 정부의 정체성과 기능을 논할 때 세속 정부에 대한 하나님의 주권 그리고 그 주권의 목적성을 분명하게 인식할 필요가 있다고 필자는 생각한다.

제 3 장

종교의 공적 참여에 관한
철학적 기독교윤리적 성찰

이 장은 다음의 문헌을 수정·보완한 것이다. 이창호, "기독교의 공적 참여에 관한 철학적 윤리적 연구: 로티(Richard Rorty)에 대한 비판적 성찰과 참여 모형 모색을 중심으로," 『신앙과 학문』 56 (2013), 157-192.

공적 영역 혹은 공적 담론의 장場에서는 공공정책의 수립이나 법률의 제정 그리고 공직 후보자 선출선거에 관한 시민들의 공적 정치적 상호작용과 토론이 이루어진다. 일반적으로 공적 영역에 참여하는 시민들은 그러한 상호작용과 토론이 그들이 속한 정치사회 공동체의 공공선 증진에 이바지할 수 있기를 바랄 것이다. 공적 담론의 영역에서 종교적 존재로서 기독교회와 신자들은 어떤 역할을 할 수 있으며 또 해야 하는가? 한편으로 정교분리政敎分離 원칙을 헌법 정신으로 수용하고자 하는 자유민주주의 국가에서 교회가 공적 영역에 참여해서 정치적 영향력을 발휘하려고 하는 것은 헌법의 근본정신에 위배되는 것이라고 판단할 수 있을 것이다. 다른 한편으로 '종교의 자유' 곧 공사公私의 영역을 통틀어서 어디에서든 그 국가의 구성원이 자신의 종교적 신념을 자유로이 표현할 수 있는 자유가 보장된다는 헌법적 조항에 비추어 생각한다면, 개별 신자이든 공적 제도로서의 교회이든 공적 영역에서 아무런 제한 없이 자유롭게 의사를 개진할 수 있어야 한다고 주장할 수도 있을 것이다. '종교의 자유'라는 권리는 공적 영역에서 정치적 공적 정책이나 선거후보자에 대해 의사를 표현하거나 결정하려 할 때 기독교 신앙이 언제든지 또 얼마든지 유의미한 역할을 할 수 있다는 '전면적 허용'을 포함하는가? 그러한 허용이 정치적 상호작용과 토론의 장에서 과도한 긴장이나 충돌을 야기한다면, 종교의 공적 영역에의 진입을 막아야 하는 것인가? 전면적 허용이 아니라면, 다른 가능성이 존재하는가? 전면적 허용과 전면적 금지 그리고 이 두 가지 양극 사이에 존재하는 부분적 허용의 양상들을 상정해 볼 수 있을 것이다.

자유주의 이론가들은 보통 기독교 신앙을 비롯하여 종교를 공적 영역[1]으로부터 배제하는 데 있어 단호한 입장을 견지한다. 그들은 종교는 인생과 역사의 선善이나 행복에 관한 특수한 개념을 포함하는 진리의 체계이며, 특별히 궁극적 행복이나 선으로 사람들을 인도하는 특수한 삶의 방식을 제시하려 한다고 생각한다. 오늘날과 같은 다원적 사회에서 좋은 삶에 대한 견해는 다양할 수밖에 없기 때문에, 공적 영역에 이런 다양한 견해를 가진 주체들이 들어와 활동하는 것은 갈등과 충돌을 부를 수 있다고 우려한다. 이러한 자유주의적 이해를 공유하면서, 미국의 실용주의 철학자 로티 Richard Rorty 는 공적 영역에서 종교는 담론 성숙과 공공선 증진에 기여하기보다는 부정적 영향을 끼칠 가능성이 높다고 본다. 그래서 그에게 종교는 '대화중단자' conversation-stopper 이다. 나중에 좀 더 살피겠지만, 로티의 논거는 크게 세 가지이다. 먼저 종교의 본질은 사적私的이라는 점을 강조한다. 종교가 신적神的 존재와 이루어지는 개별 신자의 신앙적 관계에 주된 관심을 가져야지, 그 영역을 벗어나 공적 영역에 참여하는 것은 종교의 본질에서 어긋나는 것이라고 보는 것이다. 둘째, 로티는 종교적 이유들religious reasons 을 가지고 공적 영역에서 의사를 개진하는 것은 공적 토론의 진전에 걸림돌이 될 수 있다고 생각한다. 공적 영역에서 통용되는 주장들과 그것들에 대한 이유는 세속적이어야 하는데, 종교가 세속적 이유와 근거의 뒷받침 없이 오직 종

1　여기서 '공적 영역'은 기본적으로 사적 영역과 대비되는 개념이며, 국가의 정당한 공권력 사용이 용인되는 정치 영역과 시민들의 자발적 참여가 이루어지는 시민적(혹은 시민사회) 영역 모두를 포함하는 개념으로 사용할 것이다. 필자의 이해는 롤즈(John Rawls)의 그것과 다르다. 롤즈는 공적 영역을 '정치적'인 것으로 제한하고 있다. 롤즈에 따르면, 교회, 대학, 시민사회 등과 같이 보통 공적 시민적 영역으로 구분되는 주체들은 '공적' 영역에 속하지 않으며 롤즈 자신이 '배경문화'라고 일컫는 영역에 속한다. 이창호, "정치적 사랑에 대한 기독교윤리적 모색," 『신앙과 학문』 15-3 (2010), 197.

교적 이유만을 제시한다면 세속적 이유들로 의사를 개진하는 비종교인들은 응답할 이유나 근거를 찾을 수 없을 것이라고 우려한다. 세 번째는 실증적인 것인데, 로티는 종교가 공적 영역에 참여해서 긍정적인 영향을 미치기 보다는 부정적 영향을 미쳐온 역사적 증거들을 유의해야 한다는 점을 강조한다. 킹 Martin Luther King, Jr. 목사의 시민권 운동과 같은 긍정적인 보기도 있지만, 많은 경우는 그 반대의 결과를 산출해왔다는 점을 들면서 종교기구와 그 대표자들의 공적 참여를 제한해야 한다고 주장한다.

　　로티의 판단과 우려는 정당한 것인가? 기독교회와 신자들이 공적 영역에서 종교적 의사를 개진하는 것이 공적 담론의 성숙과 공공선 증진에 결국 부정적 영향을 미칠 수 있으니, 로티가 종교의 고유영역으로 생각하는 사적 영역으로 그 활동 영역을 제한해야 한다는 주장이 과연 타당한가 하는 것이다. 본 장에서 필자는 로티식ᵏ의 주장을 비판적으로 성찰하면서, 오히려 종교의 참여는 전체 정치사회 공동체에 긍정적인 영향을 미칠 수 있다는 점을 말하고자 한다.[2] 이러한 근본 전제를

2　종교와 정치의 관계, 종교의 공적 참여 등을 주제로 한 논의의 전개 흐름은 크게 세 가지로 정리해볼 수 있겠다. 첫째, 역사적 실증적 접근이다. 기독교회를 비롯한 종교들이 어떻게 정치사회 공동체와의 관계를 형성해 왔는지, 어떻게 정치사회적 영향을 끼쳐 왔는지 등의 질문들을 구체적인 역사적 사료들에 대한 서술과 평가를 통해 응답하고자 하는 것이다. 이러한 응답의 과정에서 '역사'에서 윤리적 교훈을 얻고자 하는 시도를 하는 경우들도 있다. 둘째, 신학적 윤리적 관점에서의 당위적 접근이다. 신학적 윤리적 관점을 가지고 종교와 정치의 관계, 종교의 공적 참여 등의 주제를 분석하고 평가하는 것이다. 규범적 당위적 평가를 수반하는 접근이다. 종교가 공적 영역에 대한 사회윤리적 책임을 감당해야 한다는 방향에서 윤리적 조언을 하고자 한다. 셋째, 사회학적 접근이다. 사회학적 틀과 도구를 가지고 '종교의 정치사회 공동체에 대한 관계와 참여'라는 현상을 서술하는 데 초점을 두는 접근이다. 종교의 공적 참여의 사회적 결과 혹은 영향을 긍정·부정으로 평가하여 참여의 이념형(ideal type)을 제시하려는 시도들도 있다. 본 장에서 필자가 채택하는 방법론은 이 세 가지 접근이 내포하는 요소들을 부분적으로 포함하고 있지만, 전체적으로 볼 때 두 번째 접근을 근간으로 하여 이론 분석과 평가에 초점을 두며 적절한 실증적 예시와 더불어 종교의 공적 참여 모형을 제시하는 방향으로 전개될 것이다. 특별히 이론 분석과 평가를 위해 실용주의 철학, 자유주의 철학, 기독교 철학과 신학, 기독교 윤리 등의 학문 영역으로부터 온 견해들을 철학적으로 또 윤리적으로(혹은 종교윤리적으로) 다룸으로써 논의의 지평을 넓히고자 하며 또 동시에 종교의 공적 참여의 이론적 토대를 견고하게 다지고자 한다.

가지고, 필자가 본 장에서 하고자 하는 바는 크게 두 가지이다. 먼저 종교가 공적 영역에서 부정적 영향을 미칠 것이라는 주장에 대한 반박으로서의 응답을 살피고, 그러한 과정에서 종교의 공적 참여를 정당화하는 모형을 탐색하는 것이다. 다시 말해, 종교가 공적 영역에 참여하여 공적 담론의 성숙이나 공공선 증진에 긍정적으로 이바지할 수 있다는 입장에 서 있는 견해들을 살피면서 로티의 실용주의적 자유주의적 입장을 비평하고, '종교의 공적 참여 모형'을 찾아보고자 하는 것이다. 이러한 비판적 성찰을 위해 다루게 될 학자들은 자유주의적 정치철학의 응답으로 아우디Robert Audi, 기독교 종교철학적 응답으로 월터스토프Nicholas Wolterstorff 그리고 신학적 윤리적 응답으로 홀렌바흐David Hollenbach 이다. 아우디는 자유주의의 흐름에 서 있으면서도 종교의 공적 참여의 전면적 금지가 아니라 허용 쪽에 무게중심을 두고 제한적이지만 나름대로의 '허용론'을 전개한다. 특별히 종교의 공적 참여에 관해서 세속적 정당화와 신학적 정당화의 연동 가능성을 타진하면서 허용의 논거를 찾아간다는 점에서, 필자는 로티식ㅈ 견해에 대한 응답으로서 아우디의 가치가 있다고 본다. 월터스토프는 신앙은 삶의 전全 영역을 포괄하는 것이기에 정치사회적 영역에서 종교적 신념을 따라 말하고 행동할 수 있어야 한다는 통전적 사회윤리에 입각하여 '전면적 허용'을 주장하는데, 필자는 이 점에서 월터스토프의 견해는 로티에 대한 강한 반론이 될 것이라고 생각한다. 홀렌바흐는 기독교 신앙의 본질이 공공선 증진에 관한 책임성에 있다고 보면서 공적 참여의 신학적 정당화를 꾀한다는 점에서, 신학적 측면에서 로티식 이해의 약점을 밝혀내는 데 도움이 될 것이다. 이러한 비평적 성찰의 과정에서 종교의 공적 참여를 정당화하는 견해 혹은 모형이 산출될 것이다. 제한적 허용을 주장하는 아우디로부터 가장 적극적인 허용의 옹호자로 월터스토프 그리고 그 중간에 홀렌바흐의 견해를 위치시킬 수 있겠다.

본 장의 다른 한 가지의 주된 목적은 앞에서 언급한 학자들의 견해를 비교·평가하면서 종교의 공적 참여에 관한 규범적 논의를 심화하고 또 좀 더 온전한 규범적 이해에 이르도록 하는 것이다. 로티와 다른 세 학자 사이의 논쟁점이 주된 논의의 초점이 될 것인데, 종교의 공적 참여의 정당화의 문제, 종교의 공적 참여 영역과 방식에 관한 문제, 역사실증적 정당화의 문제 등이다. 결론적으로 기독교의 공적 참여의 성숙과 발전을 위한 몇 가지 윤리적 제안을 하고자 한다.

I 로티의 '종교의 대화중단자'론: 종교의 공적 참여에 대한 실용주의적 자유주의적 비판[3]

제임스 William James 와 듀이 John Dewey 로 대표되는 고전적인 실용주의와 대비하여 로티는 자신의 철학을 네오프래그머티즘 neo-pragmatism 이라고 칭한다. 플라톤의 이데아론에 대해 비판적이었던 제임스와 듀이

---

3 로티의 실용주의는 자유주의에서 도덕적·종교적 성찰을 떼어냄으로써 종교의 공동체성을 간과한다. 샌델(Michael J. Sandel)은 "실용주의는 우리에게 철학이 지식을 제공한다는 생각을 버리라고 가르치며, 그와 마찬가지로 자유주의는 도덕적·종교적 이상이 정치에 정당성을 제공한다는 생각을 버리라고 가르친다."고 로티의 주장의 요점을 적시한다(Michael J. Sandel, *Public Philosophy: Essays on Morality in Politics*, 안진환·이수경 역, 『왜 도덕인가?』(서울: 한국경제신문, 2010), 212). 로티는 미국 실용주의 전통에 깊이 뿌리를 내리면서 철학적 종교적 기반을 거부하는 자유주의를 고안해 낸 것이다. 이 점에서 그는 종교적 신념이 공적 정치적 담론의 장에서 개진되는 주장들에 대한 정당화의 근거로서 작용하는 것을 허용치 않는다.

의 입장을 이어받으면서, 로티는 반反플라톤주의를 견지한다. 그의 플라톤주의 비판을 반표상주의反表象主義로 집약할 수 있다.[4] 반표상주의를 통해 로티는 보편적이고 영원히 불변하며 절대적인 어떤 궁극적인 진리가 존재한다는 플라톤의 철학적 신념을 거부한다. 또한 진화론적 자연주의의 영향 아래서 인간이 그러한 궁극적인 진리를 인식할 수 있는 특별한 생명체라는 신념에도 도전한다. 이러한 입장은 진리의 문제를 철저히 사적인 영역에 제한하고자 했던 그의 시도와 연관된다물론 여기서 진리는 종교적 진리를 포함한다. 이유선은 이 점을 다음과 같이 풀이한다. "한 개인이 자신의 마지막 어휘로서 삼고 있는 단어들에 대해 간섭하려고 하지 않는다. 그런 어휘에 대해 이론적인 물음을 던질 수 있는 사람은 그 자신밖에는 없을 것이다. … 왜냐하면 마지막 어휘로서 여겨지는 개인의 단어들은 그에게 있어서는 그의 삶에 대해 이유를 부여해주는 어떤 것이며, 자아창조의 문제와 관련된 절실한 것들이기 때문이다. 그런 어휘들이 타자에게 강요되지 않고 타자에게 피해를 주지 않는 이상 그 누구도 거기에 대해 간섭할 이유가 없으며 간섭해서도 안 된다고 보는 것이다."[5] 로티는 종교적 언어란 이러한 '마지막 어휘'의 특징을 내포하고 있으며 그렇기에 종교적 언어는 다른 신앙의 언어들이나 다른 포괄적 신념의 언어들과 충돌할 가능성이 높다고 본다.[6]

그렇다면 공적 정치사회적 담론의 장에서 기독교회와 신자들이 종교적 주장들을 개진하는 것을 허용해서는 안 되는가? 이 질문에 대해

---

4   Richard Rorty, *Consequences of Pragmatism*, 김동식 역, 『실용주의의 결과』(서울: 민음사, 1996), 28-35.
5   이유선, 『리차드 로티』(서울: 이룸, 2003), 172.
6   위의 책.

로티는 "대화중단자로서 종교"라는 제목의 논문에서 부정적으로 답한다. 로티는 기본적으로 종교적 신념과 그것에 근거한 의견 제시를 공적 토론의 방해요소로 여긴다. 종교는 '대화중단자'로 구실할 가능성이 매우 높다고 보는 것이다. 그리하여 그는 민주주의 사회가 제대로 작동하기 위해서는 종교를 공적 영역으로부터 배제하고 또 사적 영역에 적합한 것으로 성격·규정해야 한다는 주장에 대해 동의한다.[7] 다시 말해 종교는 사적 문제와 연관이 있는 것이지, 공적 정치적 정책이 논의되고 또 결정되는 공적 영역과 관계하는 것이 아니라는 인식을 드러내고 있는 것이다. 또한 종교적 신념에 근거해 의견을 개진하는 이들이 갖고 있는 전제라는 것은 보편적으로 공유될 수 없는 어떤 특수한 것이기에, 종교인이 특정한 종교적 이유들을 가지고 자신의 의견을 비종교인에게 제시한다면 후자는 응답할 근거 혹은 이유를 찾기가 쉽지 않을 것이라고 우려한다.[8] 이런 맥락에서 로티는 종교적 이유에 근거한 언명을 삼가야 한다는 의미에서 공적 담론의 성격은 세속적이어야 한다고 강조한다. 여기서 '세속적이어야 함'은 공적 주장의 근거가 종교적이라면 그 종교적 근거에 대한 언급을 삼가야 한다는 의미를 내포한다.[9]

　　2003년에 발표된 논문에서는 로티의 변화된 입장을 확인할 수 있는데, 로티는 종교를 대화중단자로 단정하는 극단적 입장에서 한 발 물러선다. 종교 '자체'를 그렇게 보는 것은 부당하다는 취지인 것이다.[10]

7　Richard Rorty, "Religion as Conversation-stopper," *Philosophy and Social Hope* (London: Penguin Books, 1999), 171-172.

8　위의 논문, 172.

9　위의 논문, 173.

10　Richard Rorty, "Religion in the Public Square: A Reconsideration," *Journal of Religious Ethics* 31-1 (2003), 142.

가난한 이들을 돕기 위한 정책을 지지하기 위한 공적 주장을 펼치면서 시편 72편[11]과 같은 성경 본문을 근거로 삼을 수 있다는 여지를 허용한다.[12] 그러나 여전히 종교적 이유들을 공적 담론의 장에 허용하는 것은 득得보다 실失이 많다는 입장을 버리지 않는다. 이 입장을 계속 전개해 나가기 위해 로티는 초점을 종교 자체에서 종교 기구들과 공적 대표자들로 옮긴다.[13] 여기서 로티는 역사실증적 접근을 취한다. 킹 목사의 예와 같이 종교 기구들이 공적 영역에서 긍정적 역할을 할 수 있다는 점을 인정하면서도, 반대의 경우가 비교할 수 없을 만큼 많다고 주장하면서 역시 득보다 실이 크다는 결론에 이르는 것이다.[14] 이와 연관해서 로티는 개인이 공적 영역에서 종교적 주장들을 펼치는 것을 허용한다면, 공공선에 악영향을 끼칠 수 있는 종교적 기구들의 활동을 강화하는 결과를 낳을 수 있다고 우려한다.[15] 공공선 증진에 유해有害한 종교 기구들의 공적 담론에의 진입을 막기 위해 종교적 주장의 개진을 원천적으로 금지할 수는 없겠지만, 그렇다고 해서 장려해서는 안 된다고 주장하는 것이다.[16]

비판은 얼마든지 가능하다. 특별히 세 가지 지점에서 그렇다. 무엇보다도 로티가 종교를 사적 영역에 제한한 것은 옳지 않다는 비판을

---

11 주목할 구절들을 뽑아보면 다음과 같다. "하나님이여 주의 판단력을 왕에게 주시고 주의 공의를 왕의 아들에게 주소서 그가 주의 백성을 공의로 재판하며 주의 가난한 자를 정의로 재판하게 하소서 … 그는 궁핍한 자가 부르짖을 때에 건지며 도움이 없는 가난한 자도 건지며 그는 가난한 자와 궁핍한 자를 불쌍히 여기며 궁핍한 자의 생명을 구원하며 그들의 생명을 압박과 강포에서 구원하리니 그들의 피가 그의 눈 앞에서 존귀히 여김을 받으리로다"(시 73:1-2, 12-14, 개역개정판).

12 Richard Rorty, "Religion in the Public Square: A Reconsideration," 143.

13 위의 논문, 141.

14 위의 논문, 142.

15 위의 논문, 143-145.

16 위의 논문, 148-149.

받을 수 있다. 종교는 개인적 고통과 고뇌에 응답할 뿐만 아니라 사회적 공적 측면에서도 구원의 의미를 밝히고자 한다는 점을 인식해야 할 것이다. 또한 공적 담론의 장에서 대화중단자의 역할을 하는 것은 종교만이 아니다. 철학적 신념이나 정치적 신념도 만일 그것이 매우 경직된 근본주의fundamentalism의 성향을 띠고 있다면, 얼마든지 공적 담론의 심각한 걸림돌로 작용할 수 있다. 대화가 중단되는 것이 두려워서, 혹시라도 그럴 위험이 있는 모든 신념이나 이유들을 제거하고자 한다면, 공적 토론의 장은 영원히 문을 닫아야 할 것이다. 상식적으로 설득력 있는 주장은 타당한 이유와 적절하고 든든한 근거로 뒷받침되어야 한다. 그런데 만일 전제와 근거를 배제하면서 주장을 펴는 것이 중립적인 자세이기에 적절하다고 주장한다면, 그러한 주장을 옳다고 받아들일 수 있겠는가. 마지막으로 로티의 역사실증적 접근에 대한 비판이 가능하다. 종교의 공적 참여, 특히 종교 기구들의 참여의 부정적 영향을 부각하는 역사적 실례들을 근거로 하여 그러한 참여가 득보다 실이 많다고 주장하지만, 부정적 실례를 편향적으로 부각하고 긍정적 실례를 부적절하게 외면하고 있다는 의문을 제기할 수 있겠다. 긍정적 영향을 미친 경우들을 얼마든지 찾을 수 있다는 것이다.

이제 아우디, 월터스토프 그리고 홀렌바흐가 이 비판의 논점들을 어떻게 전개하는지 또 어떻게 새로운 방향으로 발전시켜 나가는지 살필 차례이다. 어떤 이는 직접적으로 또 어떤 이는 간접적으로혹은 암시적으로 응답하는데 이렇듯 논지 전개의 방식이 다르다는 점, 논자에 따라 강조점이나 비중이 다르다는 점, 비판의 논점과 관련한 논지 전개의 완성도에 차이가 있을 수 있다는 점 등을 미리 밝혀 두어야 하겠다. 자유주의 정치철학자아우디로부터 출발하여 기독교 종교철학자월터스토프의 응답을 거쳐 기독교 신학자 홀렌바흐의 윤리적 제안에 이르기까지 종교의 공적 참여의 지지자들을 차례로 만나보자.

Ⅱ 로티에 대한 비판적 응답

1. 아우디의 자유주의적 응답: 세속주의적^{secularist} 자유주의 확장

아우디는 다른 자유주의자들처럼 공적 담론의 장에서 종교적 신념에 근거해서 공적 주장을 펴는 것이 바람직하지 못한 결과를 낳을 수 있다고 염려한다. 공적 영역에서 생길 수 있는 갈등, 특히 종교인과 비종교인 사이에 있을 수 있는 갈등에 대해서 우려하고 있는 것이다. 이러한 부정적 측면을 감안하면서, 아우디는 종교인이나 교회와 같은 종교 기구의 공적 정치적 영역에서의 활동과 담론 참여에 제한을 두고자 한다. "좀 더 긍정적으로 말해서, 법과 공적 정책에 대한 옹호나 지지는 제한되어야 하며, 이러한 제한은 *배타적*이라기보다는 포용적이어야 한다. 요점은 종교적 이유를 갖지 말아야 한다거나 그러한 이유가 동기가 되어서는 안 된다는 것이 아니라, 일련의 적절한 세속적 이유를 가지거나 그러한 이유들이 동기가 되어야 한다는 것이다."[17] 다만 아우디는 로티

---

17 Robert Audi and Nicholas Wolterstorff, *Religion in the Public Square: The Place of Religious Convictions in Political Debate* (Lanham, Md.: Rowman & Littlefield Publishers, Inc., 1997), 138.

를 넘어선다. 종교적 주장과 이유들이 공적 담론의 장에 진입하는 것을 원천적으로 금지하기를 바라는 로티식^兌 이해와 달리, 아우디는 '적절한' 요건을 충족한다면 공적 영역에서의 종교적 의사 개진을 허용할 수 있다는 가능성을 제시하고 있다는 점에서 그렇다.

이러한 제한적 허용은 아우디의 시민적 덕성 civic virtue 에 대한 강조와 깊은 연관성을 가진다. 시민적 덕성에 대한 아우디의 이해는 '신학-윤리적 평형' theo-ethical equilibrium 이라는 개념을 통해 설명될 수 있는데,[18] 이러한 개념화를 통해 아우디는 자유주의적 이해로 출발하여 종교적 담론과 비종교적 담론을 포괄하는 공적 담론의 성숙이라는 목적을 향해 자유주의와 신학적 이해의 소통을 꾀하고 있다고 평가할 수 있다. 신학-윤리적 평형은 "종교적 숙고와 통찰 그리고 세속적 윤리적 고려 사이의 이성적^{합리적} 통합"을 뜻한다.[19] 이 평형은 종교인들이 종교적 신념의 도덕적 의미와 그것에 상응하는 정치적·윤리적 결론 사이의 연속성 혹은 일관성을 견지해야 한다는 점을 내포한다. 하나님을 전지전능한 사랑의 신^神으로 고백하는 도덕적으로 성숙한 유신론자가 있다고 가정하면서, 만일 이 평형에 이르지 못했다고 판단한다면 그는 종교적 이유를 제시하면서 강제성을 띤 법률이나 공적 정책을 지지하려 하지

---

18 자유주의의 전체적 흐름에 견주어 볼 때, 시민적 덕성(civic virtue)에 대한 아우디의 강조는 자유주의라는 큰 울타리 안에서의 덕윤리의 전개라는 측면에서 가치가 있다. 이러한 강조는 '신학-윤리적 평형'(theo-ethical equilibrium)이라는 개념을 통해 효과적으로 설명될 수 있다. 아우디에게 덕은 외적으로 드러난 행위의 양상이 아니다. 그의 덕윤리는 행위를 규율하고 안내하는 기준으로서의 도덕적 규범에 대한 인지(認知)와 구체적 행위로 구현하게 하는 동기부여에 초점을 둔다 (Robert Audi and Nicholas Wolterstorff, *Religion in the Public Square: The Place of Religious Convictions in Political Debate*, 36). 세속적 정당화의 원칙과 세속적 동기부여의 원칙은 시민의 덕을 형성하는 데 결정적인 요소인 규범에 대한 인지와 그것에 근거한 동기부여에 있어서 아우디가 비종교적인 혹은 세속적인 정당화와 동기부여에 큰 비중을 두고 있음을 드러내 준다.

19 Robert Audi and Nicholas Wolterstorff, *Religion in the Public Square: The Place of Religious Convictions in Political Debate*, 21.

않을 것이라고 아우디는 생각한다.[20] 논란이 진행되고 있다면 세속적 입장들 뿐 아니라 종교적 입장들도 검증되어야 한다. 자신의 신앙에 철저하며 동시에 도덕적으로 양식이 있는 시민이 법과 정책을 지지하거나 거부하고자 할 때, 그는 종교적 근거뿐 아니라 그것과 더불어 이성적이라고 판단할 수 있는 선線에서 혹은 합리적인 동료 시민이 근거로서 충분하다고 판단할 수 있는 선에서, 세속적인 혹은 비종교적인 근거를 제시할 수 있어야 한다고 주장하는 것이다.[21]

이런 맥락에서 아우디는 '세속적 정당화의 원칙' the principle of secular rationale과 '세속적 동기부여의 원칙' the principle of secular motivation의 중요성을 강조한다. '세속적 정당화의 원칙'은 "인간의 행동을 규제하는 법이나 공적 정책을 옹호하거나 지지하려 할 때 그러한 옹호나 지지에 대한 충분한 세속적 이유를 갖추고 있지 못하다면 지지하거나 옹호해서는 안 된다는 제일견 prima facie 〈프리마 파시에〉 의무"에 관한 원칙이다.[22] 예를 들어, 공교육 현장에서 기도 예식을 요구하는 법률을 지지하고자 한다면 종교적 이유와 함께, 그것이 학생들에게 교육적으로 유용하다는 식의 세속적 이유를 충분히 제시해야 한다. '세속적 동기부여의 원칙'은 "인간 행동을 규제하는 법률이나 공적 정책을 옹호하거나 지지하려 할 때 규범적으로 세속적인 이유 secular reasons 로 충분히 동기부여 받지 않는다면 그러한 지지나 옹호를 자제해야 한다는 제일견 prima facie 〈프리마 파시에〉 의무"에 관한 것이다.[23] 여기에서 충분한 세속적 동기부여는 일련의 세속적

---

20 위의 책.

21 Robert Audi, *Religious Commitment and Secular Reason* (New York: Cambridge University Press, 2000), 123.

22 Robert Audi and Nicholas Wolterstorff, *Religion in the Public Square: The Place of Religious Convictions in Political Debate*, 25.

이유들을 가지고 주장을 펼치고 행동하는 데 있어 동기부여가 충분하다는 것을 의미하며, 그러한 세속적 이유들이 공적 영역에서의 언명과 행동을 설명해주고 또 다른 조건이 변함없이 같다면 다른 이유들이 제거된다 하더라도 그 이유들 때문에 지속적으로 행동할 것이라는 점을 내포한다.

이 두 원칙에 더하여 한 가지 더 주목해야 할 원칙이 있는데, '교회론적 정치적 중립성의 원칙' the principle of ecclesiastical political neutrality 이다. 이 원칙은 "자유민주주의 사회에서 사회적 기구로서의 역할을 수행하고자 하는 교회들은 인간 행동을 규제하는 법률이나 공적 정책들과 공직에 출마한 후보자들을 지지하거나 반대하는 것을 자제해야 하는 제일견 prima facie 〈프리마 파시에〉 의무"에 관한 것이다.[24] 아우디는 사적인 그리고 공적인 정치적 행위들 사이의 차이 구분와 공식적인 그리고 비공식적인 정치적 행위들 사이의 차이 구분를 강조하면서, 교회가 다양한 방식으로 공식적 기구로서의 정치적 입장을 표현하는 것은 이 중립성의 원칙을 반하는 것으로 본다. 정치적으로 논란이 되는 문제들에 대해서 신자 개인에게 맡겨 두어야 한다고 주장하면서, 아우디는 "그러한 [신자 개개인의 사적인] 판단은 성직자의 신학적 숙고와 정치적 행동 사이에서 중요한 필터 filter 역할을 한다."는 점을 밝힌다.[25]

와이트만 Paul J. Weithman 은 아우디의 '교회론적 정치적 중립성의 원칙'을 비판하기 위해 경제정의 신장을 위해 적극 참여했던 가톨릭 주교회의의 사례를 제시한다. 미국 경제에 대한 비평적 제안으로서 그들의

---

23 위의 책, 28-29.
24 위의 책, 40.
25 위의 책, 42.

목회서신인 "모두를 위한 경제정의"의 발표는 민주주의와 경제정의의 신장에 기여할 것으로 판단되는 특정 정책에 대한 선호가 중요한 동기로 작용한 것이라고 와이트만은 주장한다.[26] 와이트만의 주장에 응답하면서, 아우디는 두 가지 점에서 중요한 구분이 있어야 한다고 강조한다. "개개의 시민으로서 주교들의 의무와 공적인 성직자로서의 의무 사이의 구분이 첫째이고, *일반적으로* 도덕적이라 여기는 이상들을 증진하는 의무와 특정 정책 혹은 공적 후보자를 통해 그러한 이상들을 정치적으로 증진하는 의무 사이의 구분이 둘째이다."[27] 아우디는 종교 지도자들이 일반적으로 민주주의를 발전시키기 위해 적절한 역할을 하는 것은 허용하지만 특정 정책이나 법률 혹은 특정 정치 후보자들을 공식적으로 지지하는 것은 허용하려 하지 않는다. 교회의 성직자가 교회 구성원들이 공적 영역에 대해 좀 더 관심을 갖고 참여할 수 있도록 독려하는 것과 그들이 특정한 정책을 지지하도록 직접적으로 영향을 미치는 것, 이 둘은 별개의 문제라고 강조한다. 가톨릭 주교회의의 사례를 생각해 본다면 그들이 경제정의를 증진하기 위해 도덕적 주장을 할 수 있고 또 해야 할 것이지만, 예를 들어 노동자의 임금 결정과 관련된 특정 정책을 지지하거나 제안하는 것은 바람직하지 못하다고 보는 것이다. 교회론적 정치적 중립성의 원칙은 종교의 자유의 보장 등과 같은 자유민주주의의 이상에 그 정당성의 근거를 갖고 있을 뿐 아니라 이 원칙을 소중히 여기는 것은 신앙 공동체가 그 정체성과 입지를 견지하는 데 도움이 될 것이라는 생각인 것이다. 아울러 아우디는 정치와 공공정책은 일

---

26   Paul J. Weithman, "The Separation of Church and State: Some Questions for Professor Audi," *Philosophy & Public Affairs* 20-1 (1991), 56-57.
27   Robert Audi, "Religious Commitment and Secular Reason: A Reply to Professor Weithman," *Philosophy & Public Affairs* 20-1 (1991), 68-69.

정한 전문성을 요구하는 영역이며 그 영역에 효과적으로 참여하기 위해서는 관련된 지식을 습득해야 하는데, 그러한 습득을 위한 노고가 성직자 본연의 임무 곧 영적 도덕적인 임무를 수행하기 위해 투여해야 하는 시간과 헌신을 침해할 수 있다고 우려한다. 그러면서 이 중립성의 원칙은 성직자의 종교적 역할이 그 본질로부터 희석되는 것을 방지하는데 기여할 수 있다고 주장한다.[28]

이 중립성의 원칙에서 드러나는 아우디의 입장은 앞에서 살핀 로티의 후기 입장 곧 종교 자체가 아니라 종교 기구들의 공적 참여를 금지해야 한다는 입장과 유사성을 가진다고 일면 평가할 수도 있겠다. 그러나 둘 사이에 차이가 있다. 신앙인 개인과 공적 기구로서의 신앙 공동체의 참여를 구분하는 작업 등을 통해 이론적 완성도를 높였다는 점에서 아우디의 기여를 인정해야 할 것이다. 또한 로티의 논지가 외향적 extramural 이라면 아우디의 논지는 외향적인 동시에 내향적 intramural 이라는 차이를 주목해야 한다고 필자는 생각한다. 로티가 종교 기구들의 공적 참여를 금지하고자 하는 주된 이유는 그것이 공적 영역에 유익이 되기보다는 부정적 영향을 미칠 것이기 때문이라는 실증적 이유였다면, 아우디가 개인과 공적 기구의 참여를 구분하고자 했던 것은 공적 기구의 참여의 사회적 갈등 유발 가능성 등의 외향적 측면을 고려한 것도 있지만 신앙 공동체의 본질과 내적 건강성의 유지와 성숙이라는 내향적 측면을 더 깊이 고려했기 때문이다. 요컨대, 아우디는 '세속적 정당화'와 '세속적 동기부여'라는 충족요건을 제시하며 종교의 공적 참여에 관한 '제한적 허용'론을 전개하는데, 이를 통해 종교의 공공성을 긍정한다.

---

28   위의 논문, 70.

종교의 공적 참여가 종교 공동체 안팎에 긍정적 영향을 끼쳐야 한다는 취지에서 '교회론적 정치적 중립성의 원칙'을 전개함으로써 종교의 공적 참여 담론의 '내향적' 확장을 꾀한다.

2. 월터스토프의 종교철학적 응답: 유신론적 통전적 사회윤리

월터스토프는 기본적으로 자유민주주의 이상에 동의하면서도, '독립적 근거'[29]를 공적 주장의 이유로 삼는 자유주의적 입장the liberal position 그리고 종교와 국가를 엄격하게 분리하려고 하는 분리주의적 입장에 동의하지 않는다. 월터스토프는 자유민주주의가 정부의 통치 영역

---

[29] 종교적 주장의 공적 담론의 장에로의 진입을 허용해야 하는가? 이 질문에 답하는 데 있어서 『정치적 자유주의』에서 롤즈가 제시하는 정의 개념이 근본적으로 중요하다. 여기에서 롤즈는 '공정'(fairness)으로서 정치적 정의의 개념을 피력하고 있다. 이 정의의 세계에서 사는 시민들은 합리적인 사람이라면 누구든지 합리적으로 거부할 수 없다는 사회적 원칙에 충실한 이들이다. 그리하여 정의는 좋은 삶이 무엇인지에 대한 어떤 '포괄적 교리'(comprehensive doctrines)에서 오는 것이 아니라 시민들 가운데서 발견하는 '중첩적 합의'(overlapping consensus)로서 독립적으로(freestanding) 존재한다(John Rawls, *Political Liberalism* (New York: Columbia University Press, 1996), 144-148). 롤즈는 좋은 삶에 대한 그 어떤 포괄적 신념이나 이론도 자유민주주의 사회에서 정의에 관한 근본적 질문들을 다룰 수 있는 작동기제가 될 수 없다고 생각한다. 어떤 특정한 포괄적 신념 체계를 상정하기보다, 롤즈는 시민들의 대중적인 합의가 정의에 관한 질문들을 다루는 데 있어 기초자원으로 쓰여야 한다고 생각하는 것이다. 오히려 포괄적 교리 혹은 신념 체계로부터 자유로운 '독립적 근거'가 필요하다. 롤즈가 제안하는 '독립적 근거'는 두 단계의 과정을 통해 도출된다. 자유민주주의의 "정치적 문화를 분석하여 헌법적 개념으로 전환하는 단계"가 첫 번째이고, 그러한 헌법적 개념을 "자유롭고 또 평등하다고 여겨지는 시민들 사이의 사회적 협력에 관한 공정한 조건을 규정하는 원리의 형태로 전환하는 것"이 두 번째이다(Robert Audi and Nicholas Wolterstorff, *Religion in the Public Square: The Place of Religious Convictions in Political Debate*, 93). 이러한 원리는 자유민주주의 사회를 떠받치는 '정치적 기초'(political basis)로 작동하며, 그것은 그 사회의 '공유된 정치 문화'(the shared political culture)에서 추출된 것이다(Robert Audi and Nicholas Wolterstorff, *Religion in the Public Square: The Place of Religious Convictions in Political Debate*, 93). 요컨대, '모든 시민에 대한 자유와 평등의 보장'을 본질적 조항으로 포함하는 자유민주주의의 이상은 이러한 공유된 정치 문화와 깊숙이 결부되어 있으며(혹은 동일시될 수 있으며), 롤즈의 '정치적 정의'는 이를 실현하는 데 근원적이며 필수적인 기초가 되는 것이다(Robert Audi and Nicholas Wolterstorff, *Religion in the Public Square: The Place of Religious Convictions in Political Debate*, 96-97). 이런 맥락에서, 롤즈에게 정의는 단순히 중요한 선이나 가치들 가운데 하나가 아니다. 오히려 정의는 다양한 선과 가치들을 평가하고 또 이것들이 충돌할 때 그러한 충돌을 해결하는 원리로서의 지위를 갖는다. 그러므로 정의는 특정한 선과 가치에 대한 인식과 판단을 내포하는 어떤 포괄적 교리나 신념으로부터 '독립적인' 근거를 가져야 한다는 것이다.

안에서 모든 사람이 법으로 평등하게 보호받으며 법의 울타리 안에서 자신이 좋게 여기는 대로 삶을 구성할 수 있는 동등한 자유를 보장하는 정부 형태를 지향해야 하며 이러한 정부 형태는 그 사회에 존재하는 종교적인 신념 그리고 다른 포괄적인 교리나 신념 체계들에 대해 중립을 지켜야 한다고 생각한다. 그는 이러한 자유민주주의에 대한 이해를 이른바 '자유주의적 입장'과 구분하는데, 자유주의적 입장이란 "자유민주주의 사회에서 정치적 행위의 적절한 목적은 시민에게든 관료들에게든 정의[이어야 한다]"는 핵심적 의미를 갖는다.[30] 이 입장은 시민들이 공적 정치적 입장을 개진할 때 행복한 삶과 좋은 사회에 대한 특정 종교의 교리나 신념과 연관되지 않는 어떤 독립적인 근거를 가져야 함을 내포한다. "[정치적 이슈들에 관한 결정이나 토론]과 행위에 있어서, 자신들의 종교적 신념이 작동하지 못하도록 해야 한다. 그 사회에 존재하는 어떤 종교적 관점이든 독립적인 근거가 생산한 원리들에 충실하면서 정치적 토론에 임하고 또 결정에 이르러야 한다."[31]

공적 토론에서 '독립적 근거'를 필수적으로 요구하는 롤즈와 같은 자유주의자의 '정의' 개념이 다양한 가치들을 평가하고 또 그 가치들이 충돌할 때 그러한 충돌을 해결하는 원리로서 작용하면서 궁극적으로 공공선에 기여할 수 있다는 점을 부정할 수 없을 것이며, 월터스토프도 이 점을 인정할 것이다. 그러나 그러한 장점을 인정하면서도 월터스토프는 공적 영역에의 참여자들이 개진하는 공적 주장들이 오로지 다른 구성원들도 기꺼이 수용하는 정의의 정치적 개념에만 근거해야

30   Robert Audi and Nicholas Wolterstorff, *Religion in the Public Square: The Place of Religious Convictions in Political Debate*, 73.
31   위의 책.

한다는 점을 의미한다면, 자신은 동의할 수 없다는 점을 분명히 한다. 종교적으로 통합적인religiously integrated 삶을 살고자 하는 사람들에게 그러한 요구는 수용하기 어려운 것이 될 것이라는 것이다. 공적 정치적 영역에서도 그들은 자신들의 종교적 신념에 따라 생각하고 말하고 결정하고자 한다. 월터스토프는 롤즈의 '독립적 근거'론이 종교인들이 수용할 수 없는 어떤 요구사항을 제기한다고 보는데, 이러한 요구는 아우디의 개념으로 설명한다면 종교적 이유들은 '유일한' 결정 요인이 아니며 그 이유들과 병렬해서 다른 많은 이유들도 함께 고려되어야 함을 의미한다.[32] 다시 말해, 종교적으로 통합적인 삶을 살고자 하는 사람들도 자신들의 정치적 주장을 개진할 때 정의의 정치적 원리에 근거한 이유들을 제시해야 하며 그러한 이유들과 자신들의 종교적 신념 사이의 연속성과 통일성을 견지하고자 힘써야 한다는 것이다.

월터스토프는 이러한 요구 사항은 모든 시민이 공통의 합리성에 근거해서 협력하는 사회에서만 실현 가능하다고 보며 그러한 사회는 종교적으로 통합적인 삶을 살고자 하는 구성원들에게는 살기 좋은 환경이 결코 될 수 없고 오히려 무거운 짐이 될 수 있다고 우려한다. 그들에게 이러한 입장은 부당한 것이라고 보는 것이다. 그들의 종교적 삶은 "사회적·정치적 실존과 *다른 어떤 것*"에 국한되는 것이 아닌데, 곧 "그들의 사회적·정치적 실존에 관한 것"이기도 하다.[33] 그리하여 그들이 공적 토론의 장에 참여하여 의사결정을 함에 있어서 자신들의 종교적 신념에 기초하는 것을 제한한다면, 그러한 제한은 "불평등하게 종교의

---

32 위의 책, 123.
33 위의 책, 105.

자유라는 권리를 침해하는 것이 된다."³⁴ 그들은 모든 삶의 영역에서 하나님에 대한 헌신을 확장하려고 하며, 정치적 영역도 물론 포함된다. 그들의 종교적 신념에 독립적인 어떤 근거 신앙의 유무에 상관없이 모든 시민이 공유하는 공통의 합리성과 같은 근거가 아닌 자신들의 종교적 신념에 근거해서 생각하고 선택하고 판단하고 행동하는 것이 그들의 신神에게 충실한 것이라고 믿는 것이다. 이 지점에서 월터스토프는 로티의 종교의 본질 이해를 정면에서 도전한다. 로티는 종교의 본질을 '사회적·정치적 실존과 다른 어떤 것'에서 찾는 반면, 월터스토프는 종교는 사적私的 실존뿐 아니라 '사회적·정치적 실존'과도 본질적으로 연관되어 있다고 생각한다. 후자의 경우, 공적 영역에의 참여의 문제에 있어서 개별 행위자의 통전성이라는 존재론적 특성을 중요하게 고려하는 것이며, 종교적 언명을 공적 영역에서 배제하거나 과도하게 제한하는 것은 이러한 존재론적 통전성을 침해하는 것으로 보는 것이다. 또한 월터스토프가 지적한 대로, 그러한 배제와 제한은 종교의 자유라는 헌법적 권리를 침해하는 것이기도 하다.

　월터스토프는 종교적 주장이 공통의 합리성에 근거한 시민들의 협력에 침해가 되기 때문에 덜 분열적이고 좀 더 정돈된 사회를 만들기 위해 종교가 공적 영역에 참여해서는 안 된다는 로티식式의 실용주의적 자유주의적 입장에도 반대한다. 다시 말해, 정치적 판단과 행동을 위해서는 그 어떤 종교적 영향도 받지 않으면서 인식론적으로 적절하고 행동의 동기 면에서도 충분한 근거를 갖추어야 하며 이것이 자유민주주의 사회의 시민이 추구해야 할 시민윤리라는 주장에 반대하는 것이다. 월터스토프는 자유민주주의 사회의 시민에게 정치적 이슈들에 담긴 종

34　위의 책.

교적·도덕적 함의라는 측면에서 제시하는 이유들 그리고 정치적 판단과 행위에 관련하여 제시하는 이유들, 이 두 가지 모두에 있어서 어떤 제한을 두는 것을 옳지 않다고 본다. "(시민들이) 채택한 입장과 그 입장에 근거하여 수행하는 실천방식이 자유민주주의의 개념과 양립하고 또 이러한 이슈에 대한 토론이 예의를 갖추고 이루어진다면, 시민들은 자유로이 자신이 판단하기에 타당한 이유들을 (어떠한 것이든) 제시하고 또 그것에 근거해 행동할 수 있다. … 자유민주주의는 필자가 이해하는 대로는 이 점에서 그 어떤 검열도 용납하지 않는다."[35] 월터스토프는 자유민주주의 사회에서 그러한 목적을 이루기 위해서는 종교적 주장도 자유롭게 표현될 수 있어야 한다고 강조한다. 종교인들은 자신들의 종교적 신념에서 정치적·윤리적 의미를 추출해야만 하고 또 그러한 의미를 가지고 공적 토론의 장에 들어갈 수 있어야 한다는 것이다.

그래서 월터스토프는 종교적으로 뒷받침된 입장들이 자유민주주의 이상을 침해하지 않는다면 공적 정치적 토론과 의사결정의 과정에 진입하여 활동하는 것을 막아서는 안 된다고 강조한다. 정치적 담론의 목적은 충돌 가능성이 엄존하는 이해관계의 해소이며 이것은 자유민주주의 이상과 양립한다는 점을 밝히면서, 월터스토프는 자신의 입장 역시 그러한 목적에 동의하며 자유민주주의의 이상은 '자유와 시민들의 평등이라는 원리'를 존중하는 정치적 담론을 통해 구현될 수 있다고 주장한다.[36] 종교인의 공적 정치적 영역에의 참여는 자유와 평등의 권리를 실현하는 것이기에 제한을 두어서는 안 된다고 강조하고 있는

<hr>

35   위의 책, 147.
36   위의 책, 113.

것이다. 이런 맥락에서 월터스토프는 종교의 공적 참여를 제한해야 한다는 로티의 견해는 '전혀 자유주의적이지 않으며' 어떤 시민들에게는 '위협적인' 인상을 줄 수 있다는 점을 지적한다.[37] 또한 혹시라도 로티가 우려하는 대로 공적 담론의 장에서 의견 충돌이 심화되어 급기야 대화가 중단될 만한 상황에 이른다 하더라도 자유민주주의는 투표와 같이 그러한 충돌을 해결할 장치를 갖추고 있다는 점을 들어 로티의 우려는 그야말로 기우임을 밝히고자 한다.[38]

공적 담론의 장에 들어와서 자유로이 종교적 주장을 펼칠 것을 제안하면서 월터스토프는 몇 가지 조언을 덧붙이는데, 이를 주목할 만하다. 먼저 최대한 예의civility를 갖추고 토론에 임하라고 월터스토프는 조언한다.[39] 무엇보다도 상대방의 의견이 다르더라도 경청해야 하며 또 토론의 과정을 통하여 자신의 생각이나 입장을 바꿀 수 있다는 가능성을 열어두어야 한다는 점을 강조한다. 또한 공적 토론은 헌법과 법률이 제시하는 규범의 틀을 존중하면서 이루어져야 하며 또 사적 이익이 아니라 철저하게 '정치적 정의'political justice를 목적으로 하여 공적 영역에 참여해야 한다고 조언한다.[40] 월터스토프는 시민으로서 갖추어야 할 태도와 덕을 강조하고 토론의 사회적 규율 안에서 자유롭게 자신의 주장을 표출하는 것이 공적 담론의 활성화와 공공선 증진을 위해 좀 더 좋은 접근이라고 생각하는 것인데, 특별히 종교적으로 통합적인 삶을 살

37   Nicholas Wolterstorff, "An Engagement with Rorty." *Journal of Religious Ethics* 31-1 (2003), 136-137.
38   위의 논문, 137.
39   Robert Audi and Nicholas Wolterstorff, *Religion in the Public Square: The Place of Religious Convictions in Political Debate*, 112.
40   위의 책, 113.

고자 하는 이들에게 그것이 자신을 파편화하지 않고 전인적 자아를 유지하며 살 수 있는 좋은 길이 될 것이다. 정치적 토론의 목적은 사람들이 갖는 다양한 세계관의 고유한 특징들에 주의하면서 그러한 세계관이 좋은 시민이 되는 목적 vision과 어떻게 조화롭게 실현될 수 있는가를 묻고 답을 찾아가는 것일 것이다. 이러한 공공의 목적을 이루기 위해서는 한 가지의 정의의 개념이 필요한 것이 아니라 다양한 삶의 방식과 포괄적 신념 안에서 '좋은 시민'이 될 수 있는 가능성을 허용해야 한다는 것이 월터스토프의 생각이다.

3. 홀렌바흐의 신학적 윤리적 응답: 공공선·지향적 신학적 사회윤리

홀렌바흐는 많은 정치 이론가들이 16-17세기 종교전쟁을 비롯한 종교가 촉발한 사회갈등의 근본 원인이 공공선이나 좋은 사회에 대한 신념의 대립 혹은 충돌에 있다고 진단한다는 점을 소개한다. 공공선이나 좋은 사회에 대한 견해는 다양할 수밖에 없는데, 특정 개념들을 다른 개념들에 비해 선호한다는 것은 다른 견해를 가진 사람들에게 차등의 가치를 부여한다는 것을 의미하며 그러한 차별이 사회적 갈등을 일으키는 근본적인 원인으로 작용한다고 보는 것이다. 그래서 이러한 견해는 사회적 평화를 이루기 위해 종교는 사적 영역에 머물러 있어야 한다는 주장에까지 이른다.[41] 공공선이나 사회적 가치에 대한 관점의 차이와 연동된 존재론적 차별을 방지하고 사람들 사이의 평등을 정당하게 보장하기 위해서는 어떤 삶이 좋은 삶인지에 대해서 철저하게 '판단을 유보해야 한다' non-judgmental는 견해가 상당히 영향력을 발휘해 왔음을 홀렌바흐는 지적한다.⁴² 다만 이러한 관점에 대해 홀렌바흐는 비판적이다. 가치중립의 강조나 '일반적인' 공공선 개념의 추구에 대한 거부 등이 공적 영역을 좌우하게 될 때, 사회적 갈등을 어느 정도 방지할 수 있을지는 몰라도 오히려 여러 가지 사회적 문제들미국 대도시 지역의 가난의 심화 혹은 양극화와 같은 문제을 발생시킬 수 있다는 것이다. 이러한 문제를 극복하기 위해 기독교회는 공공선에 관한 신학적 전통을 되살려내야 한다고 홀렌바흐는 주장한다. 기독교 신앙이 공적 영역 안에서 사회적 평화, 다원성, 자유 등의 가치를 훼손하지 않으면서, 공적 담론의 성숙과 공공선 증진에 기여할 수 있다는 점을 신학적으로 또 윤리적으로 뒷받침하고자 한다.⁴³ 이를 위해 홀렌바흐가 특별히 주목하는 신학자는 어거스틴St. Augustine과 아퀴나스Thomas Aquinas이다. 이 두 사람에 대한 해석을 중심으로 자신의 신학적 논지를 전개해 간다.

어거스틴에 따르면, 역사적 존재로서 모든 인간은 두 도성 곧 신의 도성과 세속 도성 가운데 하나에 속하게 된다.⁴⁴ 하나님과 자기 자신, 이 둘 중에 어느 쪽을 더 지배적으로 사랑하느냐에 따라 소속이 달라진다. 다시 말해, 각 도성의 소속은 "구성원들이 궁극적으로 누구에게 충성하는지 혹은 하나님 앞에서 볼 때 어디에 서 있는지를 통해 결정된다."⁴⁵ 세속 도성 사람들은 자기 자신을 지극히 사랑하다가 하나님과 이

41   David Hollenbach, *The Common Good and Christian Ethics* (Cambridge: Cambridge University Press, 2002), 14-15, 24.

42   위의 책, 10.

43   위의 책, 99.

44   Augustine, *The City of God*, trans. Marcus Dods (New York: Random House, 2000), XIV. 1.

45   R. A. Markus, *Saeculum: History and Society in the Theology of St. Augustine* (Cambridge: Cambridge University Press, 1988), 59.

웃을 멸시하는 것도 서슴지 않는다. 반대로 신의 도성 사람들은 하나님과 이웃을 사랑하기 위해 기꺼이 자신을 포기할 줄 안다. 그러나 앞에서 본 대로, 이 둘 사이의 구분은 역사적·정치적이라기보다는 신학적 혹은 영적이다. 다시 말해, 이 구분은 역사적 정치사회적 관점에서의 어떤 구분과도 일치하지 않는다. 홀렌바흐는 '공화국'에 대한 어거스틴의 정의 곧 '사랑의 대상에 관해 공통으로 공유하는 의사_{의견일치}로 엮어진 이성적 존재들의 모임'이라는 정의를 인용하면서 이 구분을 다음과 같이 설명한다. "시민 사회는 사탄의 왕국 혹은 세속 도성 *civitas terrena* 〈키비타스 테레나〉과 동일하지 않으며 또 그렇게 동일시해서는 안 된다. 또한 교회는 천상적 예루살렘 혹은 하나님의 도성 *civitas Dei* 〈키비타스 데이〉과 동일한 실체가 아니다."[46] 세속 도성은 국가와 같은 정치사회적 체제와 일치시킬 수 없으며, 신의 도성 또한 교회와 같은 종교적 제도와 동일시할 수 없다는 것이다. 그러므로 한편으로 교회 공동체 안에는 신의 도성에 속한 이들만이 아니라 세속 도성에 속한 이들도 존재하며 다른 한편으로 국가 공동체 안에 세속 도성과 신의 도성에 속한 사람들이 모두 존재한다.

두 도성의 사람들이 함께 살아가는 공적 공간인 공화국_{혹은 시민들로 구성된 정치사회 공동체} 안에서 그들은 생존을 위한 외적 요건들 곧 평화, 사회적 안전과 질서, 생존을 위한 물적 토대 등과 같은 요건 마련을 위해 협력할 수 있다.[47] 그래서 어거스틴은 기독교인들에게 세속 정부의 정치적 법적 질서를 존중하라고 권고한다. 또한 그러한 존중은 지상의 순례에 도움이 되고 이 땅을 사는 모든 사람들의 생존에 필요한 조건들을 마련

---

46 David Hollenbach, *The Common Good and Christian Ethics*, 127.
47 Augustine, *The City of God*, XIX. 17.

하는 데 이바지할 수 있어야 한다는 점도 강조한다. 어거스틴은 정치적 법적 질서와 체제들 안에서 하나님의 섭리의 실현을 본다. 하나님은 그러한 질서와 체제들을 통해 인간 사회에서 벌어지는 범법과 악행을 제어하심으로써, 인간의 공동체적 실존에 필요한 기본 요소로서 평화와 질서를 확보하게 하신다. 어거스틴은 기독교인들에게 유토피아적 이상을 이루기 위한 혁명적 과업에 참여하라고 권면하지는 않을 것이다. 그러나 이 세상이 참된 기독교인들혹은 신의 도성 사람들로 가득하다면, 그것처럼 전체 정치사회 공동체에 유익한 것은 없을 것이라는 점을 역설한다. 이기적 사랑에 휘둘리지 않고 언제나 공공선을 위해 자기 유익을 포기할 줄 아는 사랑의 사람들이 그 사랑으로 산다면, 세속 정부의 복지를 증진하는 데 크게 기여하게 될 것이라는 것이다.[48] 홀렌바흐는 이러한 고찰을 바탕으로 기독교의 공적 참여에 관한 어거스틴의 입장을 정리한다. "현대적 개념으로 표현해 본다면, 어거스틴은 종교와 정치의 적절한 구분을 견지하는 것을 긍정적으로 볼 것이지만, 정치가 종교를 혹은 종교가 정치를 좌우하는 것에 대해서는 단호히 반대할 것이다. (이러한 점을 고려하면서 기독교가 공적 영역에 신중하게 참여할 것을 권고하는) 어거스틴은 교회가 사적 주관성의 영역으로 도피하는 것에 대해서도 거부의 사를 분명히 밝힌다."[49]

　　홀렌바흐가 어거스틴과 더불어 기독교의 공적 참여의 신학적 근거로서 중요하게 다루는 인물은 아퀴나스이다. 앞에서 언급한 대로, 아퀴나스에게 인간은 그 본성상 사회적이다. 다양한 형태의 사회적 정치

48　Augustine, "Letter 138, to Marcellinus," in *Augustine: Political Writings*, trans. Michael Tkacz and Douglas Kries (Indianapolis: Hackett, 1994), 211-212.

49　David Hollenbach, *The Common Good and Christian Ethics*, 122.

적 공동체에 참여할 수밖에 없는 존재라는 것이다. 특별히 이러한 사회적 본성의 구체적인 실현으로서 국가와 같은 정치 체제를 주목하는데, 아퀴나스는 정치 지도자의 본질적 사명은 국가 공동체와 그 구성원들을 협력과 연대의 관계로 묶어 공공선을 향해 이끌어 가는 것이라는 점을 분명히 한다.[50]

또한 아퀴나스는 정치사회 공동체의 공공선 실현과 하나님의 섭리 사이의 연속성을 강조한다. 하나님은 피조 세계와 인간의 역사를 궁극적 목적을 향해 인도해 가시면서, 인간들이 그러한 섭리에 참여할 수 있도록 하신다. 이런 맥락에서 하나님의 섭리에 참여하는 정치 지도자들의 실제적 과업은 공공선 혹은 공동체의 선한 삶을 증진하는 것이며, 그들은 하나님 안에서 천상의 복을 누리는 것을 궁극적 목적으로 설정해 두어야 한다.[51] 여기서 아퀴나스는 둘 사이의 연속성 혹은 유비를 강조하고 있는 것이다. 홀렌바흐에 따르면, 아퀴나스의 사회윤리는 하나님 나라의 최종적 궁극적 선ᵇ과 역사 속에서 인간 공동체가 성취할 수 있는 선 사이에 엄연한 구분이 존재함을 인정하면서 후자 안에 전자의 흔적을 유비적으로 찾을 수 있다는 점을 내포한다.[52] 그러나 동시에 홀렌바흐는 아퀴나스의 연속성에 대한 강조가 둘 사이의 일치나 동일시를 의미하는 것은 아니라는 점을 지적한다. 이런 맥락에서 하나님 나라의 궁극적인 선을 '정치적인 수단을 가지고' 성취하고자 하는 모든 시도에 대해 기독교인들은 거부해야 한다는 아퀴나스적 권고를 홀렌바흐

50   Thomas Aquinas, *Summa Theologiae*, I.96.
51   Thomas Aquinas, *On Kingship*, in *St. Thomas Aquinas on Politics and Ethics*, trans. and ed. Paul E. Sigmund (New York: W. W. Norton & Company, Inc., 1988), XV.
52   David Hollenbach, *The Common Good and Christian Ethics*, 134-136.

는 덧붙인다.[53]

요컨대, 홀렌바흐는 어거스틴과 아퀴나스의 신학적 사회윤리에 근거하면서, 한편으로 신앙을 사적 영역에 제한하는 도피주의 혹은 정적주의에 빠져서는 안 된다는 점을 강조하고 다른 한편으로 공공선 증진에 이바지할 수 있도록 신앙인들의 공적 영역에의 참여를 적극 권장한다. 그러나 교회는 교회 밖 공적 영역을 좌지우지하고자 하는 신정체제적 시도를 경계해야 한다는 점 또한 환기시킨다. 종교의 공적 참여에 대한 홀렌바흐의 신학적 정당화는 종교의 공공성을 확인시켜 주는 의미가 있다는 점에서 로티의 종교의 본질 이해 곧 종교의 기능을 사적 영역에 제한하는 이해에 대한 비판적 논거로서 중요하게 작용할 수 있다고 필자는 생각한다.

이상에서 살핀 홀렌바흐의 신학적 사회윤리를 현대적 논의에 적용한다면, 크게 두 가지 지점을 생각할 수 있겠다.[54] 먼저 영역 이해에 관한 것이다. 홀렌바흐의 관점에서 로티와 자유주의의 영역 구분은 비판의 대상이다. 홀렌바흐는 자유주의의 공사 영역 이해는 몇 가지 부정적 결과를 낳는다고 보는 띠만Ronald Thiemann과 같은 비판가들의 입장에 동의할 것이다. 공적 영역과 정부 영역을 일치시킴으로써, 공적 영역에의 참여 주체와 행위의 종류와 수를 제한한다는 비판이다. 시민단체, 대학, 종교 공동체 등을 포괄하는 시민적혹은 시민사회 영역을 상당 부분 공적 영역에서 떼어내는 것은 자유주의의 '공적 영역'에도 부정적 영향을 가져다 줄 수 있을 것인데, 국가권력의 강제력 사용의 정당성을 감시하고

---

53 위의 책, 132.
54 홀렌바흐 사회윤리의 현대적 적용에 대해 '두 정부'론을 고전 신학과 현대 신학의 맥락에서 논구한 1장에서 다루었는데, 본 장의 목적에 맞추어 다시 전개하였음을 밝힌다.

견제할 주체의 상실이라는 결과를 대표적인 예로 생각해 볼 수 있다. 또한 비정부 기구들NGOs을 사적 목적과 특수 이해利害에 봉사한다고 규정함으로써, 이들이 공공선을 지향하고 있다는 점을 인식하지 못하고 있다는 점을 지적한다.[55] 시민사회의 대표적 행위주체로서 종교 기구들을 비롯한 비정부 기구들의 동기와 의도를 지나치게 협소하게 또 불순하게 보는 것은 옳지 않다고 판단하는 것이다. 이 점에서 홀렌바흐의 '영역 이해'는 주목할 만하다. 홀렌바흐에 따르면, 종교의 공적 역할에 관한 핵심 이슈는 종교가 공적 정치적 영역에 참여하느냐 하지 않느냐가 아니라 종교 기구들과 그 구성원들이 공적 영역에 어떻게 효과적으로 참여하느냐이다.[56] 홀렌바흐에게 공적 영역은 강제적 구속력이 허용되는 정부로 대표되는 정치 영역보다는 큰 것이다. 공적 삶이란 모든 자기통제적self-governing 시민들과 공동체들 그리고 공적 기구들의 활동을 포함하며 이 개인과 공동체들은 모든 공적 담론과 토론 그리고 정책 형성의 과정에 참여한다. 종교인과 종교 공동체는 공적 법률과 정책을 지지하는 것과 같은 정치적 행위 혹은 정부와 연관된 통치행위에 영향을 미칠 수 있다.

다음으로 홀렌바흐의 신학적 사회윤리의 현대적 적용점은 참여 방식에 관한 것이다. 홀렌바흐는 교회와 국가의 구분이 지켜지는 자유민주주의 사회에서 그러한 영향은 직접적이어서는 안 된다고 본다. 정치 영역에 직접 참여하는 것보다는 시민사회에 참여하여 간접적으로 영향력을 발휘하는 것이 더 바람직하다고 강조한다. 시민의 공적 영역

55 Ronald F. Thiemann, *Religion in Public Life: A Dilemma for Democracy* (Washington, D.C.: Georgetown University Press, 1996), 96-97.

56 David Hollenbach, *The Common Good and Christian Ethics*, 109.

에의 참여, 특히 합법적 강제성이 작용하는 정치적 영역에의 참여는 간접적이어야 한다고 주장하고 있는 것이다. 종교의 공적 영향은 정치 기구들에 대한 직접적 관리 혹은 통제의 결과여서는 안 된다는 것이 홀렌바흐의 인식이다.[57] 그는 개별 신자와 기독교회를 비롯한 종교 기구들의 '간접적' 방식의 공적 참여를 적극적으로 권장하는데, 종교의 참여 동기의 순수성과 종교의 공적 참여 결과에 대한 긍정적 평가를 내리고 있다는 점을 밝혀 두어야 하겠다. 이러한 평가와 더불어 홀렌바흐는 구체적으로 공적 영역에 긍정적 영향을 미친 종교의 참여에 관한 역사적 실례를 제시한다. 특히 전 세계적 차원에서 교회가 '시민사회의 재활성화'와 '사회적 자본의 확대'를 위해 기여한 구체적 보기들을 제시하는데, 킹 목사, 로메로 Oscar Romero 주교, 투투 Desmond Tutu 주교 등의 인물들과 '프라하의 봄'으로 대표되는 동유럽의 민주화 운동들을 언급한다.[58] 요컨대, 홀렌바흐는 종교의 공적 본질과 공공선에의 기여 가능성을 부각하는 이론을 전개하고 또 역사적 실례 제시로 뒷받침하는데, 그의 이론은 종교의 사적 본성과 공적 참여의 부정적 영향을 강조하고 또 그러한 부정성을 역사실증적으로 입증하려고 하는 로티의 이론적 시도에 대한 의미 있는 비평의 관점을 제공하고 있다고 평가할 수 있을 것이다.

---

57   위의 책, 111.
58   위의 책, 98-109.

Ⅲ 비교와 종합적 평가

1. 종교의 공적 참여의 정당화의 문제

필자는 종교와 종교적 윤리적 실천에 관한 로티의 이해는 비판의 여지가 있다고 판단한다. 종교적 삶에는 본질적으로 사적인 측면이 있음을 분명하게 인정하지만, 로티가 종교의 본질적인 속성은 오직 사적이기에 종교의 공적 참여는 적절치 않다고 보는 것에 대해서는 재고할 필요가 있다고 생각하는 것이다. 종교를 사적 영역에만 가두어 둘 수 없지 않은가. 월터스토프와 홀렌바흐의 견해에서 두드러지게 드러난 대로, 종교의 본질은 사적인 동시에 공적이다. 종교의 본질이 공익적 실천 곧 종교 공동체를 둘러싸고 있는 정치사회 공동체의 공공선을 지속적으로 또 신실하게 추구하고자 하는 의지나 실천과도 깊은 관계가 있다면, 종교는 공적 영역에서 대화중단자보다는 공공선의 기여자로 작용할 수 있다.

아우디가 종교인과 비종교인을 포함하여 모든 사회 구성원이 인식론적 관점에서 도덕적 지식에 보편적으로 접근할 수 있다고 주장한 지점에서 월터스토프와 만나기도 하고 갈라서기도 한다. 이 주장은 하나님이 궁극적으로 그러한 접근을 가능하게 하는 분이라는 이해에 기초하고 있는 듯하다. 한편으로 아우디는 이성으로 얻을 수 있는 도덕적 지식과 계시를 통해 접근할 수 있는 도덕적 지식 사이의 중첩을 상정하고 있는 것이다. 이러한 중첩적 정당화만 이루어진다면, 종교인들은 자신들의 공적 주장과 언명을 가지고 정치적 담론의 장에 더 적극적으로 또 더 많이 참여할 수 있게 될 것이다. 중첩의 가능성이 커지면 커질수록 아우디와 월터스토프의 공감의 여지는 확장될 것이다. 그러나 다른 한편으로 (역으로 생각해 보면) 아우디는 비종교인들이 보편적으로 접근할 수 없는 혹은 보편적으로 이해할 수 없는 종교적인 근거를 갖춘 도덕적 입장들이 공적 토론의 장에 진입하는 것을 허용하지 말아야 한다는 논리적 결론에 이를 수 있다. 다시 말해, 계시를 통해서만 접근할 수 있는 종교적으로 근거 지워진 도덕적 주장들을 경계하고 있는 것이다.[59] 이 지점에서 분명히 아우디와 월터스토프는 다르다. 전자는 다원적인 민주주의 사회에서 종교적 이유로만 정당화되는 공적 주장들이 모든 시민들에게 보편적으로 받아들여지고 그 결과로 어떤 정치적 합의에 이를 수 있는 가능성은 크지 않다고 생각하지만, 후자는 그렇지 않다.

아우디는 로티나 롤즈와 같은 자유주의자들보다 종교적 신념들의 공적 담론 참여에 대해 더 많은 여지를 남겨두고 있다. 앞에서 살핀 대로, 이 종교적 신념들이 세속적 정당화와 세속적 동기부여의 원칙에 적절하게 반응한다면 공적 토론과 정책 형성의 과정에서 중요한 역할을 할 수 있다고 보는 것이다. 월터스토프는 종교적 사고에 부차적 지위만을 허용하는 로티식ㅈ 이해나 자유주의적 입장에 반대한다. 특별히 사회 구성원들 사이에 자유, 평등 그리고 관용의 민주적 가치를 증진하기에 적합한 체제를 말하면서, 특정 형태의 신앙이나 신념체계를 공적

59   Robert Audi and Nicholas Wolterstorff, *Religion in the Public Square: The Place of Religious Convictions in Political Debate*, 127.

영역에서 배제하는 것은 모순이라 여기며 반대하는 것이다.

홀렌바흐의 입장은 아우디와 월터스토프의 사이에 위치시킬 수 있을 것인데, 월터스토프 쪽에 좀 더 가까이 서 있다고 평가할 수 있다. 홀렌바흐가 개별 신자와 교회 공동체가 기독교사회윤리적 신념에 근거하여 공적 담론과 실천 현장에 참여하는 것을 신학적으로 정당화하고 또 그러한 참여가 신자들이 속한 정치사회 공동체에 공적 유익을 가져다 줄 수 있다고 강조한 점을 생각할 때, 월터스토프의 통전적 사회윤리와 맥을 같이 한다고 볼 수 있다. 그러나 신학적 정당화의 관점에서 볼 때, 둘 사이에 차이가 있다. 홀렌바흐도 월터스토프처럼 종교의 공적 참여를 적극적으로 권장하지만, 참여가 제한되어야 할 상황을 상정한다. 특별히 종말론적 완성과 역사내적 성취 사이에 차이가 존재한다는 종말론 신학에 내포된 사회윤리적 함의에 관한 홀렌바흐의 견해가 그러한 제한 설정의 주된 근거가 된다. 어거스틴과 아퀴나스의 종말론적 이해를 참고하면서 홀렌바흐는 둘 사이의 연속성 혹은 유비의 가능성을 인정하지만, 동시에 넘어설 수 없는 간격의 존재도 강조한다. 역사적 정치사회적 공동체가 최상의 성취를 이룬다 해도 그것은 하나님 나라의 종말론적 완성과 완전하게 같을 수 없다는 신학적 해석인 것이다. 이러한 간격 혹은 불일치에 대한 수용은 인간의 역사적 성취에 대한 상대화와 비신성화의 중요한 기제로 작동한다. 기독교회와 신자들은 공적 영역에 참여하여 공공선을 극대화하기 위해 최선을 다해야 하겠지만, 그러한 노력이 역사의 시간 속에서 공적 영역을 신적 종말론적 이상향으로 바꿀 수 있다는 신정정치적神政政治的 시도가 되어서는 안 된다는 것이다. 기독교의 공적 참여가 그러한 오류에 빠지려 할 때, 홀렌바흐는 기독교의 참여를 비신성화하는 방향에서 신중하게 검토하고 참여 금지나 제한을 조언할 것이다.

종교의 본질은 사적이면서 또 동시에 공적이라는 점과 종교의 참여가 공적 담론의 성숙과 공공선 증진에 기여할 수 있다는 점을 종교 철학적으로 또 신학적으로 뒷받침하는 월터스토프와 홀렌바흐의 논지에 기본적으로 동의하면서, 필자는 신앙인과 신앙 공동체는 공사의 영역 모두에서 통전적 존재로서 책임적 삶을 살아야 한다는 점을 강조하고자 한다. 다만 신자 개인과 교회와 같은 종교 공동체의 사적 이익 추구와 그러한 추구로 인한 사회적 갈등 유발 등의 문제를 생각할 때 아우디의 조언을 신중히 검토해야 할 것이며 또 종교가 공적으로 영향력을 끼치려 할 때 그 시도를 절대화하거나 신성화하려는 의도를 방지해야 한다는 점에서 홀렌바흐의 견해에 주목할 필요가 있을 것이다.

2. 종교의 공적 참여 영역과 방식에 관한 문제

로티에 대한 비판적 입장으로 살핀 세 학자 모두 종교의 본질을 사적 영역을 사는 실존에만 제한하지 않고 공사公私 영역을 포괄하는 실존에서 찾는다. 그러나 종교적 본질과 연관되는 영역 이해와 실천의 양식에 있어서 세 사람 사이에는 미묘한 차이가 있다. 앞에서 본 대로, 아우디는 공적 담론의 활성화를 위해 종교적 관점을 가지고 공적 사안들에 참여하는 것에 대해서 월터스토프와 기본적으로 뜻을 같이 하지만 종교인들이 참여할 수 있는 영역 범위에 있어서는 그와 다른 입장을 견지한다. 아우디는 공식적 기구로서 교회의 참여와 개인으로서 교회 구성원의 참여를 구분한다. '교회론적 정치적 중립성의 원칙'의 관점에서 종교 기구들과 그 대표자들이 특정 정당이나 후보자 또는 특정 법률이나 정책에 대해 공식적으로 견해를 밝히는 정치적 행위를 경계한다. 물론 정치적 이슈들에 대해 도덕적 입장을 가지는 것은 허용하지만 말이다. 여기서 아우디는 종교가 공적 정책 수립에 영향을 미치는 것에 대해 제한을 두고 있는 것이다. 정리해 본다면, 아우디는 기독교 신자가 개인적으로 종교적 신념을 가지고 공적 정치적 담론에 참여하는 것에 있어서는 앞에서 말한 원칙들에 충실하다면 언제든지 그리고 얼마든지 참여할 수 있다고 보는 반면, 교회와 같은 종교기구와 그 대표자들이 공식적으로 참여하는 것에는 제한을 두고자 한다. 다만 후자의 경우에 있어서도, 롤즈의 '배경문화'의 영역에의 참여는 허용하는 것으로 보인다. 그러나 월터스토프는 아우디의 제한 설정이 공적 담론의 장에서 종교의 목소리를 잠재울 수 있을지에 대해서 의구심을 가진다. 종교가 있는 사람들이 '배경 문화'안에서 자신들의 종교적 신념에 담긴 정치적 윤리적 의미들을 찾고 표출하는 것이 허용되어야 한다면 정치적 공론의 장에서도 표현할 수 있도록 허용되어야 하며 또 신앙인 개인뿐 아니라 종교 기구와 그 대표자에게도 적용되어야 한다고 생각하는 것이다.

신앙인이 공적 영역에서 공공선 증진을 위한 책임적 주체가 되는 것이 기독교의 본질에 속한다고 강조한 점에서 홀렌바흐는 월터스토프에 가깝다. 참여 주체라는 측면에서도 그렇다. 아우디와 달리, 개별 신자이든 종교 기구들과 그 대표자들이든 공적 영역에서 종교적 신념에 근거하여 공적 주장들을 개진할 수 있다. 정책이나 공직 후보자에 대해서도 그렇게 할 수 있다. 그러나 참여 방식이라는 측면에서는 제한 사항을 설정하며 월터스토프와 다른 입장을 취한다. 홀렌바흐에게 공적 영역은 공적 강제력 사용이 합법적으로 허용되는 정치 영역 보다 큰 개념이다. 시민적 혹은 시민사회 영역과 정치 영역을 포괄하는 개념이라고 하겠다. 앞에서 살핀 대로, 종교의 공적 참여 방식은 간접적이어야 한다. 정치 영역에 직접적으로 참여하기보다는 시민적 영역에 참여하고 간접적으로 정치 영역에 영향을 미치는 방식을 조언하는 것이다. 월터스토프의 '종교적으로 통합적인 삶'을 살고자 하는 사람들은 이러한 조언을 탐탁지 않게 여길 가능성이 높다. 정치 영역이든 시민적 영역이든 모든 삶의 영역에서 하나님의 주권에 충실하고자 하기에, 영역을 세분화하고 특정 영역에의 참여를 제한하는 것을 거부할 것이라는 뜻이다. 이 점에서 홀렌바흐는 아우디에 더 가까이 서 있다. 우리가 본 대로, 아우디는 개별 신자의 경우 시민적 영역과 정치 영역 모두에 참여할 여지를 열어두고 있는 반면, 종교 기구들과 그 대표자들의 참여는 롤즈의 '배경문화' 혹은 시민적 영역으로 제한한다.

개별 신자이든 공적 대표성을 띤 성직자나 종교 기구가 정치 영역과 시민적 영역을 포괄하는 전체 공적 영역에 참여하는 것을 제한하는 것은 종교의 자유라는 자유민주주의의 권리에 대한 침해이며 신학적으로는 '종교적으로 통합적인 삶'을 구현하고자 하는 신앙적 자유에 대한 부적절한 제한이라는 월터스토프의 입장을 긍정적으로 평가하면서도, 아우디와 홀렌바흐가 영역과 참여 방식에 관해 신중한 입장을 취하는 까닭을 헤아릴 필요가 있다고 필자는 생각한다. 개인이든 공식적 기구나 그 대표자이든 자유로이 참여하되 정치 행위는 고도의 전문성을 요하기에 비전문가인 종교인이나 종교 기구가 참여하는 것은 정치 영역에서 악용당하거나 부정적 영향을 끼칠 수 있다는 점아우디, 합법적 강제성이 허용되는 정치 영역에의 참여가 종교의 폭력에 대한 정당화와 종교의 정치권력화의 위험에 빠질 수 있다는 점홀렌바흐 등을 신중하게 고려할 필요가 있을 것이다.

3. 역사실증적 정당화의 문제

앞에서 본 대로, 로티는 역사실증적 접근으로 종교의 공적 참여의 제한혹은 금지에 대한 필요성을 입증하려 한다. 로티가 지적한 바와 같이, 종교적 기반을 가진 시민과 시민단체들이 사적 동기나 의도를 가지고 특수한 이해를 추구함으로써 공적 영역에 부정적 영향을 끼쳤던 역사적 실례가 있어 왔다는 점을 부정할 수는 없을 것이다. 킹 목사의 시민권 운동을 보기로 들면서 종교의 긍정적인 공적 기여의 가능성을 인정하면서도, 역사적으로 득보다 실이 컸기에 종교의 공적 담론에의 참여는 막아야 한다는 입장을 버리지 않는다. 로티는 실제적으로 사회적 안정 등 공공선에 걸림돌이 된다면, 공적 토론의 장에서 종교적 혹은 신학적 정당화를 허용하지 않을 것이다.

월터스토프는 로티가 자신의 주장에 대해 역사적 실증을 통해 입증하려 했던 시도가 '편향적이고 또 일방적'이라고 비판한다.[60] 로티의 실증적 역사 평가와 달리, 오늘날 자유민주주의 사회에서 시민들이 누리고 있는 헌법적 자유들언론, 집회, 표현, 결사, 종교의 자유 등을 쟁취하기 위한 투쟁에서 종교가 두드러지게 긍정적인 역할을 했다는 역사적 증거도 얼마든지 제시할 수 있다는 점을 강조한다. 홀렌바흐는 로티의 역사실증적 접근이 '편향적이고 또 일방적'이라는 월터스토프의 비판에 동의를

---

60 Nicholas Wolterstorff, "An Engagement with Rorty," 133.

표할 것이다. 역사적으로 볼 때, 종교의 공적 참여가 부정적 영향을 끼치는 것이 지배적 현상이라고 단정하는 것은 타당치 않다고 보는 것이다. 앞에서 살핀 대로, 홀렌바흐는 역사적 실례들을 제시하면서 공공선이라는 목적을 위해 종교적 신념에 근거해 의견을 개진하고 또 실천하는 종교적 시민들과 단체들이 많이 존재해 왔으며 또 그들의 참여가 공공선 증진에 크게 이바지해 왔다는 점을 입증하고자 한다.

아우디는 월터스토프나 홀렌바흐 만큼 적극적으로 로티의 실증적 접근에 대해 실증적으로 대응하지는 않을 것이다. 그러나 선별적으로 종교의 공적 참여의 긍정적인 보기를 제시한다. 아우디의 관점에서 보아도 킹 목사의 경우는 긍정적 보기이다. 다만 킹 목사의 경우를 긍정적인 실증적 사례로 제시하는 아우디의 논거는 로티나 다른 두 사람과는 다르다. 아우디의 세속적 정당화와 세속적 동기부여의 원칙에 따르면, 킹의 참여는 종교적 혹은 신학적 기반을 갖고 있지만 동시에 세속적 혹은 공적 이유들을 충분히 제시했다고 보기에 종교인으로서 킹 목사의 참여를 아우디는 정당화하는 것이다. 아우디는 킹 목사가 시민권 운동에서 이루고자 했던 제도 개혁을 위해 충분한 신학적 도덕적 비판의 논지를 제시했다고 지적하며, 그러한 논지는 정치적 당파성에 기여하는 것이 아니었다고 평가한다. 다시 말해, 특정 정당의 정치적 이익에 봉사하기 위한 주장이 아니라 정치적 이념과 정책 지향의 차이를 넘어서서 많은 사회 구성원들이 공감할 수 있는 개혁을 위한 도덕적 기반 제시로 보는 것이다.[61] 요컨대, 종교의 공적 참여의 정당화에 대한 역사 실증적 접근이 필요하고 또 유효하지만, '경험적 증거' 제시로부터 '사

---

61   Robert Audi, *Religious Commitment and Secular Reason*, 48-49.

회윤리적 규범'으로 전환하는 것은 신중한 성찰과 해석의 과정을 거쳐야 할 것이다. 특별히 규범적 판단을 위해 역사로부터 실증적 자료들을 발굴하고 선택하는 과정에서 '편향적'이라는 비판을 받지 않도록 균형잡힌 시각과 접근이 필요하다는 점을 지적해 두고자 한다.

Ⅳ 기독교의 공적 참여 성숙을 위한 윤리적 제안

신앙의 본질에는 실천적이며 공익지향적인 측면이 있음을 분명히 인정하며 로티의 분석과 진단이 과도하게 부정적이라는 평가를 내리고 싶다. 필자는 월터스토프와 함께 신앙인들은 삶의 전 영역에서 하나님의 주권과 윤리적 규범에 충실하고자 한다는 전제에 동의하면서, 아우디가 허용하는 정도 보다는 더 많이 또 더 넓은 범위에서 신앙인의 공적 정치적 참여의 여지를 열어두고자 한다. 신앙인들이 자신들의 종교적 관점을 가지고 공적 영역에 들어가 의사를 개진하고 결정 과정에 참여하는 것을 전적으로 금지하지 않지만, 그럼에도 공적 정책을 수립하고 선거에서 특정 후보를 지지하는 등의 정치적 행위에 대해서는 제한을 두어야 한다는 아우디의 입장에 긍정적인 평가를 내리고 싶다. 필자는 로티와 자유주의의 영역 이해를 비판적으로 성찰하는 홀렌바흐의 입장에 동의하면서, 동시에 종교의 공적 참여가 '간접적'이어야 할 것이라는 그의 조언을 긍정적으로 수용하고자 한다. 지금까지 살펴보고 또 비교·평가했던 바들을 참고로 하여 몇 가지 윤리적 제안을 하고자 한

다. 이 제안들이 기독교의 공적 영역에의 참여의 성숙과 발전에 이바지
할 수 있기를 바란다.

첫째, 영역 이해와 참여 방식에 관한 것이다. 종교적으로 통합적
삶을 살고자 하는 신앙인들은 정치적 영역을 포함하여 모든 삶의 영역
에서 그들의 종교적 의무를 수행하고자 한다. 종교적 기구들과 그 대표
자들이 정치 영역에 참여하고자 할 때에는 아우디의 조언을 신중하게
받아들여야 할 것이다. 어떤 성직자가 그가 속한 공동체의 구성원들에
게 공적 책임을 강조하면서 종교적 신념에 근거해서 도덕적 통찰을 제
공하는 것과 구성원들에게 특정 정책이나 특정 정치 후보자를 지지하
도록 유도하는 것, 이 둘은 아주 다른 문제이다. 그렇지만 아우디의 제
안을 진지하게 받아들이는 것은 종교가 개인적이든 공동체적이든 공적
영역에서 정치적으로 참여해서는 안 된다는 것을 의미하지는 않는다.

교회의 정치적 참여 방식으로 홀렌바흐는 '간접적' 방식을 선호
함을 보았다. 기독교인들이 공적 영역에 참여하여 정치적 영향력을 미
칠 수 있다. 그러나 정치 영역을 직접 통제하는 방식이 되어서는 안 되
며, 오히려 시민들의 자발적인 공적 참여를 매개로 하여 영향을 미쳐야
한다고 조언하는 것이다.[62] 이러한 간접적 영향력은 시민들의 공적 참
여를 통해 실제적으로 일어날 것이며, 이러한 활동의 보기들로는 정치
적 문제들에 대한 비공식적 토론, 투표 참여, 선출된 대표자들에게 서한
보내기 등을 들 수 있다. 이러한 '간접적' 참여방식은 종교가 정치 영역
에서 본래 의도와 달리 악용되거나 부적절하게 통제될 위험을 방지하
고 또 종교의 정치권력화의 유혹을 극복하는 데 도움이 될 것이라고 필

---

[62] David Hollenbach, *The Common Good and Christian Ethics*, 111.

자는 생각한다.[63]

둘째, 종교의 공적 참여의 동기 그리고 참여자의 태도와 덕성에 관한 것이다. 종교적 기반을 가진 시민과 시민단체들이 사적 동기나 의도를 가지고 특수한 이해를 추구함으로써 공적 영역에 부정적 영향을 끼쳤던 역사적 실례가 있어 왔다는 점을 부정할 수는 없을 것이다. 그러나 앞에서 본 대로, 그것이 지배적 현상이라고 단정하는 것은 타당치 않다. 공공선이라는 목적을 위해 종교적 신념에 근거해 의견을 개진하고 또 실천하는 종교인들과 종교 단체들이 많이 존재한다는 것이다. 그러기에 그들의 참여 의도나 내적 동기 그리고 참여 과정에서의 진정성 등을 반드시 의혹의 눈초리로 볼 필요는 없을 것이다.

민주주의가 제대로 작동하기 위해서는 과정적이고 또 형식적인 의미에서 정의가 뒷받침되는 것도 중요하지만 시민들이 자유민주주의 사회를 사는 구성원으로서 시민적 덕성 civic virtue 을 갖추는 것 또한 중요하다. 다시 말해, 민주주의는 단순히 정당한 법이나 공정한 과정을 필요로 할 뿐 아니라 시민들의 도덕적 감정과 성품도 필요로 한다는 말이다. 여기서 시민의 덕성에 관한 월터스토프의 조언에 귀 기울일 필요가 있겠다. 앞에서 살핀 대로, 그는 적절한 예의를 갖추고 다른 참여자들의 인격과 생각을 존중하면서 철저하게 공익을 목적으로 하여 공적 영역에 참여하는 시민적 덕성을 강조한다. 적절한 마음가짐과 태도를 갖추고 공적 토론과 실천의 장에 자유롭게 그리고 적극적으로 참여하는 것

---

63 여기서 홀렌바흐의 '시민적(혹은 시민사회) 영역'론에 대한 신중론도 언급해 두어야 하겠다. 특별히 시민적 영역의 부정적 영향의 가능성에 관한 것이다. 시민적 영역에서의 자기표현과 자기 권리의 실현이 사익 추구를 목적으로 했을 때 결과적으로 공공선 증진에 걸림돌이 될 수도 있다는 가능성, 시민적 영역의 권력화와 그 힘의 부적절한 사용 등과 같은 이 영역의 부패 가능성 등을 그 보기로 생각해 볼 수 있겠다.

이 공적 담론의 활성화와 공공선 증진에 매우 유익한 결과를 낳을 것이라고 역설한다. 다시 말해, 신앙인들의 적극적인 공적 참여가 공적 토론의 활성화와 공공선 증진에 기여할 것이라는 월터스토프의 생각은 시민적 덕성에 대한 그의 강조와 연관되어 있다. 종교적으로 통합적인 삶을 살고자 하는 이들은 모든 삶의 영역을 포괄하여 전인적 자아를 유지하며 살기를 원한다. 이런 맥락에서 인간의 도덕적 삶의 총체성을 존중한다면, 우리가 살아가는 삶의 자리를 공(公)과 사(私)의 영역으로 따로 떼어 생각할 수는 없을 것이다. 종교적 영역에서 사는 자아와 정치적 영역에서 사는 자아 혹은 경제적 영역에서 사는 자아를 따로 생각할 수 없다는 뜻이다. "신앙적 신념에 근거해 자신들의 삶을 총체적으로 이해하고 구성하고자 하는 종교인들은 말씀이나 토라 혹은 예수의 가르침을 성찰하면서 사회적 정치적 실존을 포함하여 자신들의 존재를 형성해 가고자 한다."는 것이다.[64]

월터스토프의 시민적 덕성에 대한 강조는 로티나 자유주의적 견해가 간과하고 있는 바를 대비적으로 드러나게 한다. 곧 다양한 형태의 시민적 삶에 참여함으로써 사람들은 자신들의 신앙과 신념에 대한 이유를 더 분명하게 이해하고 표현하게 될 것이며 또 시민사회와 정치적 행위에 참여함으로써 시민으로서 갖추어야 할 태도와 덕성을 성숙시켜 갈 수 있다는 것이다. 이런 맥락에서 기독교윤리가 시민적 덕성이라는 덕윤리적 관심을 갖는 것은 공적 토론의 활성화나 공공선 증진 등의 사회윤리적 목적을 실현해 가는 데 있어 이론적으로 또 실천적으로 의미

---

64   Robert Audi and Nicholas Wolterstorff, *Religion in the Public Square: The Place of Religious Convictions in Political Debate*, 105.

있는 일이라고 평가할 수 있겠다.

셋째, 종교와 정치의 구분에 관한 것이다. 로티와 자유주의자들의 우려와 달리, 종교가 적극적으로 공적 영역에 참여해 공공선 증진에 기여할 수 있다. 필자는 이런 저런 제한을 두어 종교의 진입을 막는 것은 자유민주주의의 이상에 반하는 것일 수 있고 또 공공선 증진의 관점에서도 장려할 일은 아니라고 본다. 이 점에서 필자는 월터스토프와 홀렌바흐의 제안과 조언에 귀 기울여야 한다고 생각한다. 다만 종교의 참여를 격려하고 그러한 참여의 긍정적 측면을 강조하면서 참으로 조심해야 할 것이 있다. 종교는 정치를 위한 도구의 지위로 추락해서는 안 된다. 어떤 특정한 정치적 견해의 증진을 위해 종속적으로 봉사하거나 그것과 동일시되는 것을 경계해야 한다는 말이다. 종교가 정치적 목적에 종속됨으로 부패에 이르게 되는 것은 결코 바람직하지 않다. 반대로 종교는 정치 영역이 고유하게 견지해야 할 선線을 넘지 않도록 해야 한다. 종교가 정치 영역에 영향을 미칠 수 있으나 권력적으로 좌지우지해서는 안 될 것이다. 종교와 정치의 밀접한 관계 혹은 종교의 정치에 대한 지배적 권한 수행은 정치를 통해 종교적 의도나 목적을 이루려고 하는 유혹에 빠질 위험이 있다는 점을 간과해서는 안 될 것이다.

그렇다고 종교와 정치가 철저하게 분리되어야 한다고 주장하는 것은 아니다. 종교의 역할을 수행하는 여건 마련에 세속 권력이 기여할 수 있으며 또 정치권력이 정의롭게 그 권력을 행사할 수 있도록 견제하고 방향을 제시할 수 있다는 점에서 종교가 긍정적인 기여를 할 수 있다. 그러나 이러한 긍정성을 인정하면서도, 종교의 영향력의 정치적 세속화와 정치권력의 교리적 신앙적 문제에 대한 정당하지 못한 개입은 모두 경계해야 할 것이다. 한편으로 교회가 힘을 가지게 되면 '종교적 지배에의 유혹'에 빠질 수 있는데 이러한 가능성에 대해 경계를 늦춰서는 안 될 것이며 다른 한편으로 개별 신자와 신앙 공동체의 신앙적 자유에 대한 국가권력의 침해를 방지하기 위해 둘 사이의 분리를 강조하는 자유민주주의의 신념을 존중해야 할 것이다. 요컨대, 교회는 그 영향력의 세속적 사용을 억제하고 국가권력은 정치적 목적을 위해 교회의 영적 교리적 영역을 침범하지 말아야 한다는 의미에서, 교회와 국가의 구분은 신중하게 유지되어야 할 것이다.

제 4 장

기독교의 공적 참여 모형과
에큐메니칼적 공동의 기반 탐색

이 장은 다음의 문헌을 수정·보완한 것이다. 이창호, "기독
교의 공적 참여 모형과 신학적 '공동의 기반'의 모색," 『기
독교사회윤리』 31 (2015), 65-117.

교회와 정치사회 공동체의 관계성 그리고 기독교의 공적 책임과 참여의 문제를 신학적으로 또 윤리적으로 전개한 고전 신학자들 가운데 가장 주목할 한 사람을 꼽으라면 어거스틴 St. Augustine 을 들 수 있다. 교회의 공적 관계성과 참여의 문제를 신학적으로 전개하면서, 어거스틴은 하나님의 창조와 섭리의 지평을 존중하는 구원사적 구도 안에서 신의 도성 사람들과 세속 도성 사람들 사이에는 역사적 실존에 필요한 정치적 조건들에 관한 어떤 공감대가 존재한다는 점에 주목한다. 앞에서 언급한 대로, 어거스틴은 기독교인들은 그러한 조건들을 보존하고 증진하기 위해 힘써야 한다고 강조한다. 사회의 구성원들 사이에 다양한 의지의 지향들 혹은 사랑의 지향들이 존재한다 하더라도, 그 지향들이 공공선의 관점에서 결합되어야 할 때는 그러한 결합을 이룰 수 있는 방향으로 힘써야 한다는 것이다. 창조의 지평을 포괄하는 하나님의 섭리적 사랑을 존중하는 기독교인들은 신자들 뿐 아니라 공적 영역을 살아가는 모든 구성원들의 생존을 위해서도 힘써야 하는 것이다. 여기서 교회와 신자들의 공적 정체성에 대한 이해는 중요하다. 앞에서 본 대로, 어거스틴은 교회가 국가에 대응하거나 대체하는 권력 구조가 됨으로써 정치사회 영역 안에서 공적 영향력을 끼쳐야 한다는 견해에는 분명히 반대한다. 그러나 개별 신자들과 교회 공동체가 이웃 사랑이라는 소명에 입각해서 전체 사회의 공공선 증진을 위해 공적으로 참여할 수 있는 여지는 허용한다. 이런 맥락에서 공적 존재로서 교회는 세상 안에서 또 세상을 향하여 기독교의 사회윤리적 이상을 실현하여 보여 주어야 하며 세상 속에 들어가 공적 책임을 감당함으로써 사회문화적 영향을 끼쳐야 한다는 소명을 받은 공동체인 것이다. 다만 교회의 공적 책임 수행은 정치권력의 획득과 통제가 아니라 사회의 윤리적 지향과 문화적 에토스의 형성과 변화를 그 주된 목적으로 삼아야 한다는 것이 어거스틴의 생각이다. 또한 교회와 신자들이 하나님 나라의 사회적 이상을 견지하면서 공공선 증진에 이바지할 수 있지만, 인간 공동체의 공적인 선^善의 성취는 그것이 아무리 고상한 형태라 하더라도 하나님 나라와 동일시될 수 없다는 점을 어거스틴은 강조한다. 여기서 그는 종말론적으로 하나님 나라의 궁극적 완성과 인간 공동체의 역사적 성취 사이의 긴장 혹은간격을 견지하고 있는 것이다. 종말론적 긴장을 유지하면서, 어거스틴은 하나님 나라 기준을 기독교인의 공적 참여의 삶에서 궁극적인 기준으로 소중히 간직하고자 한다. 요컨대, 어거스틴은 '창조와 섭리'론, 교회론, 종말론 등의 주요한 신학적 논거에 터하여 나름대로의 '공적 참여' 윤리를 전개하고 있는 것이다. 어거스틴의 공적 참여 모형은 교회와 국가혹은 영적 정부와 세속 정부의 궁극적 주권과 섭리의 권한이 하나님께 있다는 점을 존중하고 또 그것에 응답하여 교회와 신자들이 정치사회 영역과 관계를 형성하고 기독교의 사회윤리적 이상을 구현하기 위해 공적으로 참여해야 한다는 사회적 소명을 내포한다.

어거스틴 모형을 준거점으로 삼아 기독교의 공적 참여 모형을 탐색해 본다면 크게 네 가지로 정리할 수 있겠다. 어거스틴의 모형으로서 교회와 신학의 보편적 공공성을 추구하면서도 그 참여와 소통의 영역에 있어 정치적 체제제도, 정책, 구조 등 보다 사회문화 영역의 변화에 우선순위와 더 큰 비중을 두는 '사회문화적 공적 변혁' 모형을 비롯하여, 개별 신자와 교회 공동체의 도덕적 실천을 통해 하나님 나라를 실현하여 공적 영향을 미치고자 하는 '윤리적 보편화' 모형, 사회에 대한 대안공동체로서 교회의 교회다움을 공동체적으로 구현하고 또 보여줌으로써 공적 영향을 끼치고자 하는 '교회됨 구현의 사회윤리' 모형 그리고 기독교적 가치를 토대로 정치적 체제들을 포함한 모든 정치사회 영역에의 참여를 권장하는 '총체적 공공선지향' 모형 등이다.

본 장에서 필자는 고전 신학자들과 현대 신학자들 가운데 각 모형을 대표하는 인물들을 선별하고 기독교의 공적 참여에 관해 그들이 제시하는 신학적 논거를 탐색하고자 한다. '사회문화적 공적 변혁' 모형은 어거스틴과 니버^{Reinhold Niebuhr}를,[1] '윤리적 보편화' 모형은 아퀴나스^{Thomas Aquinas}와 리츨^{Albrecht Ritschl}을, '교회됨 구현의 사회윤리' 모형은 재세례파와 요더^{John Howard Yoder}를 그리고 '총체적 공공선지향' 모형은 칼뱅^{Jean Calvin}과 스택하우스^{Max L. Stackhouse}를 중심으로 다룰 것이다. 어거스틴이 공적 참여의 정당화를 위해 채택한 신학적 주제들을 논점으로 삼아 이 탐구의 작업을 수행할 것인데, 곧 '창조와 섭리'론, 교회론, 종말론 등의 관점에서 각 모형의 신학적 논거를 제시할 것이다.[2]

기독교의 참여 모형에는 다양성이 존재한다는 점, 각각의 모형이 갖는 고유한 특징들이 있다는 점 등이 본 장에서 필자가 수행하고자 하는 탐구를 통해 자연스럽게 드러나게 될 것이다. '서로 다름'이 부각되

---

1 장신근은 공공신학을 유형화하면서 그 한 유형으로서 '시민사회와 연관된 공공 영역에 대한 공헌'에서 신학의 공공성을 찾는 경우를 제시하는데, 그가 선구자적 역할의 보기로 드는 학자가 니버(Reinhold Niebuhr)이다. 공적 강제력의 사용이 합법적으로 용인되는 정치 영역(혹은 정부 영역)과 구별되며 국가와 개인 사이에 존재하는 제3영역으로서의 공적 영역 혹은 시민사회 영역을 상정하면서 니버는 교회를 비롯한 사회의 자발적 결사체들의 공적 역할을 강조했다는 것이다. 장신근, "공적신학이란 무엇인가?: 신학의 공적 역할 논의에 대한 지형연구," 이형기 외, 『공적신학과 공적교회』(서울: 킹덤북스, 2010), 72.

2 기독교의 공적 관계성을 '두 정부'론의 관점에서 고전적으로 또 현대적으로 논구한 1장에서 어거스틴, 아퀴나스, 칼뱅, 리츨, 요더 그리고 스택하우스의 '두 정부'론을 다루었는데, 본 장에서는 기독교의 공적 참여 모형을 네 가지로 정리하기 위해 이들을 '창조와 섭리'론, 교회론, 종말론 등의 신학적 주제를 논점으로 하여 다시 전개하였음을 밝힌다.

어 서로 대비가 되고 또 그러한 비교와 대비의 과정에서 서로 배울 수 있는 기회를 제공할 수 있기를 바라면서, 특별히 본 장에서는 다양성과 상이성에도 불구하고 이 모형들 사이에 존재하는 신학적인 공동의 기반^{혹은 공통분모}을 탐색하고자 한다. 일종의 '에큐메니칼 공적 참여' 신학을 추구하고자 하는 것이다. 그렇게 함으로써 기독교의 공적 참여를 더욱 증진하고 강화하는 이론적 실천적 토대를 제시할 수 있을 것으로 기대한다.

I 기독교의 공적 참여 모형과 신학적 논거

1. 사회문화적 공적 변혁 모형^{어거스틴-니버 모형}

1) 창조와 섭리

공적 참여에 대한 어거스틴의 신학적 논거를 '창조와 섭리'론의 관점에서 살필 때, 어거스틴이 온 인류를 포괄하는 하나님의 창조의 지평과 구원론적 섭리의 역사를 결합하고 있음을 알 수 있다. 우리가 본 대로, 어거스틴에 따르면 평화는 역사 안에서 최고의 선이다.[3] 역사적 선^善으로서의 평화의 가치를 확인하면서, 어거스틴은 그러기에 역사를

---

3   Augustine, *The City of God*, trans. Marcus Dods (New York: Random House, 2000), XIX. 11.

살아가는 모든 사람들은 평화를 공동의 선으로 삼고 협력하여 추구하게 된다는 점을 역설한다. "신의 도성 사람들도 지상의 평화를 필요로 한다. 이 땅의 순례에서 믿음과 경건의 삶에 해를 입히지 않는 한에서, 생존에 필수적인 것들에 대한 공동의 의견 일치를 바라고 또 유지해야 하며, 지상의 평화를 하늘의 평화에 연결시켜야 한다."[4] 앞에서 살핀 대로, 신의 도성 사람들은 지상의 평화를 이용해야 할 뿐 아니라 세속 도성 사람들을 포함하여 다른 시민들과 함께 그것을 추구해야 하는데, 평화를 증진하는 데 기여하며 또 지상의 순례에 도움이 되도록 하기 위해 그렇게 해야 한다. 어거스틴은 완성된 하나님 나라와 이 땅의 현실 사이에 간격이 있다는 점을 인정하면서도 여전히 세속 영역 안에서 하나님의 사랑의 임재와 역사에 대한 여지를 열어둔다. 평화와 공동체의 안전 그리고 생활의 물적 토대와 같은 생존을 위한 외적 요건들을 위해 기독교인들이 헌신한다면 그러한 헌신은 신적 임재와 역사의 드러남이며 그 중심에는 역사와 이 세상에 대한 하나님의 애정 어린 섭리적 관심이 있다는 이해인 것이다.

공적 참여의 신학적 근거로서 어거스틴이 '창조의 지평'과 '구원론적 섭리'를 결합한 것과 맥을 같이 하면서, 니버는 그리스도의 구속의 사역은 단지 개인 신자를 용서하고 새로운 생명을 허락하는 것에 머물지 않고 모든 역사적 공동체들로 확장된다는 신념을 피력한다. 구속의 복음은 개인들 뿐 아니라 정치사회 공동체들에게도 증거 되어야 하는데, 그렇게 하여 "그들이 겪고 있는 상처의 신학적 의미를 분별하게 될 것이고 또 새롭고 온전한 삶을 찾게 될 것이다."[5] 그리스도의 구속의 사

---

4   위의 책, XIX.17.

역 안에서 새롭게 된 공동체들은 현대의 기술 사회를 함께 헤쳐 나갈 수 있는 상호의존의 세계적 공동체를 지향하며 또 무정부 상태나 독재 체제가 아닌 "기술 사회의 역동적 힘들이 관용적인 정의를 만들어 낼 수 있을 만큼 충분한 균형 잡힌 정의에 근접한 사회"를 이루고자 한다.[6]

정치사회 영역에서 이루어지는 그리스도의 구속의 사역은 '공동의 은혜' common grace 라고 일컬어질 수 있겠다. 길키 Landon Gilkey 에 따르면, 니버의 저작들에서 공동의 은혜라는 개념은 "이해 추구의 범위를 자기 자신으로부터 전체 사회에 대한 이해로 확장하게 만드는 사회 실존의 본질적인 구조들을 가리킨다고 하겠는데, 그러한 구조들 안에서 지배 계층과 다른 다양한 경쟁적인 그룹들 사이에 '이해관계의 일치' coincidence of interest 를 이루도록 몰아간다."[7] 공동의 은혜의 역사에서 핵심적인 내용은 과도한 자기주장 혹은 자기사랑의 추구들을 공동의 선을 향하는 분별 있는 시도들로 바꾸는 것이다. 이러한 시도들은 무엇보다도 공적 공동체 구성원들의 사회윤리적 규범적 지향과 전체 사회의 사회문화적 에토스의 변화를 꾀한다. 길키가 지적한 대로, 니버는 인간의 창조적이고 자기·교정적인 경향을 통하여 '예기치 않았던 갱신들'이 있어 왔음을 인정한다. 달리 말해, 이 갱신들은 '감추인 그리스도' the hidden Christ 의 사역을 통해 이루어진다.[8] 이 그리스도의 사역 안에서 다양한 인간 공동체들은 "일종의 회개나 자기 자신이 아닌 어떤 힘의 실재를 믿게 되

5   Reinhold Niebuhr, *Christian Realism and Political Problems* (New York: Scribner's, 1953), 112.

6   위의 책, 114-115.

7   Langdon Gilkey, *On Niebuhr: A Theological Study* (Chicago: University of Chicago Press, 2002), 207.

8   Reinhold Niebuhr, *The Nature and Destiny of Man: A Christian Interpretation* II (New York: Scribner's, 1949), 122-126.

는 등의 변화에로 이끄는 길들을 만나게 되며 그리하여 자기 자신의 이해를 뛰어넘어 다른 이들 혹은 다른 그룹들의 이익을 추구하기 위해 힘쓰기도 한다."[9] 여기서 니버는 하나님의 섭리의 관점에서 정치사회 공동체들은 그리스도의 구속의 역사 안에서 새롭게 되어야 한다고 주장하는 것이다. 그리스도의 구속의 역사 안에서 이루어지는 이러한 갱신은 상호공존과 정의의 공동체를 지향한다.[10] 어거스틴과 마찬가지로, 니버는 사랑이 정치사회 영역에서 정의의 수준을 높이는 역할을 할 수 있다는 여지를 남겨둔다.[11] 요컨대, 어거스틴-니버 모형에서 하나님의 섭리의 사랑은 신자들만을 위한 것이 아니라 신자들의 공동체 밖에 있는 이들에게도 확장된다. 온 인류와 피조 세계를 포괄하는 창조의 지평을 존중하면서, 기독교의 공적 참여는 기본적인 사회적 질서와 평화, 생활을 위한 물질적 기반 등과 같은 인간 삶의 요건들을 확보하고 증진하는 데 이바지하도록 도전한다.

2) 교회

어거스틴은 '두 정부'론의 관점에서 자신의 '공적 교회'론을 전개한다. 어거스틴의 '신의 도성'은 종교적 도피주의도 경계하고 또 세속 권력의 신성화도 부정한다. 어거스틴에게 로마의 역사는 성의 역사sacred history 혹은 구원사가 아니다. 마르커스R. A. Markus는 세속 권력과 정치에 대한 어거스틴의 상대화와 비신성화에서 자유주의의 씨앗을 발견하

---

9   Langdon Gilkey, *On Niebuhr: A Theological Study*, 210.
10   Reinhold Niebuhr, *Christian Realism and Political Problems*, 114-115.
11   위의 책, 136-137.

는데, 그러한 상대화와 비신성화는 사람들이 자유로이 자신들의 사랑의 대상을 선택하는 어떤 자율의 공간을 내포하기 때문이다.[12] 이러한 정치적 '자율의 공간'의 존재에 대한 관념으로부터 마르커스는 하나님의 은총의 역사는 정치 영역에서 그 입지를 찾을 수 없다는 해석을 끌어내는데, 이에 대한 반론도 만만치 않다. 대표적인 반론의 보기는 보울린[John R. Bowlin]이다. 보울린은 마르커스의 해석에 비평적으로 응답하면서 어거스틴은 '은혜로 변화된 정치'의 가능성 곧 은혜가 정치를 변화시킬 수 있는 가능성을 상정하고 있다고 주장한다. "은혜의 주입이 없으면 정치 현실은 선인과 의인에게는 턱없이 부족한 목적들만을 위해 쓰일 것이다. 어거스틴에게 정치는 완전히 자율적이지는 않다. … 정치가 확보하고자 하는 근사치적 목적들은 하나님의 정의로운 평화를 추구하는 것이 아니라면 욕망에 휘둘리는 사람들과 온전히 자기애적 동기만 작용하는 사람들의 추구를 반영하는 것이다."[13] 여기서 은혜에 의한 정치의 변화는 정치권력에 대한 교회의 통제를 의미하지 않는다. 오히려 그러한 '은혜'의 작용은 정치 영역을 포괄하는 전체 공적 영역 안에서 신자들이 하나님 사랑에 의해 규범적으로 또 정서적으로 추동되어 자기 자신의 유익보다 공공선을 앞세우는 '사랑'의 삶을 살아감을 통해 현실화된다는 것이 어거스틴의 생각이다. 다시 말해, 교회 공동체와 그 구성원들은 하나님으로부터 오는 은혜를 담지하고 공적 영역에 들어가 그 은혜를 전달하여 공적 사회문화적 변화의 역동을 일으키고 또 그리하여 정치의 변화까지도 견인할 수 있어야 한다는 것이다.

---

12 R. A. Markus, *Saeculum: History and Society in the Theology of St. Augustine* (Cambridge: Cambridge University Press, 1988), 65-71.

13 John R. Bowlin, "Augustine on Justifying Coercion," *Annual of the Society of Christian Ethics* 17 (1997), 59-60.

어거스틴에 따르면, 은혜는 지고선인 하나님과의 연합을 뜻하며 교회는 하나님과의 연합이라는 궁극적 목적을 추구하는 것을 가장 고상한 가치로 인정하고 또 증거해야 한다.[14] 또한 이것은 정치권력을 포함한 모든 정치사회 공동체들에게도 가장 중요한 공적 목적이 된다. 그러므로 어거스틴은 정치권력도 이 궁극적 목적을 향해 목적론적으로 기능해야 한다고 강조한다. 정치적 권위는 하나님으로부터 온다. 그러나 이것은 무제한적 권력이 국가에게 부여되었다는 것을 의미하지 않는다. 오히려 "위로부터 곧 권력을 위임하신 하나님에 의해 통제받아야 하는데, 이는 제국의 권세는 하나님이 성육하신 기관 곧 교회를 통해 그 한계를 설정 받아야 하고 또 방향성을 제시받아야 함을 내포한다."[15] 교회는 은혜의 담지자로서 하나님이 허락하시는 은혜 안에서 국가를 비롯한 정치사회적 체제와 질서의 '한계'와 '방향성'을 제시해 주어야 할 영적 공동체인 것이다.

니버 역시 기독교회와 신자들은 교회의 안과 밖에서 예수 그리스도의 윤리적 가르침을 충실하게 실현하고자 힘써야 한다는 점을 강조한다. 니버가 말하는 은혜의 두 가지 개념 곧 '용서'pardon와 '능력'power을 은혜로 받은 교회는 하나님의 용서의 은총 안에 드러난 '궁극적 사랑의 본*'을 포착하여 윤리적 삶의 기준으로 삼아야 하며 또 은혜의 중요한 양상으로 받은 '능력'으로 무장하여 그 '기준'을 신앙 공동체 안팎에서 구현해야 하는 것이다. 다만 니버는 사랑의 규범적 기준을 구현할 대상 영역에 대한 현실주의적 이해가 선결되어야 함을 강조한다. 특별

---

14 Ernst Troeltsch, *The Social Teaching of the Christian Churches* I, trans. Olive Wyon (Louisville: Westminster/ John Knox Press, 1992), 110.

15 위의 책, 157.

히 공적 영역에 대한 적절한 이해가 절실하다는 것이다. 니버에 따르면, 정치사회 영역특히 정치 영역은 예수 그리스도의 사랑의 윤리가 이 영역에서 발생하는 문제들에 직접적으로 반응할 수 있는 성격의 공간이 아니다. 이는 예수의 사랑의 윤리가 뭔가 실제적인 해결책을 제시하는 식式으로는 반응할 수 없다는 뜻이다. 오히려 정의의 원칙이 우선 작용되어야 할 공간이다. 인간 공동체의 삶에서 꿈틀거리는 죄된 이기주의의 힘을 생각할 때, 인간 사회를 지탱하는 데 필요한 평화와 질서는 권력의 균점과 같이 이기주의의 힘을 적절히 해소할 수 있는 정의로운 방법을 동원함으로써 또는 공적으로 정당성이 부여된 강제력을 사용하여 과도한 이기적 욕망의 실현을 통제함으로써 얻을 수 있다.

니버는 예수의 사랑의 윤리는 교회 공동체 안에서 또 정치사회 영역 안에서 기독교인들이 따라야 하는 궁극적 기준이라 생각하지만, 신자들이 세상 속에서 절대적 규범으로서 보편적으로 제시할 수 있는지에 대해서는 신중한 입장을 취한다. 이 점을 아웃카Gene Outka는 기독교인들은 도덕적 사고에서 "특수 관계들은 고유한 실체적 고려 사항들을 내포하는데 우리는 그러한 고려 사항들을 기초로 하여 우리 행동을 정당화한다."는 식으로 풀이한다.[16] 기독교인들은 공적 정치적 영역에서 만나는 관계들의 실체적 고려 사항들을 중요하게 여김으로써 궁극적인 기준으로서의 사랑의 법을 신중하게 실현하려고 힘써야 한다는 것이다. 이러한 '신중한 실현'은 한편으로 규범생산의 관점에서 현실주의적 고려를 존중하며 다른 한편으로 규범실현의 관점에서 전체 공적 공

---

[16] Gene Outka, "Comment on 'Love in Contemporary Christian Ethics'," *Journal of Religious Ethics* 26 (1998), 436.

176   기독교 공적 관계론 기독교사회윤리 이론과 실천

동체의 도덕적 지향과 문화적 에토스의 변화를 꾀하는 신중한(혹은 지혜로운) 접근을 요청한다.[17] 요컨대, 기독교인들이 가장 순전한 수준에서 사랑의 이상을 직접적으로 사회적 정치적 현실에 적용할 수는 없다 할지라도, 니버는 궁극적 규범의 담지자로서 기독교회와 신자들이 정의의 역사적 형태가 사랑의 궁극적 이상을 향해 나갈 수 있게 하는 과업과 사랑의 이상의 관점에서 상대적 정의의 문제들을 성찰하도록 하는 과업에 매진해야 한다는 점을 역설한다.

어거스틴-니버 모형은 교회가 국가에 대응하는 권력 구조가 되어야 한다거나 권력 구조의 대체물이 될 수 있다는 주장에 분명히 반대한다. 다만 개별 신자들과 교회 공동체는 이웃 사랑이라는 소명에 충실하여 세속 정부의 공적 임무들에 참여할 수 있고 또 협력할 수도 있는 여지는 열어둔다. 기독교인들이 정치사회 영역에서 사랑으로 살면 긍정적인 사회적 영향을 미치게 될 것이다. 어거스틴-니버 모형은 기독교인들이 사랑의 사람들로 그 영역 속에서 살아가면 공공선을 증진하고 정의의 수준을 높이는 데 이바지하게 될 것이라는 신념을 내포한다.[18] 요컨대, 한편으로 교회가 예수 그리스도의 윤리적 가르침을 규범적 기준으로 삼고 고유한 정신과 문화를 구현함으로써 사회를 향한 어떤 모범이 되어 영향을 줄 수 있다는 가능성을 열어 두고 다른 한편으로 신자들과 교회 공동체가 하나님 나라 기준을 따라 세상 속에서 존재하고 또 실천함으로 사회적 영향을 미치는 구도를 견지한다. 다만 후자에 우선순위를 두고 있다는 점을 지적해 두어야 하겠다.

---

17   John C. Bennett, "Reinhold Niebuhr's Social Ethics," in *Reinhold Niebuhr: His Religious, Social, and Political Thought*, ed. Charles W. Kegley (New York: Pilgrim, 1984), 112.

18   이장형, 『라인홀드 니버의 社會倫理 構想과 人間理解』(서울: 선학사, 2002), 160-182.

3) 종말

어거스틴의 종말 이해는 그의 평화론에서 두드러지게 드러난다. 천상의 종말론적 평화는 오직 믿음과 소망과 사랑으로 이루어질 수 있다는 신념을 어거스틴은 견지한다. 다시 말해, 하나님 나라의 완전한 평화는 이 세상에서 이룰 수 없는 것이다. 교회 안팎에서 평화를 이룰 수 있다 해도 그 평화는 천상의 평화와는 근본적으로 다르다. 다만 신의 도성 사람들에게든 세속 도성 사람들에게든 비록 상대적이고 불완전한 것이라 하더라도 이 땅의 삶에서 평화가 필요하다. 이 지점에서 어거스틴의 전쟁 이해를 살피는 것은 유익하다. 어거스틴이 정당화하는 전쟁은 천상의 평화를 목적으로 하지 않는다. 정당전쟁이란 여전히 죄의 영향력 아래 사는 사람들에게 필요한 지상의 평화를 위해 치르는 것이다. 다시 말해, 이 땅에 사는 모든 사람들의 생존에 필수적인 조건을 마련하기 위해 정당전쟁을 수용하는 것이다. 여기서 어거스틴은 인간과 인간 공동체의 역사적 성취와 하나님 나라의 완성 사이의 간격 혹은 불연속성을 강조한다.[19]

니버는 역사의 진보를 확신하는 자유주의의 역사관에 동의하지 않는다. 니버에 따르면, 진보나 점진적 상승의 이미지는 신약 성경에서 찾아볼 수 없다. 역사를 하나님 나라를 향하여 점진적으로 상승해 가는 진보의 드라마로 보기보다는, 신약 성경은 "[하나님 나라가 완성될 때] 역사의 모순들은 해결될 것"이라는 점과 "하나님 나라는 손쉬운 역사

---

19 E. TeSelle, "아우구스티누스의 정치 윤리," W. S. Bobcock 편, 문시영 역, 『아우구스티누스의 윤리』(서울: 서광사, 1988), 268-279.

적 가능성이 아니라"는 점을 가르친다고 니버는 풀이한다.[20] 하나님 나라는 하나님의 가능성이지, 인간의 것은 아니다. 그러므로 니버에 따르면, 예수 그리스도의 윤리적 가르침들은 인간의 정치사회적 현실 속에서 완전히 실현될 수 있는 성격의 것이 아니다.[21] 그러나 니버의 종말론은 '철저하게' 미래적인 것은 아니다. 하나님 나라는 언제나 가까이 있는데, "불가능성들이 실로 가능한 것이 되며 또 역사내적 시간들에서 새로운 현실태로 나타난다는 의미에서 그렇다. … 모든 역사의 현실태는 그 자체로 [하나님 나라의 종말론적] 이상의 근사치적 실현인데, 다만 하나님 나라는 여기에 있지 않다. 언제나 오고 있는 실재이지만 여기에 완전히 있지는 않다."[22]

　　'이미'와 '아직 아니'의 긴장 속에서 종말을 이해하고자 하는 니버의 변증법적 종말론은 하나님 나라의 궁극적 완성과 인간 능력에 근거한 역사적 성취 사이에 설정해 두어야 할 건강한 거리^{혹은 긴장}를 내포한다. 어거스틴-니버 모형이 강조하는 종말론적 긴장을 견지함으로써, 우리는 이 땅에서 하나님 나라의 규범을 추구하는 노력들이 부분적이고 불완전할 수밖에 없다는 점 그리고 교회가 예수 그리스도 안에서 '이미' 이루어진 하나님 나라의 사회적 현시로서의 정체성을 망각해서는 안 된다 하더라도 교회가 도무지 하나님 나라와 동일시될 수는 없다는 점을 항상 인정하게 된다. 하나님 나라의 완성은 오직 하나님께 달려 있다는 신념을 견지하면서, 어거스틴과 니버의 종말론은 그럼에도 하

20　Reinhold Niebuhr, *Christianity and Power Politics* (Hamden: Archon Books, 1969), 21.
21　Reinhold Niebuhr, *An Interpretation of Christian Ethics* (New York: Meridian Books, 1956), 58-60.
22　위의 책, 60.

나님 나라 기준을 기독교인의 공적 참여의 삶에서 궁극적인 기준으로 소중히 간직하고자 한다.

2. 윤리적 보편화 모형 아퀴나스-리츨 모형

1) 창조와 섭리

아퀴나스에 따르면, 하나님은 법을 통해 섭리하신다. 창조하신 인간과 세계를 영원법 the eternal law 이라는 섭리의 틀을 통해 하나님이 설정하신 궁극적 선善을 향해 인도해 가신다는 말이다. 이러한 신적 섭리의 구도에 상응하여 개인과 공공의 행복이라는 목적에 이르기 위한 통치의 과정에서 인간 공동체의 주된 정치적 통치의 도구 역시 법이라는 점을 아퀴나스는 적시한다. 법은 "행동하거나 아니면 하지 말아야 하는 바를 지시하는 규칙 혹은 척도이다."[23] 달리 말해, 법은 "공공선을 이루기 위해 공동체를 책임 있게 이끌어가는 사람이 공포한 바로서의 이성의 명령에 다름 아니다."[24] 그러므로 통치의 주된 척도는 법인데, 그것의 정당성과 효율성은 이성에 의해 판단된다. "행동의 규율과 척도는 이성이다. 이성은 인간 행동의 제1원리이다."[25] 국가혹은 정치권력 의 목적은 공공선이며, 이로써 타자에 대한 지배가 정당화된다.[26] 따라서 인간법 the

---

23 Thomas Aquinas, *Summa Theologiae*, I-II. 90. 1.
24 *ST* I-II. 90. 4.
25 *ST* I-II. 90. 1.
26 *ST* I-II. 90. 4.

human law의 본질적 목적은 '공공선을 향한 지향'the ordering of the common good 이어야 한다.[27]

앞에서 본 대로, 민족들의 법the law of nations과 시민법the civil law을 포함하는 인간법의 근거는 자연법the natural law이며[28] 자연법은 영원법으로부터 나오는데, 전자는 '영원법에의 참여'로서 규정된다.[29] 영원법에의 참여로서의 자연법 개념은 창조와 인간의 역사의 지평에서 자연법을 실현함으로써 영원법의 성취를 향하게 되는 목적론적 지향을 내포한다. 곧 하나님은 자연법과 그것에 뿌리를 두는 정치사회 공동체의 법적 제도적 질서를 통해 인생과 역사와 세계에 대한 하나님의 보편적 섭리영원법을 통한 통치를 구현해 가시는 것이다.

리츨에 따르면, 하나님의 섭리가 구현된 시공간을 가리키는 대표적인 개념은 하나님 나라이다. 하나님의 섭리적 주권이 이 세계와 역사 속에서 구현됨으로써 하나님 나라는 타계적 이상향이 아니라 현존의 질서로 '이 세상' 안에 존재하게 되는 것이다. 하나님 섭리의 구현체로서 하나님 나라의 본질은 무엇인가? 리츨에게 하나님 나라의 본질은 윤리적이다. 『칭의와 화해의 기독교 교리』The Christian Doctrine of Justification and Reconciliation에서 하나님 나라를 언급할 때 리츨은 하나님 나라라는 개념을 '도덕적'이라는 형용사로 수식하는 경우를 많이 보게 된다. 하나님 나라는 도덕의 나라 곧 하나님이 인류 공동체에게 주신 도덕적 이상이 실현된 공동체인 것이다. 인간과 인간 공동체가 하나님 나라를 지향하며 이루어야 할 도덕적 이상은 무엇인가? 리츨은 '사랑'이라고 분명하

---

27   *ST* I-II, 90, 3.
28   *ST* I-II, 95, 5.
29   *ST* I-II, 91, 2.

게 답한다.[30] 이 사랑은 예수 그리스도의 사랑의 삶을 통해 결정적으로 또 완전하게 구현되었다. 규범적 모범으로서 예수 그리스도의 사랑은 온 인류를 그 대상으로 삼는다는 점에서 보편적이며 자신의 모든 것과 심지어 생명까지도 아낌없이 타자를 위해 내어놓는다는 점에서 이타적이다. 사랑의 이상을 '결정적으로' 또 '완전하게' 이루심으로써 예수 그리스도는 하나님과 인류의 화해라는 소명에 응답하고 자신의 삶을 통해 하나님 나라를 완성하신 것이다. 예수 그리스도가 가르치고 완수하신 '사랑'이 규범적 이상이 되고 그리스도를 따르는 사람들과 그들의 공동체는 이제 그 이상을 따라 살도록 부름 받는다. 이 세상 안에서 하나님 나라의 도덕적 이상 곧 보편적 범위를 내포하는 타자·지향적 희생적 사랑을 구현함으로써 하나님 나라 곧 하나님의 주권적 섭리를 실현하는 것이다.[31]

도덕적 이상으로서의 사랑이 실현된 하나님 나라는 교회라는 특수한 신앙 공동체에만 한정되지 않는다. 인종적 정치사회적 문화적 종교적 구분을 뛰어넘어 인류 공동체에 속한 모든 구성원들이 '사랑'으로 하나될 때 하나님 나라는 완성된다는 것이 리츨의 신념이다. 그래서 온 인류는 보편적 사랑에 의해 규범적으로 인도를 받아 서로를 사랑함으로써 '도덕적 연합' moral fellowship 에 이르러야 한다고 역설한다. 하나님 나라의 법적 규범적 기반은 리츨의 개념으로 도덕법 the moral law 이다. 도덕적 연합은 이 도덕법에 입각한 구체적이고 역사적인 행동을 통해 이루어질 수 있다. 도덕적으로 의미 있는 행동이란 도덕적 연합의 형성과 강

---

30 Albrecht Ritschl, *The Christian Doctrine of Justification and Reconciliation*, trans. H. R. MacIntosh and A. B. Maculay (Edinburgh: T.&T. Clark, 1900), 610-611.

31 이창호, "교회의 공공성에 관한 신학적 윤리적 탐구: 고전적 '두 정부'론의 규범적 이해와 현대신학적 전개 및 발전 탐색을 중심으로," 『기독교사회윤리』 29 (2014), 161.

화에 이바지하는 사랑의 행동인 것이다. 여기서 사랑은 도덕법에 따라 규율되는 모든 인간 행동의 근본적인 동기이자 동력이며, 도덕법이 지시하는 목적들을 인식하게 하고 행동의 옳고 그름을 판단하는 규범적 기초가 된다.[32] 리츨의 도덕적 연합은 정치사회적 차원을 포괄하기에, 도덕법은 특수한 정치사회 공동체를 규범적으로 또 법적으로 규율하는 시민법 the civil law 을 포함한다.[33] 이런 맥락에서, 리츨에 따르면 도덕법은 시민법을 배제하지 않고 수렴하는 포괄성을 견지하면서 온 인류의 도덕적 연합으로서의 '하나님 나라의 포괄적 목적'을 지향하고 인간의 도덕적 삶을 보편적으로 규율하며 이를 통해 하나님의 섭리를 역사적으로 실현해 간다.[34]

아퀴나스-리츨 모형의 공적 참여에 관한 신학적 정당화는 인간 공동체가 공공선을 이루기 위해 하나님의 섭리와 다스림이 꼭 필요하다는 신념에 근거한다. 이런 맥락에서 아퀴나스는 자연법이 인간법의 기원과 속성을 규정하며 인간 사회에서 입법과 법의 실행은 근본적으로 자연법의 지시를 받는다는 점을 그리고 리츨은 도덕법의 규율에 따라 모든 인간이 도덕적 연합을 이루기 위해 힘써야 한다는 점을 강조한다. 그러므로 기독교인들이 공공선을 위해 무언가를 하려고 할 때 우선적으로 생각해야 할 지평은 자연법^{또는 도덕법}이 작용하는 정치사회 영역이 될 것이다. 자연법을 통해 하나님의 포괄적 섭리의 방편으로서의 영원법이 실현되며, 도덕법을 통해 하나님 나라와 동일시되는 도덕적 연합에 다가섬으로써 하나님의 주권적 섭리가 실현된다. 다만 리츨의 공

---

32   Albrecht Ritschl, *The Christian Doctrine of Justification and Reconciliation*, 511.

33   위의 책.

34   위의 책, 511-512.

공선 이해는 도덕 원리로서의 사랑의 구현에 비중을 두면서 윤리화하는 경향이 있는 반면, 아퀴나스의 공공선은 도덕적 공동체 구현뿐 아니라 정치경제적 정의 그리고 더 나아가 '천상의 지복至福'에의 참여까지도 포괄하는 총체적 개념임을 밝혀 두어야 하겠다.

2) 교회

성과 속을 포괄하는 단일체적 unitary 개념 안에서 아퀴나스는 자연과 초자연을 통합하고 또 도덕과 은총을 통합한다. 이 구도 안에서 교회는 신학적 기초를 닦고 세속 영역에 대한 보편적 권위를 가진다. 신학적 윤리가 기독교의 문명 일치를 이론적으로 해석하는 길잡이 역할을 한다고 하겠다.[35] 트뢸취의 유형론에 따르면, 아퀴나스 신학에 기초한 중세 가톨릭교회는 '교회유형'에 속한다. 교회유형은 한편으로 세상에 대한 영적 초월을 일관성 있게 추구하며 다른 한편으로 세상에 충실하게 참여하는 신앙을 내포한다. 교회는 구원을 객관적으로 매개하는 공식적 기구 institution 로서의 역할을 수행한다. 교회는 "만민을 받아들일 수 있고 또 세상에 적응해 갈 수 있는데, 왜냐하면 은혜와 구원의 객관적 보물들을 위해서 주관적 거룩함에 대한 요구를 일정 정도 고려하지 않을 수 있는 여지를 확보하고 있기 때문이다."[36] 구원을 교회론적으로 제도화함으로써 교회는 교회의 구성원이 될 수 있는 조건을 갖춘 이들에게 영적 은사를 제공하며 대중종교 mass religion 로서의 입지를 강화하게 되는

---

35 Ernst Troeltsch, *The Social Teaching of the Christian Churches* I, 259.

36 Ernst Troeltsch, *The Social Teaching of the Christian Churches* II, trans. Olive Wyon (Louisville: Westminster/ John Knox Press, 1992), 993.

것이다.[37]

　성과 속을 단일체적 구도 안에서 통합적으로 이해하는 교회론적 특성은 리츨에게서도 드러난다. 예수 그리스도를 따르는 언약 공동체로서의 교회가 공동체의 주인인 예수의 사랑의 본을 따라 살아감으로써 하나님 나라를 실현하고자 하는 것과 세속 영역의 모든 구성원들이 도덕적 연합을 지향하며 도덕법에 부합되는 삶을 살고자 힘쓰는 것을 본질적으로 연결시킴으로써, 리츨은 하나님 나라라는 '목적'과 사랑이라는 '규범'의 관점에서 교회와 세상을 단일체적 구도 안에 두고자 한다. 여기서 리츨은 성과 속을 포괄하여 모든 인류 공동체 구성원들에게 공통적인 도덕·존재론적 moral ontology 기반을 상정하고 있다.[38] 앞에서 살핀 대로, 모든 인간은 '그 본성에서 이미 은혜를 머금고 있다.'는 라너식 ㅈ '은혜 받은 본성'을 보유하고 있는 것이다.[39] '은혜 받은 본성'은 제도로서의 교회 안팎에 존재하는 모든 인간에게 공통적으로 주어지는 하나님의 은혜이다. 이 은혜는 제도적 교회 안에서의 신앙의 유무를 초월하여 모든 인간이 하나님 나라 곧 도덕적 연합의 구현에 참여할 수 있고 또 그렇게 해야 한다는 공적 소명의 근거로 작용할 수 있다. 리츨은 한편으로 하나님 나라와 도덕적 연합을 동일시하고 다른 한편으로 그리스도의 사랑의 모범과 보편적인 도덕적 이상으로서의 도덕법을 동일시함으로써 성과 속혹은 교회와 세속 영역을 하나로 묶는다.

　리츨의 교회는 적극적으로 공적 영역과 관계를 형성해야 하는데,

37　위의 책.

38　이창호, "교회의 공공성에 관한 신학적 윤리적 탐구: 고전적 '두 정부'론의 규범적 이해와 현대신학적 전개 및 발전 탐색을 중심으로," 162.

39　Karl Rahner, *Foundations of Christian Faith: An Introduction to the Idea of Christianity* (New York: Crossroad, 2000), 128.

예수 그리스도가 그렇게 하신 것처럼 그리스도의 공동체와 그 구성원들도 타자와 세상을 위해 '사랑하는' 존재로 살아야 하기 때문이다. 교회의 공적 관계성의 관점에서 리츨의 사회적 이상은 하나님 나라라는 큰 틀 안에서의 성과 속_{혹은 교회와 세상} 사이의 통일성을 강조한다는 점에서 이 둘 사이의 구분이나 분리를 반대하고 단일체적 사회상을 추구하는 아퀴나스와 강한 연속성을 띤다. 아퀴나스-리츨 모형의 교회론은 신자들이 공적 영역에 들어가 적극적으로 사랑을 실천하고 세상을 하나님 나라로 만들기 위해 힘써야 하며_{리츨} 교회가 정치사회 영역에 대한 신학적 기초를 닦고 그에 대한 보편적 권위를 갖는다_{아퀴나스}는 점에서 '적극적 참여와 변혁의 추구'라는 규범적인 특징을 내포한다고 할 수 있다.

3) 종말

앞에서 본 대로, 아퀴나스의 섭리론의 관점에서 인간 공동체, 특히 정치사회 공동체의 목적은 공공선이다. 정치사회적 의미에서의 공공선은 신학적으로 규명될 때 온전해진다. 아퀴나스는 신학적으로_{혹은 종말론적으로} 공공선은 "하나님을 즐거워하면서 누리는 궁극적 행복"이라고 밝힌다.[40] 국가를 포함하여 모든 정치사회 공동체의 공공선 역시 '하나님을 즐거워함'인 것이다. 그러므로 정치 지도자의 본질적 사명은 구성원들을 이 공동의 선으로 인도하는 것이다.[41] 이 점에서 지도자의 사명과 정치사회 공동체의 공적 목적은 신학적_{혹은 종말론적} 지평을 확보한다.

---

40 Thomas Aquinas, *On Kingship*, in *St. Thomas Aquinas on Politics and Ethics*, trans. and ed. Paul E. Sigmund (New York: W. W. Norton & Company, Inc., 1988), VI.

41 위의 책, XIV.

개인과 공동체의 삶의 목적은 이 땅에서 다 이루어지지 않고 천상에서 그렇게 될 것이다. 이는 분명히 종말론적인데, 그 완성이 인간의 능력을 초월하며 또 실현을 위해 하나님의 개입이 꼭 필요하다는 점에서 그렇다. 하나님 나라의 완성이 오직 천상에서 또 마지막 날에 가능하다면 현재적 삶에서 사회윤리가 필요 없는 것 아니냐는 주장이 제기될 수 있는데, 이러한 주장에 맞서서 생각해 보아야 할 것이 있다. 아퀴나스는 역사의 과정과 종말론적 완성 사이의 연속성을 강조한다. '좋은' 정치적 정부는 그 백성들을 공공선을 목적으로 하여 일관성 있게 인도하는 정부이다. 그런 의미에서 공공선으로 인도하는 국가의 사명은 본래적으로 목적론적이며, 궁극적인 주권이 하나님께 있는 역사의 종말론적 완성에 기여할 때 국가권력은 참된 존재 가치를 획득하게 된다.

리츨의 하나님 나라 이해는 종말론적이다. 다만 완성은 현재가 아니라 미래의 '마지막 날'에 있다는 식의 전통적 관념과는 다르다. 리츨의 종말론은 현재적이다. 현재라는 시간 속에서 하나님 나라를 이룰 수 있고 또 그렇게 해야 한다는 뜻에서 그렇다. 하나님 나라는 미래의 어느 때로 유보된 실체도 아니고 종말론적 완성의 미래로부터 계속 현재 안으로 들어오는 '도래'來적 실체도 아니다. 리츨의 종말론은 한편으로 세계의 완성을 철저하게 미래로 유보하는 전통적 종말론에 견주어 하나님 나라는 '지금 여기서' 인간의 실천을 통해 이루어진다고 강조한 점에서 현재적이며 다른 한편으로 현재적 하나님 나라는 미래의 최종적 완성을 지향해야 한다고 주장한 점에서 미래지향적이다.[42] 다시 말해, 리츨은 하나님 나라를 전적으로 타계적 시공간으로 보는 종말론

---

42   Albrecht Ritschl, *The Christian Doctrine of Justification and Reconciliation*, 30-32.

적 이해를 경계하면서, 동시에 종말론적 완성의 주권을 철저하게 하나
님께 둠으로써 현재적 실현을 위한 인간의 참여를 배제하는 견해에 대
해서도 비판적인 입장을 견지한다.[43]

아퀴나스-리츨 모형의 종말론은 하나님 나라 이상의 현재적 실
현과 궁극적 완성을 향한 목적론적 진보를 주된 특징으로 한다. 역사적
성취와 종말론적 완성 사이의 연속성과 완성을 향한 진보의 과정에서
의 인간의 몫을 강조한다. 여기서 '인간'은 성과 속의 영역을 살아가는
모든 사회 구성원들을 의미한다. 다만 아퀴나스는 하나님과의 영적 연
합에 상응하는 천상의 지복까지도 포괄하는 '하나님 나라' 관념을 갖고
있는 반면, 리츨은 도덕적 이상의 보편적인 현재적 실현을 하나님 나라
실현의 핵심적 요소로 보면서 순전하게 '영적인' 완성에 대해서는 우선
순위를 설정하지 않는다.

3. 교회됨 구현의 사회윤리 모형 _{재세례파-요더 모형}

1) 창조와 섭리

재세례파-요더 모형의 공적 참여의 신학적 근거는 기독론·중심
적이다. 재세례파의 신앙에서 그리스도를 따른다는 것은 평화의 도道를
살아내는 것이다. 시몬스 Menno Simons 는 이 점을 적시한다. "성경은 서로

---

43 이창호, "교회의 공공성에 관한 신학적 윤리적 탐구: 고전적 '두 정부'론의 규범적 이해와 현대신
학적 전개 및 발전 탐색을 중심으로," 159-160.

대립하는 두 명의 군주를 말한다. 하나는 평화의 군주로서, 바로 예수 그리스도이시다. 그의 왕국은 평화의 왕국에 다름 아니며 교회는 그 왕국의 구현체이다. ⋯ 평화의 왕과 그의 왕국과 관련해서 보고 듣고 행하는 모든 것은 평화이다."[44] 신약 성경의 가르침에 천착하면서, 재세례파는 어떤 형태가 되었든 폭력의 사용은 하나님 나라의 진리를 심각하게 위배하고 또 훼손한다는 점을 역설한다.

재세례파의 평화에 대한 이러한 헌신은 요더의 사회윤리적 가르침을 통해 선명하게 드러난다. 요더의 사회윤리는 성서적이고 기독론적이다. 그는 예수 그리스도의 비폭력 무저항의 사랑을 중심으로 한 성경 해석에 근거해서 자신의 사회윤리를 전개해 간다. 메시야 윤리의 가능성에 대해 언급하면서, 요더는 기독교사회윤리의 규범을 자연법에 근거하려는 시도는 결국 예수 그리스도를 제외시키는 결과를 낳을 것이라 주장한다. 이러한 시도의 근거들은 자연, 이성, 창조, 현실 등이다. 이 네 가지가 공통으로 갖고 있는 특성들은 다음과 같다. "첫째, 그것들의 의미는 자명하다고 주장한다; 둘째, 도덕적으로 강력하게 동기 부여하게 하는 구체성을 가지고 그 의미를 정의하는 것은 매우 힘들다. 특히 반대 의견을 지시하고 불러일으켜야 할 때는 더욱 그렇다; 셋째, 이러한 지침들은 도덕적인 실체적 내용즉 해야 하는 것에 있어 예수 그리스도의 가르침과 모범들과 다르다; 넷째, 이 지침들은 유대교 혹은 기독교의 도덕적 가르침보다 그 권위에 있어서 선험적으로 더 우월하다고 간주된다."[45] 이러한 특성들을 고려할 때, 기독교사회윤리의 관심 주제는

---

44 Menno Simons, *The Complete Works of Menno Simons* (Scottdale, Pa.: Herald Press, 1956), 554-555. Peter H. Davids, "An Anabaptist View of the Church," *The Evangelical Quarterly* 56-2 (1984), 87에서 재인용.

"진리를 소종파 운동으로 제한하는 것이 아니라 자연 계시를 뒷받침하는 상식적 인식론을 비판적으로 검토하는 것"이 될 것이라고 요더는 강조한다.[46] 특별히 전쟁에서의 폭력 사용이라는 주제는 기독교인들이 그리스도 예수를 세상의 빛으로 진정성 있게 인정하느냐 아니냐를 가름하는 시금석이 된다고 주장한다.[47] 이 점에서 요더는 자연신학은 정당전쟁에 대한 선호를 표시함으로써 예수 그리스도가 세상의 빛임을 거부한다는 점을 지적한다. 그는 정당전쟁을 포함하여 어떤 형태의 전쟁에도 비판적인데, 기독교 사랑의 윤리의 본질적 원칙을 부정하는 것이기 때문이다. 평화주의자들이 믿는 대로, 모든 기독교인들이 마땅히 행해야 하는 도덕적 명령은 예수 그리스도의 삶과 말씀 가운데 드러난 비폭력 무저항의 사랑이라는 것이다.

재세례파-요더 모형은 공적 참여를 위한 주된 신학적 근거를 기독론, 특히 예수 그리스도에 대한 성서적 계시에서 찾고 있음을 보았다. 그러나 이는 하나님이 공적 영역에 대한 섭리적 관심을 거두고 계시다는 것을 의미하는 것은 아니다. 역사와 세계에 대한 하나님의 섭리를 공적 참여의 신학적 근거에서 배제해서는 안 된다는 말이다. 제세례파-요더 모형은 하나님이 국가와 같은 정치적 권위를 세워 인류를 향한 섭리적 사랑을 실현하신다는 점을 부정하지 않는다. 그러기에 신자들은 기본적으로 하나님의 이 의도를 존중해야 한다는 것이다.

재세례파는 국가를 하나님이 세우신 제도로 이해한다. 악행을 처

---

45 John Howard Yoder, *The Politics of Jesus: Vicit Agnus Noster* (Grand Rapids: Eerdmans, 1994), 19.

46 John Howard Yoder, *The Priestly Kingdom: Social Ethics as Gospel* (Notre Dame: University of Notre Dame Press, 1984), 43.

47 John Howard Yoder, *The Original Revolution* (Scottdale, Pa.: Herald Press, 1971), 134-135.

벌·예방하여 무고한 사람들을 보호하고 또 기본적인 질서와 평화를 보장하기 위해 하나님이 친히 세우셨다는 것이다. 독일의 재세례파 지도자였던 쉬피텔마이어 Ambrosius Spittelmaier 는 "정치적 정부는 아담의 때 이후로 계속 존재해 왔으며 오늘날에도 여전히 하나님의 기름 부으심 안에서 형성되고 작용하고 있다."는 점을 밝힌다.[48] 다시 말해, 인간의 죄 때문에 하나님이 정치적 정부의 존재를 허용하신 것이다. 한편으로 국가권력에 의한 강제력의 행사는 신적 분노의 반영으로서의 하나님의 징벌이며 다른 한편으로 이 악한 세상에서 인간 생존을 위해 기본적으로 필요한 질서와 평화를 마련해 주시고자 하는 하나님 사랑의 표시이다. 이러한 신학적 의미를 생각할 때, 신자들은 국가권력에 순종해야 함은 물론이고 반란이나 혁명과 같은 형태로 국가에 반하는 행위를 결코 허용해서는 안 된다. 이런 맥락에서 힐러브란트 Hans J. Hillerbrand 는 아무리 선한 권력이라 하더라도 예수 그리스도의 궁극적 계시가 제시하는 기준에 부합할 만큼 선하지 않으며 반대로 인간의 눈에 아무리 악한 권력이라 하더라도 하나님의 도구로 사용될 수 없을 만큼 악하지 않다는 점을 지적한다.[49] 그러나 기독교인들은 국가권력에 순종하되 그것이 '그리스도의 완전성' 밖에 있는 타락한 세상의 한 부분이라는 점을 잊지 말아야 한다는 점에서 제한적이라는 점을 고려해야 한다. "국가는 인간의 하나님으로부터의 이탈의 결과요 표시이며 기억체이다."[50] 여기서 우리는 국가권력에 대한 복종이 하나님의 뜻을 위반하는 결과를 낳게 된다

---

48 Karl Schornbaum, *Quellen zur Geschichte der Taufer* II (Leipzig: Gütersloh, 1934). Hans J. Hillerbrand, "The Anabaptist View of the State," *The Mennonite Quarterly Review* 32-2 (1958), 84 에서 재인용.

49 Hans J. Hillerbrand, "The Anabaptist View of the State," 87.

50 P. Ridermann, *Confession of Faith* (New York: Rifton, 1970), 104. Peter H. Davids, "An Anabaptist View of the Church," 86에서 재인용.

면 복종하지 않을 수도 있다는 점을 추론해 볼 수 있다. 특별히 정치권력이 자신의 권한 범위를 넘어서서 오직 그리스도만이 통치하시는 '영혼'에까지 그 지배의 권한을 행사하고자 한다면 그것은 분명하게 그리스도의 주권을 침해하는 것이 되는 것이다.

성경의 증언을 따라서, 요더 역시 교회는 국가에 순종해야 한다 subordinate 고 가르친다. 어떤 국가이든지 권력을 절대화하거나 영속화하려는 우상숭배적 유혹에 빠질 가능성이 늘 있지만, 그럼에도 모든 권력은 하나님의 주권 아래 있다. 국가권력의 정의와 불의는 균등하게 하나님의 보편적 섭리 속에 포함되어 있다.[51] 국가와의 관계성을 논하면서 요더는 순종과 복종 subordination and obedience 을 구분한다. 기독교인들은 국가에 순종해야 하지만, 불복종할 수 있다. 특별히 국가권력이 스스로를 우상화하려 할 때는 더더욱 그렇게 할 수 있다. 기독교인은 국가권력이 하나님의 주권적 뜻에 어긋나지 않을 때에만 순종한다. 기독교인들은 복종하지 말라고 부름 받을 수 있지만 not to obey, "항상 순종하도록 subject 부름 받는데 반란을 일으키거나 국가가 존재하지 않았던 것처럼 행동해서는 안 된다는 의미에서 그렇다."[52] 다시 말해, 기독교인은 국가권력에 불복종할 수 있지만 그 '불복종'에 대한 형벌을 받음으로써 결국 '순종' subordination 을 실천하는 것이다. 그리하여 요더는 로마서 13장 1절에서 사도 바울은 순종을 말하는 것이지, 복종 obedience 을 말하는 것은 아니라고 풀이한다. '복종'하지 않더라도 '순종'할 수는 있다는 것이다.[53]

---

51 John Howard Yoder, *The Christian Witness to the State* (Newton, Kan.: Faith and Life Press, 1964), 77.

52 위의 책, 75.

53 John Howard Yoder, *The Politics of Jesus: Vicit Agnus Noster*, 208-209.

이상으로 보건대, 국가권력의 기원에 하나님께 있다는 점 그리고 제세례파 전통이 국가권력을 하나님의 섭리의 도구로 이해한다는 점 등을 고려하면서, 요더는 세속 권력에 대한 '순종'론을 펼치고 있는 것이다. 재세례파-요더 모형이 세속 권력에 대한 존중을 권고하는 주된 이유는 세속 영역을 규율하는 규범적 원리 곧 이성이나 자연법적 질서에 대한 비판적 인식을 감안하고서라도 이 죄악된 세상 속에서도 인간과 인간 공동체가 생존하는 데 필요한 최소한의 여건을 마련해 주시고자 하는 하나님의 섭리적 사랑을 부정할 수 없기 때문이다.

2) 교회

재세례파는 구원의 필수요건으로서 개인의 내적 동기와 도덕적 성취를 강조한다. 현존하는 사회질서에 참여하거나 그것을 변혁하려는 의도를 갖지 않는 대신, 하나님의 왕국의 도래 곧 종말론적 완성을 준비하기 위해 온 힘을 다한다. 재세례파의 윤리는 산상수훈과 같은 예수 그리스도의 윤리적 가르침에 깊이 또 근본적으로 뿌리내리고 있다. 거기에서 들려지는 예수의 말씀을 '문자 그대로' 받아서 실천해야 한다고 생각하며 또 그렇게 살려 한다. 재세례파 신자들의 종교적 이상은 대중종교가 아니다. 작지만 친밀한 공동체를 선호하며, 예수의 명령에 근거한 엄격한 윤리적 원리들에 복종함으로써 세상과는 구별된 공동체를 만들어가고자 한다. 자연법은 원초적 상태에서는 절대적 규범으로 작용할 수 있었다고 보지만, 현존 세계 질서 안에서는 자연법에 규범적 절대성을 부여할 수 없다는 점을 강조한다. 왜냐하면 "이 세계는 악마에 속하여 있고 그리스도의 재림 때까지는 고통과 시련으로 가득할 것이기 때문이다. 그러기에 신자들은 이 악한 세상으로부터 스스로를 분리시켜야 하는 것이다."[54]

요더에게 교회는 예수 그리스도 안에서 하나님이 이루시는 종말론적 구원 역사의 사회적 현시顯示임을 보았다.[55] 교회는 본질적으로 종말론적 존재이며, 세상 안에 있지만 세상에 속해 있지 않다. '경험적 사회적 실재'로서 교회는 자기 자신에게 고유한 이상과 정신을 구현함으로써 사회적으로 영향력을 발휘할 수 있다.[56] 다만 요더는 교회의 사명이 교회를 둘러싼 정치사회 체제들을 기독교제국적 구도를 따라 재편하는 것이 아님을 분명히 한다.[57] 또한 교회는 세속 문화의 일부가 되어서도 안 된다. 오히려 역사와 사회 속에서 복음의 목적들을 실현한다는 의미에서 '교회 신앙의 본질'을 증언하는 사명을 충실히 감당해야 한다고 역설한다.[58]

요더에 따르면, 정치적 대안공동체로서의 교회의 복음적 사역들은 성례전적이다. 교회는 '폴리스'polis 곧 구조화된 사회적 몸이다. 폴리스로서의 교회는 "나름대로의 의사 결정 방식, 멤버십에 관한 규정, 공동의 임무 수행 방식 등을 가지고 있다. 바로 이 점이 교회를 가장 단순한 의미에서 정치적 실체가 되게 한다."[59] 정치적 실체로서 교회는 교회 밖 세상 앞에서 하나님 나라의 이상을 먼저 살아내고 또 보여주는 사명

54　Ernst Troeltsch, *The Social Teaching of the Christian Churches* II, 696.

55　John Howard Yoder, *The Christian Witness to the State*, 9.

56　위의 책, 18.

57　John Howard Yoder, *The Politics of Jesus: Vicit Agnus Noster*, 240.

58　John Howard Yoder, *The Christian Witness to the State*, 16-18.

59　John Howard Yoder, *Body Politics: Five Practices of the Christian Community Before the Watching World* (Nashville: Discipleship Resources, 1992), viii.

에 부름 받았다고 하겠다.[60] 세상 안에서 그리스도의 몸으로서의 교회의 실존은 "교회를 둘러싼 사회의 소우주가 되도록 부름 받음을 내포하는데, 단지 사상으로서가 아니라 그의 기능에서도 그렇다는 말이다."[61]

재세례파-요더 모형은 교회와 세상 사이의 구분을 강조한다. 공적 영역과의 관계 형성에 있어서 제한적이다. 세상과의 완전한 분리를 의도하지 않지만 그렇다고 세상 안으로 들어가 적극적으로 다른 공적 주체들과 소통하고 영향을 끼치려 하지는 않는다. 오히려 세상을 향하여 예수 그리스도의 윤리적 가르침을 '구현하고 보여주는' 것을 교회의 본질적인 공적 사명으로 이해한다. 다시 말해, 대안공동체를 구현하여 교회를 둘러싸고 있는 세상을 향해 어떤 사회적 영향을 끼치고자 하는 것이다. 이 점에서 재세례파-요더 모형의 교회론은 '공동체 내적 지향'을 강하게 띤다고 평가할 수 있겠다.

3) 종말

재세례파에게 교회는 이 세상 속에 구체적으로 드러난 하나님 나라이다. 하나님 나라 사상의 핵심은 '그리스도를 따름' 곧 하나님의 뜻에 순종하는 데 있다. 성화된 신자들의 공동체 안에서 하나님 나라는

---

60 요더는 교회가 참으로 교회다워야 하고 또 세상이 교회의 증언을 볼 수 있어야 한다는 의미에서 그리스도의 몸인 교회의 정치적 의미를 설명한다. 교회의 내적 삶이 교회 밖 정치사회 공동체에 새로운 정치적 가능성을 위한 모범을 제공할 수 있다는 뜻에서 다섯 가지 교회의 신앙적 실천 사항을 제시한다. 공격을 가해야 하는 시점에서 묶거나 풀라고 하는 권면은 갈등 해소에 유익하다; 성만찬은 일종의 경제 행위인데, 경제적 연대의 구체적 형태로 작용한다; 세례는 다양한 인종을 포괄하는 포용성의 구체적 보기이다; 은사의 다양성은 사회적 과정에서 약자에게 힘을 주고 위계주의(hierarchy)를 종식하는 하나의 모델이 될 수 있다; 성령의 인도하심 가운데 이루어지는 열린 대화는 민주주의의 기반이 될 수 있다. 이 모든 실행들은 "하나님의 역사인데, 하나님은 신자들이 행하는 바들 안에서, 그것들과 함께 그리고 그것들을 통하여 역사하신다." 위의 책, 1-73.

61 John Howard Yoder, *The Priestly Kingdom: Social Ethics as Gospel*, 92.

구현되고 있다. 기독교 신앙이 하나님의 섭리는 전체 피조 세계를 포괄한다고 역설해 오고 있지만, 재세례파는 하나님 나라가 눈에 보이도록 이 역사 속에 실현된 실체가 바로 교회라는 신조를 견고하게 붙잡는다. 이러한 완전주의적 분리주의적 특징은 출교에 관한 재세례파의 견해를 통해 두드러지게 드러난다. 마태복음 18장 15-17절[62]에 충실하게 근거하여, 신자들의 사귐 안에서 구현되는 하나님 나라는 이 세상 속에 현존하는 악마의 나라와 극명하게 대립하기에 영적인 정부인 교회는 사단의 영향 아래 있는 구성원들을 배제함으로써만_{출교함으로써만} 그 순수성을 지켜낼 수 있다고 강조한다. 이런 맥락에서 카힐_{Lisa Sowle Cahill}은 "재세례파는 하나님 나라의 윤리가 이 세상에서 폭넓게_{혹은 일반적으로} 받아들여질 수 있다는 생각을 망상으로 간주한다."는 점을 지적한다.[63]

　　앞에서 본 대로, 요더에게 교회는 예수 그리스도로 시작된 새 세대의 사회적 현실이다. 그리스도의 통치는 종말론적 완성의 때까지 유보되는 것이 아니라 현재라는 시간 속에서도 실현되어야 하는데, 세속 영역에서가 아니라 '교회 안에서'이다. 요더와 그의 추종자들에게 교회와 신학의 실천적 목적은 단순히 종말의 때를 기다리는 것이 아니라, 예수 그리스도의 십자가와 부활에서 예기적으로 실현된 하나님 나라 곧 새 하늘과 새 땅을 불러일으키는 것이다.[64] 정치적 관점에서, 교회는 하나님 나라를 드러냄으로써 사회적 변화에 이르게 하는 사회적 세력

62　"네 형제가 죄를 범하거든 가서 너와 그 사람과만 상대하여 권고하라 만일 들으면 네가 네 형제를 얻은 것이요 만일 듣지 않거든 한두 사람을 데리고 가서 두세 증인의 입으로 말마다 확증하게 하라 만일 그들의 말도 듣지 않거든 교회에 말하고 교회의 말도 듣지 않거든 이방인과 세리와 같이 여기라"(개역개정판).

63　Lisa Sowle Cahill, *Love Your Enemies: Discipleship, Pacifism, and Just War Theory* (Minneapolis: Fortress Press, 1994), 159-160.

64　이창호, "교회의 공공성에 관한 신학적 윤리적 탐구: 고전적 '두 정부'론의 규범적 이해와 현대신학적 전개 및 발전 탐색을 중심으로," 166.

으로 작용할 수 있다.[65]

　　여기서 바르트와의 비교는 유익하다. 바르트와 마찬가지로, 요더
는 인간이 이 땅 위에서 이룬 성취를 종말론적 완성과 동일시하지 않는
다. 다시 말해, 종말론적 완성을 인간적 성취로 대체하지 않는다는 말이
다. 또한 하나님 나라가 임하는 데 있어 하나님의 절대적 주권을 인정하
며 하나님께 절대적으로 의존해야 한다고 생각한다는 점에서 바르트와
상응한다. 그러나 빈도와 정도에서 요더는 바르트와 다르다. 바르트는
부분적으로 하나님 나라의 이상이 이 땅에서 이루어지는 가능성을 배
제하지 않지만, '하나님 나라의 임함'이라는 관점에서 하나님의 주권을
더 강조하고 또 그 완성을 종말의 때로 미루어 둔다. 앞에서 살핀 대로,
하나님의 주권과 인간의 의존의 필요성을 인정하지만, 요더는 교회의
역사적 사명은 하나님 나라를 '불러일으키는' 것이라고 강조한다.[66]

　　재세례파-요더 모형에서 종말론은 교회론과 직결되어 있다. 교
회를 언급하지 않고는 종말을 논할 수 없다고 해도 과언이 아닐 것이
다. 우리가 본 대로, 이 모형에서 종말론적 완성으로 오는 하나님 나라
는 미래의 '마지막 날'로 유보된 실체가 아니라 역사 속에서도 구현되
어야 하며 또 그렇게 될 수 있는 현존이기 때문이다. 더욱이 종말론적
하나님 나라의 현존은 교회를 통해 또 교회 안에서 드러나게 될 것이라
는 것이 재세례파-요더 모형의 특징적인 '종말' 이해라고 할 수 있다.
하나님은 하나님 나라를 불러일으키기 위해 교회의 존재와 활동을 사
용하신다는 것이다.[67]

65　John Howard Yoder, *The Original Revolution*, 107-124.

66　John Howard Yoder, *The Priestly Kingdom: Social Ethics as Gospel*, 138-139.

4. 총체적 공공선지향 모형 칼뱅-스택하우스 모형

1) 창조와 섭리

하나님은 만물을 창조하시고 또 섭리를 통하여 창조 세계를 이끌어 가신다고 칼뱅은 강조한다.[68] 신적인 섭리는 "하나님이 하늘로부터 한가로이 땅에서 일어나는 일을 관찰하고 있는 것이 아니라 열쇠를 지키는 이로서 하나님은 모든 일들을 관장하신다는 것을 의미한다."[69] 하나님의 주권적 섭리는 자연뿐 아니라 자연을 토대로 이루어지는 인간의 역사도 포괄한다. 하나님은 교회의 주권자이실 뿐 아니라 정치사회 영역의 궁극적 통치자도 되신다. 정치적 권위의 기원이 하나님께 있다는 이해로부터 우리는 정치사회 공동체는 그 운영에 있어서 하나님의 주권적 의도와 계획을 존중해야 한다는 점을 추론할 수 있다. 정치사회 공동체를 규율하는 기본적인 규범적 원리는 인간 이성과 자연법이다.[70] 다만 정치사회 공동체의 규범적 원리로서 자연법의 지위는 성경에 계시된 '사랑의 법'에 근거한다는 점에서 파생적이다.[71] 다시 말해, 칼뱅에게 자연법 그리고 자연법과 연관된 사회법과 도덕법의 기원과 목적은 '사랑의 영원한 지배'이다. 이 사랑의 지배가 모든 도덕적 사회적 질서가 준거의 틀로 삼아야 하는 규범적 원리가 되는 것이다.[72] 앞에

---

67 John Howard Yoder, *The Original Revolution*, 61.

68 Jean Calvin, *Institutes of the Christian Religion*, ed. John T. McNeill and trans. Ford Lewis Battles (Philadelphia: Westminster, 1960), I.16.1-9.

69 위의 책, I.16.4.

70 위의 책, IV.20.16.

71 David Little, "Calvin and the Prospects for a Christian Theory of Natural Law," in *Norm and Context in Christian Ethics*, eds. Gene Outka and Paul Ramsey (New York: Scribner, 1968), 183.

서 본 대로, 칼뱅은 정치사회 영역 안에서의 자연법의 지위를 일정 부분 인정하지만 완전히 독립적인 지위는 허용하지 않고 성서적 사랑의 법에 종속하는 것으로 본다. 교회와 함께 국가혹은 세속 정부는 하나님의 주권 아래 있지만 세속 영역은 그 자체를 위해 존재하는 것이 아니며 교회와 더불어 '거룩한 연방'을 향하여 전진할 때 참된 의미를 확보하게 되는 것이다.[73] 칼뱅의 거룩한 연방에 관한 신학적 사회이상에서 우리는 정치사회적 체제와 질서를 통해 사랑의 법을 구현하시고자 하는 하나님의 섭리적 주권과 세속 영역 안에서 그 주권에 충실하게 응답하며 살아야 한다는 공적 소명을 발견한다.[74]

스택하우스는 세계화에 관심이 크며, 세계화를 통해 인류는 민족적 인종적 문화적 정치사회적 구분을 뛰어넘어 범세계주의적 cosmopolitan 공동체에 근접하게 될 것이라는 전망을 내놓는다.[75] 이러한 세계화의 전망은 신학적 근거를 갖는데, 창조의 지평을 존중하는 하나님의 보편적 사랑이 그것이다. 이는 성과 속 그리고 인간과 다른 모든 피조물을 품어 안으시고자 하는 하나님의 포괄적 사랑의 섭리를 뜻함이다. 이러한 신적 섭리의 포괄성에 상응하여 교회와 신자들의 공적 실천은 세계적이면서 우주적인 지평을 확보한다고 하겠다. 이런 맥락에서 교회와 신자들이 공적으로 참여하여 하나님의 섭리적 사랑을 반영해야 할 대상 영역은 개별 시민사회나 국가와 같은 특수한 정치사회 공동체에 국

---

72   Jean Calvin, *Institutes of the Christian Religion*, IV. 20. 16.

73   위의 책, 607.

74   이창호, "교회의 공공성에 관한 신학적 윤리적 탐구: 고전적 '두 정부'론의 규범적 이해와 현대신학적 전개 및 발전 탐색을 중심으로," 154-155, 158.

75   Max L. Stackhouse, *Globalization and Grace*, 이상훈 역, 『세계화와 은총』(서울: 북코리아, 2013), 30.

한되지 않고 인류가 구성하는 다양한 형태의 공동체와 인간과 더불어 존재하는 피조 세계 전체에까지 확장된다.[76]

칼뱅-스택하우스 모형의 '공적 참여'론은 그 대상에 있어서 하나님의 주권적 섭리의 영역 곧 창조하신 모든 세계에 상응한다는 점에서 포괄적이며 그 내용에 있어서 인생과 세계와 역사에 대한 하나님의 애정 어린 돌봄을 반영한다는 점에서 타자·지향적이다. 이와 같은 특징들에서 두 신학자는 강한 연속성을 내포한다.

2) 교회

칼뱅에 따르면 영적 정부 곧 교회는 사람의 내면 혹은 영혼 속에서 그 주권을 행사하는데, 칼뱅은 내적 삶의 참된 경건과 예배를 사회적 행동과 시민적 덕으로부터 분명하게 구별한다.[77] 기본적으로 이러한 구분을 존중하면서, 칼뱅은 '변혁적 교회'론을 제시한다. 특별히 신적 주권론의 관점에서 이를 전개한다. 자연과 역사에 대한 하나님의 주권 신앙은 교회와 신자들의 구체적인 삶의 현장에서 세계 변혁적 신앙으로 작동한다. 이 신앙은 일상의 삶 속에 존재하는 모든 생명을 향하는데, 기독교인들로 하여금 세속의 영역에 적극적으로 참여하도록 독려한다. 칼뱅에게 믿음은 순전히 사적인 신앙의 목적들에 관심을 둔다는 뜻에서의 개인적인 일이 아니다. 오히려 믿음은 "타락한 세상이 창조자와의 관계를 회복하는 것"에 관심을 두어야 하는 것이다.[78]

---

76 이창호, "교회의 공공성에 관한 신학적 윤리적 탐구: 고전적 '두 정부'론의 규범적 이해와 현대신학적 전개 및 발전 탐색을 중심으로," 175.

77 Jean Calvin, *Institutes of the Christian Religion*, IV. 20. 1.

맥그래스Alister E. McGrath에 따르면, 칼뱅의 세계 변혁적 신앙은 하나님과 세상의 존재론적 차이를 인정하지만 그렇다고 둘이 완전히 분리되는 가능성은 부정한다.[79] 창조자이신 하나님에 대한 지식은 창조 세계에 대한 지식과 떨어질 수 없다. 기독교인들은 세상을 존중하고 헌신의 공간으로 생각해야 하는데, 이는 창조자 하나님에 대한 충성과 순종 때문이다. 그리하여 하나님의 창조로서의 세계를 존중하는 것은 하나님을 예배하는 것이지, 세계를 예배하는 것이 아니다.[80] 그러므로 기독교인들은 이 세계 안에서 하나님을 인식하고 또 하나님을 창조자와 주권자로 고백함을 통해 이 세계 속에서 일어나는 회복과 변화의 과정에 참여하게 된다. 인생과 역사와 피조 세계를 향한 하나님의 주권을 강조하고 성과 속을 포괄하여 율법 말씀에 기초한 법적 제도적 체제와 질서를 구축하려 했던 칼뱅의 신학과 실천에서 기독교회와 신자들이 추구해야 할 적극적 사회윤리의 가능성을 찾을 수 있다. 기독교회와 신자들은 세속 영역 안에 삶의 자리를 두고 있으며 그 영역 안에서 동료 신자들 뿐 아니라 정치사회 공동체의 다른 모든 구성원들의 생명과 안전과 복지를 위한 공공선 증진에 이바지할 공적 책임을 가진다는 것이다.

스택하우스에게 교회는 본질적으로 공적이다. 다시 말해, 교회는 그 본성상 '공적인 교회'인 것이다. 기독교의 신앙은 사적인 영역이나 문제에만 관련되는 것이 아니라 사적 영역을 둘러싸고 있는 영역 곧 정치경제 영역, 사회문화 영역 등을 포괄하는 공적 영역을 떠날 수 없다

---

78 Alister E. McGrath, *Spirituality in an Age of Change: Rediscovering the Spirit of the Reformers* (Grand Rapids: Zondervan Publishing House, 1994), 129.

79 위의 책, 131.

80 위의 책.

는 의미에서 공적 신앙이다.[81] 교회는 공적 영역 안에서 규범적 차원에서 또 체제적·제도적 차원에서 방향을 제시하고 공적 삶의 길잡이 역할을 함으로써 공적 교회로서의 본질을 구체화해야 한다.[82] 다시 말해, 기독교회와 신자들은 기독교적 원리들과 신념으로 무장하고 세속 영역 안에서 개인적 차원에서의 도덕 실천, 제도와 법적 질서의 개선, 문화와 공동의 에토스의 형성과 변화 등 공적 변화를 일으키는 주체가 되어야 하는 것이다.[83] 공적 존재로서 교회의 공적 참여의 가장 중요한 목적은 공공선이며, 교회가 중요하게 여겨야 하는 공공선의 내용에는 사회적 정의의 회복과 확장 그리고 공적 변혁의 원동력인 시민사회의 활성화 등이 포함된다. 이러한 공공선은 제도와 구조의 개선, 공공선 증진을 지향하는 가치관과 문화의 진작, 여러 형태의 정치사회 공동체들 안에서의 다양한 전통, 문화, 학문 사이의 활발한 소통과 대화 등을 통해 이루어질 것이다.

　　이로써 보건대, 스택하우스는 다른 어떤 신학자보다도 교회의 공적 본질을 강조하는 신학자이다. 기독교회와 신자들은 교회 밖 영역과 적극적으로 또 광범위하게 공적 관계를 형성해야 한다는 점에서, 스택하우스의 공적 교회론은 칼뱅과 강한 연속성을 지닌다. 교회와 세속 영역을 포괄하여 하나님의 주권적 섭리가 구현되는 '거룩한 연방'을 기독교의 사회적 이상으로 제시한 칼뱅의 가르침은 스택하우스의 공공신학적 교회론과 맥을 같이 한다고 평가할 수 있다. 다만 스택하우스는 칼뱅

81　Max L. Stackhouse, *Public Theology and Political Economy: Christian Stewardship in Modern Society* (Grand Rapids: Eerdmans, 1987), 10-12.

82　문시영, "공공신학 실천을 위하여: 공·사의 이분법을 넘어서," 새세대 교회윤리연구소 편, 『공공신학, 어떻게 실천할 것인가?』(서울: 북코리아, 2008), 46-52; 이상훈, "공공신학적 주제로서의 소명과 코이노니아 관점에서 본 고령화사회," 『기독교사회윤리』 28 (2014), 210-211.

83　Max L. Stackhouse, 『세계화와 은총』, 137-138.

의 성과 속의 단일체적 이해가 신정체제적 통일로 해석되고 운용될 가능성은 경계한다.

3) 종말

신자들이 일상의 삶과 역사적 공간 안에서 하나님의 뜻을 존중하며 '변혁적인' 삶을 살 것을 강하게 권면하면서도, 동시에 칼뱅은 앞으로 임할 종말론적 하나님 나라에 대한 기대와 묵상에 대해서도 강조한다. 완성된 하나님 나라가 임할 시간과 공간은 '지금 여기'가 아니라 예수 그리스도의 재림과 더불어 이루어질 타계적 공간 곧 '새 하늘과 새 땅'이라는 것이다. "이 세상에서 복이라고 여겨지는 모든 것들이 불확실하게 덧없고 허망하며 악과 뒤섞여 있어서 해롭다는 것을 깨닫게 되면... 오직 눈을 들어 하늘을 우러러보면서 하늘의 면류관을 기대해야 한다고 결론지을 수밖에 없다."[84] 마지막 날 구원받은 이들은 부활의 몸을 입을 것이다. 여기서 부활의 몸은 '새로운' 몸이라기보다는 말 그대로 '부활한' 몸이다. 여기에 담긴 중요한 함의는 이 땅의 몸과 마지막 날 입게 될 부활의 몸 사이에는 연속성과 불연속성이 있다는 것이다. 이 땅의 몸과 부활의 몸은 그 본질에 있어 같고, 그 질에 있어서는 다르다. 다시 말해, 부활의 몸은 옛 몸에 견주어 단순히 새로운 정도가 아니라 모든 면에서 전적으로 탁월하다. 둘 사이에 연속성을 인정하지만, 부활의 종말론적 역사를 통해 이루어질 '몸'의 완성은 이 땅의 몸의 현실과는 큰 차이가 있다는 말이다. 이러한 칼뱅의 '몸' 사상은 우주론적으로 확

84　Jean Calvin, 원광연 역, 『기독교강요(중)』 III.9.1 (서울: 크리스챤 다이제스트, 2004), 233.

장되는데, 마지막 날 이루어질 세계의 완성은 현세계의 존재론적 현실과는 아주 다른 모습으로 나타나게 될 것이다.[85] 다시 말해, 칼뱅의 종말론은 개인의 종말에 관한 이론에 그치지 않고 우주적 종말에 관한 논의도 포괄하며, 칼뱅에게 우주의 종말은 세계 전체의 완성 곧 하나님의 창조하신 온 세계의 궁극적 완성을 의미한다.[86]

스택하우스는 예수의 하나님 나라 운동과 가르침에서 하나님 나라의 세 가지 본질적 차원을 찾는다. 첫째, 인간의 정치사회 공동체에 대한 하나님의 공적 주권의 실현이다. 특별히 하나님의 공적 주권은 공동체의 구성원들이 합의하는 법적 제도적 질서를 통해 구현되며, 그러한 법적 제도적 질서는 어떤 보편적인 도덕 질서를 전제한다. 둘째, 개별 신자들의 인격 안에 이루어지는 하나님의 통치이다. 그리스도 안에서 거듭난 신자들은 새로운 삶과 세계에 대한 희망 가운데 예수 그리스도를 따라 사랑과 정의의 일꾼으로 역사 속에서 변화의 동력으로 작용한다. 셋째, 종말론적 완성으로부터 오는 하나님 나라의 역사적 도래에 관한 것이다. 스택하우스에게 하나님 나라는 전적으로 미래적이고 또 타계적인 나라가 아니다. 오히려 하나님 나라는 지금 여기에 들어와 종말론적인 궁극적 완성을 향해 끊임없이 전진하게 하는 원동력이다. "죽음으로 위태로워지는 모든 것에 대한 우리의 이해를 봉쇄하는 무의미성의 극복을 향해 예언자적으로 거침없이 나아가는 역동성"인 동시에, 지속적으로 도래하는 하나님 나라의 생명과 능력의 역사를 초월적인 은총으로 이해하여 "최상의 인간 행위에 의해서조차도 은총 없이는 상

---

85 이형기, 『역사속의 종말론: 교부신학으로부터 20세기 에큐메니즘까지』(서울: 대한기독교서회, 2004), 188-190; Jean Calvin, *Institutes of the Christian Religion*, III. 25. 8.

86 최윤배, 『깔뱅신학 입문』(서울: 장로회신학대학교 출판부, 2012), 659; Jean Calvin, *Institutes of the Christian Religion*, III. 9. 5.

상되거나 취득될 수 없다."는 겸손한 자세로 이끄는 비전과 힘인 것이다.[87] 이런 맥락에서 기독교인들은 종말론적 이상이 이 땅 위에서 완전히 다 이루어질 수 있다는 유토피아적 환상을 배격하며 도래하는 하나님 나라의 능력 가운데 우리가 여기서 이루고 맛볼 수 있는 하나님 나라의 현실이라는 것은 마지막 완성에 비하면 단지 '서막에 지나지' 않는다는 인식을 견지해야 할 것이라고 스택하우스는 조언한다. 또한 하나님 나라의 이상은 신자들의 전유물은 아니라는 점도 강조한다. 하나님이 일반 은총의 섭리 가운데 모든 인간에게 허락하신 정의와 공공선에 대한 열정을 구현함을 통해 신앙의 영역 밖에 존재하는 이들도 하나님 나라 구현에 이바지할 수 있다는 이해인 것이다. 그러므로 기독교인들은 일반 은총의 지평에 서서 넓은 마음과 시각으로 하나님 나라 구현을 목적으로 비신앙인들과도 협력할 수 있어야 한다는 것이 스택하우스의 생각이다.

이상으로 보건대, 칼뱅-스택하우스 모형은 전체 사회의 공공선 증진을 위한 적극적인 공적 참여를 권장하면서도, 패배주의와 순진한 낙관론 사이의 긴장을 유지하기 위해 힘쓴다. 그리하여 칼뱅-스택하우스 모형은 한편으로 하나님 나라의 종말론적 완성과 인간의 역사내적 성취 사이의 차이를 존중하며 다른 한편으로 하나님 나라의 궁극적 완성의 주권을 하나님께 돌림으로써 인간과 인간 공동체의 역사적 성취를 상대화한다.[88] 다만 칼뱅이 하나님 나라의 완성과 인간의 성취 사이의 차이 그리고 종말론적 완성에 있어서의 하나님 주권의 우선성을 스

---

87   Max L. Stackhouse, 『세계화와 은총』, 328-329.
88   위의 책, 321-430.

택하우스 보다 더 강조한다는 점을 지적해 두어야 하겠다.

Ⅱ 기독교의 공적 참여의 에큐메니칼적 공동의 기반

1. '창조와 섭리'론의 기반

네 모형 모두 창조의 지평을 존중하는 하나님의 애정 어린 섭리를 기독교의 공적 참여의 중요한 신학적 기반으로 수용한다. 다만 이러한 신적 섭리의 구현에 상응하여 이루어지는 교회의 공적 참여의 '대상과 방식혹은 강도'이라는 관점에서는 차이가 있다. 어거스틴-니버 모형과 칼뱅-스택하우스 모형에 따르면, 하나님의 섭리적 사랑은 신앙 공동체의 구성원들 뿐 아니라 그 공동체 밖에 있는 모든 인간들을 포괄하기에, 그 포괄성에 반응하여 교회와 신자들은 전체 사회 구성원들의 생존의 조건 확보를 위해 공적으로 참여해야 한다. 이 두 모형은 중간적 입장을 차지하고 양쪽 끝으로 아퀴나스-리츨 모형과 재세례파-요더 모형이 위치한다. 아퀴나스-리츨 모형의 섭리론은 아퀴나스적的 자연법과 영원법의 통일성 그리고 리츨적的 도덕법과 기독교적 사랑의 법 사이의 연속성에 입각하여 인간 공동체가 추구하는 다양한 공동의 선善들을 포괄하는데, 여기에는 종말론적 지복아퀴나스과 온 인류의 도덕적 연합 안에서의 일치리츨가 포함된다. 제세례파-요더 모형은 제한적이다. 하나님이 창조하신 인간과 세계에 대한 섭리적 관심을 철회하시지는 않지만 하나님의 주권적 의도와 계획은 주로 교회 '안에서' 또 교회를 '통하여' 이루어진다는 신념을 견지한다. 그러나 여전히 죄의 영향력 아래 있는 국가권력을 통해서라도 하나님은 정치사회 공동체에서 발생하는 악행과 범법을 제어하심으로 기본적인 사회적 생존의 조건을 마련해 주시고자 한다.

참여의 방식 혹은 강도의 관점에서 이 네 모형은 일종의 스펙트럼을 형성한다. 한편으로 아퀴나스-리츨 모형과 칼뱅-스택하우스 모형은 공적 영역을 하나님의 섭리가 포괄적으로 이루어져야 할 영역으로 상정하면서 기독교의 사회윤리적 이상에 근거하여 적극적으로 참여하고 또 변혁의 동인으로 작용하고자 하며 다른 한편으로 재세례파-요더 모형은 정치사회 영역을 '기독교적으로' 변혁하고자 하는 의도를 경계하며 국가권력에 대한 '순종'을 통해 역사에 대한 하나님의 섭리의 방식을 존중하려 한다. 어거스틴-니버 모형은 공공선 증진과 사회변혁을 위한 교회의 공적 참여를 제한하지 않지만, 정치권력의 대체제가 되려는 시도를 거부하고 정치사회 공동체의 규범적 토대와 법적 제도적 질서를 기독교적으로 변혁하고자 하는 의도에 대해서도 신중하게 접근하려 한다.

창조하신 인간과 세계를 향한 하나님의 주권적 섭리는 교회와 신자들의 공적 참여를 위한 신학적 근거가 됨을 우리는 네 가지 모형에서 모두 확인할 수 있었다. 어거스틴-니버 모형은 교회 안팎에 존재하는 모든 인간을 향한 하나님의 사랑에 상응하여 전체 사회의 공공선에 이바지하라는 사회윤리적 권고를 내포한다. 아퀴나스-리츨 모형은 하나님의 보편적 섭리의 실현으로서의 하나님 나라의 비전 안에서 교회와 국가에 속한 모든 구성원들이 역사적이고 윤리적인 공동의 선을 이루기 위해 매진할 것을 도전한다. 재세례파-요더 모형은 세속 권력은 인간과 인간 공동체의 역사적 생존을 위한 하나님의 배려임을 인식하고 그러한 인식에 근거하여 정치권력의 권위를 존중할 것을 제안한다. 칼뱅-스택하우스 모형에서 우리는 성과 속을 포괄하는 전체 인간 공동체를 향한 하나님의 주권적 의도와 계획에 반응하여 공적 영역 안에서 기독교의 사회윤리적 이상에 부합되는 삶을 살아야 한다는 도덕적 책무를 발견한다.

요컨대, 교회 공동체뿐 아니라 교회 밖 공적 영역에 대한 궁극적 주권은 하나님께 있으며 하나님은 그 주권을 애정 어린 섭리로 구현하신다는 신념은 공적 참여를 위한 중요한 신학적 '공동의 기반'이 된다. 기독교회와 신자들은 이 하나님의 주권과 섭리적 사랑에 반응하여 정치사회 공동체 안에서 공적 봉사를 수행함으로 전체 사회의 공공선에 이바지해야 할 공적 주체인 것이다.

2. 교회론의 기반

공적 관계성의 관점에서 교회론을 전개할 때, 아퀴나스-리츨 모형은 성과 속의 단일체적 사회이상을 추구하면서 공적 영역에 대한 교회의 '선도적' 입지와 역할을 강조하며[아퀴나스] 도덕적 연합으로서의 하나님 나라라는 큰 틀 안에서 인간 공동체를 구성하는 모든 인간의 '보편적 사랑' 실천과 교회의 적극적인 공적 참여 및 변혁의 추구를 사회윤리적 책무로 역설한다[리츨]. 칼뱅-스택하우스 모형도 아퀴나스-리츨 모형의 포괄성혹은 총체성을 공유하지만, 교회와 국가의 신정체제적 통일을 거부하며 통일성을 강조하다가 기독교의 사회윤리적 독특성이 자연법과 도덕법에 기초한 보편적 사회 이념에 포섭되는 것을 경계한다.

재세례파-요더 모형은 교회가 공적 영역에서 사회변혁의 주체가 되어야 한다는 식의 변혁적 교회론을 비판적으로 바라보며, 교회의 공적 사명은 직접적 참여 보다는 대안적 공동체를 '만들고 드러냄'을 통해서 이루어져야 한다는 점을 강조한다. 어거스틴-니버 모형은 재세례파-요더 모형과 마찬가지로 교회의 공적 대안성을 중요하게 받아들이며, 더 나아가 전체 사회의 공공선 증진과 정의로운 사회 건설을 위한 여러 공적 주체들 가운데 하나로 충실하게 참여하려고 한다. 하나의 주체로 충실하게 참여하되, 공적 영역을 '전체적으로' 기독교의 사회사상에 따라 변혁하거나 정치사회적 경제적 체제와 질서 안에 예수 그리스도의 윤리적 이상을 직접적으로 구현하려고 하는 시도에는 신중한 입장을 취한다.

네 모형 모두 교회 밖 공적 영역과의 관계성을 교회의 본질적인 요소로 본다. 아퀴나스-리츨 모형은 교회와 세속 영역 사이의 통일성을 강조하는 반면, 재세례파-요더 모형의 공적 교회론은 엄격한 분리나 격리는 아니더라도 둘 사이의 구분을 견지하면서 교회가 교회 밖 영역을 향해 공적 영향을 끼쳐야 한다는 사명을 내포함을 보았다. 칼뱅-스택하우스 모형에서 교회는 공적 영역과의 포괄적 총체적 관계 형성과 사회변혁을 지향한다. 어거스틴-니버 모형도 공적 영역과의 관계 형성과 참여를 교회의 공적 본질로 여기지만 칼뱅-스택하우스 모형에 견주어 사회변혁적 의지는 상대적으로 약하다고 평가할 수 있다. 이로써 보건대, 방식과 정도의 차이가 있다 하더라도, 이 네 모형 모두 교회와 세속 영역 사이의 관계성을 '공적 교회'론의 규범적 요소로 내포하고 있다는 결론에 이를 수 있다.

둘 사이의 통일성을 강조하는 모형은 일치와 연속성을 추구하다가 적절한 구분까지도 철폐하여 교회이든 국가이든 단일한 정부가 전체 사회를 독점적으로 지배하게 됨으로써 하나님의 주권을 부정하거나 침탈하는 우상숭배적 양태로 귀결될 위험이 있음을 지적해 두고자 한다. 이런 점에서 재세례파-요더 모형이 구분을 견지하고자 하는 취지를 주목할 필요가 있을 것이다. 다만 이 모형이 구분을 지나치게 추구하다가 극단적인 분리의 양상으로 치닫고 그리하여 공적 관계성과 영향의 가능성을 배제하거나 부정하는 교회론으로 퇴보하지 않도록 경계해야 할 것이라고 필자는 생각한다.

3. 종말론의 기반

아퀴나스-리츨 모형과 재세례파-요더 모형은 종말론적 하나님 나라의 '현재성'에 강조점을 둔다. 하나님 나라의 사회적 이상은 역사속 공적 영역 안에서 이루어질 수 있고 또 그렇게 되어야 한다는 것이다. 다만 아퀴나스-리츨 모형은 종말론적 이상의 현재적 실현의 영역을 교회 안팎의 전체 사회로 상정하는 반면, 재세례파-요더 모형은 신앙 공동체 '안으로' 제한하는 경향이 있다. 하나님 나라의 궁극적 이상과 역사적 성취 사이의 연속성을 강조한다는 점에서 두 모형은 공통점을 가진다고 볼 수 있지만, 전자는 역사적 과정의 미래적인 궁극적 완성을 향한 목적론적 의미를 강조하는 반면 후자는 '지금 여기서' 이루어지고 있는 완성의 '현재성'에 더 큰 비중을 둔다.

　　어거스틴-니버 모형과 칼뱅-스택하우스 모형은 앞의 두 모형과 대비적으로, 한편으로 현재성보다는 하나님 나라의 완전한 실현은 미래에 있고 또 하나님께 결정적 주권이 있다는 점을 중시한다는 의미에서 '미래성'에 강조점을 두고 다른 한편으로 역사적 성취의 가능성을 부정하지 않지만 미래적 완성과의 '긴장'을 견지함으로써 종말론적 관점에서의 공적 변혁의 여지를 남겨둔다. 다만 긴장을 강조하면서도 칼뱅-스택하우스 모형은 역사에 대한 하나님의 주권 신앙에 입각하여 종말론적 이상 실현의 추를 '현재' 쪽으로 좀 더 가깝게 위치시키는 반면, 어거스틴-니버 모형은 궁극적 완성의 주권을 하나님께 돌리면서 그 추를 '미래' 쪽으로 더 기울도록 설정한다.

　　공적 참여의 신학적 근거와 공동의 기반을 탐색하는 데 있어 종말론적 관점에서의 성찰은 필요하다. 기독교의 종말은 허무한 파국이 아니라 궁극적 완성을 가리키기 때문이며, 역사의 과정과 종말론적 완성은 필연적으로 연속적인 면이 있기 때문이다. 이러한 '완성'과 '연속성'에 관한 이해는 하나님 나라의 이상이 공적 목적을 위한 기독교의 역사적 실천의 과정에서 목적론적^{혹은 규범적} 기준과 행위의 동기를 제공한다는 점을 내포한다.

　　하나님 나라가 기준이고 동력이다. 곧 교회와 신자들이 공적 영역에 참여하고 또 정치사회적 영향을 끼치려 할 때 하나님 나라의 약속과 소망은 근본적인 동기와 동력이 되며 공적 실천을 규율하고 안내하는 규범적 기준이 된다는 말이다. 이런 맥락에서 한편으로 하나님 나라의 이상과 역사적 성취 사이의 연속성 그리고 하나님 나라의 현재성을 강조하여 지속적으로 하나님 나라가 기독교의 공적 실천의 기준과 동력이 될 수 있도록 해야 할 것이며 다른 한편으로 불연속성과 미래성을 강조하여 완전한 실현은 그 '때'와 주권에 있어 하나님께 결정적으로 달려있다는 점을 분명하게 인식하고 역사내적 성취를 하나님 나라와 동일시하는 오류에 빠지지 말아야 할 것이다.

III 공적 참여에 관한 사회윤리적 규범 제안

지금까지 필자는 기독교사회윤리의 역사에서 대표적인 공적 참여 모형을 탐색하고 '참여'에 대한 신학적 논거를 제시하였다. 또한 각 모형들을 비교하여 서로 배울 수 있는 터전을 마련하고, 이 모형들 사이에 존재하는 신학적 '공동의 기반'을 모색하면서 교회일치적 맥락에서 기독교의 공적 참여의 문제를 논하고자 하였다. 이러한 필자의 연구가 기독교의 공적 참여의 이론적 실천적 토대를 더욱 공고히 하는 데 이바지할 수 있기를 기대하면서, 이제 '공적 참여'에 관한 사회윤리적 규범을 제안하고자 한다.

첫째, 기독교회와 신자들의 공적 참여는 성과 속을 포괄하여 하나님의 창조의 모든 영역에 대한 하나님의 섭리를 소중히 여겨야 한다. 곧 정치사회 공동체의 모든 구성원들의 생존에 필수적인 요소들을 제공하고자 하는 하나님의 섭리적 의도를 존중해야 한다. 사회적 실존에 결정적인 평화와 질서, 생활의 물질적 토대와 같은 외적인 생존 요건들, 시민사회의 활성화와 공공선지향의 에토스 형성 등을 위해 공적으로 참여함으로써 인간과 인간 공동체 그리고 온 세계를 향한 하나님의 애정 어린 섭리에 응답한다. 특별히 정의와 사랑이 지배하는 이상적 사회에 대한 공적 헌신 곧 정의를 위해 싸우고 약자와 억압받는 이들을 돌보는 등의 실천을 통해 기독교회와 신자들은 '선인과 악인 모두에게 햇빛과 비의 혜택을 주시는' 하나님의 섭리적 사랑을 드러낸다. 기독교회와 신자들은 온 인류를 향한 하나님의 사랑에 반응하여 전체 사회의 복지와 공공선을 증진하기 위해 공적 책임을 감당할 수 있으며 또 그렇게 해야 하는 것이다.

둘째, 교회는 본질적으로 공적이며, 정치사회 영역과 생태적 생명 세계를 포괄하는 공적 영역 안에서 공공성을 드러내야 한다. 이는 공적 영역과 관계를 형성하고 거기에 참여하며 그러한 공적 참여를 통해 공적 영향을 불러일으킬 수밖에 없고 또 그렇게 해야 한다는 뜻이다. 공적 존재로서의 교회가 공공성을 발현하는 방식과 범위는 다양하고 또 다원적이다. 기독교의 복음을 전파하며 복음에 기초한 교회됨을 구현하는 방식으로 공공성을 드러낼 수도 있고, 성경과 기독교 신학에 내포된 사회윤리적 함의를 찾아 공적 영역과 대화·소통·교류하며 정치사회적 체제와 제도 그리고 문화와 시대의 에토스의 형성과 변화에 영향을 끼치는 방식으로 교회의 공적 본질을 구현할 수도 있다.

또한 교회가 공적으로 관계를 형성하고 공적 영향을 끼쳐야 할 대상 범위는 그야말로 전면적이다. 교회 밖 공적 영역을 구성하는 다양한 체제들 곧 정치, 경제, 문화, 예술, 교육, 생태계 등의 체제들 모두를 교회의 공적 관계성 형성의 범위에 포괄해야 한다는 뜻에서 전면적이다. 공적 참여 모형에 따라 대상 범위의 폭과 종류가 다를 수 있다는 점을 감안하면서, 기독교의 공적 참여는 그 범위에 있어서 개별 교회 공동체를 둘러싼 마을 공동체에서 시민사회와 국가 공동체 그리고 생태 환경에까지 이르는 포괄성을 견지해야 할 것이다. 전체 창조 세계를 그리스도의 구속의 역사를 통해 드러난 지극한 사랑으로 지금도 지탱하시고 돌보시며 궁극적 완성으로 인도해 가시는 하나님의 섭리에 상응하여 그 섭리가 미치는 모든 공적 영역들에 들어가 공적 책무를 수행해야 한다는 것이 '공적 교회'론의 핵심인 것이다.

셋째, 기독교의 공적 참여는 궁극적으로 하나님 나라 기준 안에 규범적 토대를 설정한다. 기독교인들은 하나님 나라 기준을 궁극적 규범으로 삼고 살아가며, 공적 참여의 관점에서도 이는 동일하게 기독교인의 삶을 규율하는 공리가 된다. 다만 하나님 나라의 종말론적 완성으로부터 기독교회와 신자들은 공적 참여를 위한 궁극적 준거의 틀을 확보해야 한다는 점을 인정하면서도, 적절한 종말론적 긴장을 견지하는 것은 필요하다. 한편으로 정치사회 공동체들의 역사적 성취를 하나님 나라로 동일시할 때 자칫 하나님 나라 기준의 순수성과 본질에 손상을 입힐 수 있으며 다른 한편으로 하나님 나라의 사회적 이상과 역사 속 정치사회적 성취 사이에 극단적 불연속성을 주장하는 것은 창조의 지평을 존중하는 하나님의 섭리적 사랑을 부정할 위험이 있다. '적절하게' 긴장을 유지함을 통해서, 인간의 역사내적 성취를 비신성화·상대화하면서 동시에 기독교의 공적 참여의 결실들을 포함하여 인간의 정치사회적 성취를 역사적으로 또 실존적으로 '의미 있는' 것으로 간주하게 된다. 완전하고 절대적인 하나님 나라의 사회적 이상은 이 땅에서 성취될 수 있는 것이 아니기에, 인간과 인간 공동체가 이루어 낸 정치사회적 성취가 인류 역사상 최상의 것이라는 평가를 받는다 해도 '불완전하고 상대적인' 가치를 가질 뿐이다. 이 둘 사이의 긴장을 유지하는 것은 기독교의 공적 참여가 한편으로 이 땅에서 하나님 나라의 이상을 완전히 이룰 수 있다는 순진한 낙관론에 그리고 다른 한편으로는 이 땅과 현재의 역사가 신적 주권 밖에 있기에 오직 타계적 실재로서의 '하늘나라'를 기다려야만 한다는 극단적 패배주의에 빠지지 않게 하는 데 유익할 것이다.[89]

89   이창호, "정치적 사랑에 대한 기독교윤리적 모색,"『신앙과 학문』15-3 (2010), 220.

제 5 장

한국 기독교의 공적 관계성 분석

이 장은 다음의 문헌을 수정·보완한 것이다. 이창호, "고전적 기독교사회윤리와 한국 기독교의 공적 관계성에 관한 신학적 윤리적 탐구," 『교회와 신학』 85 (2021), 69-97.

본 장에서 필자는 기독교 신학의 중요한 뿌리가 되는 고전 신학자들 곧 어거스틴St. Augustine, 아퀴나스Thomas Aquinas, 루터Martin Luther 그리고 칼뱅Jean Calvin의 신학적 사회윤리의 빛에서 교회와 정치사회 영역 사이의 관계성교회의 '공적 관계성'을 신학적으로 또 윤리적으로 분석하여 그 관계성을 규범적으로 유형화혹은 이념형화할 것이다. 또한 그러한 작업을 통해 산출된 관계성 유형의 관점에서 한국 교회와 정치사회 영역특히 정치권력 사이의 관계성을 분석하고 평가하고자 한다.

　　이러한 목적을 이루기 위해 필자가 본 장에서 하고자 하는 바는 다음과 같다. 먼저 한국 근현대사를 네 시기로 나누고 한국 기독교와 정치사회 영역 사이의 관계성을 역사적으로 또 신학적으로 분석할 것이다. 네 시기는 일제 초기1905-1919, 일제 후기1919-1945, 이승만 정부에서 노태우 정부 시기까지1948-1993 그리고 김영삼 정부에서 노무현 정부 시기까지1993-2008이다. 일제 강점기 한국인들이 겪어야 했던 역사적 고통의 현실은 한국 교회와 정치권력 사이의 관계 형성에 있어서 중요한 변수로 작용한다. 이러한 현실과 상호 작용하면서, 한국 교회의 보수적 신학은 정치적 권력에 변혁적으로 반응하는 사회적 결과로 이어졌다1905-1919. 3·1 독립 운동의 비극적 실패는 한국 교회의 공적 정치적 영역과의 관계 형성과 공적 참여 형태에 있어 큰 변화를 가져오는 계기가 된다. 1919년에서 1945년까지 시기의 기독교인들은 일본의 식민지배의 정당성을 부인하지만 묵인하는 경향이 있었는데, 현세적 삶에서의 영적 순례의 공간을 확보하고자 하는 의도가 강하게 작용했다. 그들의 신앙적 초점은 믿음의 순결성을 유지하며 다가오는 천국을 기다리는 것이었다. 이러한 역사적 종교적 배경에서 교회 지도자들은 개조주의에 공감을 갖게 된다. 개조주의는 도덕적 문화적 개혁을 통해 해방에 이르려고 하는 도덕 철학이자 운동이다. '정치적 불참여^{不參與}' 원칙에 동의하면서, 개조주의를 지지하는 기독교인들은 종교의 영향을 사회문화적 영역에 제한하려고 했던 것이다.

다음으로 교회의 공적 관계성에 관한 고전적 사회윤리 탐구에 근거하여 교회의 공적 관계성 분석을 위한 유형 혹은 이념형^{ideal type}을 도출하고 그 유형의 관점에서 한국 교회와 정치사회 영역 사이의 관계성을 살피고자 한다. 어거스틴, 아퀴나스, 루터 그리고 칼뱅의 기독교적 사회이론에 관한 이론적 역사적 탐구에 기초하여 교회와 정치사회 영역 혹은 교회와 국가 사이의 관계성에 대한 사회윤리적 분석을 위한 유형을 도출하고자 하는데, 세속 정부^{국가}의 기능, 영적 정부^{교회}의 기능, 둘 사이의 관계, 두 정부의 규범적 토대 등의 준거점을 채택할 것이다. 이렇게 해서 산출된 네 가지 유형 "어거스틴 유형", "아퀴나스 유형", "루터 유형", "칼뱅 유형"을 분석의 틀로 삼아 한국 교회와 정치권력 사이의 관계성을 분석·평가할 것이다. 마지막으로 한국 교회의 사회윤리적 의식을 고양하고 또 공적 책임성을 강화하는 데 이바지할 수 있는 윤리적 제안을 제시하고자 한다.

I 한국 교회의 공적 관계성

1. 일제 초기 1905-1919

1) 종교적 사회문화적 대안으로서의 한국 기독교

1885년 개신교가 한국 땅에 첫 발을 내딛었을 당시 정치사회적 상황은 그야말로 참담한 것이었다. 조선왕조는 무기력하고 지배계층의 부패는 심각한 지경에 이르렀으며, 정치권력은 백성들의 곤궁에 적절하게 응답하지 못함으로써 그들의 삶을 더욱 핍절하게 만들었다. 중앙정부의 무기력과 부패는 지방정부에까지 부정적 영향을 끼치게 되고 후자의 민중에 대한 수탈과 착취가 광범위하게 이루어졌다. 어떤 이들은 극심한 가난에 시달리다 유민流民의 대열에 속할 수밖에 없는 상황에 내몰리기도 하고 또 어떤 이들은 불의한 권력에 대한 저항의 대열에 서는 선택을 하기도 하였다. 외생적 위기도 백성들의 고통을 가중시키는 요인이었다. 러시아, 영국, 프랑스, 미국과 같은 서구 열강은 문호 개방을 압박하고 세계에서 가장 약한 나라들 중 하나였던 한국은 그들의 힘에 굴복하여 불평등한 조약에 서명할 수밖에 없었던 것이다. 서구 열강의 위협과 그것에 대한 굴복은 1905년 일본과 맺은 을사조약 그리고 1910년 한일합방에서 절정에 이른다.

이러한 역사적 상황에서 한국 땅에 서구 선교사들에 의해 복음이 전해진다. 초기 선교사들은 기독교 복음의 진보를 위해 중요한 역할을 감당했을 뿐 아니라 교육, 의료, 기술 등의 분야에서 한국 사회를 발전시키는 데 있어서도 의미 있는 기여를 하였다. 그들은 한국인들 가운데 기독교적 사상과 문화 그리고 삶의 방식을 전파하기 위해 온 힘을 다하였는데, 특별히 유일신 신앙에 근거하여 한국인들이 따라야 하는 주권자는 오직 기독교의 하나님이라는 신조를 강력하게 심고자 하였다. 선교사들에게 유교는 일종의 우상숭배였기에, 조상제사와 같은 유교의 관습을 중단할 것을 권고하였다.[1] 유일신 신앙의 강조와 유교적 관습의 철폐에 관한 권고는 사회 개혁과 민족 독립을 위한 애국 운동의 진전과 강화에 중요한 동력으로 작용하게 된다.[2]

　　기독교는 종교적 차원에서 뿐 아니라 정치사회적 문화적 차원에서도 변화의 동력으로 작용했다. 서구의 민주주의적 이상과 삶의 방식이 전파됨으로써, 한국이 유교를 지배이데올로기로 삼는 전근대적 사회에서 근대적 사회로 전환하는 데 이바지했다는 말이다. 기독교를 수용한 민족 지도자들은 기독교를 새로운 종교적 질서로 받아들일 뿐 아니라 새로운 사상적 문화적 체제로 인식하고 이를 유교적 지배체제와 일제 식민 통치에 저항하는 정치사회적 문화적 대안으로 채택하고자 했다.[3]

　　초기 선교사들과 한국의 기독교인들이 한국 사회에 심고자 했던 기독교적 신념과 문화는 기존의 유교 지배질서에 도전적일 수밖에 없

1　김인수, 『한국 기독교회의 역사』(서울: 장로회신학대학교 출판부, 1997), 314.
2　Chung-shin Park, *Protestantism and Politics in Korea* (Seattle and London: University of Washington Press, 2003), 119-120.
3　나중에 또 살펴겠지만, 초기 선교사들의 사회적 문화적 가르침과 삶의 방식 그리고 그들의 정치관과 정치 윤리는 구분해서 생각할 필요가 있다. 천부적 인권 사상에 입각한 평등이나 새로운 주권자인 하나님에 대한 유일신 신앙에 대한 강조가 사회문화적 정치적 변화를 일으키는 동인이 되었다 하더라도, 초기 선교사들은 기본적으로 또 대체적으로 정치적 중립의 원칙을 지키려 했다.

었다. 이 점에 관한 로빈슨Michael Edson Robinson의 주장을 들어보자. "민족주의 운동가들은 유교의 사회 관습을 신랄하게 비판하는데, 특히 그들은 개인의 가치를 존중하는 서구 자유주의의 입장에 동의하면서 효孝와 사회적 위계나 통합과 같은 유교적 관념들은 개인을 억압하는 것이라고 판단했다. 그리하여 그들에게 조상제사, 부모와 연장자에 대한 의무, 여성의 열등한 지위, 과부의 재혼 금지, 형식주의, 과도한 예식주의 등은 권위주의적이고 개인의 선택과 자유를 억압하는 요인이 된 것이다. 이러한 유교에 대한 비판과 공격은 많은 한국 지식인들이 기독교를 받아들이면서 더욱 강화되었다."[4] 로빈슨이 평가한 대로, 기독교로 개종한 민족 지도자들은 기독교와 서구의 정치사회적 가치들과 제도들을 연결하는 경향이 있었다. 하나님 앞에서의 모든 인간의 평등에 대한 강조나 민족 운동 안에 흐르고 있던 평화주의적 역동 등은 분명하게 기독교의 영향이라고 평가할 수 있다.[5]

또한 한국 개신교는 민족주의 운동의 조직적 기반으로서 중요한 역할을 수행하였던 점을 주목할 필요가 있다. 샤프C. E. Sharp는 기독교회가 민족주의 운동을 동력화하는 강력한 조직적 기반organizational base이 되었다는 점을 지적한다. "많은 사람들의 눈이 교회를 향하고 교회 안에서 나라의 희망을 보았다. … 이 나라는 지도자가 절실했으며, 교회는 가장 강력하고 또 영향력 있는 유일한 조직organization이었다."[6] 민경배도 같은 맥락에서 교회 공동체뿐 아니라 기독교가 기반이 된 여러 사회 기

---

4   Michael Edson Robinson, *Cultural Nationalism in Colonial Korea, 1920-1925* (Seattle and London: University of Washington Press, 1988), 35.

5   위의 책.

6   C. E. Sharp, *Korea Mission Field* (Seoul: Federal Council of Evangelical Missions in Korea, 1906), 182. Roy E. Shearer, *Wildfire: Church Growth in Korea* (Grand Rapids: Eerdmans, 1966), 54에서 재인용.

구들 곧 시민단체, 기독교학교, 병원, 기독교 신문과 출판사 등은 복음의 진보와 기독교적 가치의 사회문화적 확산을 위해 매우 중요한 '조직적' 기여를 하였다는 점을 밝힌다. 1905년 을사조약 체결 이후 개신교회는 여러 형태의 저항 운동에 참여함으로써 일제에 항거한다.[7] 수만의 신자들이 민족을 위한 기도회에 모여 들었으며, 일단의 기독교 지도자들은 일제의 불의에 도전하는 대중 집회를 주도하거나 친일적 관리들을 내모는 일에도 앞장섰다. 1905년 이후로 일본은 공개적으로 기독교회를 반일 저항의 모판으로 지목했으며,[8] 기독교회에 대한 일제의 검열의 강화는 민족 운동 내에서 교회가 차지하고 있던 입지와 역할에 기인한 것이었다. 이런 맥락에서 로빈슨은 일제가 민족 지도자들이 교회를 반일 운동의 핵심적인 조직적 기반으로 활용하고 있다는 점을 인지하게 되었다는 점을 특징적으로 지적한다.[9]

　3·1 운동은 그 규모에 있어서 전국적이었다. 운동의 전국화를 위해서는 전 지역을 포괄하여 연결하고 동력화하는 조직적 기반이 절대적으로 필요했다. 이를 위해 한국 기독교가 핵심 역할을 했다는 평가를 우리는 어렵지 않게 찾을 수 있다. 이종식은 일제 강점 초기에 모든 정치적 결사들이 해산되었기에 교회를 비롯한 종교 공동체는 전국적 지평에서의 소통과 연결을 위한 매우 중요한 기제가 되었다는 점을 지적한다.[10] 독립선언문에 서명한 33인 가운데 16명이 교회 지도자였으

7　민경배, 『한국기독교회사』(서울: 연세대학교 출판부, 1993), 221-235.

8　위의 책, 301-302; 노영택, "일제시대의 교회와 국가," 오경환 외, 『교회와 국가』(서울: 인천가톨릭대학교 출판부, 1997), 588.

9　Michael Edson Robinson, *Cultural Nationalism in Colonial Korea, 1920-1925*, 41-42.

10　Chong-sik Lee, *The Politics of Korean Nationalism* (Berkely and Los Angeles: University of California Press, 1963), 120.

며, 7,835명의 주요 참여자들 가운데 1,719명이 개신교인이었다. 장로교만 보더라도 총 2,468명이 투옥되었다.[11] 박정신은 이 운동의 전개를 세 가지 단계로 설명하는데, 곧 "핵심 리더십의 형성, 선도적인 주체들과 지역 조직의 구축, 집단적 행동" 등이다.[12] 이 세 단계 모두에서 한국 교회는 토대적인 역할 곧 리더십 그룹을 형성하고 조직적 기반으로서 기능하는 등의 중요한 역할을 수행하였던 것이다.[13]

2) 한국 초기 선교사들의 신학과 사회윤리

초기 선교사들의 신학을 규정하는 것은 결코 쉬운 일이 아니다. 많은 학자들은 그들의 신학은 복음주의적, 근본주의적, 청교도적 신학이었다고 평가한다. 하나님의 계시로서의 성경의 독보적 가치, 그리스도·중심적 구원론, 개인 중생의 강조, 복음화에 대한 열정 등의 신학적 지향을 견지한다는 점에서 복음주의적이다.[14] 박형룡은 서구 선교사들의 영향 아래서 한국 교회는 청교도적이고 개혁교회적 전통을 표방하게 되었다고 지적하면서, 핵심적인 신학적 신념들로는 성경의 절대적 권위, 하나님의 주권에 대한 굳건한 믿음, 경건한 삶의 강조, 전천년설 신앙 등을 포함시켰다.[15]

기독교의 삼위일체 하나님만이 유일한 참 신이며 주권자라는 복음주의적 신앙으로 확고하게 무장한 많은 초기 기독교인들은 유교적

---

11. Chung-shin Park, *Protestantism and Politics in Korea*, 136.
12. 위의 책.
13. 위의 책.
14. Ung Kyu Pak, *Millenialism in the Korean Protestant Church* (New York: Peter Lang, 2005), 79-81.
15. 박형룡, 『박형룡 박사 저작 전집』 14권 (서울: 한국 기독교교육연구원, 1981), 394-397.

지배체제나 일제의 정치적 권위와 같은 '다른 주권자'를 거부했다. 또한 개인적 공동체적 차원에서 성화혹은거룩함를 이루고자 했던 초기 기독교의 신앙 양태는 청교도 신앙으로부터 큰 영향을 받은 것이라고 평가할 수 있겠다. 초기 선교사들, 특히 북미에서 온 선교사들은 18-19세기 대각성 운동의 산물이라고 할 수 있다.[16] 이들은 한국 신자들에게 높은 수준의 도덕성을 가르치고 또 요구했다. 왓슨Alfred W. Wasson은 "부정직, 도박, 성적 부정, 술취함 등에 대해 교회가 갖고 있던 기준은 사회의 일반적인 기준을 훨씬 뛰어넘는 것이었다."는 점을 지적한다.[17] 대각성 운동의 영향을 받은 선교사들에게 나타나는 또 한 가지 중요한 신학적 경향은 전천년설에 대한 신봉이다. 세상의 끝을 의미하는 그리스도의 재림이 임박했다는 신념에 입각하여 열정적으로 영혼 구원에 매진했으며 한국 신자들에게도 복음 전도에 온 힘을 다할 것을 도전했다. 초기 선교사들에 대한 브라운Arthur Judson Brown의 묘사는 그들의 신학적 지향을 단적으로 드러낸다. "선교 초기 선교사들의 전형적인 모습은 청교도 신앙에 매진하는 신자의 그것이라 할 수 있다. 한 세기 전 뉴잉글랜드의 선조들이 그랬던 것처럼 안식일을 철저하게 지켰다. 춤, 흡연, 카드놀이는 심각한 죄로 보았고 참된 신자라면 그 모든 것을 멀리해야 한다고 가르쳤다. 신학과 성서해석에 있어서 그들은 대단히 보수적이었으며, 전천년설의 구도 안에서 그리스도 재림에 대한 신앙을 핵심적인 신조로 삼았다. 고등비평과 자유주의 신학은 그들에게 이단이나 다름없었다."[18]

여기서 초기 선교사들의 사회윤리적 지향을 살피는 것은 이 시

---

16 이만열, 『한국 기독교와 민족의식』(서울: 지식산업사, 1991), 481-486.
17 Alfred W. Wasson, *Church Growth in Korea* (New York: International Missionary Council, 1934), 16.

224 기독교 공적 관계론 기독교사회윤리 이론과 실천

기 한국 교회의 공적 관계성을 파악하는 데 필요하다. 앞에서 본 대로, 기독교인들 뿐 아니라 많은 민족 운동 지도자들은 교회를 반일 저항을 위한 중요하고 유효한 조직적 토대로 본 반면, 초기 선교사들은 대체적으로 한국 기독교가 '정치적 대안공동체'가 되는 것을 명시적으로 의도하지 않았다. 브라운은 한국 개신교의 정치사회적 참여가 영적인 목적보다는 정치적 목적을 우선시하는 정치적 공동체로 교회를 변형시킬 수 있다는 우려를 가지고 있었다.[19]

일본 총독 이토 히로부미는 래드 George Trumbull Ladd 와의 면담에서 선교사들의 공헌을 인정하면서도 그들의 사역이 한국인들의 도덕적 영적 수준을 높이는 데 집중해야 한다는 점을 강조했다는 기록이 있는데, 만일 선교사들이 정치나 경제 그리고 외교 영역으로 사역의 범위를 확장하려고 한다면 일본 당국은 그러한 활동을 제한하거나 막을 것이라는 의도를 내포한 것이었다.[20] 선교사들은 대체적으로 교회를 순전한 복음주의 신앙으로 무장시키려 했으며, 기독교 신앙을 정치화하는 것을 경계했다. 특별히 의병 항쟁과 같은 혁명적이고 폭력적인 반일 운동에 기독교인들이 참여하는 것이 기독교회를 정치적 종교로 변질시킬 수도 있다는 우려를 가졌던 것이다.

초기 선교사들 사이에 형성된 이러한 사회윤리적 견해는 허버트

---

18 Arthur Judson Brown, *The Mastery of the Far East* (New York: C. Scribner's, 1921), 540. 다만 교단별로 약간의 차이는 있었다. 감리교 선교사들의 신학과 선교 전략은 장로교의 그것과는 달랐다. 모국의 신학적 지형을 그대로 반영한다고 하겠다. 임희모는 감리교 선교사들은 사회 선교 신학과 전략을 강조한 데니스(James Dennis)의 영향을 크게 받았다는 점을 지적한다. 그 구체적인 보기가 아펜젤러 선교사이다. 그는 자신의 선교에서 교육을 강조했다. 1885년 배재학당을 세웠는데, 이는 사회봉사에 우선순위를 두는 그의 선교 정책을 반영한 결과였다. Hee-Mo Yim, *Unity Lost – Unity to be Regained in Korean Presbyterianism: A History of Divisions in Korean Presbyterianism and the Role of the Means of Grace* (Frankfurt am Main: Peter Lang, 1996), 41-42.

19 Arthur Judson Brown, *The Mastery of the Far East*, 349.

20 George Trumbull Ladd, *In Korea with Marquis Ito* (New York: C. Scribner's, 1908), 395-397.

H. B. Hulbert의 진술에서 선명하게 드러난다. "한국의 이상은 정치적인 것이어서는 안 된다. … 그것은 순전히 기독교 국가가 되는 데 있으며 또 억압에 대해 오직 도덕적이면서 수동적인 방식으로 저항하고 정결한 생활과 상호 협조의 삶을 추구하면서 의의 나라를 이룸으로써 성경의 약속의 증거가 되어야 한다."[21] 선교사들과 그들을 파송한 교회들은 선교사들과 일본 당국은 협조적 관계를 유지해야 한다고 생각했으며, 그리하여 한국 기독교인들에게도 일본 통치의 정당성을 인정하고 법적 질서를 존중하라고 가르쳤다. 이러한 정치적 입장은 성경을 기반으로 하고 있다는 중요한 근거를 브라운의 증언에서 찾을 수 있다. 이 주제에 관한 대화에서 대부분의 선교사들의 생각은 현존하는 권세에 순종해야 한다는 것이었다. "한 사람도 예외 없이 정치적 권위를 인정하는 것은 모든 기독교인의 의무이며 이러한 의무 의식은 '가이사의 것은 가이사에게 돌리라'는 그리스도의 가르침과 '모든 권세는 하나님께로부터 온 것이라'는 바울의 가르침과 맥을 같이 하는 것이다. 한 선교사는 불의에 반대하는 것이 정부에 저항하는 것과 동일시되어서는 안 된다는 곧 그러한 반대가 정치적 권위를 부정하는 것이 아니어야 한다는 취지로 분명하게 자신의 의사를 밝히는 것을 들었다."[22] 이러한 사회윤리적 지향을 견지하면서, 초기 선교사들은 복음전도의 흐름을 강화하고 한국인들 가운데 영적인 풍성을 가져오는 사명에 우선순위를 두고 힘썼던 것이다.[23]

---

21   H. B. Hulbert, "The Needs of a National Ideal for Korea," *The Korea Mission Field*, January 1910, 23. Kyoung Bae Min, *A History of Christian Churches in Korea* (Seoul: Yonsei University Press), 228에서 재인용.

22   Arthur Judson Brown, *The Mastery of the Far East*, 566.

23   *Annual report of the Board of Foreign Missions of the Presbyterian Church in the U.S.A.*, 1910, 278.

다만 선교사들의 신학적 정치윤리적 보수주의는 한국의 특수한 상황과 조우하면서 새로운 양상을 띠게 되었다는 평가를 주목할 필요가 있다. 한국인들은 기독교를 단순히 종교적 기관으로 보지 않고 사회적 문화적 에토스와 역동을 내재한 공동체로 보았으며, 후자의 관점에서 한국 사회에 종교적으로나 또 사회문화적으로 유익을 끼칠 수 있는 종교로 기대했던 것이다. 특별히 진보적 성향의 민족 지도자들은 한국 개신교를 사회문화적 정치적 개혁 추구를 위한 유용한 자산으로 받아들이고 구체적으로 활용하려 했다. 사회참여와 개혁을 강조하는 신학이 아님에도 불구하고 선교사들의 보수적 신학은 한국인들이 수용하여 토착화하는 과정에서 사회적으로 또 문화적으로 개혁적인 변화를 일으키게 되었다는 것이다.[24]

이러한 토착화의 대표적인 보기는 3·1 운동이다. 민경배는 이 독립운동은 한국기독교의 역사에서 중요한 전환점이 되었다고 평가하는데, 왜냐하면 기독교 신앙이 한국의 고유한 사회적 문화적 상황과 상

---

[24] Chung-shin Park, *Protestantism and Politics in Korea*, 51-52. 초기 선교사들의 정치윤리적 입장에도 불구하고, 이 시기 많은 한국인들이 기독교를 민족의 독립에 기여할 수 있는 종교적 정치사회적 대안으로 받아들이고 또 일정 부분 그렇게 작용했던 이유 몇 가지를 더 언급하고자 한다. 먼저 선교사들의 교육 선교를 통한 민족의식 고취와 사회변혁적 정신의 함양을 생각할 수 있다. 교육 선교의 현장에서 선교사들은 정치권력에 대한 저항의 철학이나 윤리를 가르치지는 않았다 하더라도 민족의식을 고취하고 자유와 평등 그리고 인권과 같은 서구 민주주의 가치들을 심으려 했다는 점을 주목할 필요가 있겠다. 이러한 교육을 통해 사회변혁적 에토스가 한국 사회 안에 확산되고 또 개혁적 지도자들을 키워낼 수 있었다는 것이다(Kyoung Bae Min, *A History of Christian Churches in Korea*, 185). 또한 자립(自立), 자전(自傳), 자치(自治)의 원리를 표방하는 네비우스 정책(the Nevius mission policy)의 기여를 생각할 수 있겠다. 세 원리 중 자립과 자치에 대한 강조는 한국 교회와 사회 안에 자율과 독립의 정신을 일깨우고 강화하는 데 긍정적 영향을 끼쳤다는 말이다(Wi Jo Kang, *Christ and Caesar in Modern Korea: A History of Christianity and Politics* (New York: State University of New York Press, 1997), 30). 한 가지 더 생각한다면, 해방의 메시지를 담고 있는 성경의 가르침의 영향을 들 수 있겠다. 출애굽기에서 이스라엘 민족의 해방을 위해 친히 역사하시는 하나님을 만나고 요한계시록에서 궁극적인 역사의 완성을 '새 하늘과 새 땅'으로 이루시는 하나님의 약속을 듣게 된 기독교인들은 한민족의 역사에서도 해방과 궁극적 완성을 향한 역사를 이루어 가시는 하나님을 바라보며 해방 실천에 나서게 되었다는 것이다(Leo Oosterom, *Contemporary Missionary Thought in the Republic of Korea* (Utrecht-Leiden: Interuniversitair Instituut voor Missiologie en Oecumenica, 1990), 36).

호작용하면서 한국적 신앙을 산출하는 중요한 계기가 되었기 때문이다. 이러한 맥락화를 민경배는 "경건한 신앙의 내연(內燃)이 곧 역사적 요청에 따라서는 민족이나 사회의 차원에서 증언된다는 구조적 발전[으로 나타난 것]"으로 해석한다.[25] 내적 신앙의 외연화(外燃化)라고 일컬을 수 있겠다. 한국 신자들이 처음 접한 신앙은 영혼 구원을 강조하고 개인의 경건을 우선시하는 신앙이었지만, 특수한 상황에 부딪히면서 민족과 동료 국민들의 아픔과 고난에 반응하는 역사적 신앙으로 변화되었다는 말이다.

2. 일제 후기 1919-1945

1) 1919년 이후 교회의 사회윤리와 공적 실천의 근본적 변화: 교회의 정치사회적 실천의 약화

3·1 운동의 비극적인 실패 이후 한국 교회는 사회 개혁과 민족 독립이라는 공적 사명에 관해 점점 더 소극적인 자세를 취하게 된다. 이 변화를 박정신은 "민족 운동의 최일선에서 후퇴하고 정치적 역할에 있어서 주변부로 밀려나게 되는" 양상으로 설명한다.[26] 3·1 운동의 실패는 극적으로 한국인들의 독립에 대한 열정과 소망을 약화시키는 결과를 낳았고, 이러한 시대적 분위기에서 많은 기독교인들은 고통의 현실

---

25 민경배, 『한국 기독교사회운동사』(서울: 대한기독교출판사, 1988), 184.
26 Chung-shin Park, *Protestantism and Politics in Korea*, 142.

에서 벗어나 내세의 구원으로부터 오는 개인적 위로를 열정적으로 추구하게 되었다.[27] 그래도 여전히 질문이 남는다. 1919년 이후 한국 교회의 변화를 어떻게 설명할 것인가? 사회 개혁과 민족 운동의 중심적 역할을 감당하던 개신교가 급격하게 공적 영역으로부터 멀어진 점, 순전하게 영적 추구에 몰입하면서 사회적 정치적 활동을 소홀히 하거나 심지어 비난하는 상황에까지 이르게 된 점 등을 어떻게 설명할 수 있겠는가?[28] 이러한 변화를 3·1 운동의 실패나 일제의 강권 통치의 강화 등으로만 다 설명할 수 있겠느냐는 말이다.

박정신은 이러한 질문들에 응답하면서, 당시 한국 지식인들의 개신교에 대한 비판에 주목한다. 신채호의 비판이 두드러진다. 신채호는 교회가 권력자와 경제적 강자 편에 서서 사회적 약자들의 고통에 둔감하게 되었다는 점을 들어 비판한다. 1928년 신채호는 『용과 용의 대격전』이라는 제목의 소설에서 예수의 가르침을 따르는 한국 교회의 신앙이 "실제의 적을 잊고 허망한 천국을 꿈꾸게 하여 모든 강권자와 지배자의 편의便宜"를 강화하는 쪽으로 작용하고 있다고 한탄한다.[29] 이 점에 관해 박정신은 신채호가 정치사회적 문제들에 대해 눈과 귀를 닫고 오

---

27 이 시기 기독교인들 가운데는 민족 운동에 적극적으로 참여한 이들도 있었지만 대체적으로 개인 영혼의 구원과 타계적 이상향을 향한 영적 순례에 지배적 관심이 있었다고 평가할 수 있겠다. 종말론 신앙의 관점에서 이러한 신앙적 특징을 검토해 보는 것은 유익한데, 길선주의 신학이 전형적인 보기가 될 것이다. 3·1 운동을 이끈 대표적인 민족 지도자이며 탁월한 설교자였던 길선주는 일제 식민 통치의 종식을 하나님 나라 도래의 구체적 표시로 이해했다. 다시 말해, 역사적 관점에서 민족 해방을 종말론적 하나님 나라 완성을 가리키는 하나의 실상으로 본 것이다(길진경, 『영계 길선주』(서울: 종로서적, 1980), 255). 그러나 길선주의 종말론은 3·1 운동을 기점으로 변화를 드러낸다. 1919년 이후 그의 종말론은 민족 해방을 하나님 나라의 한 측면으로 보는 이해를 철회하지는 않지만, 타계적 전천년설을 강조하는 종말 신앙으로 기울어진다. 박용규는 이 점을 적시한다. "길선주는 한국 기독교의 종말론 사상사에서 전환기적 인물이라 할 수 있는데, 그의 사상에서 '이 세상'적이면서 민족 재건과 개혁을 강조하는 종말론으로부터 '저 세상' 지향적 종말론으로의 전환이 선명하게 드러난다"(Ung Kyu Pak, *Millenialism in the Korean Protestant Church*, 137-138).

28 Chung-shin Park, *Protestantism and Politics in Korea*, 148.

29 신채호, "龍과 龍의 大激戰," 『단재 신채호 전집』 별집 (서울: 단재 신채호 선생 기념 사업회, 1977), 283.

직 순전히 영적인 일에만 매진하고 있는 교회의 신앙을 신랄하게 비판하고 있는 것으로 해석한다.[30] 여기서 신채호는 기독교인들이 현세를 등지고 오직 내세의 복락만을 추구하는 삶으로 빠져들고 있다고 비판하고 있는 것이며 타계적 구원을 강조하면 할수록 한국 교회는 점점 더 실존적 역사적 과업에 무관심하게 된다는 점을 지적했던 것이다.

박정신은 교회 내부적인 변화를 한국 개신교의 정치사회적 참여 약화에 대한 다른 하나의 중요한 이유로 제시한다. 한국 개신교의 사회적 무기력과 무관심은 '사회적 기구'로서 교회가 겪고 있던 변화에 기인한다는 진단을 내린다. 변화의 단면을 들여다보자. "교회가 성장하면서 교회와 교회유관 기관들을 운영하기 위한 많은 인적 자원이 필요하게 되었다. … 1933년에 한국 개신교회는 1,103명의 유급 목회자와 전도 사역자들이 있었으며, 1,608명의 유급 학교교사, 1,107명의 자원봉사자들이 교회와 연관된 학교를 섬겼다. 수천 명의 종교, 교육, 문화 전문가들이 다양한 교단 교회들에 의해 고용되어 상대적으로 안정된 생활을 보장받을 수 있었다."[31] 1920-30년대 목사나 장로와 같은 교회의 지도자들은 정치사회적으로 안정된 지위를 확보하고 있었다는 것이다. 교회가 사회적 기구로서 그 운영 체계와 질서에 있어 고도화되면서 공적 참여와 변혁에의 열정은 비례적으로 약화되었다고 볼 수 있다.[32]

마지막으로 한 가지 이유를 더 생각한다면, 그것은 일제에 대한 정치사회적 저항의 실효성과 신학적 정당성에 관한 것이다. 한국 교회는 일제에 대한 저항, 특별히 폭력적 수단을 통한 저항이 일제의 강권

---

30   Chung-shin Park, *Protestantism and Politics in Korea*, 150-151.
31   위의 책, 151-152.
32   위의 책.

통치를 도리어 강화하는 쪽으로 귀결되지 않는지에 대한 우려를 갖게 되었다.[33] 또한 폭력적 저항이 기독교의 평화주의적 가르침에 위배되는 것이 아닌지에 대한 의구심을 떨쳐 버리지 못하고 있었다는 것이다. 민경배는 이 점을 적시한다. "기독교인이 물리적 힘을 원용하는 데에는 결정적인 신앙적 한계가 있음을 부인할 수 없다. … 칼을 쓰는 것이 복음의 핵심에 당장 어긋나기 때문이다. 따라서 기독교의 입장에서는 이런 무장 과격행동에 나서는 데 명분을 확보하기가 힘들었던 것이요, 참여했을 때의 행동 타당성에 대한 신학적 근거 부여가 어려웠던 것이다."[34]

2) 도덕적 문화적 개조 지향과 그에 대한 비판 그리고 한국 기독교

이광수가 주창한 민족 개조론과 같은 도덕적 문화적 개조주의와 운동은 그 연원에 있어 직접적으로 기독교적인 것은 아니지만, 이 시기 교회의 공적 관계성을 이해하기 위해 개조주의적 견해와 운동들을 검토하는 것은 필요하다. 왜냐하면 많은 옹호자들이 기독교인이었거나 기독교적 가치관과 신념에 영향을 받은 사람들이었기 때문이다. 또한 1919년 이후 개신교의 지도자들은 도덕적 문화적 개조 이념을 주창하

---

[33] 대체적으로 이 시기 교회가 일제에 대한 폭력적 저항에 대해 유보적 태도를 취하였지만, 민족애를 바탕으로 일제의 강압에 저항하는 신앙인들도 있었다는 점을 밝혀 두고자 한다. 1920년 8월 3일 기독교 지도자인 김예진과 김창성은 평안도 관공서를 대상으로 폭탄을 투척했고, 기독교단체인 한민회 회원 13명 중 7명이 평남도 온화면사무소를 공격하는 일이 있었다. 역시 기독교 신자였던 강우규 의사는 사이토 총독의 취임식에서 폭탄을 투척함으로써 저항의 의사를 표출했다. 민경배, 『일제하 한국 기독교 민족 신앙운동사』(서울: 대한 기독교서회, 1991), 211-214.

[34] 위의 책, 216.

는 이들과 우호적인 관계를 형성하고 있었다는 점도 주목해야 할 것이다. 예를 들어, 당시 대표적인 민족 운동 단체였던 동우회는 이광수가 주축 멤버로 참여한 수양동우회와 안창호가 창립한 흥사단이 결합하여 창립되었다. 동우회는 1920-30년대 민족 운동의 핵심적인 입지를 차지하고 있었는데, 민족 재건과 점진적 독립 여건의 조성 등의 관념을 소중하게 여겼다. 여기서 당시 개신교회에서 주도적 역할을 감당했던 서북 장로교회와 동우회가 매우 긴밀한 공생적 관계에 있었다는 점은 주목할 필요가 있다. 차재명, 정인과 등과 같은 서북 장로교회 소속 목사들이 이 단체에 깊이 참여하고 있었다.[35]

　　일본의 식민 지배가 지속되고 힘을 통한 독립의 구현이 쉽지 않은 현실에서 이들은 도덕적 문화적 개조를 통해 민족 해방이라는 궁극적 목적에 다가서는 것을 정치적 개혁혹은 혁명 보다 더 현실적으로 적절한 대안으로 받아들였던 것이다. 국권 상실의 가장 중요한 원인은 도덕적 정신적 부패와 무능력이라고 지적하면서, 이광수는 아무리 시간이 소요된다고 하더라도 한국인들은 문화 개조에 전념해야 한다고 역설한다. 개조론자들에게 새로운 민족이란 정치적으로 독립한 국가일 뿐 아니라 더 중요하게는 새로운 한민족의 문명 형성이었던 것이다. 도덕적 문화적 갱신과 변혁이 일제의 식민 통치를 약화시키는 결실을 얻을 수도 있었다는 점을 밝히면서, 웰스 Kenneth M. Wells 는 "그것은 누가 지배하는지에 상관없이 그 정당성이 취소될 수 없는 도덕적 명령이었다."고 강조한다. 이어서 말하기를, "많은 개신교 신자들은 [개조론]은 민족주의 운동에서 특수주의를 제거하는 함의를 갖고 있다고 생각했고 그리하여

35　민경배, 『교회와 민족』(서울: 대한 기독교출판사, 1981), 368-370.

비정치적 민족주의는 열렬히 호응을 얻든지 아니면 신랄한 비판에 직면하든지 어쨌든 진전하게 되어 있었다."[36]

　　김교신은 개조론자라고 할 수 없지만, 인간의 위대함은 '도덕적 성숙'에 있다고 강조하면서 기독교 신앙의 정수는 덕스러운 삶의 추구에 있다고 보았다.[37] "단 기간을 국한하고 볼진대 자연도태니 우승열패니 하는 법칙의 힘이 강대한 듯하나 장구한 시일 – 영원한 저편을 바라볼 때엔 역시 양선의 도, 온유의 길만이 생존한다 – 역사에 있어서나 자연에 있어서나."[38] 기독교 신자로 기독교 사상과 문화의 영향을 받고 있던 안창호는 한국인들의 에토스와 삶의 방식의 변화가 민족국가로서 한국의 독립을 선행해야 한다고 역설한다.[39] 인격의 변화를 이루지 못한다면 잘못된 사회 제도나 정책이 거기로부터 흘러나올 수밖에 없다는 점 또한 지적한다.[40] 모든 문명의 궁극적 목적은 참된 행복이며 여기서 쟁점은 어떻게 '문명'을 창출하느냐에 있다고 주장하면서, 안창호는 개조가 문명을 꽃피우는 본질적인 길이라고 강조한다.[41] 안창호와 같은 지도자는 도덕적 문화적 개조가 독립을 위한 정치적 접근을 채택한 민족주의적 이념에 대한 중요한 대안이 될 수 있다는 신념을 견지하고 있었던 것이다.

　　교육과 문화적 갱신을 통해 개인이 변하고 공동체가 변화하기 위해 오랜 시간이 걸릴 수 있다는 점을 개조론은 상정한다. 다시 말해,

---

36　Kenneth M. Wells, *New God, New Nation: Protestants and Self-Reconstruction Nationalism in Korea 1896-1937* (Honolulu: University of Hawaii Press, 1990), 111-112.

37　김교신, 『김교신 전집』 2권, 노평구 편 (서울: 부키, 2001), 139-140.

38　위의 책, 143-144.

39　안창호, 『안도산 전집』, 주요한 편 (서울: 삼중당, 1963), 521.

40　위의 책, 426.

41　안창호, "개조," 『안도산 전집』, 544-549.

안창호의 점진주의는 일제를 극복할 수 있는 역량 마련을 위해서는 준비의 과정이 필요하다는 현실적 인식에 터하고 있었던 것이다.[42] 안창호의 점진주의는 세 가지 영역 곧 인격의 성숙, 경제적 발전, 국내외적인 인간관계망의 형성 등의 영역에서의 준비를 호소한다.[43] 같은 맥락에서 이광수는 문화적 요인들을 강조하면서, 개조론을 정치화하는 것을 경계한다. "실제로 민족개조를 목적으로 한다면 정치적 색채를 띠어서는 아니 됩니다. 왜 그런고 하면 정치적 권력이란 10년이 멀다 하고 추이推移하는 것이요, 민족개조의 사업은 적어도 50년이나 100년을 소기小記로 하여야 할 사업인즉 정권의 추이를 따라 소장消長할 운명을 가진 정치적 단체로는 도저히 이러한 장구한 사업을 경영할 수 없는 것이외다."[44] 또한 정치적 접근을 전적으로 배제하지 않는 개조론자들이 존재했지만, 이들도 이광수식式 신중론을 존중하면서 일제가 정해 준 합법적 선線을 넘지 않으려 했다. 특별히 개신교 지도자들은 일본 당국을 불필요하게 자극하는 정치적 활동에 대해 반대하는 경향이 있었다. 반대한 까닭은 원칙의 문제이기도 하지만 그러한 활동이 민족의 하나 됨을 이루는 데 오히려 걸림돌이 될 수 있다는 생각 때문이기도 했다.[45]

　　개조론을 비롯한 도덕적 문화적 개조를 통한 독립의 추구가 식민 지배체제 극복을 위한 적절한 대안이 될 수 있는지에 대해서 부정적 판단의 여지가 커 보인다. 로빈슨에 따르면, 개조론에 대한 비판은 크게 두 지점에서 이루어졌다. 하나는 개조론이 한국의 전통문화와 한국인

42　노치준, 『일제하 한국 기독교 민족운동 연구』(서울: 한국 기독교역사연구소, 1993), 210.

43　안창호, 『안도산 전집』, 187.

44　이광수, "민족개조론," 『이광수 전집』 17권 (서울: 삼성당, 1962), 178.

45　Kenneth M. Wells, *New God, New Nation: Protestants and Self-Reconstruction Nationalism in Korea 1896-1937*, 119.

의 도덕적 잠재력을 평가절하하고 있다는 것이다. 신상우는 이광수의 개조론이 한국의 역사적 성취를 과도하게 낮게 본다고 비판한다.[46] 다른 하나는 구체적 전략의 관점에서 개조론의 전략은 너무나도 순진하다는 비판이다. '정치적 불참여' 혹은 정치적 무저항의 원칙과 전략은 일제에 의해 쉽게 악용될 수 있다는 논지다. 개조 운동이 오히려 일제 통치의 유효한 지렛대 역할을 할 수 있다는 비판이었던 것이다.[47]

신채호는 개조론의 점진주의를 그야말로 환상에 지나지 않는 것이라고 보는데, 한국 사회의 모든 영역이 식민 지배의 틀 안에서 철저하게 통제되고 있다는 점을 들어 그 순진성을 지적했던 것이다.[48] "조선혁명선언문"에서 그는 이 점을 분명히 밝힌다. "강도強盜 일본이 우리의 생명을 초개로 보아, 을사 이후 13도의 의병나던 각 지방에서 일본군대의 행한 폭행도 이루 다 적을 수 없거니와 … 목을 끊는다, 산 채로 끊는다, 불에 사른다, 혹 일신을 두 동가리·세 동가리로 내어 죽인다, 아동을 악형惡刑한다, 부녀의 생식기를 파괴한다 하여, 할 수 있는 데까지 참혹한 수단을 써서 공포와 전율로 우리 민족을 압박하여 인간의 「산 송장」을 만들려 하는 도다. 이상의 사실에 거하여 우리는 일본의 강도정치強盜政治 곧 이족통치異族統治가 우리 조선민족의 생존의 적임을 선언하는 동시에, 우리는 혁명수단으로 우리 생존의 적인 강도 일본을 살벌殺伐함이 곧 정당한 수단임을 선언하노라."[49] 여기서 신채호는 독립 쟁취를 위한

46   Michael Edson Robinson, *Cultural Nationalism in Colonial Korea, 1920-1925*, 127; 신상우, "춘원의 민족개조론을 독(讀)하고," 『신생활』 1-6 (1922), 73-33.
47   Kenneth M. Wells, *New God, New Nation: Protestants and Self-Reconstruction Nationalism in Korea 1896-1937*, 128.
48   신채호, 『단재 신채호 전집』 2권 (서울: 단재 신채호 전집 편찬위원회 1972), 369-371.
49   신채호, "조선혁명선언문," 『단재 신채호 전집』 하 (서울: 단재 신채호 선생 기념 사업회, 1977), 283.

필수 조건은 혁명과 폭력적 저항이라는 점을 강조한다. 독립에 대한 개조주의적 접근의 순진성에 대한 신랄한 비판을 내포하고 있는 것이며, 일제의 강권적 통치에 악용당할 가능성을 예민하게 경계하면서 물리적 힘을 키워 폭압에 응전하는 것이 최선책이라는 점을 역설했던 것이다.

3) 신사참배거부 운동의 정치사회적 의미

신사참배와 같은 강압 정책을 통해 일제는 한국인의 민족적 정체성을 말살하고자 했다. 일본 당국은 신사참배거부 운동과 같은 저항 운동은 일본화 정책에 심대한 걸림돌이 된다고 판단했기에, 이 운동에 참여하는 교회와 신자들을 강압했던 것이다.

신사참배거부 운동에 생명을 걸고 참여한 신자들을 지배하는 신학은 유일신 신앙이었다. 하나님 외에 다른 숭배 대상은 있을 수 없다는 신념인 것이다. 이 신앙으로 무장되어 우상숭배를 강요하는 권력에 저항했던 것이다.[50] 신사참배를 거부하고 저항 운동에 참여했다는 이유로 극심한 고문과 핍박을 받은 기독교인들은 그들이 겪는 극한의 고통을 그리스도의 재림이 임박했음을 알리는 징표로 이해하기도 했다. "신사참배 저항자들의 담력 있는 행위는 그리스도 재림에 대한 확실한 신앙적 희망과 그리스도의 우주적 왕권에 대한 절대적 신뢰와 위탁에서 이루어진 것이었다. 그들은 환난 중에서 그리스도 재림의 임박함에 대한 소망을 가지고 인내하였다. 재림 시에 그리스도는 모든 세상 왕들을 다

---

50 이근삼, "신사참배 거부 운동 재평가," 김승태 편, 『한국 기독교와 신사참배 문제』(서울: 한국 기독교역사연구소, 1991), 15-18.

굴복시키고 모든 권세를 가진 만왕의 왕으로 임하심을 믿었다. 이런 신앙으로 현재의 환난을 극복하되, 인간 천황을 신으로 섬길 수 없다는 것이다. 신국의 도래를 믿는 그들에게는 하나님의 영광을 위한 생 외에는 아무것도 있을 수 없었다."[51] 요컨대, 견고한 유일신 신앙과 임박한 종말 신앙으로 무장하여 우상숭배로서의 신사참배를 단호하게 거부하였던 것이다.

사회 참여적 혹은 사회 변혁적 신학은 아니지만 유일신 신앙과 그리스도의 재림을 강조하는 복음주의적 신학에 동기부여가 되어 행한 종교적 실천이 정치적 효과 곧 일제에 저항하는 결과로 이어졌다는 점을 주목할 필요가 있겠다. 신사참배거부 운동의 선두에 섰던 손양원 목사와 일본 심문관 사이의 일문일답의 한 대목을 옮겨본다. 심문관은 '너의 전도 사업은 일본의 국체를 파괴하는 방법'이라고 주장하면서 손양원 목사의 입장을 묻는데, 이에 대해 손양원은 다음과 같이 답한다. "무기로 저항할 의도는 전연 없으나 백성들이 복음화되면 일본을 현 국체로 유지하지 못할 것입니다. 그러므로 결과적으로 일본의 신도 국가 체제를 변혁하는 방법으로 생각하시겠지요."[52] 여기서 우리는 기독교 신조에 충실한 순수한 신앙 실천이 국체의 변화와 같은 정치적 공적 변화를 추동하는 요인으로 작용할 수 있다는 인식을 손양원이 갖고 있었음을 알 수 있다. 이러한 인식과 연동하여, 박정신은 신사참배거부 운동을 1930년대 말 기독교의 사회적 참여가 되살아날 수 있었던 계기로 평가한다.[53] 곧 신사참배거부 운동은 분명히 정치적 운동은 아니지만 종교적인 동

---

51   위의 논문, 16.

52   손양원, 『體刑調書』, 20-21. 이근삼, "신사참배 거부 운동 재평가," 17에서 재인용.

53   Chung-shin Park, *Protestantism and Politics in Korea*, 154.

기로 시작되고 확산된 이 운동이 한국 교회가 역동적인 사회 공동체로 서의 명성을 회복할 기회가 될 수 있었다는 것이다.[54]

3. 이승만 정부 – 노태우 정부 시기[1948-1992]

1) 분단 상황에서의 교회와 국가의 협력 그리고 공산주의 반대 에 관한 신학적 응답

1948년 남과 북에 두 개의 정권이 세워지고 1950년 동족상잔의 무력 충돌이 있게 되면서 남한 내의 공산주의 반대 흐름은 점점 더 강화되었고 교회 또한 이 흐름에서 예외는 아니었다. 더욱이 이승만 정부 는 북침을 통한 통일의 달성을 공공연히 천명하였으며 심지어 휴전 협상을 무력화하고자 하는 강한 의지를 표현하기도 했다.[55] 북한 정권이 북한의 많은 기독교인들을 처형하면서 남한 기독교인들의 북한 공산주의에 대한 감정은 더욱 악화되었다. 이러한 역사적 요인들은 당시 교회와 국가가 반공을 기치로 더욱 친밀한 공생적 관계를 형성하는 계기로 작용하게 되었던 것이다. 국가에 대한 교회의 협력은 반공 정책에 대한 지지와 후원에 그치지 않고 정권 안정에까지 미쳤다. 교회는 선거에서 중립을 지키지 않았다. 정치적 선호를 공공연하게 밝혔고 교회의 자원을 이승만 정부의 선거 승리를 위해 동원하기도 했다.[56] 교회와 국가 사

---

54 위의 책, 155.

55 B. C. Koh, "South Korea's Unification Policy," in *The Prospects for Korean Unification*, eds. Jay Speakman and Chae-Jin Lee (Claremont: The Keck Center for International and Strategic Studies, 1993), 78.

이의 협력 관계의 구축은 정치사회적 관점에서 교회의 심대한 변화를 내포했다. 곧 이승만 정부 당시 교회는 이 정부를 공식적으로 또 조직적으로 후원했으며 그것에 상응하여 호의와 혜택을 받았던 것이다.[57]

많은 보수적 기독교인들은 기독교를 반공적 종교로 이해했다. 공산주의에 반대하고 그러한 반대를 중시하는 정책이나 정권을 후원하는 것은 단순히 정치적 의미만 있는 것이 아니라 종교적으로 중대한 함의가 있다고 받아들였다.[58] 그들은 진보적 기독교인들의 정권에 대한 저항을 비판하는데, 왜냐하면 그러한 정치적 행위가 정부의 반공 정책 수립과 실행에 방해가 될 수 있다고 생각했기 때문이다.[59] 같은 맥락에서 박형룡은 공산국가들에서 온 대표단을 회의에 참석시켰다는 이유로 세계교회협의회WCC를 신랄하게 비난한다. 그도 그럴 것이 박형룡은 공산주의는 무신론적 유물론을 신봉하고 폭력적 혁명을 선호하는 이념이기에 교회가 완강히 반대해야 한다는 신념을 견지하고 있었기 때문이다.[60]

이러한 공적 관계성의 특성은 박정희 정부에서 노태우 정부에 이르는 군사정권 시기의 보수적 기독교회에게서도 지속되었다. 교회와 국가의 관계성의 관점에서 보수 교회들은 로마서 13장 1절과 같은 성경 본문을 문자적으로 받아들여 모든 정치권력은 하나님께 기원을 두고 있기 때문에 그 권력에 복종해야 한다는 신념을 견지했고, 때론 그 정당성혹은 합법성에 대한 고려를 뛰어 넘어 복종해야 한다고 믿기도 하였

---

56 강인철, 『한국 기독교회와 국가시민사회 1945-1960』(서울: 한국기독교역사연구소, 1996), 166-168.

57 위의 책, 180.

58 위의 책, 75.

59 위의 책.

60 박형룡, 『박형룡 박사 저작전집』 6 (서울: 한국 기독교교육연구원, 1983), 89-90.

다.[61] 이 시기 교회의 공적 관계성을 정부의 반공 정책과 연관해서 검토해 볼 필요가 있다. 박정희 정권은 시민적 권리의 제한을 포함하는 긴급 조치들을 공포하고 실행하려 하면서, 북한의 군사적 위협에 대한 대응을 위해 꼭 필요하다는 명분을 내세웠다. 정부의 이러한 명분에 대해 보수 교회 지도자들은 대체적으로 동의하는 입장을 취한다. 일단의 교회 지도자들의 입장 표명이 이를 잘 드러낸다. "정부와 정치 지도자를 비판하는 것은 금지되어 있다. 왜냐하면 그러한 일이 공산주의자들에 의해 세상에 알려지면, 북한에게 남한의 우리가 두 팔 벌려 그들을 맞이할 것이라는 인상을 줄 수 있기 때문이다."[62] 여기서 보수적 교회들이 정교분리를 원칙적으로 강조했다는 점을 주목할 필요가 있다. 한 보수적 기독교 그룹의 입장 표명이 이 점을 선명하게 드러내 준다. "정치가 종교로부터 분리되어야 한다는 원칙을 존중하는 것 그리고 기독교회가 나라의 안보에 대한 책임을 소홀히 해서는 안 된다는 점을 잊지 않는 것은 중요하다."[63] 요컨대, 보수적 교회와 신자들은 정교분리 원칙에 입각하여 교회가 정치 영역에 참여하여 공적 영향력을 발휘하는 것을 경계하면서도 공산주의에 대해서는 단호하게 반대하는 경향이 있었다.

2) 진보적 기독교인들의 정치사회적 참여와 저항의 윤리

박정희 정권 아래서 기독교 진보 진영은 유신 반대 운동에 적극

---

61   장규식, "군사정권기 한국교회와 국가권력: 정교유착과 과거사 청산 의제를 중심으로," 『한국기독교와 역사』 24 (2006), 118-119.
62   Wi Jo Kang, *Christ and Caesar in Modern Korea: A History of Christianity and Politics*, 97.
63   위의 책.

참여했는데, 전국적 차원의 운동의 기반을 구축하고 헌법 개정 시도에 저항했다. 또한 민주주의의 퇴보와 성장일변도 경제정책의 폐해 등에 대해서도 적극적으로 대응했다. 주지하는 대로, 수출 중심의 산업화 정책의 수행 과정에서 수많은 농어촌의 젊은이들이 도시의 공장 지역으로 내몰렸으며, 노동 환경의 열악함과 노동 착취의 문제로 수많은 노동자들이 큰 고통을 겪어야만 했다.[64] 정부의 탄압에도 불구하고 노동자들은 성숙한 형태의 노동 운동의 결실을 향해 힘을 쏟기 시작하는데, 그 구체적 목표로는 회사의 이익을 대변하는 노조에 대응하는 독립적 노조를 건설하는 것 등을 들 수 있다.[65] 이러한 노동 운동의 과정에서 노동자들은 진보적 기독교인들에게서 큰 힘을 얻게 되는데, 가톨릭 청년 단체들과 도시산업선교회 등이 대표적인 보기이다.[66]

진보적 기독교인들의 정치사회적 참여에 대한 신학적 근거를 찾는다면, 우리는 무엇보다도 먼저 민중신학을 생각하게 된다. 그들의 실천이 민중신학의 중요한 텍스트가 되기도 하고 또 민중신학이 공적 참여의 근본적인 이론적 근거가 되었다고도 말할 수 있다. 몇 가지 중요한 신학적 주제들을 살펴보자. 안병무는 '예수 사건'이라는 구원론적 개념을 통해 민중의 주체성을 강조한다. 해방 사건으로서 예수 사건은 불의한 권력자들이 야기한 억압과 폭정을 뚫고 얻게 된 해방의 사건이며, 이 사건 안에서 민중은 정체성의 관점에서 예수와의 동일화를 경험한다. "하나님의 뜻은 완전히 그리고 무조건적으로 민중의 편이 되는 것

---

64 Hagen Koo, "The State, *Minjung*, and the Working Class in South Korea," in *State and Society in Contemporary Korea*, ed. Hagen Koo (Ithaca: Cornell University Press, 1993), 137.

65 위의 논문, 140.

66 Wi Jo Kang, *Christ and Caesar in Modern Korea: A History of Christianity and Politics*, 101.

이다. 이러한 견해는 전통적인 윤리, 문화 그리고 법질서의 틀 안에서는 이해할 수 없다. 하나님의 뜻은 예수 사건에 계시되었는데, 하나님은 민중과 예수가 함께 살게 하심으로, 민중을 사랑하신다."[67] 여기서 안병무의 민중신학은 해방을 향한 민중의 역사적 투쟁을 예수 사건의 구체적 현실로 보고 있는 것이다. 또한 김용복은 한국 기독교의 정치 참여를 '메시야적 정치' messianic politics 라는 정치신학적 개념을 통해 설명한다. 메시야적 정치란 일종의 정치적 과정인데, 정치사회적 관점에서 민중이 스스로 주체가 되어 예수의 해방 사역에 동참하는 과정을 뜻함이다. 민중이 스스로 예수의 해방의 사역에 참여하는 하나의 정치적 과정이라는 것이다. 예수의 메시야적 정치는 민중이 자신들의 역사적 주체성을 실현하도록 돕는다. 역사는 민중이 자신들의 정체성을 실현하는 과정으로, 민중은 역사의 자유로운 주체로 선다.[68]

진보적 기독교인들의 군사 정권의 강압적 통치에 대한 저항 그리고 권력의 압제와 정치사회적 불의로 고통 받는 약자들을 위한 사랑의 실천은 박정희 정부 이후 전두환, 노태우 정부 시기에도 그 주된 기조가 유지되었지만, 기독교회의 북한에 대한 입장과 정부의 대북 정책에 대한 응답이라는 관점에서 전두환 정부 말기를 지나면서 중요한 변화가 일어난다. 정치권력의 권위주의적 통치와 한국 민주주의의 후퇴라는 부정적 흐름에 응답하여 정부에 대한 저항적 입장을 견지했다는

---

67 Byung Mu Ahn, "Jesus and the Minjung in the Gospel of Mark," in *Minjung Theology: People as the Subjects of History*, ed. Yong Bock Kim (Singapore: The Commission on Theological Concern/The Christian Conference of Asia, 1981), 150-151.

68 Yong Bock Kim, "Messiah and Minjung: Discerning Messianic Politics Over Against Political Messianism," in *Minjung Theology: People as the Subjects of History*, ed. Yong Bock Kim (Singapore: The Commission on Theological Concern/The Christian Conference of Asia, 1981), 191-192.

점에서 보수 기독교와 다르지만, 진보적 기독교회와 신자들 역시 기본적으로 북한 공산주의에 대해 우호적인 입장을 가진 것은 아니었다. 류대영이 지적하고 있는 대로, "상대적으로 진보적인 교단들의 연합체로서 군사독재기의 민주화 운동을 주도했던 한국기독교교회협의회^{교회협.} NCCK가 세계교회협의회 WCC 및 해외의 한국 기독교인들과 교류하려는 북한 교회의 노력을 방해한 것은 남한 교회의 뿌리 깊은 반공주의를 드러낸 사례들이었다."[69] 이런 맥락에서 반공 기조의 표현 방식과 강조에 있어서 차이가 있다는 점을 인정하더라도 한국 기독교의 진보적 그룹도 보수 기독교와 마찬가지로 정부의 반공주의적 신념과 정책에 대해 동의를 표해 왔던 것이다. 그러나 1980년대 중반을 지나면서 진보와 보수 기독교 그룹 사이에 존재하던 반공주의를 기치로 하는 공동의 기반에 균열이 생기기 시작한다. 이러한 균열의 중요한 계기는 기독교 진보 그룹이 교회협을 중심으로 북한 교회와 적극적으로 교류협력의 가능성을 모색한 것이었다. 1980년대 중반부터 후반에 이르기까지 교회협은 여러 차례 북한 기독교 지도자들과 만남을 가졌고 1988년 초에 남북관계에 관한 중요한 선언을 발표하게 되는데, "민족의 통일과 평화에 대한 한국기독교회 선언"이 그것이다. 이 선언을 통해 교회협은 반공 이념을 절대화하고 그 절대화된 이념의 빛에서 북한의 공산 정권뿐 아니라 동포들까지 적대시하고 또 신학적으로 단죄한 것에 대한 비평적 성찰이 절실하다는 점을 밝힌다.[70] 이 선언에 관한 강인철의 평가는 주목할 만하다. "이로써 한국 사회에서 민주화 이행 과정이 본격화되는

---

69   류대영, "2천 년대 한국 개신교 보수주의자들의 친미반공주의 이해," 『경제와 사회』 62 (2004), 69.

70   "민족의 통일과 평화에 대한 한국기독교회 선언," http://encykorea.aks.ac.kr/Contents/Item/E0076684; 강인철, 『한국의 개신교와 반공주의』(서울: 중심, 2006), 89.

시점인 1988년 초에 교회협은 반공주의와 결별을 공개적으로 선언한 격이 되었다. 적어도 한국 개신교의 한 축에서 반공주의는 무너져 내렸다. 개신교 반공주의는 이제 보수 그룹의 '전유물'이 되었다."[71]

4. 김영삼 정부 – 노무현 정부 시기[1993-2008]

앞에서 본 대로, 민주화 이전 곧 군사정권 통치 시기에 보수 기독교는 원칙적으로 정교분리를 천명하면서도, 반공의 관점에서는 국가권력과 밀착된 양상을 보였다. 그러나 민주화 이후 보수 기독교는 반공의 이슈뿐 아니라 정치권력의 교체나 정책 수립·집행과 관련해서도 정치 영역에 깊숙이 그리고 적극적으로 참여하면서 공적 관계성을 형성하는 특징을 보이게 된다. 먼저 자치단체장 선거, 국회의원과 대통령 선거 등 공적 후보자 선출 과정에서 정치적 영향력을 미쳤다. 정치인들은 개교회, 총회나 노회^{연회}와 같은 교단기구 그리고 다양한 교회연합체들이 갖는 정치적 유용성을 인식하고 기독교 유권자들에 접근하기 위해 이들 기관과의 친밀한 관계 형성을 추구하였다. 정치권의 교회를 향한 이러한 움직임은 교회의 정치적 영향력의 자연스러운 확대로 이어질 수밖에 없었고, 더 나아가 영향력 있는 교회의 목사, 교단이나 교회협의체의 지도자들은 의도적으로 정치권력의 구성과 교체에 영향력을 발휘하고자 하였다.[72] 2000년대 초, 반핵, 반공, 반미반대 등의 정치적 지향을 견

---

71 강인철, 『한국의 개신교와 반공주의』, 89.
72 위의 책, 601-602.

지하면서 보수 기독교는 그 정치적 영향력을 확장해 가는데, 한국 우파 세력의 맥락에서도 주도적 역할을 감당하게 된다.[73] 특별히 2004년 총선거를 앞두고 보수 기독교의 지도자들은 이러한 정치적 영향력의 증대에 힘입어 한국기독당과 같은 기독교정당을 창당하기에 이른다.

또한 보수 기독교는 반공 이념과 정책의 지지와 확산을 위한 정치사회적 참여뿐 아니라 기독교의 보수적 이념과 가치를 정치적으로 반영하기 위해서 선명한 정치적 정책적 견해를 피력하면서 적극적으로 정치 영역에 참여한다. 구국기도회, 국민대회 등의 이름으로 치러진 대형 집회를 주된 참여의 방식으로 하여 반공, 반핵, 한미동맹강화 등의 정치적 지향점들을 분명하게 밝히고 그 실현을 위한 정치적 역동을 불러일으키고자 하였던 것이다.[74] 기독교 보수 진영은 이러한 활동들을 통하여 정치세력화를 추구했다고 볼 수 있는데, 말하자면 반공·친미를 기치로 내건 우파 벨트를 구축해 나가고자 하는 의도를 내포하고 있었다는 평가인 것이다.[75]

노무현 정부 시기 보수 기독교의 정치 행위는 그 강도와 범위에 있어서 더 적극적인 양상을 띠고 이루어졌는데, 정부의 대북 포용 정책에 대한 혹독한 비판은 말할 것도 없고 다른 여러 통치 영역에서도 정책적으로 실패하고 있다는 평가에 터하여 참여정부를 향한 신랄한 정치적 비판을 삼가지 않았다.[76] 여기서 김대중 정부의 집권과 '햇볕정책'으로 대표되는 포용 정책의 실행은 한국 보수 세력의 반공·친미 기조에

---

73   위의 책, 611-612.

74   위의 책, 113-114.

75   김진호, "1990년 이후 한국 개신교의 정치세력화 비판: 교회적 신앙의 사회적 영성화(social spiritualization)를 위하여," 『진보평론』 67 (2016), 71-72.

76   강인철, 『한국의 개신교와 반공주의』, 116-118.

상당한 타격을 허용했지만 기독교 보수 진영은 침묵으로 일관하지 않았으며 "노무현 정권의 등장과 그에 따른 정치적 혼란은 행동의 기회를 엿보던 그들에게 결정적으로 '힘의 공백'을 제공한" 것이라는 진단은 주목할 만하다.[77] 이러한 '힘의 공백'을 활용하여 강한 비판의 목소리를 낸 대표적인 보기로 2006년 6월 19일 '6.25 상기 56주년 교계지도자 특별기도회'와 기도회에서 발표된 결의문을 생각해 볼 수 있겠다. 이 결의문에서 사립학교법 개정안에 대해 명확하게 반대 입장을 표명하며 '종교의 자유가 보장되고 하나님이 원하시는 민주주의와 시장경제체제'를 추구하는 방향으로의 통일정책 전환과 '국민의 피부에 닿을 수 있는' 경제정책 수립과 집행을 촉구한다.[78]

김영삼, 김대중 그리고 노무현 정부 시기 기독교 진보 그룹의 공적 관계성은, 한편으로 국가권력과의 친밀성에 있어서 그 이전보다 강화되는 양상을 보이며 다른 한편으로 그 양태에 있어서 '저항'보다는 '협력'을 통하여 정치적 영향력을 발휘하는 경향성을 강하게 띠었다고 대략적으로 평가할 수 있겠다. 교회협 등 이른바 에큐메니칼 진영으로 대표되는 한국 기독교의 진보 그룹은 김영삼 정부를 시작으로 들어선 민간혹은 민선 정부 통치기에 행정 권력이나 의회 권력의 심장부에 진입하여 권력을 매개로 한 정치 행위에 적극적으로 참여하게 된다. 이렇듯 진보 그룹의 지도자 위치에 있던 이들이 기성 정치권에 직접 참여하면서, 기독교 재야 진영 혹은 기독교 시민사회운동 진영을 통해 정치 영역에 영향을 끼치고자 하는 구도는 크게 약화되는 양상이 나타났고 이러한

---

77 류대영, "2천 년대 한국 개신교 보수주의자들의 친미반공주의 이해," 73.
78 한국기독교지도자협의회, '6·25 상기 56주년 교계지도자 특별기도회' 결의문. 강인철, 『한국의 개신교와 반공주의』, 116-118에서 재인용.

변화에 상응하여 국가권력에 대한 비판과 저항의 기능은 비례적으로 축소되었던 것이다.[79]

기독교 진보 그룹의 정치적 참여 양상의 변화 그리고 국가권력에 대한 비판과 견제를 통한 변혁적 기능 수행의 약화는 정치 영역과의 관계성의 관점에서 뿐 아니라 보수와 진보를 포괄하는 기독교계의 내적 역동의 변화라는 관점에서도 논의될 필요가 있다. 군사정권 시기에 교회협으로 대표되는 에큐메니컬 진영의 주도권은 교단으로 볼 때 한국기독교장로회와 같은 진보적 교회에 있었다. 대한예수교장로회 통합이나 기독교대한감리회와 같이 상대적으로 보수적인 교회는 수적으로 상당히 우위에 있었음에도 국가권력과의 대립이 불가피한 상황에서 불의한 정치체제에 대한 저항 그리고 정의와 평화의 구현을 위한 투쟁을 강조하는 진보적 신학에 깊이 천착한 진보 그룹의 역동성을 존중할 수밖에 없었던 것이다. 그러나 민주화 이후 한국 사회 안에 민주주의가 광범위하게 확산·정착되고 민간·민선 정부들과 진보 그룹이 밀접한 관계를 형성하면서, 그동안 주도권을 가지지 못했던 보수 그룹이 공적 관계성과 정치적 참여의 관점에서 영향력을 확장해 가는 경향이 나타나게 된 것이다. 한국기독교총연합회^{한기총}와 개신교 대형교회들을 중심으로 보수 기독교는 방송사에 의한 대형교회 성직자 비리 및 세습 비판에 대해 적극적으로 대응하거나 단군상 철거, 양심적 병역거부, 동성애, 사학법 등과 같은 다양한 정치적 정책적 윤리적 이슈들에 대해 보수적 입장에서 분명하게 목소리를 내왔던 반면, 교회협으로 대표되는 진보 그룹은 그러지 못했다는 것이다.[80] 특별히 진보 그룹의 정치적 영향력의 약

---

79   강인철, 『한국의 개신교와 반공주의』, 611-612.

화는 보수 그룹과의 경쟁이나 주도권 싸움이라는 관점에서 뿐 아니라 이 둘 사이의 내적 연속성의 관점에서도 설명되어야 한다는 해석을 주목할 필요가 있다. 곧 "교회협과 한기총을 '내적으로' 단단히 묶어놓음으로써 교회협의 행동과 발언을 구조적으로 제약하는 일련의 장치들이 존재[하게]" 되었다는 것이다.[81]

Ⅱ 기독교 공적 관계성 유형[82]

1. "어거스틴 유형"

국가의 존재 목적은 사회적 질서와 평화를 유지하고 생존을 위한 조건들을 보장할 뿐 아니라 지상에서의 영적인 순례의 삶을 위한 공간을 확보해 주는 것이다. 국가는 근본적으로 타락의 결과이자 치유책인 셈이다.

'신의 도성'에 대한 지상적 유비로서 교회는 죄악된 세상에서 신자들의 영적 도덕적 순결성을 유지하고 증진하는 것을 주된 목적으로 삼으며, 건전한 가르침과 교회적 훈육 그리고 성례를 통한 은혜의 공급

---

80 위의 책, 608-609.
81 위의 책, 609.
82 어거스틴, 아퀴나스, 루터 그리고 칼뱅의 사회윤리에 대해서는 1장에서 이들의 '두 정부'론을 중심으로 탐구하였고, 그러한 탐구의 결과에 근거하여 공적 관계성 유형을 산출하였음을 밝힌다.

등을 통해 이 목적을 이루고자 한다.

　　'신의 도성'과 '세속 도성'의 관계성의 관점에서 볼 때, 교회와 국가의 관계성은 긴장과 협력의 관계이다. 국가는 죄악성에도 불구하고 교회의 영적 순례를 위한 조건들을 제공하는 역할을 수행한다. 기독교인들의 지상적 삶은 '나그네'로서의 삶이기에, 그들이 기본적으로 세상을 적극적으로혹은 급진적으로 변화시키기 위한 사회윤리적 소명을 받았다고 할 수는 없으나 '신의 도성'의 마음으로 세속 영역에서 공적 봉사에 힘쓴다면 그것처럼 전체 사회의 공공선 증진에 유익한 것이 없을 것이다.

2. "아퀴나스 유형"

　　국가는 창조의 질서에 속하며, 국가의 존재 목적은 공공선이다. 국가는 전체 사회의 공동의 선을 확보하고 증진하는 공적 사명을 부여받은 공적 존재이며, 공공선이라는 목적은 종말론적 지평까지도 포괄한다.

　　교회는 구원을 매개하는 객관적 기구로서 기능한다. 교회의 구성원이 될 수 있는 조건을 갖춘 이들에게 영적인 은사를 전달한다. 자연적 질서와 초자연적 질서를 통합하면서, 성과 속을 포괄하는 단일체적인 사회적 이상을 위한 신학적 기초를 제공하고 세속 영역에 대해서 보편적 권위를 유지한다.

　　교회와 국가는 단일체적인 유기체적 구도 안에서 통합의 관계로 이해된다. 교회의 사회사상은 전체 사회에 대한 이론적 실천적 해석의 결정적 토대가 된다. 국가는 교회의 권위를 인정하고 그 가르침을 받아야 한다.

3. "루터 유형"

국가의 존재 목적은 인간 생존의 외적 조건들 곧 사회적 질서, 생존의 물적 토대 등을 확보하고 증진하는 것이다. 다시 말해, 국가는 외적 평화를 유지하고 악행과 범법을 예방·통제하며 좀 더 적극적으로 '죄의 치유'를 위해 존재한다.

'참된 신자들'의 경건의 함양과 증진을 위해 존재하는 '영적 정부'의 목적이라는 관점에서, 교회는 오직 그리스도만이 통치하시는 인간의 내적인 영역에 대한 권위를 갖는다. 특별히 개별 영혼을 관장하는 그리스도 왕국의 주권 영역의 독립성은 확고하게 견지되어야 한다.

둘 사이의 협력 가능성을 전적으로 부정하지는 않지만 관계성의 초점은 구분에 있다. 한편으로 국가는 교회의 신앙적^{혹은 영적} 영역에 대한 주권을 결코 침해해서는 안 되고 다른 한편으로 교회는 세속 권력을 추구하거나 '복음'으로 세속 질서를 통제하려 해서는 안 된다.

4. "칼뱅 유형"

국가는 구성원들의 외적 행동을 규율하기 위해 존재한다. 불법적 행동을 규제하기 위해 강제력을 사용할 수 있다. 영적인 삶에 관해서 원칙적으로 국가는 공적 개입이 허용되지 않으나, 예배와 건전한 교리를 보호하고 교회의 입지를 견고히 하기 위해 일정 정도 공적 역할을 수행할 수 있는 가능성을 찾을 수 있다.

교회의 기능은 내적 삶의 참된 경건과 예배와 연관된다. 거룩한 연방을 향한 여정을 생각할 때, 교회는 전체 사회 구성원들이 이 목적을 향해 전진해 나가기 위해 하나님의 말씀에 순종하도록 지속적으로 권고하고 교육해야 한다.

교회와 국가 곧 영적 정부와 세속 정부 사이의 구분도 존중하지만 차이나 분리보다는 둘 사이의 연속성통일성을 더 강조한다. 개인의 경건과 시민적 덕성의 구분을 견지하면서, 국가는 기독교를 보존하고 전체 사회가 거룩한 연방을 향해 나아가도록 봉사해야 한다. 성경에 계시된 하나님의 뜻 그리고 그것을 토대로 한 법적 제도적 질서에 입각하여 기독교회와 신자들은 사회변혁적 실천에 힘써야 한다.

III 네 가지 유형의 관점에서의 한국 교회의 공적 관계성 평가

1. 일제 초기

일제 초기에 한국 개신교 신앙에 가장 큰 영향을 끼친 신학은 복음주의적이며 청교도적인 근본주의 신학이었다. 이론적으로 볼 때, 이 신학은 세상을 변화시키는 사회적 선교보다는 개인 영혼 구원에 중점을 두는 타계적 금욕주의의 형태로 구체화되어야 했을 것이다. 이 점에서 한국 교회는 무엇보다도 "칼뱅 유형"과는 아주 다른 양상의 신앙의 모습을 드러냈어야 했다고 볼 수 있는데, 교회를 둘러싼 정치사회적 체제와 질서를 변혁하고자 하는 "칼뱅 유형"의 강한 사회윤리적 동기를 이 시기의 교회와 신학은 결여하고 있었기 때문이다. 초기 선교사들이 성경의 권위와 무오성을 강조하긴 했지만, 전체 사회의 모든 구성원이 성경에 계시된 하나님의 주권적 뜻과 계획에 복종해야 한다는 거룩한 연방과 관련된 "칼뱅 유형"의 포괄적 이상을 적극적으로 또 폭넓게 받아들이지는 못했던 것으로 보인다. 성경은 국가가 아니라 오직 교회만을 위한 규범적 준거의 틀이라는 이해인 것이다. 오히려 이 시기 교회의 신학적 입장은 "어거스틴 유형"에 가까운 것으로 평가할 수 있는데, 교회의 존재론적 본질과 기능을 영적 순결성을 보존하고 증진하는 것으로 제한하기 때문이다.

그러나 선교사들이 전한 보수적 신학은 한국의 고유한 상황과 조우하면서 보통 우리가 예상할 수 있는 것과는 다른 양상으로, 특별히 교회와 국가의 관계 형성의 관점에서는 더더욱 예상과는 다른 양상으로 전개됨을 보았다. 유일신 신앙의 고수라는 종교적 헌신은 유교적 지배질서에 대한 도전으로 이어졌고 이러한 비판적 저항적 역동이 구한말 한국 사회의 기존 질서를 변혁하고자 하는 한국인들의 사회 참여를 위한 이념적 토대로 작용했던 것이다. 또한 새로운 주권자인 기독교의 하나님에 대한 믿음은 기독교인들로 하여금 다른 주권자로 스스로를 강제하는 일제에 대항하여 독립을 위해 투쟁하게 하는 동인이 되었다. 우리가 본 대로, 교회는 전체 사회의 독립을 위한 공적 참여의 유용한 조직적 토대가 되었다. 이 점에서 이 시기 한국 교회는 성과 속을 포괄하는 '거룩한 공동체'를 목적으로 삼지는 못했지만 세속 질서 변혁의 동기와 실천을 강하게 내포하는 "칼뱅 유형"에 상응한다고 하겠다.

이 시기의 국가들 곧 조선왕조와 일본의 식민정부는 구성원들의 생존을 위한 외적 조건들을 마련하고 "어거스틴 유형", "루터 유형", "칼뱅 유형" 공공선을 확보·증진하는 "아퀴나스 유형" 기능을 제대로 수행하지 못했다. 국가가 제대로 기능하지 못한 탓에 한국인들이 겪어야 했던 역사적 현실은 국가에 대항하는 정치적 운동과 실천을 위해 많은 한국인들이 기독교에 의존하게 되는 중요한 요인이 되었다.

교회의 본질적 사명은 교회 밖 영역을 하나님 나라의 이상을 따라 변혁하는 것이라기보다는 개인 신자의 영적 순결성을 유지·증진하고 교회 공동체 내부를 강화하는 것이라는 인식이 널리 공유되고 있었지만, 동시에 국가의 불의한 통치로 인해 고통 하는 한국인들에게 교회는 그러한 정치사회적 현실을 타개하는 희망이었고 일정 부분 그렇게 작용했던 것이다. 요컨대, 이론상 교회의 보수주의는 한국의 특수한 상황과 조우하면서 구한말 유교적 지배체제와 일제의 통치에 대응하는 변혁적 진보주의로 귀결되었다고 평가할 수 있겠다.

2. 일제 후기

앞에서 살핀 대로, 1919년 이후 한국 교회는 교회론적 정체성과 국가에 대한 입장에 있어서 급격한 변화를 겪는다. 사회 개혁과 민족 독립을 위한 중요한 사상적 조직적 기반으로 작용했던 교회는 이제 사회적 정치적 운동과 실천을 평가절하하고 또 실제적으로 거기로부터 거리를 두려고 하는 모습을 보이게 된다. 곧 이전 시기 기독교인들이 민족의 정치적 독립을 위한 공적 실천에 적극적으로 참여하고자 하는 경향성을 보였다면, 이 시기의 기독교인들은 개인 신앙의 순결성과 내세적 이상향에의 여정을 강조하는 신앙을 추구했다. 이 시기 신자들의 종말론은 현세적 하나님 나라의 구현 보다는 내세적 천국에의 입성에 초점을 두고 있었던 것이다. 이러한 종말론적 구도 안에서 하나님 나라의 이상을 정치사회 영역 안에서 이루고자 하는 사회윤리적 열정은 찾아보기가 어렵다.

3·1 운동의 비극적 실패와 일본 식민 통치의 강화 등의 역사적 상황 변화는 한국 교회가 근본주의적 신학과 신앙을 강화하는 계기로 작용했다고 평가할 수 있다. 이전 시기에 "칼뱅 유형"에 상응하는 사회윤리적 경향성을 띠었던 교회가 이제 "어거스틴 유형"과 "루터 유형"에 한 걸음 가까이 다가선다. 이 시기에 많은 기독교들은 역사 속 자신들의 정체성을 영적 순례의 도상에 있는 순례자로 이해하는 경향이 강했다는 점 그리고 국가가 이러한 영적 순례를 위한 기본적인 여건만 제공한다면 국가의 존재를 받아들일 용의가 있다고 생각한 점에서 이들 유형에 양립한다고 볼 수 있다. 물론 일본의 식민 통치를 정치적으로 정당화하지는 않았지만, 교회의 고유한 '영적' 영역을 침해하지 않는다면 그 통치를 묵인하려는 경향이 있었다. 한국 교회가 일제의 신적 기원을 부정했지만, 그 기능 수행의 관점에서는 세속 정부를 독립적인 정치적 실체로 보려 했던 것 같다^{루터 유형}.

이 시기 교회의 사회윤리적 신앙과 삶의 변화의 중요한 이유로 교회가 사회 기구로서 내적 변화를 겪었다는 점을 들었다. 교회가 양적으로 성장하면서, 규모가 커진 공동체를 운영할 체계와 조직과 전문 인력들이 필요하게 되고 교회의 기구화혹은 조직화는 심화되었다. 또한 목사나 장로와 같은 교회 지도자들은 사회적으로도 그 지위를 인정받는 현실이었다. 이 점에서 교회론적으로 체제와 조직을 갖추는 교회의 '기구화'의 심화는 트뢸취의 유형론에 따르면 교회가 구원을 매개하는 객관적 기구로서의 역할을 감당한다는 기능적 특징을 내포하는 '교회 유형'에 상응하는 측면이라고 평가할 수 있겠다. 다만 트뢸취가 '교회 유형'의 대표적인 역사적 보기로 제시한 중세 가톨릭교회나 칼뱅주의 개신교와는 달리 성과 속을 포괄하는 단일체적인 사회적 이상을 품지는 못했다는 점에서 이 시기 교회는 "아퀴나스 유형"이나 "칼뱅 유형"과는 거리가 있다. 사회변혁을 위한 공적 참여의 신학과 윤리를 추구하기 보다는 영혼의 구원과 신앙의 순결성 유지를 중시하며 타계적 공간으로서의 천국을 향한 지상적 순례를 강조하는 신앙 양태를 보인다는 점에서 이 시기 교회는 "어거스틴 유형"과 "루터 유형"에 내포된 특징들을 더 강하게 드러낸다고 하겠다.

신사참배거부 운동은 교회가 다시금 사회변혁적 주체로서 사회윤리적 사명과 역량을 발휘할 수 있는 계기로 작용할 수 있었다. 이 운동의 출발은 단연코 정치적인 동기에 의한 것은 아니었지만 순전히 영적인 동인에 의해 시작된 이 운동은 정치적 영향 곧 일제라는 당시 정치적 지배체제에 대한 저항이라는 정치적 역동을 불러일으켰던 것이다. 이 점에서 이 시기 교회의 사회윤리적 지향이 "어거스틴 유형"에서 "칼뱅 유형"으로 전환하는 계기로 일정 부분 작용하고 또 그러한 전환이 심화될 수 있는 동인이 될 수 있었다는 평가는 주목할 만하다. 그러나 1938년 일제의 신사참배령을 따르기로 한 교회의 결정은 이 운동의 진전을 막고 또 교회의 정적주의적 경향을 강화하는 계기가 되고 말았다.

　　많은 교회 지도자들은 도덕적 문화적 개조를 추구하는 사회사상과 운동에 공감을 표하면서, 정치적 참여에 대해 소극적이거나 혹은 반대하는 입장을 취하며 공적 참여의 범위를 도덕적 문화적 차원에 제한하려는 경향성을 띠고 있었음을 보았다. 일제의 강권 통치라는 척박한 상황을 고려한다면 현실적이며 불가피한 대안이 아니냐는 평가가 있을 수 있지만 개조주의의 점진주의와 문화적 변혁론은 오히려 일제 통치를 강화하는 방향으로 악용될 수 있다는 비판을 소홀히 여길 수는 없을 것이다. 물론 독립 운동의 비정치화를 추구했다 하더라도 '개조' 옹호자들도 독립은 궁극적 목적임을 부정하지는 않을 것이다. 이 점에서 일제라는 정치적 권위는 결국 극복되어야 할 대상이 되는 것이다. 개조주의에 공감하는 교회의 흐름은 한편으로 세속 권위를 존중하고 그에 대한 저항의 가능성에 소극적인 입장을 견지하며 다른 한편으로 그럼에도 정치사회 영역에서의 공공선 증진을 위한 실천적 삶을 강조하는 "어거스틴 유형"이나 "루터 유형"과 양립할 수 있다고 평가할 수 있다. 그러나 이러한 교회적 흐름은 국가가 하나님이 세우신 뜻을 따라 제대로 작동할 수 있도록 교회가 방향을 제시하고 교육하는 책무를 감당해야 한다고 가르친 어거스틴과 루터의 사회윤리적 견해를 적극적으로 수용하지는 못했다고 볼 수 있다. 이런 점에서 하나님의 주권을 침해하고 거룩한 연방의 건설에 걸림돌이 되는 정치권력에 대한 '정치적' 저항을 허용하는 "칼뱅 유형"의 변혁적 사회윤리와는 더더욱 거리가 멀다고 하겠다.

3. 이승만 정부 – 노태우 정부 시기

이 시기 교회와 국가의 끈끈한 유대와 협력 관계 형성은 일견 -튄 '기독교적 문명의 통합'으로 요약되는 "아퀴나스 유형"의 사회적 이상과 가까운 것으로 보인다. 이승만 정부 시기 정교의 협력 관계 구축의 종교적 배경에는 한국을 '기독교화'하려는 이상에 대한 교회와 국가의 공감대가 존재했다고 볼 수 있다. 한국판 '기독교적 문명의 통합'이라고 일컬을 수도 있겠지만, 그 속을 들여다보면 "아퀴나스 유형"에 내포된 단일체적인 사회유기체적 이상과는 다르다. 한국의 '기독교화'라는 이상은 교회가 성과 속을 포함하는 전체 사회에 신학적 기초를 제공하고 보편적 권위를 발휘한다는 "아퀴나스 유형"의 총체적이면서도 광범위한 구도에서보다는 복음화를 통한 기독교화라는 복음주의적 해석과 실천의 틀에서 제한적으로 추구된 것이라고 평가할 수 있겠다. 더욱이 사회적 정치적 안정을 선호하고 정치권력과의 상호호혜의 관계성을 추구했던 교회의 경향성을 고려할 때, 이 시기 교회는 모든 사회 구성원들이 계시된 하나님의 의지에 복종하면서 거룩한 연방의 건설에 매진해야 한다는 칼뱅의 사회적 이상과는 거리가 있으며 하나님의 주권적 의지에 입각한 사회 변혁 사상에 내포된 "칼뱅 유형"의 '변혁적' 특성은 결鈺하고 있다고 평가할 수 있을 것이다.

정교분리를 원칙적으로 수용하되 국가권력의 신적 기원을 인정한다는 점을 고려할 때, 이 시기 교회특히 보수 교회는 교회와 국가의 관계성의 관점에서 "루터 유형"에 가깝다고 볼 수 있다. 다만 모든 형태의 정치권력을 정당화하는 경향이 있다는 점에서 이 유형과는 다르다는 평가를 내릴 수 있다. 국가권력을 신학적으로 정당화하지만, 국가의 일에 적극적으로 참여하지 않는다. 하나님의 뜻에 입각하여 본래적인 공적 사명을 잘 감당할 수 있도록 지속적으로 교회가 세속 정부의 지도자들과 봉사자들을 교육해야 한다는 "루터 유형"의 공적 관계성 이해는 이 시기 교회에서 찾아보기 힘들다. 이 점에서 정치 지도자들은 신법 안에서 성직자들의 교육과 안내와 지도를 받아야 한다는 "아퀴나스 유형"의 권고를 받아들이기에는 큰 간격이 있는 것으로 보인다.

진보적 기독교인들은 독재 정권에 저항하고 사회적 약자들을 대변하는 활동에 적극 참여함으로써 한국의 사회 변혁 운동의 중요한 사상적 조직적 기반으로 자리매김했다. 이들의 관계성 이해는 교회가 전체 사회에 변화를 가져오는 공적 주체임을 강조한다는 점에서 "칼뱅 유형"에 가깝다. 개인 영혼 구원도 중요한 교회의 사명이지만 그 외에도 국가의 본연의 목적과 기능을 일깨우고 온전히 작동할 수 있도록 자극하고 돕는 일도 중요한 기독교의 공적 사명임을 분명하게 인식하고 있었던 것이다. 진보적 기독교인들은 국가가 본연의 임무를 소홀히 하고 오히려 폭력적 독재적 권력화의 길로 부패할 때 저항의 모판과 동력으로 작용했던 것이다.

4. 김영삼 정부 – 노무현 정부 시기

민주화 이후 김영삼 정부에서 노무현 정부까지 민선 혹은 민간 정부 시기의 교회와 국가의 공적 관계성은 원칙론적 정교분리로부터 교회의 공적 정치사회적 참여의 확장으로의 전환으로 설명할 수 있을 것이다. 이러한 전환은 기독교 보수와 진보 그룹에서 다른 양상과 방향성으로 구체화되었지만, 그 근본적인 경향성에 있어서는 공통적이라는 평가를 내릴 수 있다. 다만 둘 사이의 차이도 간과할 수 없다. 일견 복음화에 방점을 두고 기독교 국가를 추구한 이승만 정부 시기의 보수적 기독교의 양상과 유사해 보이지만, 이 시기 기독교 보수 그룹은 기독교적 관점에서 체제와 정책·제도를 평가하고 그 관점으로 정치사회적 변화를 불러일으키기 위해 적극적으로 참여했다는 점에서 차이가 있다. 이 지점에서 "칼뱅 유형"에 상응하는 면모를 드러낸다고 평가할 수 있겠는데, 성과 속의 영역을 포괄하여 기독교적 세계로 변화시키고자 하는 분명한 의도와 실천을 드러내려 했기에 그렇다. 그러나 좀 더 신중하면서도 정밀한 분석과 평가가 요구된다. 교회로 대표되는 영적 영역뿐 아니라 국가를 포함하는 정치사회 영역을 기독교적으로 변화시키려 하지만 기독교 보수 그룹이 정치적 참여의 기반으로 삼은 신학과 윤리는 전체 기독교를 반영한다기보다는 특정한 기독교인들과 그들의 공동체^{혹은 그룹}의 고유한 해석을 두드러지게 내포한다는 점에서 "칼뱅 유형"이 추구하는 기독교적 문명 통합의 총체적 비전에 정확하게^{혹은 충분하게} 상응한다고 할 수는 없을 것이다.

이전 시기 진보 기독교의 공적 관계성은 국가권력에 대한 '저항'으로 특징지을 수 있다는 점에서 "칼뱅 유형"의 변혁적 특성을 보유한다고 평가할 수 있다. 그런데 김영삼 정부를 기점으로 시작된 민간 정부의 통치는 기독교의 공적 관계의 형태를 근본적으로 바꿔 놓았음을 보았다. 곧 시민사회 영역에서 국가권력을 견제하거나 저항함을 통해 사회윤리적 영향력을 발휘했던 진보적 기독교회와 신자들은 민간 정부 통치기에 적극적으로 국가의 통치행위에 참여하게 된다. 활동의 토대가 시민사회 영역에서 정치 영역으로 전환된 것이다. 이제 진보 기독교와 국가권력의 관계성은 이전 시기에서 찾아볼 수 없는 양상 곧 친밀한 공적 관계를 구축하고 실질적으로 협력하는 양상을 띠게 된 것이다. 이런 상황에서 기독교의 역할은 국가권력에 대한 '저항'이 아니라 '협력'에 더 큰 비중을 설정하게 된다. 저항의 기능은 국가권력의 변혁을 목적으로 한다면, 협력자로서의 역할 수행은 후원과 정당화에 초점을 맞추게 된다. 이 점에서 이전 시기와 비교할 때, 변혁적 실천을 특징으로 하여 "칼뱅 유형"과 양립하는 공적 관계성의 유형을 내포하던 진보 기독교는 세속 정부를 기독교적으로 설명하고 정당화하여 성과 속의 통합에 기여한다는 점에서 "아퀴나스 유형"으로 그 위치를 옮기고 있다고 평가할 수 있다.

IV 한국 교회의 사회윤리적 의식과 책임성 강화를 위한 실천적 제안

지금까지 필자는 한국 기독교의 사회윤리를 공적 관계성의 관점에서 역사적으로, 신학적으로 그리고 윤리적으로 탐구함으로써 한국 교회의 '공적 관계성'을 파악하고 또 사회윤리적으로 평가하는 과업을 수행하였다. 이제 한국 교회의 사회윤리적 의식과 책임성 강화를 위한 몇 가지 윤리적 제안을 하고자 한다.

첫째, 한국과 같은 다원적 사회에서 트뢸취적 '종합'[83]의 필요성에 관한 것이다. 아퀴나스나 칼뱅의 기독교적 문명의 통합과 같은 단일체적인 사회적 전망이 현대와 같이 다양한 종교와 사상과 문화의 전통이 공존하는 사회에서는 현실적이지 못하다는 평가가 있다.[84] 이승만 정부 시기에 한국 교회는 한국을 '기독교화'하는 꿈을 꾸었다. 이 꿈에는 정치사회적으로 기독교를 국교화하는 목적이 내포되어 있다. 종교적으로 또 문화적으로 다원적인 한국 사회에서 이러한 사회적 목적의 추구가 자칫 사회 통합과 안정을 해칠 가능성이 높다는 우려가 있어 왔다. 종교문화적으로 말하면 한국 사회는 기독교 보다 유교와 불교에 더 깊은 뿌리를 내리고 있다고 할 수 있다. 이러한 특수성을 고려할 때, 기독교사회윤리는 한국의 사회 문제들을 논할 때 트뢸취의 '종합'의 전략을 긍정적으로 활용할 필요가 있다고 본다. 기독교의 고유한 규범적 지향과 한국 사회를 구성하는 문명적 혹은 시대적 윤리가 건설적으로 상호작용함을 통하여 기독교 신학과 윤리에 부합되는 한국의 시대정신과 문

---

83 기독교 신앙의 교회 외적 배경이 되기도 하고 또 기독교 신학과 윤리가 반응해야 할 대상으로서의 세상을 사회라 한다면, 그 사회의 두 가지 기본 뼈대가 있다. 이 뼈대들에 대한 트뢸취(Ernst Troeltsch)의 견해를 충실하게 반영하면서 트뢸취의 주요한 해석가인 오글트리(Thomas Ogletree)는 사회기능적 체제와 포괄적 규범윤리, 이 두 가지를 제시한다(Thomas Ogletree, *The World Calling: The Church's Witness in Politics and Society* (Louisville: Westminster/ John Knox Press, 2004), 18-19). 기능적으로 인간 공동체를 가능하게 하는 기구, 집단, 공동체적 질서와 그것들을 작동하게 하는 사회, 정치, 경제, 문화 체제들이 전자이고, 사회 속에서 함께 살아가면서 내면화해서 실천해야 할 기본적인 기대, 역할, 가치지향, 윤리적 기준들이 후자이다. 기독교사회윤리는 이 두 가지 뼈대에 반응하고 이것들과 상호작용할 수 있고 또 그렇게 해야 하는데, 트뢸취는 포괄적 규범윤리에 우선적 관심을 두어야 한다고 주장한다. 트뢸취는 기독교사회윤리가 교회 밖 정치사회 영역에 공적으로 영향을 끼치기 위해서는 무엇보다도 이러한 도덕적 가치와 기준들에 주목하면서 기독교윤리 사상과 포괄적 규범윤리 사이의 종합(synthesis)을 모색할 것을 제안한다. 기독교의 규범적 지향과 사회기능적 체제들을 지탱하는 도덕적 가치나 기준들 사이의 상호작용을 트뢸취는 종합(혹은 절충)으로 설명하고 있는 것이다. 예를 들어 생각해 보자. 기독교윤리 사상이 주목해야 할 대표적인 도덕적 가치는 '자유'이다. 이 자유의 가치는 헌법 전문에 선명하게 드러나 있으며, 이 자유의 가치가 지지하는 권리들에는 종교, 의사표현, 언론, 집회의 자유 등이 포함된다. 이러한 자유들에 대해서 기독교는 넓은 마음으로 수용할 자세를 갖추고 적극적으로 지지·옹호해야 할 것이다. 이것이 종합의 한 형태이다. 다만 지지의 형태만이 있는 것이 아니다. 종합의 과정에서는 건설적인 비판이나 반대의 형태도 채택될 수 있다. 나치즘(Nazism)에 대한 기독교의 반응은 어떠해야 했는가? 기독교사회윤리의 관점에서 비판적으로 진단하고 대안을 찾아야 했을 것이다.

84 Thomas Ogletree, "The Public Witness of the Christian Churches: Reflections Based Upon Ernst Troeltsch's Social Teaching of the Christian Churches," *Annual of the Society of Christian Ethics* 12 (1992), 67.

화에 대해서는 지지·협력하고, 반대의 경우는 기독교의 시각에서 건설적으로 비판하고 대안을 제시함으로써 '종합'을 추구해 나가자는 제안인 것이다.

둘째, 사회적 약자에 대한 교회의 공적 책임에 관한 것이다. 교회의 규모가 커지고 공동체의 유지와 운영을 위해 교회의 기구화^{혹은 조직화}가 심화되면서 대사회적 역동성은 상대적으로 약화된다는 것은 역사의 증언이다. 교회의 규모가 커질수록 그 역량이 어디를 향하고 있는지를 진지하게 검토하면서, 교회 내부의 조직과 체계를 강화하는 쪽으로 치우치지 않도록 해야 할 것이다. 이웃 사랑에 근거한 공적 봉사의 요체가 사회적 약자에 대한 우선적 돌봄이라면 기독교인들은 공적 영역에서 그러한 실천을 지향해야 할 것이며^{어거스틴과 루터}, 사회변혁의 방향이 권력자와 사회적 약자나 부자와 빈자 사이의 간격을 메꾸고 정의를 강화하는 쪽으로 잡혀야 한다면 기독교인들은 역시 그러한 방향성을 견지하고 공적 실천에 매진해야 할 것이다^{아퀴나스와 칼뱅}.

셋째, 기독교사회윤리의 종말론적 지평에 관한 것이다. 예수 그리스도의 삶과 십자가와 부활 안에서 하나님 나라는 예기적으로 선취되었으나 아직 궁극적 완성을 기다리고 있다. '이미'와 '아직 아니'의 긴장 속의 현존이 기독교인의 역사적 실존의 양상인 것이다. 교회는 한편으로 그리스도의 '예기적 선취' 안에서 담대한 이상을 늘 품어야 하고 다른 한편으로 '아직 아니'의 현실적 판단 속에서 그 이상의 적절하고도 지혜로운 구현에 힘써야 할 것이다. 이런 맥락에서 한국 교회는 하나님 나라의 사회적 이상을 첨예하게 또 충분하게 숙지하며 한국 사회의 특수한 상황과 실현가능한 상대적 선^善에 대한 현실적 분석에 입각한 지혜로운 공적 참여에 힘써야 할 것이다.

제 6 장

한국정부의 통일 정책에 대한
기독교윤리적 응답:
문재인 정부를 중심으로

이 장은 다음의 문헌을 수정·보완한 것이다. 이창호, "문재
인 정부 통일정책과 기독교윤리적 응답," 『장신논단』 51-3
(2019), 93-120.

한반도에서 전쟁은 아직 끝나지 않았다. 말 그대로 정전 상태일 따름이다. 북핵 문제는 여전히 진행형이고 얼마든지 남북간 갈등과 충돌의 상황이 발생할 수 있다는 현실을 부정할 수 없다. 기독교회와 신자들은 어떻게 이러한 한반도의 현실에 반응하고 또 구체적으로 참여할 것인가? 평화가 하나님의 뜻이라는 점은 성서적으로 또 신학적으로 자명한 진실이다. 그러기에 평화의 임금이신 예수 그리스도의 발자취를 따라 이 분단의 땅에 평화를 심고 통일과 남북한 평화공동체를 일구는 사명에 성실하게 응답하는 것은 마땅히 할 바라고 할 것이다. 무엇보다도 교회는 통일의 여정에서 성취해야 할 가장 우선적이면서 절실한 목표인 긴장완화와 평화공존을 앞당기기 위해 힘써야 할 것이다. 교회는 남북간 교류협력을 강화하고 화해와 평화공존에 이르며 궁극적으로는 통일과 평화의 이상을 이루기 위한 정부의 노력을 격려하고 이론적 실천적 차원에서 신학적으로 또 기독교윤리적으로 응답함으로써 한반도 평화와 통일에 기여할 수 있을 것이다. 특별히 정부와 민간의 다양한 주체들이 통일 운동에 참여하고 있고 또 그렇게 해야 하지만 여전히 정부의 역할에 더 비중이 주어지고 있다는 점을 고려할 때, 정부의 통일 정책 수립과 집행에 대해 기독교의 신학적 윤리적 가치와 신념의 관점에서 평가하고 기독교적 대안을 제시하며 또 구체적으로 참여하는 것은 교회의 우선적 과제라고 할 것이다.

본 장의 목적은 문재인 정부의 통일 정책을 기독교윤리적으로 성찰하는 것이다. 다시 말해, 기독교의 신학적 윤리적 가르침의 빛에서 문재인 정부의 통일 정책을 분석·평가하고 사회윤리적 제안을 하는 것이다. 이를 위해 필자가 하고자 하는 바는 크게 두 가지다. 먼저 문재인 정부의 통일 정책을 살피는 것인데, 역대 한국 정부의 통일 정책에 대한 역사적 논의의 맥락에서 간략하게 문재인 정부 통일 정책의 위치와 의미를 밝히고 정부 정책의 주요 특징들을 진술할 것이다. 다음으로 그러한 특징들에 상응하는 기독교의 신학적 윤리적 신념과 통찰을 논구하고 그러한 신념과 통찰에 근거하여 문재인 정부의 통일 정책에 대해 기독교적으로 응답할 것이다. 정책의 발전적 전개에 이바지할 수 있는 규범적 실천적 제안을 함으로 본 장을 맺고자 한다.

I 문재인 정부의 통일 정책 해설

1. 문재인 정부 통일 정책의 정책사적政策史的 위치와 의미에 대한 개괄적 진술

문재인 정부의 통일 정책은 역대 정부의 통일 정책과 역사적 연관을 가지면서 수립·집행되었다고 볼 수 있는데, 통일 정책의 수립과 집행의 역사에 대한 논의의 맥락에서 간략하게 문재인 정부 정책의 위치와 의미를 살펴보고자 한다. 김대중 정부1998-2003의 햇볕정책이나 노무현 정부2003-2008의 평화번영 정책과 뚜렷한 연속성을 갖는데, 그 근본 기조에 있어서 포용혹은 관여, engagement을 중시하기 때문이다. 남북간 대화와 교류·협력을 다양한 층위와 영역에서 일관성 있게 추진함으로써 긴장완화와 평화공존의 기반을 단단히 구축하고 궁극적으로 남북한 통일과 평화공동체를 수립하고자 하는 정책 방향성을 견지하고 있는 것이다. 포용의 기조를 존중하면서도 안보의 중요성을 결코 소홀히 하지 않는다는 점에서 포용과 안보의 병행론도 계승한다. 특별히 북핵 위기의 맥락에서 대화와 교류협력을 부단히 추구하면서도 안보·지향적 정책 수립과 집행의 틀 안에서 국제적 연대에 결부된 대북 제재와 군사적 위협에 대한 단호한 대응을 견지한다는 점은 병행론의 핵심적 내용을 드러낸다고 할 것이다. 다만 국민적 합의와 법제화를 통해 남북한의 주요 합의들이 정권 교체나 부침 등 정부의 변화에 좌우되지 않고 실질적인 결실에 이를 수 있도록 하는 방향에서 정책적 동력을 강화하고자 한다거나 '한반도 신경제지도' 구상 등을 통해 남북한과 동북아를 포괄하는 경제공동체를 대담하고 실효성 있게 추진함으로써 번영과 평화의 순환적 진보를 가속화하는 정책 구상을 구현하고자 하는 노력 등은 김대중 정부나 노무현 정부에 견주어 진일보한 측면이라고 평가할 수 있을 것이다.

문재인 정부의 정책은, 첨예한 적대 정책으로서 '북진정책'을 추구한 이승만 정부[1948-1960], 이념적 체제적 우위 확보를 전제한 정책 기조를 중시한 정부들[박정희 정부[1962-1979]를 비롯한 군사정권들과 김영삼 정부[1993-1998] 그리고 적대적 관점이나 우열의 구도를 내재한 정책적 지향은 지양하되 경제적 지원을 고리로 남북관계를 실용적으로 접근하거나 남북간 신뢰구축의 중요성을 강조하면서 남북 교류와 협력을 추구하지만 남한의 주도권이나 안보의 중요성에 더 큰 비중을 두고 통일 정책을 수립·집행했던 정부들[이명박 정부[2008-2013]나 박근혜 정부[2013-2017]과는 전체적으로 결이 다른 정책적 방향성을 보인다고 판단된다. 역으로 생각한다면, 통일 정책 수립과 집행에 있어서 적대적 우열 구도의 설정 지양, 호혜적 관계 형성을 존중하는 포용의 기조 강화, 정치 영역과 비정치 영역의 구분 지향, 남북 합의의 실효적 실천과 비정치 영역에서의 일관성 있는 교류협력 추구 등을 문재인 정부의 정책 지향들로 정리할 수 있을 것이다.

2. 문재인 정부 통일 정책의 주요 특징

문재인 정부의 통일 정책의 특징을 주요한 정책적 방향성을 중심으로 탐구하고자 하는데, 특히 사회윤리적 규범적 지향에 주목할 것이다. '사회윤리적 규범적'이라 함은 정부의 정책이 정치사회 공동체와 관련 정책 이슈들에 대해 공적 영향을 미치며 그러기에 기본적으로 목적론적으로 혹은 공리주의적으로 공적 공동체를 위해 긍정적 영향을 끼치고 공공선을 증진하고자 하는 방향성을 견지하고자 한다는 의미에서 그리고 정책 수립과 집행의 과정에서 목적론적 공리주의적 고려나 판단만이 아니라 도덕적 '옳음'에 대한 숙고, 특히 정치사회 공동체 구성원들이 일반적으로 옳다고 인식하고 또 받아들이는 규범적 기준이나 방향성에 대한 숙고도 포함한다는 의미에서 그렇다. 이제 문재인 정부 통일 정책의 주요 특징을 크게 네 가지로 진술하고자 한다.

1) 평화의 우선성

문재인 대통령은 후보 때부터 평화를 최우선 가치로 또 지고의 목적 비전으로 설정하고 한반도 정책 곧 통일 정책을 설계하고 실행했다.

문재인 정부는 "평화 없이는 안보도 경제도 보장할 수 없는 만큼, '평화공존'은 우리가 최우선으로 만들어가야 할 과제이자 비전"임을 분명히 하며 평화공존 자체가 통일에 이르는 본질적 필연적 과정이라는 점 또한 견지한다.[1] 이러한 한반도 정책의 궁극적 목적의식은 문재인 정부가 설정한 3대 목표 곧 '북핵 문제 해결 및 항구적 평화 정착,' '지속 가능한 남북관계 발전,' '한반도 신경제공동체 구현' 등의 목표에도 분명하게 드러난다.[2] 특히 평화공존의 우선성의 이상은 첫 번째 그리고 두 번째 목표와 연관된다. 북핵문제 해결 및 항구적 평화 정착은 한반도 평화와 통일 구현을 위해 절실한 목표라고 아니할 수 없다. 북핵 문제는 극단적인 안보 불안 요인으로 작용하고 있으며 평화공존과 평화구조를 한반도에 정착시키는 데 있어 선결과제로 여길 수밖에 없는 결정적 변인이 되고 있는 것이다. 이에 문재인 정부는 대화와 제재를 병행하는 접근을 취하면서 북한의 핵실험 중단과 비핵화를 목표로 하는 정책적 방향성을 견지한다.[3] 북핵 문제 해결을 위해 평화적 방법을 지속적으로 채택·실행해야 할 것인데, 무엇보다도 북한의 핵시설을 정밀 타격하는 등의 군사적 접근은 북한뿐 아니라 남한을 포함한 한반도 전체에 치명적 피해를 가져다줄 수 있다는 문제의식 때문이다. 이런 의미에서 남과 북의 정상이 정상회담을 통해 완전한 비핵화를 원칙적으로 합의한 것은 대단히 중요한 진전이라고 할 것이다.[4]

비핵화의 실현을 통한 근본적인 안보 위기 요인을 해소하기 위

---

1   통일부, 『문재인의 한반도 정책: 평화와 번영의 한반도』(서울: 통일부, 2017), 14.
2   위의 책, 18-21.
3   임을출, "새 정부의 대북정책," 『정세와 정책』(2017.6), 14-15.
4   서보혁 외, "문재인 정부의 2018 대북정책 방향," 북한연구학회 (2018), 14.

한 노력과 더불어 정전협정을 평화협정으로 전환하기 위한 노력도 함께 강조되어야 한다. 한반도는 종전이 아니라 휴전 상태로, 여전히 전쟁과 평화의 갈림길에 서 있다. 전쟁과 평화의 사이를 오가며 정전의 상태를 불안하게 유지해 가기 위해 남한과 북한 그리고 관련국들이 쏟아 붓고 있는 비용과 희생은 가늠하기 쉽지 않다. 이러한 현실을 고려할 때 한반도에 영구적인 평화구조를 세워가기 위해 정전협정을 평화협정으로 바꾸는 것은 필연적 과업이라고 할 것이다. 특별히 남북간 평화 실현은 한반도에만 그 효력이 국한되는 것이 아니라 동북아를 비롯한 세계의 평화 지형에도 영향을 미친다는 점을 생각할 때 동북아를 포함한 세계의 여러 국가들도 참여하고 또 그들에게 유효한 평화협정을 추구해야 한다는 것이 문재인 정부의 판단이다. 이런 맥락에서 남북정상회담을 통해 상호 군사 도발 중지를 약속하고 비무장지대 확성기 철수 등을 실행하는 것은 평화협정에 이르는 여정에서 의미 있는 결실이라고 할 것이다.[5]

두 번째 목표인 '지속 가능한 남북관계 발전'은 기본적으로 남과 북이 공식적으로 맺어 온 여러 합의들 곧 7·4 남북공동성명, 남북기본합의서, 6·15 공동선언, 10·4 정상선언 등 남북간 합의들이 정권교체와 같은 정부의 변화에 상관없이 합의 정신과 구체적인 실천 사항들을 지속적으로 또 확고하게 구현해 나갈 수 있는 기반을 닦고자 하는 정책적 함의를 내포한다.[6] 다시 말해, '상호 존중 · 화해 협력 · 신뢰 증진' 등 남북 합의의 기본정신을 계승·발전하되, "국민적 합의를 바탕으로

---

5   위의 논문.
6   이신욱, "문재인정부의 통일정책과 추진환경," 『윤리연구』 117 (2017), 289.

남북간 합의를 법제화하여, 평화통일을 위한 제도적 자산으로 만들 [고], 통일문제와 대북정책을 둘러싼 우리 사회 내부의 갈등을 해소하고 국민적 공감대를 형성해 [나가고자]" 하는 것이다.[7] 특별히 이 합의들은 평화를 지향한다는 곧 남북간 긴장완화와 평화공존 그리고 통일의 실현을 지향한다는 점을 생각할 때, 이것들의 준수를 통한 실질적 남북관계의 진전은 한반도 평화구조의 영속적 안정적 정착이라는 목적을 위해 매우 중요한 의미가 있다고 할 것이다.

2) 공동번영과 국제협력

문재인 정부 한반도 정책의 또 다른 하나의 비전은 남북한 공동번영의 추구이다. 여기서 공동번영은 "우리 경제의 미래 성장 동력을 창출함과 동시에, 남북 주민 모두 혜택을 누리는 새로운 경제공동체를 형성해 나가는 것"을 의미하며, 유라시아 대륙과 태평양을 연결하는 '교량국가'로서 경제 지형을 한반도를 넘어 동북아로 확장하여 역내외 이웃 국가들도 경제적 이익을 공유하는 '열린 번영'을 추구한다. 또한 여기서 공동번영은 평화와 경제의 선순환 구조를 내포하는데, "평화가 경제협력을 보장하고, 경제협력이 평화를 한 단계 더 발전[시키고자]" 하는 것이다.[8] 평화공존의 목적과 공동번영의 추구는 따로 떼어 생각할 수 있는 것이 아니라 하나로 볼 때 온전한 이해에 이를 수 있다고 할 것이다. 평화 없이는 경제적 번영도 안전한 삶의 보장도 있을 수 없다는

7　통일부, 『문재인의 한반도 정책』, 19.
8　위의 책, 15.

것은 자명한 이치이다. 북한의 경우, 핵무력화와 경제건설을 동시에 추구하는 병진정책을 채택·견지한다면, 핵실험 등에 투여하는 비용의 엄청난 증가는 경제건설에 대한 투자의 약화로 연결될 수밖에 없다. 남한의 경우에도, 한반도 긴장이 고조될 때 해외자본 유출이나 투자 감소 등 경제에 악영향을 끼칠 수 있고 또 그러한 상황이 실제로 벌어지기도 한다는 점을 간과할 수 없다. 군사적 긴장과 충돌 가능성의 증대가 남북한 경제에 결코 유익이 되지 않는다는 말이다.[9]

　　문재인 정부 한반도 정책의 세 번째 목표인 '한반도 신경제공동체 구현'을 여기서 살필 필요가 있다. 이 목표는 한반도와 지역 국가들을 연계하여 하나의 거시적 경제공동체를 추진하는 구상인데, '원산·함흥, 단천, 나선, 러시아를 연결하는 에너지·자원 벨트'인 환동해권, '수도권, 개성·해주, 평양·남포, 신의주, 중국을 연결하는 교통·물류·산업 벨트'인 환서해권, 'DMZ 생태평화안보관광지구, 통일경제특구를 연결하는 환경·관광 벨트'인 접경지역 경제벨트 등을 그 구상 속에 포함하고 있다.[10] 남한과 북한의 제한적 경제협력 혹은 경제공동체 모색이 아니라 한반도를 넘어서 중국, 일본, 러시아 등을 포함한 이웃 국가들을 한 데 묶어 경제적 협력과 공동체를 추구하는 국제적 차원의 정책구상인 것이다. 이는 공동번영의 실질적 토대 구축이라는 정책적 의미가 있지만, 동시에 정치적 안보적 기반으로서의 경제공동체 모색이라는 의미도 있음을 밝혀 두어야 하겠다. 문재인 정부는 "남북간, 동북아 국가들간 상호 경제적 협력 관계를 만들어 나감으로써, 북핵문제 해결은 물론, 한반도

9　서보혁 외, "문재인 정부의 2018 대북정책 방향," 14.
10　통일부, 『문재인의 한반도 정책』, 20-21.

의 군사적 긴장을 완화하고 다자간 안보협력을 증진시키는데 기여하겠
[다]"는 의지를 확고히 밝힌다.[11] 한반도 평화 정착이라는 정치적 정책
적 목적 실현을 위해 동북아 지역 국가들을 비롯한 주요 관련국들이 다
자 협의와 협력의 형태로 많은 노력을 해 왔지만 만족할 만한 결과를
내지 못하고 있는 현실을 부정할 수 없을 것이다. 문재인 정부가 경제적
차원의 협력을 적극적으로 모색하는 것은 정치적 안보적 관점과 떼어
생각할 수 없다. 역내외 국가들의 경제공동체를 모색함을 통해 경제적
차원의 이익 창출 및 공유를 추구할 뿐 아니라 경제적 기반의 창출이
실질적으로 군사적 긴장완화와 적대관계 청산을 포함하는 다자간 안보
협력의 구조와 체제를 형성·강화하는 데 기여할 수 있도록 하겠다는 정
책적 판단이 깔려 있다. 남북간 그리고 동북아를 비롯한 세계적 맥락에
서의 정치적 안보적 진전을 위해서 경제적으로 또 사회문화적으로 남
한과 북한 사이에 더 자유롭고 왕성한 교류와 협력이 이루어지고 그리
하여 한반도의 투자 가치를 더욱 높일 수 있는 환경을 마련해 가야 한
다는 것이다.[12]

3) 민관협력과 국민적 합의 존중

문재인 정부는 한반도 정책의 목표들을 이루기 위한 전략들을
제시한다.[13] 첫째, '단계적·포괄적 접근'은 제재일변도도 아니고 대화일

---

11 위의 책, 20.
12 서보혁 외, "문재인 정부의 2018 대북정책 방향," 15; 이신욱, "문재인정부의 통일정책과 추진환경,"
    285-288.
13 통일부, 『문재인의 한반도 정책』, 24-27.

변도도 아닌, 제재와 대화를 병행하는 전략으로서, 급격한 해결보다는 단계별 성취를 축적하여 평화적으로 북핵 문제를 해결하고 평화구조의 정착에 도달하고자 하는 접근이다. 또한 포괄적이라 함은 북핵 문제 등의 현안 해결을 위해 직접적으로 연관된다고 일반적으로 생각되는 군사나 안보 이슈들만을 다루는 것이 아니라 북한의 경제 문제와 같은 다른 연관 이슈들에도 관심을 기울이며 남한과 북한뿐 아니라 미국, 일본, 중국 등 다른 이해 당사자들의 참여도 포괄적으로 고려한다는 점에서 그렇다. 둘째, '남북관계와 북핵문제 병행 진전'이다. 북핵 문제가 중요하지만 평화와 통일의 목적에 이르기 위해 다루고 또 해결해야 할 문제는 그것만 있는 것이 아니라는 인식을 반영하는 접근이다. 다른 의제들에 대해서도 대화하고 또 해결의 방안을 함께 찾아감으로써 남북간 교류를 다각화 혹은 다양화하고 남북간 대화와 교류의 접촉면과 정도를 심화해 가야 한다는 것이다. 그렇게 될 때, 남한과 북한 사이의 신뢰 관계가 더욱 강화될 것이며 신뢰 관계가 굳건해지면 질수록 더 자유롭고 왕성한 교류와 대화가 이루어지는 선순환이 안정적으로 자리 잡게 될 것이다. 셋째, '제도화를 통한 지속 가능성 확보'이다. 정권의 변화에 좌우됨이 없이 남북간에 맺은 여러 합의들을 실질적으로 구현함으로써 평화공존과 통일의 기반을 확고히 하고자 하는 정책적 의도를 내포하는 전략인데, 특별히 국민의 동의와 참여를 중시한다. 곧 '통일국민협약'을 추진하고 이를 중요한 동력으로 삼아 남북 합의들을 법제화하여 실행의 추진력을 높이고 결국 평화협정 체결과 평화구조 구축을 이루어가겠다는 전략인 것이다. 넷째, '호혜적 협력을 통한 평화적 통일기반 조성'이다. 정치적 군사적 차원뿐 아니라 남북한 주민의 복지에 관심을 두는 접근으로, 이산가족 상봉, 북한 주민의 삶의 질 향상을 위한 경제적 지원 등 인도주의적 관심과 실천을 그 본령으로 삼는다.

이 전략들을 관통하여 드러나는 문재인 정부의 한반도 정책 수립과 실행의 중요한 특징을 살필 필요가 있다. 그것은 북핵 등과 같은 남북관계의 현안들을 해결하고 평화공존과 공동번영의 궁극적 목적을 구현해 나감에 있어 정부 당국자들의 정책적 역량과 행위만을 동력으로 삼는 것이 아니라 비정부 영역 곧 개별 시민들, 시민사회^{단체}, 기업 등을 포괄하는 민간 영역에 속한 구성원들이 적극적으로 참여하고 또 정부와 협력하는 실행구조를 중시한다는 점이다. 다양하고 활발한 남북 간 대화와 교류가 남북관계 개선과 평화공존을 위해 필수적이라는 점을 분명히 하면서 대화와 교류 채널의 복원이라는 과제를 충실하게 실천해 나가고자 하는 정책적 인식인 것이다. 그 구체적인 결실로 북한의 평창 올림픽 참가, 남북정상회담의 개최 등을 생각할 수 있다. 남북 정보기관과 통일담당부서의 대화채널이 복원되고 심지어 남북 정상간 핫라인 회복을 합의한 것은 주지의 사실이다. 남북 대화채널의 복원은 정부 차원에만 제한되지 않는다. 4·27 정상회담에서 두 정상은 남북공동연락사무소를 개성지역에 설치할 것을 합의하였는데, 그 목적은 정부 당국 간 협의의 진전을 위한 것일 뿐 아니라 '민간교류와 협력을 원만히 보장하기 위[함]'임을 분명히 한다.¹⁴

민주주의 사회에서 정치사회 공동체의 공적 목적과 과업을 수행함에 있어 주권자로서의 모든 국민들^{시민들}은 평등하게 그 수행의 주체로서 권리를 부여받고 또 상응하는 책무를 감당해야 할 것인데, 다양한 통일 의제와 이슈들을 다루기 위해 정부뿐 아니라 민간 영역의 다양한

---

14   4·27 판문점 선언.

주체들의 참여가 필요하며 주권자로서 시민들이 주체적으로 통일 논의와 운동에 참여하는 것은 마땅하다고 할 것이다.[15]

4) 생태적 평화와 통일의 추구

문재인 정부는 북핵과 같은 첨예한 문제가 현실적 과제로 크게 부상하는 상황으로 인해 안보 이슈가 남북 관계와 대북 정책 수립에 있어서 선결과제의 지위를 차지함에도 불구하고, 기본적으로 정치적 이슈와 비정치적 이슈를 분리하고자 하는 기조를 견지한다. 문재인 대통령의 독일 쾨르버재단 초청연설[2017. 7. 6.]의 한 대목이 이를 드러내는데, 여기서 "비정치적 교류협력사업은 정치·군사적 상황과 분리해 일관성을 갖고 추진[하겠다]"는 의사를 분명히 한다. 핵 문제 해결을 위한 제재의 필요성을 부정하는 것은 아니지만 남북관계의 개선을 위해 제재 일변도의 접근에 대해서도 신중한 판단을 하고 있는 것이다. 국제 사회가 합의하고 또 실행하고 있는 제재의 틀을 저촉하지 않으면서 남과 북이 서로 교류·협력할 수 있고 또 그렇게 해야 하는 사업 영역에 있어서는 유연한 접근을 하겠다는 입장인 것이다. 이러한 사업 영역으로는 이산가족 상봉이나 북한의 사회적 약자에 대한 지원과 같은 인도적 사업, 당국자간 대화, 스포츠교류, 환경협력 등을 생각할 수 있다. 이 중에서 환경협력의 영역은 정책적 거시적 안목에서 바라볼 필요가 있다. 4대 목표 중 하나인 '한반도 신경제공동체 구현'은 생태환경 차원에서의 남북 공동의 사업 추진도 포함하고 있다.[16] 대표적인 보기로 비무장지대[DMZ]

---

15   서보혁 외, "문재인 정부의 2018 대북정책 방향," 46-47.

개발을 들 수 있다. 북한과 협력하여 DMZ를 생태평화안보관광지구로 개발하는 계획으로 설악산에서 금강산, 원산을 거쳐 백두산까지 묶는 관광벨트 조성을 포함한 것이다.[17] 기본적으로 남북 공동 사업으로 추구하는 것이지만 대북 제재 실행 등을 고려하면서 남한 지역부터 시작하는 방안도 배제하지 않는다는 것이 정부의 입장이다.[18]

　　4·27 남북 정상회담 이후 합의 사항 실현을 위해 '판문점 선언 이행추진위원회 이행추진위'가 구성되었고 이 위원회가 첫 사업으로 채택한 것이 남북 산림협력이라는 점을 주목할 만하다. 구체적으로 이행추진위는 산하 3개 분과위원회 중 남북관계발전분과에 '산림협력 연구 태스크포스^{TF}'를 구성·운영하는 계획을 세웠다. 남북 정상간 평양공동선언의 현실화를 위한 여러 층위의 회담이 이어졌는데, 2018년 10월 15일 고위급회담 이후 평양공동선언 이행을 위해 열린 분야별 후속회담의 첫 일정은 다름 아닌 산림협력 회담이었다. 이 회담에서는 소나무 재선충 방제와 양묘장 현대화 방안 등을 주로 논의하였다.[19]

　　이렇듯 산림협력이 남북협력의 최우선순위를 점하게 된 이유는 무엇인가? 무엇보다도 북한의 산림 황폐화가 심각한 상황에 있기 때문

16　　김유철·이상근, "남북한 환경협력의 전망과 이행전략: 내재적 특성과 구조 변동을 중심으로," 『통일정책연구』 27-1 (2018), 80.

17　　환경협력을 경제적 가치 창출과 연계하여 접경지역 활용의 맥락에서 추진하되, 환경문제가 "한반도의 통합정책을 추진하여 상호신뢰·협력을 통한 평화적 기반을 구축하고 모든 국가들이 시급하게 필수적으로 해결해야 할" 문제이고 "상대적으로 정치성이 약한 환경문제를 교류협력을 위한 동력으로" 삼고자 한다는 점을 주목하고 있는 것이다. 강민조 외, 『통일대비 남북 접경지역 국토이용 구상: 남북협력 추진과제를 중심으로』(서울: 국토연구원, 2017), 18-26.

18　　북한과의 환경협력에 대한 정부의 분명한 정책적 의지는 문재인 대통령의 독일 쾨르버재단 초청 연설을 통해 확인된다. "북한의 하천이 범람하면 남한의 주민들이 수해를 입게 됩니다. 감염병이나 산림 병충해, 산불은 남북한의 경계를 가리지 않습니다. 남북이 공동대응하는 협력을 추진해 나가겠습니다."

19　　"남북 산림협력회담·군사회담 … 평양선언 합의 이행 본궤도에," 『한겨레』 2018년 10월 22일자 (2019. 2. 9. 접속). http://www.hani.co.kr/arti/politics/defense/866777.html.

이다. 유엔개발계획 UNDP의 「2013인간개발지수보고서」에 따르면 1990년부터 2010년 사이 북한의 산림 면적은 전체의 31% 곧 820만 헥타르에서 554만 헥타르로 감소했고, 안타깝게도 감소의 추세는 계속 빨라지고 확대되고 있다. 북한 당국도 북한 산림 황폐화의 심각성을 인지하고 있으며 상황 타계를 위해 정권 차원에서 힘을 쏟고 있는데, 성과가 만족스럽지 못한 것으로 보인다. 비근한 예로, 김정은 국무위원장은 집권 이후 산림 복구의 필요성을 지속적으로 강조하고 있다. 집권 후 두 번째 담화 "사회주의 강성국가 건설의 요구에 맞게 국토관리 사업에서 혁명적 전환을 가져올 데 대하여"에서 기존 산림 정책의 실패를 인정하고 "10년 안에 수림화산림 녹화를 달성하겠다."고 선언하였고, 2015년과 2018년 신년사에서 '산림 복구 전투'에 매진할 것을 천명했다. 2016년 발표한 경제발전 5개년 전략에 '산림 복구 전투,' '양묘장 조성' 등이 포함된 점도 주목할 만하다. 아울러 인도적 협력은 시급성이 있으나 체제 실상이 드러나는 것에 대한 우려가 있다는 점, 산림협력이 대북 제재의 틀에 저촉될 가능성이 상대적으로 적다는 점 등을 산림협력에 우선순위를 두는 이유로 덧붙여 두어야 하겠다.[20]

20 "사람보다 숲이 먼저? '산림 협력'이 남북 첫 사업 된 까닭은," 「한국일보」 2018년 5월 12일자 (2019. 2. 9. 접속). http://www.hankookilbo.com/News/Read/201805121349971399.

II 문재인 정부 통일 정책에 대한 기독교윤리적 응답

1. 기독교 평화론으로부터의 응답 모색

1) 평화주의와 정당전쟁 전통의 관점에서 본 기독교 평화론

(1) 에라스무스를 통해서 본 평화주의 전통의 평화 이해

기독교 인문주의자인 에라스무스^{Desiderius Erasmus}의 사상과 실천에서 평화는 핵심적 주제이자 목적이다.[21] 에라스무스는 보편적 이성과 특수한 기독교 계시 모두에 근거하면서 자신의 평화론을 펼쳐 가는데, 그의 평화 옹호는 무엇보다도 자연 질서와 인간 본성에 의존한다. 야생의 동물들도 어린 자녀를 보호하고 생존의 양식을 구하기 위해 싸울 뿐인데, 인간이 벌이는 치명적 전쟁이라는 것은 "야망과 탐욕, 그것이 아니면 내면의 병적 역동이 원인이 되어 발생한다."고 에라스무스는 한탄한다.[22] 인류에게 전쟁은 본성을 거스르는 곧 부자연스러운^{unnatural} 것이다. 인간의 본성에 충실한 삶과 사회는 어떤 모습이며 또 어떠해야 하는가? 에라스무스의 답은 분명하다. 인류 공동체에게 '자연스러움'은 치

---

21 Roland H. Bainton, *Christian Attitudes Toward War and Peace: A Historical Survey and Critical Re-Evaluation* (Nashville: Abingdon, 1979), 131.

22 Desiderius Erasmus, "Letter to Antoon van Bergen," lines 30-35. James Turner Johnson, *The Quest for Peace: Three Moral Traditions in Western Cultural History* (Princeton: Princeton University Press, 1987), 155에서 재인용.

명적 수단을 통한 물리적 충돌을 중단하고 평화롭게 더불어 사는 것이다. 신학적으로 말해, 하나님은 인간을 평화·친화적 존재로 창조하셨다. 타자와의 평화로운 공존에로의 지향성은 인간의 본성에 새겨져 있다는 말이다. 에라스무스의 말을 들어 보자. "자연은 인간의 마음속에 배타적 삶을 혐오하고 함께 어울려 사는 삶을 사랑하는 지향성을 심겨 두었다. 또한 인간의 심장에 온통 자애로운 애착의 씨앗을 뿌려 놓았다."[23] 이렇듯 '함께 어울려 사는 삶을 사랑하는 지향성'과 '자애로운 애착의 씨앗'이 주어진 인간의 마음은 본성적으로 전쟁과 같은 상호 파괴적 갈등을 거부할 수밖에 없다고 보는 것이다. 곧 하나님은 인간 본성의 설계도 안에 '상호간의 친밀한 감정적 교류와 사랑과 우정의 애착 관계'의 인자를 심겨 두셨다는 것이 에라스무스의 이해이다.[24]

에라스무스는 자신의 평화주의를 예수 그리스도의 삶과 가르침에 입각하여 심화시킨다. 에라스무스에 따르면, 평화의 추구는 기독교 제자도의 핵심이다. 다시 말해, 모든 기독교인들이 그리스도의 본을 따라 사는 것을 가장 중요한 삶의 목적으로 삼아야 한다는 것이다.[25] '평화와 사랑'을 기독교회와 신자들의 윤리적 삶의 요체로 역설하는 복음서의 권고들을 도무지 외면할 수도 없고 또 그렇게 해서도 안 된다고 에라스무스는 호소한다. 복음서가 전하는 예수 그리스도의 사랑과 평화의 윤리적 가르침은 전쟁과 폭력이 예수의 사랑의 법을 위배하는 것이라는 에라스무스의 단호한 입장의 결정적 근거이다. "어디에서 그토

---

23 Desiderius Erasmus, "Antipolemus: Or the Plea of Reason, Religion and Humanity Against War" (1813), reprinted in *The Book of Peace: A Collection of Essays on War and Peace* (Boston: George C. Beckwith, 1845). http://mises.org/daily/4134.

24 위의 글.

25 Lisa Sowle Cahill, *Love Your Enemies: Discipleship, Pacifism, and Just War Theory* (Minneapolis: Fortress Press, 1994), 154.

록 많은 완벽한 일치의 맹세들을, 그토록 많은 평화의 교훈들을 찾을 수 있을까? 그리스도가 스스로 자신의 것이라 부른 바, 하나의 계명 곧 사랑의 계명이 있다. 무엇이 이보다 더 전쟁을 반대할 수 있을까? 예수는 그의 친구들을 복된 평화의 인사로 맞이한다. 제자들에게 오직 평화를 주셨고, 오직 평화만을 남기셨다."[26] 요컨대, 예수 그리스도의 윤리적 가르침에 근원적으로 또 직접적으로 의존하면서, 에라스무스는 평화의 추구를 기독교의 도덕적 종교적 의무로 강조하고 있는 것이다. 예수 그리스도를 생명의 주인으로 받아들인다면, 오직 그의 가르침과 삶의 본을 따라 평화와 사랑을 증거하고 또 구현하고자 힘쓸 수밖에 없다는 말이다.[27]

(2) 루터와 칼뱅을 통해서 본 정당전쟁 전통의 평화 이해

루터 Martin Luther 에 따르면, 하나님은 예수 그리스도를 믿는 참된 신자들로 이루어지는 영적 정부 외에 다른 하나의 정부 곧 세속 정부를 세우신다. 이 정부 안에서 하나님은 사람들로 법적 제도적 질서에 복종하게 하셔서 악행이 제어되고 평화와 질서가 유지되게 하심으로써 인간의 정치사회적 실존을 위한 기본적 요건을 마련해 주신다. 다시 말해, 하나님은 죄의 결과를 치유하고 악행을 선도적으로 예방하며 공적 평화를 유지하기 위해 세속 정부를 세우신 것이다. 이런 맥락 안에서 정치지도자들은 정당한 목적으로 '칼을 사용할 수 있는' 권위를 부여받는다. 그들이 지켜야 할 수칙 code 에 따르면, 정당한 권위를 부여받을 수 있는

---

26 Desiderius Erasmus, *Dulce bellum in expetis* in *The 'Adages' of Erasmus*, trans. Margaret Mann Phillips (London: Cambridge University Press, 1964), 327.

27 이창호, "역대 한국 정부의 통일 정책에 대한 기독교윤리적 응답: 전쟁과 평화 전통을 중심으로," 『기독교사회윤리』 20 (2010), 249-253.

목적들이란 정치사회 공동체의 평화의 유지와 회복, 불의한 폭력의 치명적 위협 앞에 선 무고한 시민들의 보호 등이다. 이러한 목적들을 위한 대응폭력의 사용은 정당화될 수 있다는 것이다.[28] 정치적 정부의 공적 강제력 사용을 정당화하면서, 루터는 기독교 사랑의 윤리의 맥락에서 그 '정당성' 논의를 확장한다. 이에 관한 루터의 논증은 주목할 만하다. "악에 저항하지 말라는 주님의 계명은 여전히 유효하기에, 기독교인이 칼을 들어 강제력을 사용할 수 있다 할지라도, 자신을 보호하기 위해서나 복수를 위해서 사용해서는 안 되고, 타인들을 위해서 해야 할 것이다. 그러므로 칼을 들어 온 공동체를 방어하고 보호하며 또 백성이 유린당하지 않도록 하는 것은 기독교 사랑의 일이다."[29] 여기서 루터는 '이웃을 섬기며 악한 이들을 제어하기' 위해서 또 '온 공동체를 방어하고 보호하기' 위해서 불가피하게 무력을 사용할 수 있는 여지를 마련해 두면서, 그러한 무력 사용을 '기독교 사랑의 일'로 해석하고 있다는 점을 눈여겨보아야 할 것이다.

칼뱅Jean Calvin은 정당한 목적, 합법적 권위 등 전쟁 시작 전에 숙고해야 할 정의의 기준들jus ad bellum 〈유스 아드 벨룸〉의 관점에서 루터와 기본적으로 뜻을 같이하면서, 전쟁에 참여하는 전투원들이 존중해야 하는 정의의 기준들jus in bello 〈유스 인 벨로〉의 관점에서 기독교 정당전쟁론을 심화한다. 무엇보다도 전쟁 수행자들의 태도와 감정 상태에 대한 조언을 잊지 않는다. 전투원들은 분노나 증오의 감정에 휘둘리지 않도록 절제해야 하며 또 할 수 있는 대로 인도주의적 자세를 견지하기 위해 힘써야

28　Martin Luther, "Whether Soldiers, Too, Can Be Saved," in *Luther's Works* 46, ed. Jaroslav Pelikan (Saint Louis: Concordia, 1955), 95.

29　Martin Luther, *Sermons on the First Epistle of St. Peter*, in *Luther's Works* 30, ed. Jaroslav Pelikan (Saint Louis: Concordia, 1955), 76.

한다는 것이다. 특별히 군대 지휘관들은 사적인 감정에 좌우되거나 지나친 폭력성에 빠지지 않도록 경계해야 한다고 강조한다.[30] 또한 전쟁의 과정에서 정당전쟁의 기준에 따른 군사적 폭력의 사용을 용인하면서도, 그러한 폭력의 사용이 원수 사랑이라는 기독교의 고유한 윤리적 명령의 규범적 제한을 벗어나서는 안 된다는 취지에서 칼뱅은 "사랑의 법에 따라서 적군이라 하더라도 투항하여 자비를 구하면 살 길을 열어주어야 한다."[31]고 주장한다. 요컨대, 칼뱅은 모든 동료 인간에 대한 인도주의적 관심을 근간으로 하여, 한편으로 무고한 이웃을 보호하기 위한 군사력 사용을 정당화하며 다른 한편으로 전쟁 수행 중에라도 기독교 사랑의 규범에 입각하여 적군을 포함한 타자에 대한 존중을 실천할 것을 권면하고 있는 것이다.[32]

2) 문재인 정부 정책에 대한 기독교윤리적 응답

평화주의뿐 아니라 정당전쟁 전통 역시 궁극적으로 평화를 지향하는 기조를 견지한다는 점에서 전체적으로 평화윤리 모색의 틀에서 논구하고자 했다. 필자는 기독교 평화론으로부터 남북간의 평화 정착과 명실상부한 통일의 실현을 위한 정책 수립과 집행 그리고 다양한 영역에서의 운동과 실천을 기독교적으로 진단하고 평가하는 데 유용한 규범적 기준을 도출하고자 하는데, 그 규범적 함의를 정리하면 다음과

---

30 Jean Calvin, *Institutes of the Christian Religion*, ed. John T. McNeill and trans. Ford Lewis Battles (Philadelphia: Westminster, 1960), IV. 20. 12.

31 Jean Calvin, *Harmony* III, 53. David F. Wright, "War in a Church-Historical Perspective," *Evangelical Quarterly* 57 (1985), 160에서 재인용.

32 이창호, "역대 한국 정부의 통일 정책에 대한 기독교윤리적 응답," 244-248.

같다.[33] 첫째, 에라스무스를 중심으로 살핀 평화주의 전통에 내포된 규범적 내용이다. 인간은 다른 이들과 더불어 평화롭게 살아가도록 창조되었기에, 전쟁은 본질적으로 인간 본성에 배치된다. 아울러 예수 그리스도의 삶과 가르침은 사랑과 평화의 길만이 유일한 대안임을 신학적으로 확증한다. 그러므로 전쟁을 포함한 다양한 형태의 폭력은 정당하지 않으며 갈등과 충돌을 해소하고 화해를 이루기 위해 협상이나 중재 등과 같은 평화적인 방법만을 사용해야 한다. 둘째, 루터와 칼뱅을 중심으로 살핀 정당전쟁 전통에 내포된 윤리적 함의이다. 스스로를 보호할 수 있는 능력을 갖추지 못한 동료 시민들을 불의한 폭력으로부터 보호하고 공적 공동체의 안전과 질서를 보존·증진하기 위해 무력을 사용한다. 또한 대응폭력을 사용하여 극단적 대립의 상황을 교정하려고 시도하기 이전에 가능한 모든 평화적 방법과 노력을 소진해야 하는데, 전쟁 수행은 그야말로 마지막 수단이어야 한다.[34]

문재인 정부를 포함하여 한국 정부는 외부로부터 오는 불의한 군사적 위협에 대응하여 자국민을 보호하고 기본적인 평화와 질서를 확보하기 위해 대응폭력을 사용할 수 있는 정당한 권위와 권한을 보유하고 있다. 북한과의 평화로운 공존을 위한 '포용'의 정책적 지향과 북한의 위협에 단호하고 유효하게 대응해야 한다는 '안보'에 대한 정책적 지향은 균형 있게 추구되어야 한다. 기독교적 용어로, 평화주의적 정책 기조와 정당전쟁론적 기조는 병행되어야 한다. 다만 군사적 대응에 앞서, 가능한 한 모든 평화적 수단들을 동원해야 한다. 대부분의 역대 정

33　위의 논문, 256-261.
34　위의 논문, 255.

부들은 남북 관계를 정권의 정치적 목적을 위해 사용하기도 했다. 예를 들어, 북한이 촉발한 갈등이나 대립의 상황을 국내정치적 목적을 위해 전략적으로 활용하기도 하였다는 것인데, 이처럼 남북 관계^{혹은 통일 문제}를 정치적으로 수단화하는 행위가 장기적으로는 남북 관계를 악화시키는 결과를 야기했다는 평가는 주목할 만하다.[35] 이 점에서 정치 지도자들은 법적 한계를 존중하면서 부여된 공적 권한을 사용해야 하며 자신들의 사적 이익이나 다른 정략적 목적을 위해 오용해서는 안 될 것이다.

요컨대 정부의 통일 정책은 안보의 중요성을 견지하고 남북간의 긴장완화를 위한 실질적 기반을 강조하는 정책적 방향을 확고히 하면서, 한편으로 남북 관계와 통일의 이슈를 국내정치적 목적을 위해 수단화하는 시도를 최대한 억제해야 할 것이며 다른 한편으로 적극적으로 평화공존의 토대를 강화하기 위해 힘써야 할 것이다.

2. 기독교 범세계주의적 사회윤리로부터의 응답 모색

1) 기독교 범세계주의적 사회윤리

(1) 리츨의 하나님 나라 이해와 범세계주의의 신학적 윤리적 기반[36]

리츨^{Albrecht Ritschl}은 자신의 사회윤리를 '하나님 나라' 이해를 중심

---

35 Chung-In Moon, "Understanding the DJ Doctrine: the Sunshine Policy and the Korean Peninsula," in *Kim Dae-jung Government and Sunshine Policy: Promises and Challenges*, eds. Chung-In Moon and David I. Steinberg (Seoul: Yonsei University Press, 1999), 40-41.

36 리츨에 대해서는 1장과 4장에서 다루었는데, 여기서는 본 장의 목적에 맞추어 다시 전개하였음을 밝힌다.

으로 전개한다. 리츨의 하나님 나라는 현재적이다. 하나님 나라는 기독교 종말론의 핵심 주제로서, 리츨의 하나님 나라 이해는 마지막 날에만 완성되어 나타날 것이라는 의미에서 완전히 미래적인 종말론의 그것과는 다르다. 하나님 나라의 종말론적 완성이 오직 하나님께 달려 있기에 오직 하나님의 마지막 완성을 기다리는 것이 인간이 마땅히 해야 할 바라고 여기는 종말신앙에 동의하지 않는다는 말이다. 리츨에게 하나님 나라는 지금 여기에서 이루어지고 또 경험할 수 있는 현재적 실재이다. 이런 맥락에서 리츨은 하나님 나라의 현재적 실현에 있어서 인간의 역할을 중요하게 설정한다. 역사의 진보와 하나님 나라의 완성을 위한 궁극적 주권은 하나님께 있다는 신념을 기본적으로 존중하지만 신적 주권의 역사내적 실현을 위해 인간의 행위와 참여는 필연적이며 또 의미 있는 기여를 할 수 있다고 생각하는 것이다.[37]

어떻게 하나님 나라를 이룰 수 있고 또 이루어야 하는가? 리츨이 선호하는 하나님 나라의 다른 이름은 '도덕적 연합'moral fellowship이다. 하나님 나라는 그 근본적인 내용에 있어 도덕적이며 도덕적 이상이 실현될 때 이루어지는 시공간인 것이다. 도덕적 연합으로서의 하나님 나라에서 그 구성원들이 추구해야 할 규범적으로 보편적인 이상은 무엇인가? 리츨에 따르면, 그것은 사랑이다.[38] 이 사랑의 근거는 예수 그리스도의 온전한 사랑의 실천과 인격이다. 예수의 사랑은 온 인류를 품고자 하기에 보편적이며 타자를 위해 자기 자신을 기꺼이 희생하고자 하기에 이타적이다. 예수 그리스도의 화해 사역을 수용함으로 교회 공동체

---

37 Albrecht Ritschl, *The Christian Doctrine of Justification and Reconciliation*, trans. H. R. MacIntosh and A. B. Maculay (Edinburgh: T.&T. Clark, 1900), 30.

38 위의 책, 610-611.

에 속하게 된 신자들은 이제 그분의 윤리적 가르침과 실천을 모범으로 삼아 사랑을 실천함을 통해 이루어야 할 하나님 나라 사역에 부름 받는다. 도덕적 이상 곧 모든 인간을 대상으로 하는 자기희생적인 사랑을 실천함으로써 하나님 나라를 구현하는 것이다.

혈통적 인종적 사회문화적 정치적 경제적 차이로 인해 발생할 수 있는 인간 사회의 갈등과 대립을 극복하고 인류 공동체의 모든 구성원들이 조화롭게 공존하는 '도덕적 연합'에 이르기 위해서 인류는 사랑을 규범적으로 인식하고 또 구체적으로 실천해야 한다. 도덕적 연합으로서 하나님 나라는 정치사회적 체제와 제도들 안에 내포된 모든 차이와 대립을 극복하여 결국 이것들을 하나 되게 한다. 이러한 '하나 됨' 곧 도덕적 연합의 구현은 정치사회 공동체가 함께 추구해야 할 궁극적 목적이 되며, 그 목적은 도덕적 규범인 '도덕법'을 실천하고 삶의 양식과 인격으로 체현함으로 완성에 이른다. 여기서 사랑은 도덕법의 규범적 본질일 뿐 아니라 구체적으로 실천하게 하는 근본동기이자 동력이다.[39] 모든 인간은 보편적으로 주어진 도덕법 곧 사랑이라는 규범적 이상을 행동과 삶의 양식과 인격으로 구현함으로 하나님 나라로서의 도덕적 연합을 이루는 일반적 소명에 부름 받은 것이다. 온 인류를 하나로 묶는 보편적 안목을 탐지할 수 있는데, 여기서 리츨은 범세계주의의 기독교적 전개를 위한 중요한 신학적 윤리적 기반을 제시하고 있다고 평가할 수 있다.

39　위의 책, 511.

(2) 스택하우스의 공공신학과 범세계주의에 대한 신학적 윤리적 옹호[40]

기독교 신앙의 공적 본질과 책임을 진지하게 또 전문적으로 성찰하는 대표적인 현대신학의 흐름들 가운데 하나로 공공신학을 생각할 수 있다. 공공신학을 대표하는 신학자 중 한 사람인 스택하우스Max L. Stackhouse에게 기독교 신앙은 본질적으로 공적이다. 기독교의 복음은 개인적으로 수용하여 신앙의 세계에 들어간다는 의미에서 사적이지만, 개인을 구원한 복음은 기독교 신앙 밖에 존재하는 비신자들이나 잠재적 신자들도 누구든지 들을 수 있고 이해할 수 있다는 의미에서 공적이다. 아울러 기독교의 신학과 신앙은 사적인 문제와 영역에 한정되지 않고 공적 영역과 그 영역에서 다루어야 하는 문제들도 포괄해야 한다는 점에서 공적이라고 할 수 있다.[41] 규범적 차원에서 정치사회 공동체 안에서 방향제시의 역할을 감당해야 하며 정책적 체제적 차원에서 공적 삶의 '안내자'로서 기능함으로써 기독교는 공공성을 드러내야 한다는 이해인 것이다.

스택하우스의 공공신학은 세계화에 관심이 크며, 세계화의 전망에 관해 긍정적이다. 세계화가 "새로운 형태의 시민사회의 가능성을 보여주는 세계적인 인프라의 성장을 수반하는 문명의 전환을 가져올 수" 있으며 이러한 시민사회는 "이전의 모든 민족적, 인종적, 정치적, 경제적 혹은 문화적 정황을 포괄"한다는 의미에서 범세계주의적 cosmopolitan

---

40 스택하우스에 대해서는 1장과 4장에서 다루었는데, 여기서는 본 장의 목적에 맞추어 다시 전개하였음을 밝힌다.

41 이상훈, "신학해제: 스택하우스의 공공신학에 관한 이해," 새세대 교회윤리연구소 편, 『공공신학이란 무엇인가?』(서울: 북코리아, 2007), 29-30.

특징을 띠게 될 것이라는 것이 스택하우스의 생각이다.[42] 공공신학의 세계화 추구는 신학적 근거를 갖는다. 스택하우스는 하나님의 보편적 사랑을 강조한다. 만인구원론의 맥락에서의 보편성이 아니라, 신자와 비신자를 포괄하여 이 세상을 살아가는 인류에 속한 모든 인간에 대한 하나님의 섭리적 사랑은 포괄적이라는 의미에서의 보편성이다. 온 인류와 세상을 포괄하는 하나님의 사랑에 상응하여 기독교의 사회적 실천은 세계적 지평을 확보하고자 힘쓸 수밖에 없다는 것이 스택하우스의 생각인 것이다.[43]

이러한 세계화의 맥락에서 기독교회와 신자들은 어떻게 공적 신앙을 구현할 수 있는가? 스택하우스는 기독교 신앙은 본질적으로 역동적이라는 점을 견지한다. 예수 그리스도의 복음이 참된 행복과 구원의 길이라는 확신을 가지고 온 세계를 향하여 나아가고 또 복음을 증거하고자 한다는 점에서 그렇다. 세계 속으로 나아가 복음을 증언하고 모든 사람들에게 선택할 수 있는 기회를 제공하고자 하는 것이다.[44] 또한 신앙 공동체 안과 밖 곧 교회를 포함한 전체 정치사회 공동체 안에서 공공선을 증진하고 보다 나은 세상을 만드는 것을 기독교의 사회적 소명으로 중시하며 다른 사회 구성원들, 특히 다른 종교인들과도 협력하여 이 소명을 이루고자 하는 개방적 자세를 갖출 것을 스택하우스는 권고한다. 이러한 개방적 자세와 실천을 통해 기독교회와 신자들은 공적 공동체와 그 구성원들에게 하나님의 사랑과 정의를 증거·구현하고 또 그

---

42   Max L. Stackhouse, *Globalization and Grace*, 이상훈 역, 『세계화와 은총』(서울: 북코리아, 2013), 30.

43   Max L. Stackhouse, "Why Christians Go Public," 미간행 원고, 2006. Max L. Stackhouse, 이상훈 역, "공공신학이란 무엇인가? - 미국 기독교의 관점에서," 새세대 교회윤리연구소 편, 『공공신학, 어떻게 실천할 것인가?』(서울: 북코리아, 2008), 32-33에서 재인용.

44   Max L. Stackhouse, "공공신학이란 무엇인가? - 미국 기독교의 관점에서," 33.

리하여 공공선 증진에 이바지할 수 있게 된다는 것이다.[45] 스택하우스의 공공신학적 사회윤리는 범세계주의적이며 총체적인데, 공공선이 이루어져야 할 대상영역에 있어서 개별 시민사회나 하나의 국가공동체에 국한되지 않고 온 인류와 전체 세계를 포괄하며 윤리실천의 내용에 있어서 개인의 도덕적 시민적 실천, 에토스와 문화의 형성, 사회구조와 체제의 개선 등을 망라한다는 점에서 그렇다.[46]

2) 문재인 정부 정책에 대한 기독교윤리적 응답

앞에서 본 대로, 리츨은 신앙 공동체와 그 구성원들은 정치사회 공동체 속으로 들어가 예수 그리스도의 모범을 따라 적극적으로 사랑을 실천하고 신앙 공동체와 그 공동체를 둘러싼 정치사회 공동체를 하나님 나라로 변화시켜야 한다고 역설한다. 다만 하나님 나라의 구현 주체는 신앙 공동체와 신자들만이 아님을 보았다. 모든 사회 구성원들은 하나님이 일반적으로 부여하신 도덕법 곧 보편적 사랑을 실천함으로써 '도덕적 연합'을 구현해야 한다는 공동의 소명을 받는다는 것이다. 아울러 모든 인간이 예수 그리스도의 모범과 도덕법을 따라 구현해야 할 도덕적 연합으로서의 하나님 나라는 세계의 모든 지역을 포괄한다는 점에서 세계적이고 모든 인간을 하나로 묶고자 한다는 점에서 보편적이며 혈통, 인종, 지역, 계급, 사회문화, 정치경제 등 인간 공동체를 우열로 나누는 모든 차이와 차별의 기준들^{혹은 근거들}을 극복하여 평등한 공동체

---

45 위의 논문.
46 이창호, "교회의 공공성에 관한 신학적 윤리적 탐구: 고전적 '두 정부'론의 규범적 이해와 현대신학적 전개 및 발전 탐색을 중심으로," 『기독교사회윤리』 29 (2014), 173-176.

를 추구한다는 점에서 정의롭다.

앞에서 살핀 대로, 스택하우스의 공공신학은 범세계주의적 인류 공동체를 지향하는데, 그러한 지향성의 신학적 근거는 하나님의 사랑이다. 인간과 인간 공동체에 대한 하나님의 사랑은 보편적인데, 신자와 비신자 그리고 신앙 공동체 안과 밖을 포괄하여 깊은 애정을 가지고 일관성 있게 모든 인간과 전체 세계를 돌보고자 하신다는 점에서 그렇다. 기독교회와 신자들의 사회적 실천이 하나님의 사랑을 가장 중요한 규범적 모범으로 삼는 것이 마땅하기에, 기독교의 공적 책임 수행은 보편적 범세계주의적 특성을 띨 수밖에 없는 것이다. 아울러 스택하우스는 공적 참여의 영역이라는 관점에서 세계적 지평을 강조하는 한편, 그 내용에 있어서 개인의 도덕적 행동 및 품성 계발, 문화와 에토스 형성, 사회구조와 체제 및 제도의 개선 등을 모두 포함해야 하기에 기독교의 공적 실천은 총체적이어야 한다는 점을 역설함을 보았다. 이러한 영역적 광범위성과 내용적 총체성을 긍정할 때, 기독교인들은 비기독교인들과 적극적으로 소통하고 협력하여 보다 나은 세계를 만들어가고자 노력할 수밖에 없을 것이라는 스택하우스의 생각 또한 주목할 필요가 있다.

문재인 정부는 "경제 분야는 물론, 남북 주민 모두에게 도움이 되는 다양한 교류협력을 확대함으로써, 남북 공동체를 만들어 나가겠[다]"고 천명한다.[47] 여기서 문재인 정부의 정책에 작용하고 있는 동기나 실천적 지향이 두드러지게 확장적임을 알 수 있는데, 남한의 시민들뿐 아니라 북한의 동포들까지 고려하며 양쪽 모두의 생존과 복지에 관심을 둘 뿐만 아니라 다양하고 적극적인 교류와 협력을 추구하여 하나

---

[47]   통일부, 『문재인의 한반도 정책』, 20.

된 공동체를 추구하고자 한다는 점에서 그렇다. 이러한 확장성은 한반도에 한계를 설정하지 않는다. 앞에서 본 대로, '한반도 신경제지도' 구상은 한반도를 넘어서 동북아 전체를 포함하며 동북아를 비롯한 세계의 이웃 국가들과 그 구성원들의 복지와 번영에도 이바지하고자 하는 확장성을 강하게 나타낸다고 할 것이다. 이 점에서 동료 인간에 대한 동등한 배려 혹은 보편적 인류애가 규범적으로 또 행위·동력적 차원에서 의미 있게 작동하고 있다고 평가할 수 있겠다.

국제협력과 공동번영의 이상을 중시하는 문재인 정부의 정책지향은 기독교 범세계주의적 사회윤리의 규범적 중점에 친화적이라고 볼 수 있다. 하나님의 보편적 사랑에 근거하여 모든 인간의 복지를 위해 깊은 애정으로 헌신하며 인위적으로 설정된 차이와 차별의 잣대로 나뉘고 갈등하고 고통하는 인간 공동체를 평화의 공동체로 바꾸어가기 위해 노력하는 것을 윤리적 당위로 제안하는 리츨과 스택하우스의 신학적 사회윤리와 남한과 북한뿐 아니라 동북아를 포함한 세계의 이웃 국가들의 번영과 평화에 이바지하고자 하는 문재인 정부의 정책적 기조 사이에서 선명한 규범적 유비를 탐지할 수 있다고 보는 것이다. 이런 맥락에서 기독교는 한반도를 넘어 온 세계를 품고자 하는 정책적 넓이를 견지·확장해 나갈 것을 지속적으로 권고할 뿐 아니라 동료 시민들과 함께 민간 영역에서 남한이 범세계주의적 안목을 가지고 세계의 번영과 평화를 위해 의미 있는 기여를 할 수 있도록 힘써야 할 것이다.

3. 기독교 공적 참여의 윤리로부터의 응답 모색

1) 기독교 공적 참여의 윤리

(1) 월터스토프의 기독교인^{시민}의 공적 정체성과 역할 이해[48]

자유민주주의 사회를 살아가는 시민이 공적 영역에서 정치적 정책적 이슈들에 대해 자신의 종교적 신념에 근거해서 판단하고 또 그 판단을 다른 시민들에게 주장하거나 설득하려 해서는 안 되는가? 월터스토프^{Nicholas Wolterstorff}는 기본적으로 자유민주주의 이상에 동의하면서도, 종교적 신념과 같은 특수한 포괄적 신념이 아닌 '독립적 근거'[49]에 입각해서만 공적 주장을 개진해야 한다는 점을 견지하는 자유주의적 입장과 종교와 국가^{신앙과 정치}를 엄격하게 떼어 놓으려고 하는 분리주의적 입장에 동의하지 않는다. 월터스토프는 공적 토론에서 '독립적 근거'를 필수적으로 요구하는 롤즈^{John Rawls}와 같은 자유주의자의 '정의' 개념이 정치사회 공동체에 존재하는 다양한 가치들을 평가·판단하고 또 이것들이 충돌할 때 그러한 충돌을 해결하는 원리로서 작용할 수 있고 그리하여 공공선 증진에 이바지할 수 있다는 점을 긍정적으로 수용할 것이다. 다만 월터스토프는 공적 담론의 장에 참여하는 시민들이 자신들의 공

---

48 월터스토프에 대해서는 1장과 3장에서 다루었는데, 여기서는 본 장의 목적에 맞추어 다시 전개하였음을 밝힌다.

49 이 개념은 롤즈의 '정의'론과 연관해 검토할 필요가 있다. 롤즈는 '공정'(fairness)으로서 정치적 정의의 개념을 피력하는데, 이 정의의 세계에서 사는 시민들은 합리적인 사람이라면 누구든지 합리적으로 거부할 수 없다는 사회적 원칙에 충실한 이들이다. 그리하여 정의는 좋은 삶이 무엇인지에 대한 어떤 '포괄적 교리'(comprehensive doctrines)에서 오는 것이 아니라 시민들 가운데서 발견하는 '중첩적 합의'(overlapping consensus)로서 독립적으로(freestanding) 존재한다. 여기서 롤즈는 공적 주장은 포괄적 교리가 아닌 '독립적 근거'와 중첩적 합의를 존중하면서 개진되어야 한다는 점을 내포한다고 볼 수 있다. John Rawls, *Political Liberalism* (New York: Columbia University Press, 1996), 144-148.

적 주장을 오로지 다른 구성원들도 기꺼이 수용하는 정의의 정치적 개념에 반드시 근거해서 개진해야 한다는 점을 의미한다면, 자신은 받아들일 수 없다고 강조한다. 신앙 공동체 안팎에서 '종교적으로 통합적인' 삶을 살고자 하는 사람들에게 그러한 요구는 수용하기 어려운 것이 될 것이라는 것이다. 공적 정치적 영역에서도 그들은 자신들의 종교적 신념에 따라 생각하고 결정하고 말하고자 한다. 월터스토프는 롤즈의 '독립적 근거' 입장이 종교인들이 수용할 수 없는 어떤 요구사항을 내포한다고 보는데, 이러한 요구사항은 그들의 공적 주장을 뒷받침하는 종교적 이유들은 '유일한' 결정 요인이 되어서는 안 되고 그러한 종교적 이유들과 함께 다른 비종교적 이유들도 고려해야 하고 또 제시해야 한다는 전제를 포함한다.[50]

　월터스토프는 종교적 신념에 충실한 종교인들에 의한 공적 주장의 개진이 공통의 합리성이나 정치적 정의의 개념에 근거한 시민들의 공적 참여와 협력에 걸림돌이 되기 때문에 사회적 긴장이나 갈등을 효과적으로 제어하고 사회적 평화와 질서에 한 걸음 더 다가서는 정치사회 공동체를 만들기 위해 특수한 신념으로 무장한 종교인들은 공적으로 활동해서는 안 된다는 자유주의적 입장에도 반대한다. 월터스토프는 종교적 이유와 근거를 가지고 공적 담론의 장에 참여하여 의사를 개진하는 것에 제한을 두는 것은 '검열'에 상응한다고 전제하면서 자유민주주의 사회에서는 그 어떤 검열도 허용하지 않으며 또 그렇게 해서는 안 된다고 강조한다.[51] 이런 맥락에서 종교적으로 통합적인 삶을 살고

50　Robert Audi and Nicholas Wolterstorff, *Religion in the Public Square: The Place of Religious Convictions in Political Debate* (Lanham, Md.: Rowman & Littlefield Publishers, Inc., 1997), 104-105, 122-123.

51　위의 책, 145-147.

자 하는 이들은 자신들의 종교적 신학적 신념에서 정치적 윤리적 의미를 탐색하고 또 그렇게 도출된 의미를 가지고 공적 담론의 장에 들어갈 수 있어야 한다는 것이다. 다만 자유롭게 참여하되, 조건은 있다. 월터스토프는 최대한 예의를 갖추어 다른 참여자들의 의견에 경청해야 하고 헌법과 법률이 제시하는 공적 토론의 규범의 틀을 존중해야 한다는 점, 사익이 아니라 철저하게 '정치적 정의'를 목적으로 견지하며 공적 담론과 실천의 장에 참여해야 한다는 점 등을 강조한다.[52]

(2) 홀렌바흐의 기독교 공공선과 공적 참여의 윤리[53]

홀렌바흐 David Hollenbach 는 월터스토프와 마찬가지로 덜 분열적이고 좀 더 정돈된 사회를 만들기 위해 종교와 정치를 엄격하게 분리해야 하고 또 종교의 공적 참여를 제한해야 한다는 자유주의적 입장에 대해 비판적이다.[54] 또한 행복한 삶이나 사회의 공공선에 대한 특수한 신념을 견지하는 종교인들과 그들의 공적 주장이 공적 담론의 장에 들어오는 것을 막고 그러한 사회적 신념 그리고 그것과 연관된 공적 이슈들에 대해 철저한 가치중립을 지킬 것을 시민들에게 요구한다면 시민들 사이의 분열이나 충돌은 어느 정도 제어할 수 있을지는 몰라도, 공공선에 대한 논의·추구의 약화나 부재로 인한 여러 사회적 문제들 곧 경제적 사회문화적 양극화, 가난 문제의 심화와 악순환, 시민공동체의 약화나 붕괴 등의 문제를 촉발시킬 수 있다는 점을 홀렌바흐는 우려한다.[55] 이

---

52 위의 책, 112-113.

53 홀렌바흐에 대해서는 1장과 3장에서 다루었는데, 여기서는 본 장의 목적에 맞추어 다시 전개하였음을 밝힌다.

54 David Hollenbach, *The Common Good and Christian Ethics* (Cambridge: Cambridge University Press, 2002), 17-22.

러한 문제를 극복하기 위해 기독교회와 신자들은 무엇을 할 수 있고 또 해야 하는가? 홀렌바흐의 답은 분명하다. 기독교는 그 신학과 실천의 역사에서 건실하고 풍성한 공공선 전통을 보유하고 있기에, 그러한 신학적 실천적 전통을 되살려내고 발전적으로 전개해야 한다는 것이다.[56]

기독교 공공선 전통을 논하면서 홀렌바흐가 주목하는 신학자는 어거스틴 St. Augustine 과 아퀴나스 Thomas Aquinas 이다. 홀렌바흐는 어거스틴의 공적 관계성 이해를 논하면서 어거스틴은 신자들이 공적 정치사회적 공동체의 구성원으로서 비신자들과 협력하면서 공동으로 추구해야 할 공적 가치들과 목적들이 있기에 기본적으로 공적 공동체의 정치적 법적 체제와 질서를 존중해야 한다고 역설했다는 점을 밝힌다. 다만 홀렌바흐에 따르면, 어거스틴은 종교와 정치가 적절한 구분 없이 섞이는 구도 곧 종교가 권력화하여 정치를 좌우하려 하거나 정치가 주어진 권력의 한계를 넘어 종교의 고유 영역에 침해하려는 구도를 예민하게 경계한다는 점 또한 밝힌다.[57] 홀렌바흐가 보기에, 아퀴나스는 기독교 공공선 이론을 신학적으로 심화하는데, 정치사회적 경제적 차원의 공공선과 신학적 차원의 공공선특히 종말론적 공공선 사이의 연속성을 강조한다는 점에서 그렇다.[58] 종말론적 완성의 때에 부여되는 궁극적 은혜와 동일하지 않더라도 세속 영역에 있는 다양한 사회적 정치적 삶의 자리들에서도 하나님의 은혜는 미리 앞당겨 현실화된다는 것이 아퀴나스의 생각이라는 점을 홀렌바흐는 적시한다.[59] 이런 맥락에서 정치 지도자들의

---

55   위의 책, 10, 173-181.
56   위의 책, 99.
57   위의 책, 122.
58   Thomas Aquinas, *On Kingship*, in *St. Thomas Aquinas on Politics and Ethics*, trans. and ed. Paul E. Sigmund (New York: W. W. Norton & Company, Inc., 1988), XV.

본질적 소명은 정치사회적 경제적 차원에서 국가 공동체의 구성원들을 공공선으로 이끌어가는 것뿐 아니라 종말론적 관점에서의 궁극적인 목적 곧 하나님 나라의 완성에서 경험하게 될 지복至福의 목적으로 인도하는 것이라는 아퀴나스의 주장에 귀 기울일 필요가 있겠다.[60] 이로써 보건대, 홀렌바흐는 기독교 공공선 전통에 근거할 때 기독교 신앙은 사사화私事化를 경계하고 공공선 증진을 위한 적극적인 공적 참여를 권장하는 방향성을 취할 수밖에 없다는 점을 역설하고 있는 것이다.

현대적 적용의 관점에서 홀렌바흐의 공적 영역에 대한 논의를 주목할 만하다. 홀렌바흐는 자유주의의 '공적 영역' 이해에 대해 비판적이다. 시민단체, 대학, 교회, 마을공동체 등을 '배경문화'로 묶고 이를 공적 영역에서 배제하는 롤즈식式 자유주의의 영역 이해를 반대하는 것이다. 홀렌바흐의 공적 영역 이해는 포괄적이다. 그는 '정치적' 영역뿐 아니라 롤즈가 배경문화로 명명하고 공적 영역에서 떼어놓은 '시민사회' 영역을 포함시키는데, 이 두 영역을 총체적으로 합하여 공적 영역으로 간주한다.[61] 홀렌바흐는 시민사회 영역을 공적 영역에 분명하게 포함시킴으로써, 정치사회 공동체를 구성하는 모든 시민들의 공적 주체로서의 정체성과 공적 영역에서의 시민적 실천의 필연성에 대한 이론적 정당성의 기초를 다지고 있다고 평가할 수 있다. 홀렌바흐는 공적 영역에 대한 포괄적 이해를 가지고 공공선을 지향하는 적극적인 공적 참여를 통해 기독교가 시민사회의 활성화와 사회적 변혁 그리고 전체 사회의 공공선 증진에 기여해야 한다는 점을 역설하고 있는 것이다.[62]

---

59 David Hollenbach, *The Common Good and Christian Ethics*, 134.

60 Thomas Aquinas, *On Kingship*, VI.14-15.

61 David Hollenbach, *The Common Good and Christian Ethics*, 165-168.

2) 문재인 정부 정책에 대한 기독교윤리적 응답

월터스토프는 신앙 공동체의 안과 밖을 포괄하여 전체 삶의 영역에서 자신의 종교적 신념에 충실한 삶을 살고자 하는 이들에게 종교적 이유와 근거를 토대로 공적 주장을 개진하고 또 적극적으로 공적 책임을 수행할 것을 제안함을 보았다. 월터스토프의 제안은 종교를 가진 시민들만을 고려한 것이 아님을 주목할 필요가 있다. 정치사회 공동체를 구성하는 모든 시민들은 그들이 존중하는 신념이 어떤 성격이든 그 신념에 연계하여 나름대로의 이유와 근거를 동반한 공적 주장을 펼칠 수 있는 자유를 보유하며, 이러한 자유는 자유민주주의 사회의 지고의 가치로서의 시민적 자유 그리고 그 자유와 본질적으로 연관되어 보장되어야 하는 권리를 실현하는 의미도 있음을 강조하고 있는 것이다.

홀렌바흐는 시민들의 자유로운 공적 참여에 대해 긍정·권장하고 그러한 참여의 공공선지향성을 기독교 공공선 전통에 대한 논증을 통하여 당위적으로 강조함을 보았다. 기독교 공공선 전통을 되살리고 거기로부터 공공선 증진을 위한 윤리적 책무를 환기하고자 하는 의도가 분명하다고 하겠는데, 홀렌바흐가 염두에 두는 대상은 기독교인들을 비롯한 종교인들에게만 국한되지 않는다. 모든 시민들에게 공공선에 관한 사회적 논의와 공공선 증진을 위한 참여에 대한 책무의식을 일깨우고자 한다는 말이다. 정치적 차원이든 경제적 차원이든 혹은 사회문화적 차원이든 공공선에 대한 활발한 논의와 시민들의 인식이 확산·심

---

62   이창호, "교회의 공공성에 관한 신학적 윤리적 탐구: 고전적 '두 정부'론의 규범적 이해와 현대신학적 전개 및 발전 탐색을 중심으로," 168-172.

화되고 또 그 증진을 위해 적극적으로 실천해나갈 때, 사회의 공공선이 신장될 수밖에 없다고 보는 것이다.

앞에서 본 대로, 문재인 정부 통일 정책의 중요한 특징 중 하나는 통일운동의 주체로서의 민간 영역에 대한 정당하고 분명한 인식과 인정 그리고 민관협력을 통한 통일 정책 수립 및 집행 역량과 통일운동 동력의 극대화 추구이다. 정부 차원에서 감당해야 할 남북관계와 통일 관련 의제 및 과제들이 있겠지만 그것과는 달리 민간주도나 민관협력의 방식이 더 효율적이고 생산적인 정책과 운동영역과 이슈들이 있다는 점을 인식하면서, 한반도 평화와 통일을 향한 여정에 한국 사회의 주권자인 시민들이 주체적으로 참여할 수 있도록 하는 정책적 방향성을 분명히 견지하고 있는 것이다. 긴장완화, 평화공존, 남북통일 등 공적 목적 실현을 위해 시민들의 지위와 역할을 존중한다는 점에서, 문재인 정부의 입장은 월터스토프와 홀렌바흐를 통해서 드러난 기독교 공적 참여의 윤리와 친화적이라고 평가할 수 있다. 한편으로 공동의 공적 목적을 위한 정치사회 공동체 구성원들의 적극적이면서도 자유로운 시민적 참여가 규범적으로 정당하며 실제적으로 유용하기에, 정부는 시민적 공적 참여에 관한 기독교의 통찰과 조언을 참고할 가치가 충분하다고 할 것이다. 다른 한편으로 기독교회와 신자들은 평화와 통일이라는 공적 목적을 위해 선명한 책무의식을 가지고 적극적으로 공적 영역에 참여할 뿐 아니라 신자가 아닌 동료 시민들이 통일을 지향하는 공적 책임 실현의 장場 곧 통일 논의와 실천의 장에 보다 적극적으로 또 진정성 있게 참여할 수 있도록 안내하고 독려할 필요가 있을 것이다. 특별히 정부가 국민 참여와 소통, 국민적 공감대, 국민적 합의 등을 중시하는 정책적 기조를 견고하게 지키고 또 강화하기 위해 더욱 노력하도록 하는 방향에서 그렇게 해야 할 것이다.

4. 기독교 생태신학적 윤리와 통일 정책에 대한 응답 모색

1) 기독교 생태신학적 윤리: 몰트만을 중심으로

몰트만Jürgen Moltmann은 '생태계에 대한 책임적인 신학'을 전개하기 위해 특별한 비중을 설정해야 할 몇 가지 관점을 제시한다. 먼저 신적 초월과 내재의 균형을 견지하면서 하나님의 세계 임재를 강조하는 범재신론적 관점이다. 하나님은 세계로부터 초월하여 계신 분이지만 동시에 세계 안에 들어와 계신 분이시다.[63] 특별히 이를 삼위일체적 관점에서 생각할 필요가 있을 것인데, 하나님이 창조하신 세계와 그 세계 안의 모든 것은 성부 하나님을 '의해,' 성자 하나님을 '통해' 그리고 성령 하나님 '안에서' 존재하며[64] 친밀한 사귐과 공동체 형성을 지향한다. "성부, 성자, 성령의 내적인 교통에 피조물 상호 간의 교통도 상응한다. 즉 피조물은 서로 함께 더불어, 서로를 위해, 서로 안에 존재한다. 모든 만물을 붙드시는 하나님의 영만이 자기 자신으로부터 스스로 자존하시는 데 반해, 창조된 모든 만물은 자립적으로 존재하지 못하고, 오히려 서로에 의존하여 서로를 위해 존재한다. 일방적 지배가 아닌, 관계의 상호성이 생명의 원리인 것이다. 생명은 어느 곳에서나 사귐을 통해 이루

---

63 Jürgen Moltmann, *Ethik der Hoffnung*, 곽혜원 역, 『희망의 윤리』(서울: 대한기독교서회, 2012), 248-249.

64 Jürgen Moltmann, *Gott im Projekt der modernen Welt*, 곽미숙 역, 『세계 속에 있는 하나님: 하나님 나라를 위한 공적인 신학의 정립을 지향하며』(서울: 동연, 2009), 150.

어지는 교통이다."[65] 생명의 원천이신 하나님은 창조하시고 창조하신 세계와 모든 것에 생명을 부어 주시며 하나의 생명 공동체를 보존·유지해 가시는 것이다. 특별히 삼위 간의 사귐과 '피조물과 함께 하시는 하나님의 교통'은 상응한다.

다음으로 우주적 기독론의 전개이다. 그리스도의 화해의 사역은 보이지 않는 세계뿐 아니라 보이는 세계를 포괄하는데, 하늘과 땅에 있는 만물과의 화해를 추구하시고 또 완성하시는 것이다.[66] 인간뿐 아니라 모든 피조물은 그리스도의 구속의 죽음을 통해 값을 매길 수 없을 만큼 귀한 존재로 받아들여진다.[67] 우주적 기독론의 전개는 교회론적 확장으로 이어지는데, 교회의 사명은 우주적 지평을 포괄한다. "우주적 그리스도론에 대한 신앙을 통해 인간은 자연에 대항하여 그와 투쟁하기보다 자연과 화해하고, 또한 자연은 인간과 화해할 수 있는 길이 열리게 된다. 이로부터 그리스도 교회의 우주적 방향 설정이 뒤따른다. 교회가 구원을 인간 세계와 인간 영혼에 국한시킨 것은 위험한 제한이었다. 이제 교회는 우주 전체를 대변해야 하는데, 곧 하나님의 미래에 대한 희망을 모든 피조물에게 증거해야 하는 것처럼 '피조물의 탄식'롬 8:19을 하나님 앞에 가져가야 할 것이다."[68]

마지막으로 몰트만의 종말론적 관점과 생태학적 관심의 연결도 주목할 필요가 있다. 몰트만에게 종말은 끝이라기보다는 시작 곧 예수

65 Jürgen Moltmann, 『희망의 윤리』, 250.
66 Jürgen Moltmann, *Der Weg Jesu Christi: Christologie in messianischen Dimensionen*, 김균진·김명용 역, 『예수 그리스도의 길: 메시아적 차원의 그리스도론』(서울: 대한기독교서회, 1990), 78-90, 383-434.
67 Jürgen Moltmann, 『희망의 윤리』, 252-253.
68 위의 책, 253.

그리스도의 삶과 십자가와 부활을 통해 예기적으로 선취된 하나님 나라의 완성의 시작으로서의 의미가 강하다. 다시 말해, 종말에 이루어질 하나님 나라의 궁극적 완성은 내세에서만 경험할 수 있는 것이 아니라 지금 여기서 미리 앞당겨 이루고 향유할 수 있는 것이다. 하나님 나라의 완성은 총체적이기에, 인간의 구원만이 아니라 전체 세계와 그 세계 안의 모든 존재들의 구원과 회복이 포함된다. 몰트만은 기독교회와 신자들이 이러한 총체성을 존중하면서, 심각한 위기에 처한 생명 세계 가운데 치유와 회복이 이루어지길 소망하며 또 신앙적 실천에 나서야 한다고 권고한다. 여기서 '오늘을 위한 성화'라는 개념은 중요하다. 이를 통해 몰트만은 생명의 신성함과 창조의 신적 신비에 대한 변호, 생명에 대한 경외, 생명에 반하는 폭력에 대한 부정 그리고 생명 세계의 조화와 공존 추구 등의 가치의 중요성을 역설한다.[69] 이러한 가치들을 내포하는 성화의 틀 속에서, 신자들은 하나님의 성화의 역사의 수동적 객체가 아니라 생명을 더 풍성하게 하는 능동적 주체로 부름 받는다. 성화는 제자도와 성령 안에서의 삶에로의 부르심이다. "[성화]는 하나님이 살리시고 이미 거룩하게 하신 인격의 선성으로부터 흘러나온다. 신자들에 의한 삶의 성화는 하나님께 상응하는 생명이라고 명명할 수 있다. 이로써 목적이 분명해진다. 인간 존재 안에서 하나님의 형상을 회복하는 것이다. 생명의 근원이신 하나님과의 화목은 모든 살아있는 것들과의 화목과 같이 간다. 그리하여 생명 자체에 대한 경외와 더불어 간다."[70]

69 Jürgen Moltmann, *Der Geist des Lebens*, trans. Margaret Kohl, *The Spirit of Life* (Minneapolis: Fortress Press, 1992), 171-173.

70 위의 책, 175.

2) 문재인 정부 정책에 대한 기독교윤리적 응답

인류와 많은 동료 생명들이 겪고 있는 심각한 생태계의 위기의 현실을 직시할 때, 기독교회와 신학은 국가와 국가 또 지역과 지역을 아우르는 전 세계적 차원에서 그 극복을 위한 이론적 실천적 기반과 대안을 모색해야 한다는 절실한 요구 앞에 서 있다고 할 것이다. 이러한 현실과 요구 앞에서 기독교는 신학적으로 또 윤리적으로 어떻게 응답할 것인가? 기독교 신학은 하나님의 구원이 인간만을 대상으로 하는 것이 아니라 신적 창조의 모든 결과들 곧 온 우주와 그 안의 모든 존재를 향한다는 점을 분명히 한다. 우리가 본 대로, 몰트만은 삼위일체적 세계 이해, 우주적 기독론의 전개, 종말론적 완성의 현재적 실현 등의 신학적 신념에 근거하여 하나님과 세계의 친밀한 사귐, 구원의 우주적 지평, 모든 생명의 살림과 공존을 위한 윤리적 헌신의 강조 등을 주된 내용으로 하는 생태신학적 윤리를 제시한다. 그러므로 기독교회와 신자들은 하나님의 구원의 범위와 내용을 존중하며 전체 생명 세계를 살리고 그 세계 안의 구성원들의 공존을 고양하는 방향성을 견지하며 생태윤리적 소명을 성실히 감당해야 할 것이다.

앞에서 본 대로, 북한의 산림의 황폐화는 심각한 상황이며 북한뿐 아니라 한반도 전체 생태계를 위협하는 요인으로 작용할 수 있다. 남한과 북한이 생명의 터전으로 삼고 있는 한반도는 하나의 생태 공동체라는 인식을 분명히 하는 것이 필요하며, 북한 생태계의 위기에 대한 대응은 단순히 북한만을 위한 것이 아니라 남과 북을 포함하는 전체 생명 공동체를 위한 것임을 확고히 인정해야 하는 것이다. 2010년 천안함 사건 이후 1999년부터 민간 차원에서 시작된 북한 나무심기 사업을 비롯한 다양한 남북간 산림협력 사업이 중단된 상황에서, 남과 북을 하나로 묶는 생태 공동체를 추구하는 정책 수립과 실천 그리고 민간 부분의 적극적인 참여는 절실하게 요청된다. 이런 의미에서 생태적 차원의 통일 정책은 남과 북이 환경 파괴나 기후변화 등의 생태환경적 문제에 공동으로 대응하면서 긴장을 완화하고 통일의 기반을 마련하며 남과 북을 하나의 생태 공동체로 일구어가는 것을 가장 중요한 정책적 목적으로 설정하고 있다는 점에서 남북한 통일 운동사에서 주목할 만한 가치가 있다고 볼 수 있다. 이런 의미에서 문재인 정부가 남북 교류와 협력의 우선적 정책 과제로 삼는 산림협력의 중요성은 아무리 강조해도 지나치지 않다. 아울러 한반도의 전체 생명 체계 안에 정상적 생명의 질서를 가져오는 생태 복원이라는 목적을 생각할 때, 북한과 한반도 전체의 생태계 그리고 더 나아가 한반도의 생태계와 연결되어 있는 세계적 ^{혹은 우주적} 생명 체계를 좀 더 온전한 생명의 세계로 변화시키는 데 중요한 기여를 할 것으로 기대한다. 그러므로 한국 교회는 한편으로 정부가 통일 정책 수립과 집행에서 이러한 생태적 기조를 견지·강화할 수 있도록 지속적으로 권고하고 다른 한편으로 많은 동료 시민들과 협력·연대하면서 남북을 하나의 생태 공동체로 묶고자 하는 생태적 통일 정책 실천과 다양한 형태의 생태적 평화통일 운동에 적극 참여해야 할 것이다.

Ⅲ 통일 정책에 대한 규범적 성찰의 성숙을 위한 제안

본 장에서 수행한 필자의 연구가 정부의 통일 정책에 대한 규범적 성찰의 발전적 전개를 위한 한 계기가 될 수 있기를 바라며 윤리적 실천적 제안을 덧붙임으로 결론을 대신하고자 하는데, 크게 두 가지를 논하고자 한다.

첫째, 평화지향성과 통일추구 방식의 관계성에 관한 것이다. 역대 정부들 가운데 많은 수는 통일 추구에 있어서 다양한 사회 영역 곧 체제적, 경제적, 사회문화적, 학문적 영역 등에서 북한보다 우월한 지위를 획득함으로써 통일에 이르고자 하는 우열의 구도를 중시하였다는 점은 부정할 수 없을 것이다. 이러한 방식은 힘에 의한 통일이나 흡수통일 등의 개념으로 표현될 수 있다. 문재인 정부의 통일 정책의 가장 중요한 특징은 평화의 우선성이다. 이는 목적의 관점에서 뿐 아니라 방법론적 관점에서도 적용된다는 점을 밝혀 두어야 할 것이다. 통일의 과정에서 평화의 방법들을 견지해야 할 것이며, 통일의 방식은 힘의 우위를 통한 효율의 추구나 힘의 불균형의 불가피한 인식에 의한 수동적 수용 유도 등이 되어서는 안 될 것이다.

둘째, 사람의 통일을 존중하는 정책적 지향에 관한 것이다. 통일을 바라보는 통합적 안목을 강조하고자 한다. 통합적 접근이라 함은 정치적 경제적 군사적 차원의 '땅의 통일' 뿐 아니라 사회문화적 심리적 차원의 '사람의 통일'까지 포괄하는 접근을 뜻하는데, 통일 정책 수립과 집행에 있어서 상대적으로 전자에 더 큰 비중이 있어왔다고 볼 수 있다. 통합적 접근을 강조하는 이유는 무엇보다도 후자의 접근이 통일과 통일 이후 한반도에 진정한 평화공동체를 수립하는 데 있어 중요한 의미가 있기 때문이다. 사람의 통일을 위해 사회문화적 심리적 이질화의 극복과 동질성의 회복·강화가 요구되는데, 정부가 이러한 점들을 정책에 더 적극적으로 또 실효성 있게 반영해 주길 바란다. 특별히 정치적 군사적 영역과 비정치적 영역을 적절하게 구분하여 정치적 군사적 긴장과 충돌이 남북 관계 진전에 걸림돌로 작용한다 하더라도 비정치적 영역 곧 경제, 사회문화, 종교, 학술 등 민간 영역의 교류와 협력을 지속·확대해 나갈 수 있도록 정책적 역량을 일관성 있게 발휘해야 할 것이다.

제 7 장

물적 자산에 대한 기독교윤리적 성찰

한국 교회가 위기에 처해 있다는 평가는 이제 기독교 안팎에서 널리 받아들여지고 있으며 원인과 극복 방안에 대한 논의도 폭넓게 이루어지고 있는 현실이다. 특별히 한국 사회를 살아가는 동료 시민들이 교회에 대해 갖는 신뢰도는 참담함을 금치 못할 만큼 낮은 수준이라는 점 또한 이미 알려진 사실이다. 왜 이렇게 되었는가? 원인은 무엇이며 극복의 실마리는 어디에서 찾을 수 있는가? 사회적 신뢰의 관점에서 볼 때, 신뢰의 하락과 상실은 무엇보다도 기독교회와 신자들이 개인적으로 또 공동체적으로 교회 밖 영역에서 신뢰할 만한 행동이나 삶의 방식을 보여주지 못 했거나 신뢰가 떨어질 수밖에 없는 실천적 윤리적 양태들을 양산해 온 탓이라는 진단은 타당하다. 기독교회와 신자들이 신앙 공동체 안팎에서 윤리적으로 책임적인 삶을 살지 못한 결과라는 말이다. 기독교인의 삶에서 책임은 중요하다. 니버 H. Richard Niebuhr 는 책임 re-sponsibility 의 본질을 '응답'에서 찾는다. 이 응답은 하나님과 하나님의 역사에 대한 것이며 또 우리에게 다가오는 모든 행위들에 대한 것이다.[1] 누구에 대한 응답인가? 먼저는 하나님이고 다음은 인간 이웃을 포함한 타자틀이다. 하나님과 타자에 책임적인 삶을 사는 것이 기독교 신앙의 본령이라고 할 수 있는 것이다. 책임의 개념은 근본적인 신앙적 지향을 내포하는데, 신앙은 하나님을 가장 귀한 가치로 인정하고 하나님 외의 다른 어떤 것존재에도 독점적 가치를 허용하지 않는 것이다. 이러한 가

---

1   H. Richard Niebuhr, *The Responsible Self: An Essay in Christian Moral Philosophy* (New York: Harper & Row, 1963), 126.

치질서가 무너졌다는 것은 우상숭배에 빠지게 되었음을 의미하는 것이고 하나님에 대한 책임이 아니라 우상에 책임적인 삶을 지속적으로 또 열정적으로 살고 있음을 내포하는 것이기도 하다. 책임에 관한 심각한 왜곡이 일어나고 있는 것이다. 그러므로 신앙은 하나님을 가장 가치 있는 존재로 받아들이고 하나님께 대한 책임을 다하며 그러한 삶의 틀 안에서 하나님이 아닌 다른 존재들에 대한 책임을 적절하게 수행하는 것이라고 할 수 있다. 그렇다면 바른 가치질서 혹은 책임적 가치질서를 가로막는 가장 강력한 유혹은 무엇인가? 이 물음에 대한 답을 우리는 예수 그리스도의 가르침에서 분명하게 찾을 수 있다. 예수께서 말씀하시는 대로, 하나님과 재물을 겸하여 섬길 수 없다^{마 6:24}. 여기서 재물을 선택하면 하나님을 버릴 수밖에 없다는 강력한 경고를 주고 계시는 것이다. 다만 예수께서 양자택일의 선택지로 제시할 만큼 물질에 대한 욕구와 추구를 경계하고 계시지만 그렇다고 해서 물질을 존재론적으로 악 자체로 규정하거나 인간 생존의 관점에서 전면적으로 그 가치를 부정하시는 것은 아니라는 점을 지적해 두어야 하겠다. 이를 뒷받침하는 성경의 근거들을 찾을 수 있는데, 돈이 아니라 돈을 '사랑함'이 일만 악의 뿌리라는 디모데전서의 증언^{6장 10절}이 대표적인 보기가 될 것이다. 신학적 관점에서 말한다면, 인간의 몸과 이 세계의 수많은 물질적 존재를 창조하신 이가 바로 하나님이시라는 신학적 진실로부터 우리는 하나님이 창조하신 물질을 악으로 규정하는 것이 적절치 못하다는 결론에 이를 수밖에 없다. 그러므로 물질 자체의 존재론적 선악을 따지는 것이 아니라 물질을 어떻게 바라보고 또 어떻게 사용하느냐가 우선적으로 더 무거운 비중을 두고 설정해야 할 과제라고 할 것이다.

　지금까지 언급한 문제의식과 질문들을 소중히 여기면서, 본 장에서 필자는 부, 재산, 재물, 물질, 천연자원 등으로 표현될 수 있는 물적 혹은 경제적 가치들을 '물적 자산'으로 칭하고 이 물적 자산에 대해 신학적으로 또 윤리적으로 성찰하여 물질에 대한 기본적인 관점과 그 사용에 관한 규범적 방향성을 제시하고자 한다. 이를 위해 물적 자산에 대한 성서적 이해를 살피고, 물적 자산에 대한 성경의 기본적인 평가와 기능적 의미 이해에 상응하여 신학적 윤리적 판단에 근거한 규범적 방향성을 모색할 것이다. 규범적 방향성의 관점에서 필자가 주목하고자 하는 논점은 물적 자산의 점유·사용을 위한 규범적 원리로서의 정의, 물질에 대한 토대적 관점으로서의 문화명령 등이다.

I 물적 자산에 대한 성서적 이해

1. 성경의 기본적 관점

강사문에 따르면, 물질적 자산 혹은 부와 재산으로 표현되는 물질적 소유는 하나님의 '선물'이라는 것이 성경의 기본적 이해이다. 이스라엘의 개인적 공동체적 삶의 물질적 기반이 되는 약속의 땅 가나안은 말 그대로 하나님이 약속하셨고 그 약속을 지키신 하나님이 하나님의 백성에게 주신 '은총의 선물'인 것이다 전 5:19.[2] 다시 말해, 이스라엘 백성

---

2   강사문, 『구약의 하나님』(서울: 한국성서학연구소, 1999), 105.

이 그 땅을 소유하기 위해 노력하거나 투자해서 얻게 된 것이 아니라 오직 '은혜로' 받게 된 것이다. 그러므로 '땅의 주인'은 하나님이시다. 땅을 터전으로 삼아 생산하고 소유하게 되는 모든 물적 자산도 역시 궁극적으로 그 소유권이 하나님께 있다고 인정하는 것이 타당하고 또 정당하다. 이러한 생각의 심층에는 창조신학적 진실이 자리 잡고 있다. 하나님이 만물을 창조하셨기에 그 '만물의 소유주'는 하나님이시라는 진실 말이다^{창 1:1; 골 1:15-17}.³

　　이러한 성서적 관점에서 볼 때, 인간은 땅과 만물 그리고 다양한 형태의 물적 자산에 대해 궁극적으로 '소유권'을 주장할 수 없는 것이다. 궁극적인 소유권은 하나님께 있는 반면, 인간은 하나님이 창조하시고 선물로 주신 물적 기반을 한시적으로 점유하고 사용하는 권리를 부여받은 것뿐이다.⁴ 창세기 2장 15절에 따르면, 첫 인간은 하나님이 창조하신 땅을 경작하고 돌보라는 명령을 받는다. 여기서 '경작하다'에 해당되는 히브리어 동사는 '아바드'עָבַד로 '섬기다, 예배하다, 종으로 일하다' 등의 뜻도 있음을 주목해야 한다. 이러한 말뜻에 담긴 근본정신을 반영한다면, 인간은 땅에 대해 섬김과 돌봄의 리더십을 발휘해야 하는데 그러한 섬김과 돌봄은 땅의 창조자와 소유주가 되시는 하나님을 섬기고 예배하는 심정으로 그분의 뜻을 받들어 수행해야 하는 것이다. 다시 말해, 주인이 아니라 위임을 받아 주인의 소유를 관리하는 청지기로서, 정직하게 또 성실하게 주인의 의도와 계획을 존중하면서 땅과 물적 자산을 관리하고 점유하고 사용해야 한다는 것이다. 하나님이 창조하

3　위의 책, 105-106.
4　위의 책, 106.

신 땅에 대해 첫 인간에게 주신 신적 명령에 내포된 본질적 의미는 여전히 성서적 물질관의 핵심적 지위를 차지하고 있기에 이는 성경을 중심으로 물질적 자산에 대한 생각과 자세를 형성하고자 하는 이들이 중요하게 수용해야 할 의미라고 할 것이다.

성서적 신념을 따라 하나님의 소유권과 인간의 점유·사용권 사이의 관계질서를 정상적으로 견지하는 것은 바르고 좋은 물질적 삶의 영위를 위해 근본적으로 중요하다. 이 관계질서가 약화되거나 허물어지면, 특별히 궁극적 소유권과 점유·사용권 사이에 역전이 일어나면 심각한 결과에 이르게 된다는 것이 성경의 엄중한 경고이다. 이러한 역전의 가장 심각한 결과로 우상숭배를 생각할 수 있다. 하나님을 하나님으로 섬기는 것이 아니라 하나님이 창조하시고 궁극적인 소유주로 역사하시는 땅을 비롯한 물적 자산을 하나님으로 받들고 섬기게 된다는 것이다. 성경의 많은 본문들이 증언하는 대로, 삶의 물적 토대가 하나님의 선물임을 망각하고 인간과 인간 공동체의 노력의 산물로서 여기게 되면 부와 재산이 우상숭배의 강력한 유혹의 요인이 된다.[5] 신명기 8장의 증언에 귀 기울여보자. "네가 먹어서 배부르고 아름다운 집을 짓고 거주하게 되며 또 네 소와 양이 번성하며 네 은금이 증식되며 네 소유가 다 풍부하게 될 때에 네 마음이 교만하여 네 하나님 여호와를 잊어버릴까 염려하노라 … 그러나 네가 마음에 이르기를 내 능력과 내 손의 힘으로 내가 이 재물을 얻었다 말할 것이라" 신 8:12-14, 17. 경제적으로 부유해지면 부와 재산을 자신의 노력과 공로의 결과로 인식하고 결국 영적 교만에 빠져 모든 물적 자산의 소유권이 하나님께 있다는 사실을 망각

---

5 위의 책, 107-108.

할 뿐 아니라 더욱 심각하게는 하나님을 잊고 하나님과의 언약적 관계를 폐기하게 되며 하나님이 아닌 다른 우상들을 하나님으로 극진히 모시게 된다는 것이다. 모세가 십계명을 받기 위해 시내산 정산에서 여호와 하나님을 대면하고 있는 동안, 산 아래서 하나님의 백성은 하나님이 아닌 다른 우상을 하나님으로 만들어 받들었다. 하나님을 금송아지로 만들어 그 금송아지를 하나님으로 높이 받들어 섬긴 것이다. 금송아지가 무엇인가? 금과 송아지다. 하나님의 백성이 가장 가치 있는 것으로 여기고 자신들의 것으로 소유하고 스스로 궁극적인 소유권을 주장하고 싶었던 물적 자산을 상징적으로 대표하는 것이다. 물질에 대한 소유욕이 강력하게 작용하고 그 탐욕의 극단에서 물질을 '점유와 사용의 대상'에서 '섬김의 대상'으로 바꾸는 결과에 이르게 되는 것이다. 곧 '탐심'이 우상숭배가 되어 골 3:5 창조의 결과인 물질을 창조주의 자리로 격상시키는 치명적 오류를 범하게 되는 것이다.[6] 그래서 예수께서는 하나님과 재물을 동시에 섬길 수 없다고 말씀하시면서, 우상숭배의 원천으로서의 물질과 그것에 대한 탐욕에 대해서 경종을 울리신 것이다 마 6:24; 눅 16:13. 이 같은 탐욕에 대한 성경의 가르침은 기독교 역사에 면면히 흘러 지속적인 영향을 끼치게 되는데, 특별히 물질의 소유와 확대재생산을 '삶의 결정적 목적'으로 설정하는 것은 탐욕의 강력한 작용의 결과라는 인식을 받아들이게 하는 데 중요한 역할을 하고 있다고 하겠다.[7]

6 위의 책, 108.

7 William Schweiker, "Reconsidering Greed," in *Having: Property and Possession in Religious and Social Life*, eds. William Schweiker and Charles Mathewes (Grand Rapids: Eerdmans, 2004), 257.

2. 물적 자산에 대한 성경의 평가

예수 그리스도는 하나님과 재물을 동시에 섬길 수 없다고 하실 만큼 물질과 물질에 대한 욕구의 위험을 엄중하게 경고하셨고 부자가 하나님 나라에 들어가기가 낙타가 바늘구멍을 통과하는 것보다 어렵다 눅 18:25고 비유하시면서 부에 대해 부정적인 평가를 내리셨음을 우리는 잘 알고 있다. 하나님이 창조하신 '모든 것'이 선하기에 "감사함으로 받으면 버릴 것이 [없다]" 딤전 4:4-5는 그리고 돈이 악의 뿌리가 아니라 돈을 '사랑함'이 일만 악의 뿌리 딤전 6:10라는 디모데전서의 증언들을 물적 자산의 문제에 적용할 때, 물질에 대한 긍정적 판단의 여지를 찾을 수도 있을 것이다. 그러나 신약 성경을 전체적으로 볼 때 긍정보다는 부정의 시각이 더 강하게 작동하고 있다고 보아야 할 것이다.[8]

구약 성경도 물질에 대한 긍정과 부정의 판단 모두를 내포하지만, 신약 성경 보다는 좀 더 긍정적인 판단을 내리고 있다고 평가할 수 있다.[9] 먼저 부정적인 평가를 살펴볼 것인데, 크게 네 가지 관점에서 정리하고자 한다. 첫째, 물질이 개인의 관계나 집단 간의 관계에서 갈등과 분쟁을 불러일으키는 요인이 될 수 있다. 에서와 야곱은 상속권 때문에 사생결단의 갈등에 빠지게 되었으며, 땅에 대한 집단적 욕구가 종족 간 혹은 국가 간 무력 충돌에 이르게 된 사례들을 구약 성경에서 우리는 다수 확인할 수 있다.[10] 둘째, 물질이 권력의 핵심적 요인이 되어 물질에 대한 무한의 추구를 통해 권력을 확대재생산하게 되는데, 이러한 물적

8　강사문, 『구약의 하나님』, 110.
9　위의 책, 110-111.
10　위의 책, 110.

자산과 정치적 권력의 추구 과정에서 권력 쪽에 선 이들이나 세력은 경제적 정치적 관점에서 힘이 약하거나 없는 이들이나 세력을 부당하게 억압하고 착취함으로써 하나님이 세우신 정의의 잣대를 처참하게 무력화한다.[11] 특히 이러한 권력자들의 불의는 구약 예언자들을 통해 하나님이 강력히 도전하시는 갱신의 주제가 되었다는 점은 주지의 사실이다. 셋째, 앞에서도 언급한 대로, 물질의 풍요가 사람을, 심지어 하나님의 백성까지도 교만하게 만들며, 물질의 소유가 끊임없이 또 다른 소유와 더 많은 소유를 추구하게 하는 무한한 탐욕으로 작용하여 종국에는 점유와 사용의 대상인 물질을 신의 자리에 올려놓는 치명적인 신앙적 오류를 저지르게 한다는 점이다.[12] 이 점에서 성경은 물질의 풍요혹은 복는 넓게는 가치 있는 인생의 관점에서 또 좁게는 경제적으로 건실한 삶의 관점에서 그 자체로 '목적'이 될 수 없다는 점을 분명히 한다.[13] 넷째, 물적 자산의 소유와 삶의 행복은 비례하기 보다는 반비례하며, 물질의 풍요가 오히려 '허무'의 심화라는 결과에 이를 수 있다는 것이다.[14] 전도자의 고백이 대표적인 보기가 될 것이다. "은을 사랑하는 자는 은으로 만족하지 못하고 풍요를 사랑하는 자는 소득으로 만족하지 아니하나니 이것도 헛되도다 재산이 많아지면 먹는 자들도 많아지나니 그 소유주들은 눈으로 보는 것 외에 무엇이 유익하랴 노동자는 먹는 것이 많든지 적든지 잠을 달게 자거니와 부자는 그 부요함 때문에 자지 못하느니라 내가 해 아래에서 큰 폐단 되는 일이 있는 것을 보았나니 곧 소유

---

11 위의 책, 110-111.

12 위의 책.

13 Craig L. Blomberg, *Neither Poverty Nor Riches: A Biblical Theology of Possessions* (Downers Grove: InterVarsity Press, 1999), 83.

14 강사문, 『구약의 하나님』, 110.

주가 재물을 자기에게 해가 되도록 소유하는 것이라 그 재물이 재난을 당할 때 없어지나니 비록 아들은 낳았으나 그 손에 아무것도 없느니라" 전 5:10-14.

이제 물질에 대한 구약 성경의 긍정적 관점을 살필 차례이다. 기본적으로 긍정적 평가의 근저에는 물질 자체가 악이라는 관념에 대한 부정이 자리 잡고 있다. 신약 성경의 개념으로, 돈 자체가 악한 것이 아니라 돈을 왜곡되게 사랑하는 것이 악이 되는 것이다. 다시 말해, 돈 자체는 중립적 관점에서 볼 수도 있을 것인데, 선하게 사용하면 선하고 악하게 사용하면 악하다는 의미에서 그렇다.[15]

무엇보다도 물질의 풍요를 하나님이 주신 복으로 보는 구약의 증언들을 우리는 어렵지 않게 찾을 수 있다.[16] 이스라엘 백성의 초기 역사에서 만나는 족장들은 경제적 부요를 누렸던 사람들로서 이들은 하나님과의 언약에 충실했으며 언약에의 성실한 준수에 상응하여 물질적 풍요가 동반되었는데, 여기서 물질적 풍요는 복으로 인식되었다 레 26:3-13; 신 28:2-19. 그렇다고 물질적 복은 언약에 대한 순종의 결과이고 물질적 가난은 불순종의 결과라는 식의 단순한 이분법적 신념을 내포하는 것은 아님을 밝혀 두어야 하겠다.[17] 그리하여 구약 성경은 한편으로 하나님과의 언약에 충실한 삶과 물질의 복을 양립하는 것으로 보며 다른 한편으로 악인들의 물질적 풍요를 비판적으로 판단하여 그들의 번영은 결국 불행한 결말에 이르게 될 것이라고 두드러지게 증언한다 시 58:6-11; 잠 3:33-35. 후자의 관점에서, 부당한 과정과 불의한 방식으로 얻게·된 재

---

15   위의 책, 111.
16   위의 책, 111-112.
17   Craig L. Blomberg, *Neither Poverty Nor Riches: A Biblical Theology of Possessions*, 55-56.

물, 특별히 타자의 희생을 필연적으로 동반하여 얻게 된 물질적 소유에 대해서 엄중한 판단을 내리고 있다. 이런 맥락에서 구약 성경은 불의하게 부자가 된 이들이나 부자인데 불의한 삶을 사는 이들이 아니라 '가난한 의인' 곧 의인이지만 가난하게 사는 이들이 '하나님의 은총을 받은' 이들이라고 규정한다시 37:16; 잠 3:14-15.[18] 그렇다고 부유한 이는 악인이며 가난한 이는 의인이라고 이분법적으로 단순화하여 단정하는 것은 아니다. 한편으로 불의한 방식이 아닌 정당하게 얻게 된 재물은 기본적으로 선하다고 판단하며 다른 한편으로 정당하게 부를 추구했지만 가난을 벗어나지 못한 이들을 악하다고 판단하지 않는다잠 11:16-18, 22:22-23.[19]

　　그리하여 물질적 자산에 대한 부정과 긍정의 판단을 모두 내포하고 있는 구약 성경의 틀 안에서, 하나님의 백성은 '균형'을 추구하게 된다.[20] "내가 두 가지 일을 주께 구하였사오니 내가 죽기 전에 내게 거절하지 마시옵소서 곧 헛된 것과 거짓말을 내게서 멀리 하옵시며 나를 가난하게도 마옵시고 부하게도 마옵시고 오직 필요한 양식으로 나를 먹이시옵소서 혹 내가 배불러서 하나님을 모른다 여호와가 누구냐 할까 하오며 혹 내가 가난하여 도둑질하고 내 하나님의 이름을 욕되게 할까 두려워함이니이다"잠 30:7-9. 여기서 우리는 물질 추구의 관점에서 양적 질적 기준혹은 제한에 관한 성경의 근본적 정신을 탐색할 수 있다. 성경은 기본적으로 과잉을 피하고자 한다. 점유·사용할 수 있는 물적 자산의 결여도 바람직하지 못하며 필요 이상의 과다한 자산 축적도 피해야 할 것으로 보는 것이다. 양적 과잉에 대한 경계는 질적 관점에서의 중요

18　강사문, 『구약의 하나님』, 111.

19　위의 책, 111-112.

20　위의 책, 113.

한 지향점에 대한 강조로 이어진다. 강사문에 따르면, 성서적으로 물질의 규범적 정당성과 복지적 효용을 결정하는 관건은 '많고 적음'이 아니다. 오히려 그 보다는 '어떻게 또 무엇을 위해' 사용하느냐에 달려 있다고 할 수 있다. 다시 말해, 물질의 점유와 사용이 '하나님의 뜻'에 부합되게 이루어지고 있느냐 아니냐가 중요하다는 것이다.[21] 이 땅에서 인간으로서의 인간다운 생존을 위한 물적 토대의 확보는 모든 인간에게 보장되어야 하는 기본권이라 할 수 있으며 '많은 양'이 아니라 '필요한 양'을 기준으로 삼아 추구되어야 한다는 것이 구약 성경의 가르침이다. 요컨대, 한편으로 생존에 필요한 물적 자산을 갖추지 못하여 그 결핍을 채우기 위해 불가피하게 불의를 행함으로 하나님께 영광이 되지 못하는 결과에 이르지 않도록 경계하며 다른 한편으로 필요선必要線을 넘어 물적 자산의 과잉 소유와 과잉의 무한한 확대를 추구함으로써 교만, 하나님 망각, 우상숭배 등의 심각한 신앙적 오류와 죄악에 빠지지 않도록 힘쓰면서, 생존의 물적 기반을 추구하고 확보할 수 있어야 하며 '하나님의 영광'을 궁극적 지향점으로 삼아 물질을 점유·사용해야 한다는 것이다.

3. 물적 자산의 기능적 의미에 대한 성서적 이해

위에서 살핀 성경 구절과 본문들을 중심으로 물적 자산의 기능적 의미를 몇 가지로 살펴보자. 첫째, 물적 자산은 인간의 생존을 위한

---

21   위의 책.

필수적인 요건으로서 기능한다. 인간으로서 인간다움을 지키며 이 땅에서의 생명의 나날을 영위하기 위한 기능적 의미가 있다는 말이다. 인간의 생존을 위해 육체의 생명을 유지하고 연장하기 위한 물적 기반으로서 다양한 형태의 양식과 의료적 토대, 주거, 사회적 삶을 위한 물적 자원 등을 포괄적으로 생각할 수 있다.

둘째, 첫 번째 기능적 의미를 공적 차원에서 확장해 성찰할 필요가 있다. 인간 생존의 공적 측면에 관한 성서적 강조를 환기하지 않더라도, 인간과 인간 공동체는 인간은 본질적으로 사회적 존재라는 보편적 인식을 역사적으로 간직하고 실제적으로 구현해 왔다. 사회적 존재라 함은 다양한 형태의 정치사회 공동체의 구성원이 됨으로써 인간됨을 구현해 갈 수 있으며 또 사회적 본성이 인간됨의 중요한 요소이기에 자기 자신뿐 아니라 타자(들)의 생존을 위해서도 함께 노력하고 이바지해야 한다는 의미에서 그렇다. 인간의 생존을 위한 물적 조건들을 갖추기 위해서는 개인의 노력만으로는 안 되고 사회 구성원들의 협력이 요구된다는 점을 주목해야 할 것인데, 이 점에서 공공선에 대한 논의와 그 구체적 실현을 위한 공적 공동체적 연대의 가치는 매우 중요하다고 할 것이다. 특별히 공공선에 대한 이론적 실천적 관심은 사회적 약자를 위한 생존의 기반 마련이라는 목적을 위해서 필수적이라고 해도 과언이 아니다.[22] 요컨대, 사회적 약자를 포함한 모든 사회구성원의 생존의 기반 확보를 위한 공적 협력과 연대는 인간과 인간 공동체에 본질적인 것

---

22   슐레(Andreas Schuele)는 레위기 19장의 이웃 사랑의 명령은 인간 공동체에 속한 모든 구성원들은 삶의 기반에 대한 '동등한 필요'(equal neediness)라는 인간론적 조건을 공유하고 있으며 이 조건의 충족을 위해 이웃에 대한 개인적 공동체적 사랑의 실천이 필요하다는 규범적 의미를 내포한다고 강조한다. Andreas Schuele, "Sharing and Loving: Love, Law, and the Ethics of Cultural Memory in the Pentateuch," in *Having: Property and Possession in Religious and Social Life*, eds. William Schweiker and Charles Mathewes (Grand Rapids: Eerdmans, 2004), 68.

이며, 이는 공공선을 위한 물적 자산의 기능적 가치라고 규정할 수 있다.

셋째, 물적 자산의 확대재생산이라는 기능적 의미가 있다. 경제적 개념으로 진술해 본다면, 생산 활동을 통한 물적 자산의 확장은 "하나님이 주신 자원에 인간의 노력이 더해져 얻어진 결정체"이다.[23] 하나님이 창조로부터 인간에게 공급하시는 자연 자원을 활용하여 인간의 창조적 문명적 역량을 발휘함으로써 얻어낸 결과라는 말이다. 라반의 집에서 야곱이 수행한 경제적 가치 창출을 위한 창조적 노동이 실례가 될 것인데, 야곱은 라반의 양들을 1차적 자원으로 삼고 '근면과 성실' 그리고 창조적 '지혜'로 생산적 노동을 수행함으로 물적 자산을 확대했던 것이다창 30:25-43.[24] 좀 더 포괄적으로 진술해 본다면, 물적 자산은 문화명령 수행을 위한 자원으로서의 기능적 의미를 갖는다고 볼 수 있다. 나중에 상술하겠지만, 기독교는 창세기 1장 28절을 통해 하나님이 주신 세 가지 명령을 문화명령이라고 명명해 오고 있으며 성서적 신학적 관점에서 이 신적 명령을 받들어 제1차 환경이라 할 수 있는 자연을 기반으로 하여 제2차 환경이라 할 수 있는 문화혹은 문명를 형성해 가는 것이 인간의 근원적 소명이 된다는 점을 견지하고 있다. 다시 말해, 천연자원을 비롯한 물적 자산이 문화명령 수행의 중요한 자원이 된다는 것이다.

넷째, 하나님 뜻 실천을 위한 토대로서의 의미가 있다. 예수께서 말씀하신 대로, 율법과 선지자로 대표되는 모든 성경은 두 가지 계명으

---

23 강사문, 『구약의 하나님』, 109.
24 위의 책.

로 요약된다. 곧 하나님 사랑과 이웃 사랑이다. 성경 전체를 관통하여 성경의 본뜻을 집약하면 사랑의 이중계명이 되는 것이다. 물적 자산이 하나님 뜻 실현의 토대로서 기능해야 한다면, 우리가 점유하고 사용하는 물적 자산은 근본적으로 하나님 사랑과 이웃 사랑 구현의 방향성을 견지해야 한다.[25] 하나님을 온 마음으로 또 진정성 있게 예배하고 섬기기 위해 물적 자원을 적절하게 사용해야 하며, 동료 인간을 사랑하고 섬기되 이타적 자기희생의 사랑으로 물질을 내어줄 수 있어야 하는 것이다. 특별히 후자의 관점에서 성경은 정치사회적 경제적 약자를 위한 우선적 관심과 사랑 실천을 강조한다. 곧 개인과 공동체가 사회의 동료 구성원들 가운데 가난하고 힘없는 이들을 우선적으로 배려하며 그들의 삶을 지탱해 주고 또 일으켜 세워 주는 일에 힘쓰고 있느냐 아니냐가 물적 자산의 점유·사용에 관한 규범적 판단에 있어 근본적인 잣대가 된다는 점을 강조하고 있는 것이다.[26]

---

25 위의 책, 108-109.
26 Craig L. Blomberg, *Neither Poverty Nor Riches: A Biblical Theology of Possessions*, 84.

II 물적 자산에 대한 신학적 윤리적 성찰

1. 물적 자산의 점유·사용의 규범적 원리로서의 정의: 성서적 신학적 정의 이해를 중심으로

아퀴나스[Thomas Aquinas]는 정의를 크게 둘로 나눈다. 특수 정의와 일반 정의이다. 현대 기독교윤리학계의 중요한 아퀴나스 해석가인 홀렌바흐[David Hollenbach]는 아퀴나스의 특수 정의[particular justice]를 상호적 정의[commutative justice]로 그리고 일반 정의[general justice]를 공헌적 정의[혹은 사회 정의]와 분배 정의로 설명한다.[27] 이제 아퀴나스와 홀렌바흐의 정의론을 살피고 구약 성경의 정의 이해와 연계하여 성서적 신학적 정의 이해를 포괄적으로 진술하고자 한다.

1) 상호적 정의

아퀴나스의 특수 정의를 홀렌바흐는 상호적 정의로 칭하고 설명한다. 상호적 정의는 인간 상호간의 관계에서 이루어지는 '주고받음'에서 공정함 혹은 정확함이 있어야 한다는 점을 중요하게 내포한다. 자유롭고 공정한 두 당사자 간의 교환 곧 상호간 존중의 기반아래 마땅히

---

27 Thomas Aquinas, *Summa Theologiae*, I. 21. 1.; *ST* II-II. 58. 5-8.; David Hollenbach, *The Common Good and Christian Ethics* (Cambridge: Cambridge University Press, 2002), 191-200.

주고받아야 할 바를 주고받는 것이 정의이다.[28]

이 상호적 정의를 구약 성경의 정의 개념에서 탐색해 보자. '미쉬 파트' מִשְׁפָּט 에서 우리는 이 개념을 탐지할 수 있다. 정의의 심판자 '소페트'로 서 하나님은 함께 사는 이들을 힘들게 하는 이들을 징벌하심으로 정의 를 실현하시는 분이다.[29] 하나님은 정의를 무시하는 사람들과 민족들을 심판하시는 분이다시 9:7-9.[30] 여기서 구약 성경의 정의는 마땅히 받아야 몫을 받는 것을 의미한다. 받아야 할 형벌이 있다면 받아야 하고 책임져 야 할 것이 있다면 책임져야 하며 또 받아야 할 보상이 있다면 받는 것 이 마땅하다는 것이다. 정치사회적 경제적 관계에서 부당한 대우를 받 는 사람들 가운데 하나님은 정의로 심판하신다. 부당한 대우나 핍박 혹 은 억압에서 그들의 결백함을 증거하시며 구원하시는 정의로운 하나님 이신 것이다.[31]

이런 맥락에서 구약 성경의 정의는 '보상적 정의'혹은 보복적 정의라고 할 수 있다. 결백한 사람들은 그 정당성을 인정받으면서 불의의 피해 상 황에서 구원받으며, 부당하게 억압하고 착취한 이들은 응분의 대가를 치른다.[32] 따라서 법의 판단을 내리고 또 집행하는 이들은 공정하고 공 평하게 정의의 임무를 수행해야 한다. 그렇게 함을 통해 심판대에 선 이 들이 마땅히 받아야 할 바를 받게 하는 것이 정의의 실현인 것이다시

---

28   David Hollenbach, *The Common Good and Christian Ethics*, 193.

29   Temba L. J. Mafico, "Just, Justice," in *The Anchor Bible Dictionary* III, eds. David Noel Freed-man et al. (New York: Doubleday, 1992), 1128.

30   "여호와께서 영원히 앉으심이여 심판을 위하여 보좌를 준비하셨도다 공의로 세계를 심판하심이 여 정직으로 만민에게 판결을 내리시리로다 여호와는 압제를 당하는 자의 요새이시요 환난 때의 요새이시로다"(개역개정판).

31   Temba L. J. Mafico, "Just, Justice," 1128.

32   위의 논문; Thomas L. Schubeck, *Love That Does Justice* (New York: Orbis, 2007), 36-38.

구약 성경의 여러 곳에서 우리는 권력자들이나 기득권층에 속하는 이들이 물적 자산의 확대와 권력의 유지·강화를 연결하면서 정치사회 공동체의 다른 구성원들에게서 재산을 약탈하거나 부정한 방법으로 부를 축적하기를 주저하지 않는 현실과 이러한 불의에 대한 엄중한 비판을 내포한 메시지를 선명하게 들을 수 있다. 물적 자산의 점유와 사용의 관점에서 보상적 정의는 기본적으로 지켜져야 할 윤리적 원칙이 되는 것이다. 강사문은 이 점을 적시한다. "권세 있는 자나 힘 있는 지배자들은 주로 재물을 수탈하는 자들이다. 이들처럼 정당한 재산 취득 방법이 아닌 불의한 방법으로 재산을 얻는 자들은 모두 도적이다. … 십계명의 후반부는 전부가 도적질하지 말라는 금지령이다. 살인은 생명을 빼앗는 것이고, 간음은 남의 아내나 남편을 빼앗는 것이며, 도적질은 물건을 빼앗는 것이다. 이웃의 집, 아내, 남녀 종, 소와 나귀 등 남에게 위탁된 재물들을 탐내거나 빼앗지 말라는 것도 결국은 도적질하지 말라는 금지 계명이다. 지계석을 옮기지 말려 외로운 자의 밭을 침범치 말라^잠 ^{23:10}는 것도 재산을 침해하지 말라는 금지 계명이다. 이 계명의 근본 의도는 불의한 방법으로 재산을 증식시키지 말라는 뜻이다. 불의한 방법으로 모은 재물은 고통을 불러 오고^{잠 15:6}, 죽음을 구하는 것이며 불려 다니는 안개와 같다^{잠 21:6}. 정당하게 얻은 적은 소득이라도 불의하게 얻은 많은 소득보다 낫다^{잠 16:8}. 예언자들은 빈자의 대변자로서 도적질하

---

33 "하나님은 의로우신 재판장이심이여 매일 분노하시는 하나님이시로다"(시 7:11, 개역개정판); "내가 그 때에 너희의 재판장들에게 명하여 이르기를 너희가 너희의 형제 중에서 송사를 들을 때에 쌍방간에 공정히 판결할 것이며 그들 중에 있는 타국인에게도 그리 할 것이라 재판은 하나님께 속한 것인즉 너희는 재판할 때에 외모를 보지 말고 귀천을 차별없이 듣고 사람의 낯을 두려워하지 말 것이며 스스로 결단하기 어려운 일이 있거든 내게로 돌리라 내가 들으리라 하였고"(신 1:16-17, 개역개정판).

는 자들을 규탄하고 하나님의 공의의 법을 지킬 것을 촉구한다."[34] 보상적 정의가 충분히 구현되지 않고 오히려 권력자나 기득권층에 의한 경제적 약탈과 불의한 물질 추구가 확산되면, 그 사회의 정의 수준은 더욱 악화되고 많은 사회 구성원들이 피해를 입게 될 것이며 특히 경제적 약자의 양산으로 이어질 수 있다는 것이 구약 성경의 명확한 증언임을 밝혀 두어야 하겠다. 이런 맥락에서 가난한 이들은 '인재人災'로 생겨나는 것이라는 주장은 타당하다고 할 것이다.[35] 그래서 성경은 인재를 최소화하거나 방지하기 위해 힘쓰는 한편, 적극적으로 가난한 이들 혹은 경제적 약자들을 배려하는 다수의 경제 규범들을 제시하고 있다. 이러한 규범들로는 가난한 이들에게 이자를 요구하지 말라는 명령출 22:25, 가난한 이들의 담보물을 할 수 있는 대로 빨리 돌려주라는 명령출 22:26-27, 경제적 약자를 보호하라는 명령출 22:21-24 등을 생각할 수 있다.[36]

2) 공헌적 정의

앞에서 언급한 대로, 아퀴나스의 일반적 정의를 홀렌바흐는 두 가지로 설명한다. 하나는 공헌적 정의혹은 사회 정의이고, 다른 하나는 분배 정의이다. 공헌적 정의는 상호적 정의 보다 공동체의 삶 혹은 공동체의 선善에 더 큰 관심을 갖고 실천해야 할 정의를 가리킨다. 모든 인간이 하나님 앞에서 동등한 가치를 가진 존재로서 인간의 존엄성을 기본적으로 인정받으면서 자신의 생존을 유지하는 것은 개인의 노력만으로

---

34   강사문, 『구약의 하나님』, 128-129.
35   위의 책, 129.
36   위의 책, 129-130.

되는 것이 아니고 공동체가 함께 힘써야 할 일이다. 기본적인 거주의 조건이 충족되어야 하고 적절한 일터 혹은 직업이 확보되어야 하며 의료, 교육, 자녀 양육 등을 위한 사회적 서비스가 보장되어야 한다. 함께 공동체를 이루어 살아가면서 차별이나 소외의 위험에서 벗어날 수 있고 근본적인 공동체감이 그 사회의 기저에 존재할 수 있는 환경을 만들어 가는 것이다. 이를 위해 구성원들은 마땅히 받아야 할 바를 정당하고 정확하게 받는 것으로서의 정의를 뛰어넘어 공익에 대한 관심을 가지고 공동의 선 혹은 공공선의 증진을 위해 헌신할 수 있어야 한다. 이것이 공헌적 정의이다.[37]

'체데크'צֶדֶק/'츠다카'צְדָקָה를 여기서 생각할 수 있다. 이것은 '정상적 질서 혹은 바른 질서'이다.[38] 공동체 안에서 마땅히 있어야 할 바른 질서이며 사람들이 공동체 안에서 영위해야 할 복지와 행복까지 포함하는 개념이다. 하나님의 구원과 해방이 이루어지는 공동체의 질서라고 할 수 있는데, 하나님은 이러한 질서를 이루기 위해 언약에 대한 충성 곧 하나님과의 언약 그리고 공동체 안에서의 약속에 대한 성실한 이행을 요구하신다.[39] 하나님은 언약을 맺으면서 하나님의 백성이 하나님과 다른 사람들 그리고 다른 피조물들에게 해야 할 바를 율법 곧 '토라'תּוֹרָה를 통해 알려주신다. 율법을 소중히 여기고 그것을 충실하게 수행하는 것이 정의이다.[40] 하나님과 백성들이 '옳고 공정하며 또 좋은 것이라고 합의한 것'이 토라이고, 이 토라를 지키며 사는 것이 정의라는 말이다.[41]

---

37 David Hollenbach, *The Common Good and Christian Ethics*, 193-197.
38 J. J. Scullion, "Righteousness(OT)," in *The Anchor Bible Dictionary* V, eds. David Noel Freedman et al. (New York: Doubleday, 1992), 725-726.
39 위의 논문; Thomas L. Schubeck, *Love That Does Justice*, 33.
40 위의 책.

이 정의를 실천하기 위해 구약 성경은 '나눔'과 '분배'의 중요성을 강조한다. 물질은 그 소유권을 가졌다고 인정되는 사람들만을 위한 것이 아니라 함께 살아가는 동료 인간들과 나누기 위해 주어졌다는 생각인 것이다신 15:1-11.[42] 이런 의미에서 소유의 참된 목적혹은 의미은 물적 자산의 확대재생산에 있는 것이 아니라 나눔과 분배에 있다고 할 수 있다. "소유의 나눔이야말로 신앙의 명령이요 상징이다. 재산의 원소유자는 하나님이므로 우리는 우리에게 위임된 재화를 사용하고 관리하는 것뿐이다. 이 과정에서 재물은 관리의 대상이지 섬김의 대상이 아니라는 것과 생활의 수단이지 목적이 아니라는 사실을 잘 깨달아서, 소유주이신 하나님의 명령에 따라 힘껏 나누며 순종하는 길만이 최선의 삶의 방식이다."[43]

3) 분배 정의

분배 정의는 사회의 공적 자산의 공정한 분배에 관한 것이다. 구성원이 자신의 생존을 유지하면서 복지또는 행복에 이를 수 있도록 하는 공적 자산의 분배와 연관된다. 분배 정의 이해의 고전적 토대가 되는 아리스토텔레스나 아퀴나스는 산술적으로 균등한 분배를 뜻하지 않았다. 홀렌바흐는 분배해야 할 선善의 종류에 따라 분배의 기준은 다를 수 있다는 왈쩌Michael Walzer의 주장[44]에 동의하면서, 구체적으로 이를 설명한

---

41 위의 책. 신명기 6장 25절의 증언을 여기서 주목할 만하다. "우리가 그 명령하신 대로 이 모든 명령을 우리 하나님 여호와 앞에서 삼가 지키면 그것이 곧 우리의 의로움이니라 할지니라"(개역개정판).

42 강사문, 『구약의 하나님』, 135.

43 위의 책, 136.

다. 노벨상의 정의는 무엇인가? 과학이나 문학 등의 영역에서 지대한 공헌을 한 이들에게 주어져야 한다. 올림픽 메달은 해당 종목에서 가장 우수한 성적을 낸 이들에게 주어진다. 만약 다른 기준을 가지고 배분한다면, 본뜻을 왜곡하게 될 것이다. 임금 결정의 과정에서 분배 정의는 어떠해야 하는가? 기본적으로 생산성 곧 좋은 결과를 얼마나 많이 생산했느냐를 기준으로 삼아야 할 것이다. 그러나 산술적으로 균등하게 나누어야 할 영역도 있는데, 예를 들어 투표를 할 사람에게는 한 표만을 허락하는 것이 정의로운 분배이다. 의료 복지는 어떤가? '필요'가 중요한 분배의 기준이 되어야 할 것이다.[45]

앞에서 언급한 대로, 분배 정의는 공적 자산의 분배와 연관된다. 분배의 기본적인 기준은 공과와 필요이다. 성과를 내면 보상을 받고, 그렇지 않다면 대가를 치러야 한다. 보상과 대가는 성과와 실책의 크기에 비례한다. 가난한 이들에 대한 선호적 선택 the preferential option for the poor 은 이러한 공과적 관점으로는 받아들일 수 없다. 그러나 '필요'를 분배의 중요한 조건으로 생각하면, 달라진다. 필요한 만큼 더 주는 것이 정의가 되는 것이다. 예를 들어, 현대 가톨릭 사회윤리는 공과 개념 보다 필요의 기준을 더 중요하게 생각한다. 필요가 더 있는 이들에게 더 큰 도움을 주어야 한다는 정의론으로 발전시키는 것이다. 이런 맥락에서 분배 정의의 논의와 실천에서 필요의 기준을 중시하면서 사회적 약자들에 대해 더 큰 관심을 가져야 함을 강조한다.

여기서 '미쉬파트'의 원리를 생각할 수 있다. '땅과 자산, 자유와

---

44   Michael Walzer, *Spheres of Justice: A Defense Of Pluralism And Equality* (New York: Basic Books, 1984), 8. David Hollenbach, *The Common Good and Christian Ethics*, 197에서 재인용.

45   David Hollenbach, *The Common Good and Christian Ethics*, 197.

안전' 등과 같이 인간 실존에 필수적인 조건들혹은 권리들의 주권은 하나님께 있다. 그러므로 가난한 이들의 '정의'는 그들의 '권리'와도 같다. 다시 말해, 정의는 '도덕적 규범'인 동시에 '기본적인 인권'인 것이다.[46] 정의의 세상은 천부적 인권을 보장받고 누리는 데 차별이 없는 세상이다.[47] 이런 맥락에서 정당한 분배의 실패와 경제적 불평등을 교정하고 분배 정의를 실현하기 위해 이스라엘 사회는 하나님의 뜻을 따라 여러 가지 제도적 장치를 마련하였는데, 대표적인 보기들로 안식일 제도출 20:8-11, 안식년 제도출 21:2-6, 23:10-12; 신 15:1-6, 희년 제도레 25:8-55, 3년에 1회씩 드리는 사회적 약자를 위한 십일조 제도신 14:28-29; 레 19:9-10 등을 들 수 있다.[48]

2. 물적 자산에 대한 토대적 관점으로서의 문화명령[49]

1) 문화명령에 대한 기본적 이해와 문명창출의 소명

'문화명령'의 성서적 근거는 창세기 1장 28절이다. "하나님은 그들에게 복을 주시며 하나님이 그들에게 이르시되 생육하고 번성하여 땅에 충만하라, 땅을 정복하라, 바다의 물고기와 하늘의 새와 땅에 움직이는 모든 생물을 다스리라 하시니라." 인간을 포함하여 온 세계를 창

---

46 Temba L. J. Mafico, "Just, Justice," 1128.

47 위의 논문, 1128-1129.

48 강사문, 『구약의 하나님』, 130-133.

49 이 부분은 다음의 문헌을 토대로 한 것임을 밝힌다. 이창호, "문화사역의 신학적 토대에 대한 성찰: 몰트만과 마우를 중심으로." 『기독교사회윤리』 46 (2020), 214-226.

조하신 하나님이 창조의 맥락에서 인간에게 주신 이 명령은 크게 세 가지로 구성된다. 첫째, '생육하고 번성하라'는 명령이다. 이것은 인간종의 확산에 대한 것으로, 출산의 과정을 통해 인간 공동체를 보존하고 확장해 나가길 바라시는 하나님의 의도가 반영되어 있는 명령이다. 둘째, '충만하라'는 명령이다. 하나님이 주신 신학적 명령으로서의 문화명령의 핵심적 요지를 내포한다. 여기서 '충만'은 인간종의 개체 수 증가를 의미하는 것이 아니다. 오히려 인간 공동체가 의도를 가지고 실행하는 문화적 행위와 과정을 통해 문화적 가치들과 결과들을 적극적으로 산출하라는 명령이다. 셋째, '다스리라'는 명령은 리더십에 관한 것이다. 문화적 활동과 그 결과들을 산출해 가는 과정에서 인간의 문화행위의 대상이 되는 자연환경과의 관계성에 대한 명령이라는 말이다. 다시 말해, 이 명령은 창조의 세계라는 시원적 환경을 기반으로 하여 새로운 문화적 요소들을 덧붙여 가는 과정 곧 천연의 자연환경 안에 문화를 형성해 가는 과정을 중요하게 내포하는데, 인간과 인간 공동체는 이러한 과정에서 하나님의 뜻에 부합되는 리더십을 발휘해야 한다는 신학적 방향성을 지시한다.

이런 맥락에서 문화명령은 문화적 활동과 청지기적 소명을 중시한다고 볼 수 있다. 문화적 활동과 과정을 통해 청지기적 다스림을 구현하는 것으로서 문화명령은 하나님의 궁극적 통치 아래서 전체 창조 세계를 돌보고 다스리는 것이기에 하나님의 창조와 섭리의 의도와 동기를 존중하는 것은 마땅히 할 바가 된다. 따라서 문화명령을 받고 수행해야 할 청지기로서 인간과 인간 공동체는 창조의 목적 곧 창조와 창조세계를 향한 하나님의 뜻이 무엇인지를 정확하게 분별하고 또 분별한 대로 충실히 구현하기 위해 힘써야 한다. 다시 말해, 창조세계와 그 세계를 돌보고 다스리라고 부름 받은 청지기인 인간의 본질적 소명은 창조의 목적 곧 창조를 향한 하나님의 뜻이 무엇인지를 명확하게 파악하고 구현하는 것이다. 이로써 보건대, 제1차 환경 곧 하나님이 '태초의 창조' 때 마련해 주신 물적 자산을 기반으로 하여 문화를 형성·보존·확장하는 것은 인간 본연의 소명이 되며 이 소명을 받은 인간과 인간 공동체는 하나님의 창조의 뜻을 존중하고 실행해야 하는 것이다.

2) 문화명령에 대한 창조론적 구원론적 이해와 물적 자산을 기반으로 한 문명창출의 신학적 방향성

창조의 뜻과 목적을 파악하는 데 있어서 창조와 구원의 통전성을 확인하는 것은 필수적이다. 창조자 하나님과 구원자 하나님이 한 분이시라는 사실로부터, 창조와 구원을 통전적으로 이해해야 한다는 신학적 진실을 끌어내는 것은 자연스럽고 타당한 일이다. 이런 맥락에서 창조와 구원을 깊은 상호연관성의 틀에서 해석할 필요가 있다. 창조에서 구원을 본다. 하나님은 영혼만을 구원하시는 것이 아니다. 하나님이 친히 창조하신 영혼과 육체 곧 우리의 온 존재를 구원하신다. 인간만 구원하시는 것이 아니다. 하나님이 지으신 세계 곧 "썩어짐의 종 노릇 한 데서 해방되어 하나님의 자녀들의 영광의 자유에 이르[기를 고통과 탄식 가운데 바라고]"롬 8:21-22 있는 전체 피조 세계를 구원하신다. 구원의 자리에서 창조를 본다. 창조하신 모든 것을 지으시고 내버려 두지 않으신다. 하나님은 구원의 사랑 곧 독생자를 아낌없이 내어주신 구원의 사랑으로 창조하신 모든 것을 궁극적 완성으로 이끌어 가신다.

창조와 구원을 통전적으로 이해함을 통해, 문화명령의 수행 주체로서 인간과 인간 공동체는 한편으로 하나님의 구원은 전인으로서의 인간을 포함하여 전체 창조의 지평을 대상으로 하며 다른 한편으로 창조하신 하나님은 피조 세계와 그 세계 안의 모든 존재들을 창조하시고 나서 그냥 내버려 두지 않으시고 십자가에서 절정을 이룬 지극한 구원의 사랑으로 지금 여기에서 하나님 나라를 불러일으키실 뿐 아니라 종말론적 관점에서 모든 것을 궁극적 구원의 완성으로 이끌어 가신다는 신학적 신념을 견지할 수밖에 없다.

　　이러한 창조와 구원의 통전성을 온전히 드러내어 전개한 대표적인 신학자를 꼽으라면 몰트만Jürgen Moltmann을 생각할 수 있다. 그는 특별히 삼위일체적 '창조와 섭리'론과 구원론적 종말론의 관점에서 이를 전개한다. 몰트만은 하나님의 창조적 본성과 신적 생명을 구분함으로써 하나님과 세계의 차이를 견지하는데, 창조적 본성과 신적 생명의 동일시가 하나님과 세계의 범신론적 동일시로 이어질 것을 우려하기 때문이다.[50] 그렇다고 차이나 구분만을 강조하는 것은 아니다. 몰트만은 하나님과 세계의 엄격한 분리도 경계하는데, 하나님은 창조한 세계로부터 떨어져 계신 분이 아니라 깊은 사랑으로 함께 하는 분이시기 때문이다. 이른바 범재신론적 세계 임재의 틀 안에서 임재를 견지하되 범신론에 빠지지 않기 위해 몰트만은 '코이노니아'라는 개념을 통해 하나님의 사랑의 섭리를 논한다. 몰트만은 신적 삶생명을 영원하고 무한한 '사랑'의 생명으로 보며, 이 사랑 안에서 하나님은 타자 곧 인간을 포함한 피조물들과의 사귐의 관계를 형성하고 유지해 가신다고 강조한다.[51] 이

50　Jürgen Moltmann, *Gott in der Schöpfung*, 김균진 역, 『창조 안에 계신 하느님』(서울: 한국신학연구소, 1986), 131-132.
51　위의 책.

사랑은 "창조적인 과정 속에서 그의 삼위일체적 완전성으로부터 한없이 나와 영원한 안식일의 휴식 가운데에서 자기 자신에게로 오는 사랑"이다. 하나님은 사귐 가운데 있는 타자로서의 피조물들에게 사랑을 나누어 주시며 하나님의 사랑의 의지와 본성에 동참케 하신다.[52] 하나님은 사랑의 본성과 의지와 활동에서 우리와 몫을 나누심으로써 창조 세계 안에서의 하나님의 사랑의 역사에 동참케 하시는 것이다.

　　창조 세계와 그 안의 모든 피조물들에게 사랑을 나누어 주시고 깊은 사귐으로 나아가기를 원하시는 삼위일체 하나님의 창조와 섭리의 역사는 예수 그리스도 안에 드러난 구원의 종말론적 계시와 '통전적으로' 이해되어야 한다는 것이 몰트만의 생각이다. 영생이 예수 그리스도의 부활을 통해 하나님의 전능하신 능력으로 실현된다면, 죽음의 위협 앞에 선 인간과 피조 세계에 생명을 가져다주는 생명의 능력은 성령 안에서 작동한다. 생명의 영이요 능력의 영이신 성령을 통한 예수 그리스도 안에서의 새 창조는 창조 세계 전체를 '새 하늘과 새 땅'으로 이끄는 총체적·우주적 창조이다.[53] 하나님은 예수 그리스도의 삶과 십자가와 부활을 통해 예기적으로 선취된 하나님 나라의 완성으로부터 이 세계 가운데 들어오셔서 지금 여기에서도 새 창조의 능력으로 역사하신다.[54] 구원의 종말론적 영광의 미래로부터 오시는 하나님은 이 세계 속에 옛 것을 사라지게 하고 새 것을 불러일으키는 창조적 능력을 발휘하시면서, 이 세계가 하나님 나라의 종말론적 완성을 향해 지속적으로 전진해

52　위의 책, 133.

53　위의 책, 121-125.

54　Jürgen Moltmann, *Das Kommen Gottes*, trans. Margaret Kohl, *The Coming of God* (Minneapolis: Fortress Press, 1996), 25-26.

가도록 자극하고 도전하고 움직여 가신다.

하나님께서 허락하시는 물적 자산은 근본적으로 문화명령 수행의 토대가 된다는 점을 주목해야 할 것이다. 물적 자산의 추구와 사용은 종말론적 구원의 완성으로부터 오셔서 역사하심으로써 이 세계 가운데 새 창조의 역사를 불러일으키시고 온 세계와 그 안의 모든 피조물들을 하나님 나라의 궁극적 완성을 향하여 전진하게 하시는 하나님의 역사에 상응하여, 교회 안과 밖을 포괄하는 전체 세계 안에서 하나님 나라를 불러일으키는 활동을 통해 문화적 양태와 결과물들을 산출해 내고 보존·확산함으로써 '새 하늘과 새 땅'을 향한 교회와 세계의 진보에 이바지해야 한다는 방향성을 견지해야 할 것이다.

Ⅲ 물적 자산의 점유·사용을 위한 규범적 방향성 제안

지금까지 필자는 물적 자산에 대한 성서적 이해를 부, 물질, 재산, 재물 등 경제적 가치들에 대한 긍정·부정의 평가, 기능론적 의미 등을 중심으로 살피고, 성서적 논의에 상응하여 신학적 윤리적 관점에서의 규범적 방향성을 모색하고자 하였다. 물적 자산은 궁극적으로 하나님으로부터 왔으며 이러한 궁극적 기원을 생각할 때 물적 자산은 인간과 인간 공동체에게 좋은 것이라는 성경의 기본적 인식을 공유할 필요가 있겠다. 그렇다고 해서 물적 자산이 절대적 선이 되는 것이 아니며,

하나님과 물질 사이의 가치질서가 왜곡되거나 하나님이 설정하시는 정당한 점유·사용의 틀과 한계를 벗어날 때 얼마든지 악으로 또 우상숭배로 빠질 수 있다는 점 또한 경각심을 가지고 받아들여야 할 것이다.

인간이 인간답게 생존하기 위해 필요한 물적 토대는 기본적으로 보장되어야 한다. 모든 물적 자산의 궁극적 기원이 되시는 하나님은 보편적으로 이러한 토대를 마련해주시고자 하며 또 모든 인간이 필요한 물적 자원을 기반으로 하여 인간다운 삶을 영위할 수 있기를 간절히 바라신다. 이러한 신적 섭리와 의도는 '나'의 생존뿐 아니라 '우리' 모두의 생존을 동등하게 포괄한다. 그러므로 나 자신의 인간다운 생존을 위해 물적 자산을 정당하게 추구하는 것 뿐 아니라 더불어 살아가는 모든 동료 인간들의 생존에 필수적인 물적 자산의 확보와 보장을 위해서도 관심과 노력을 기울여야 할 것이다. 아울러 물적 자산은 좀 더 포괄적으로 _{혹은 일반적으로} 하나님의 뜻 구현을 위해 주어졌다는 점을 잊지 말아야 할 것이다. 성경을 관통하는 하나님 뜻의 요체인 사랑의 이중계명 곧 하나님 사랑과 이웃 사랑이라는 신적 명령을 전 삶의 영역에서 구현하고자 하는 분명한 목적의식을 가지고 물적 자산을 바라보고 또 점유·사용해야 한다는 것이다. 특별히 물적 자산이 문화명령의 본질적 토대가 됨을 확고히 인정하면서, 신적 의도와 비전이 실현되는 문화_{문명}의 창출을 위해 성실하게 청지기적 소명을 수행해야 할 것이다.

제 8 장

장로회신학대학교의 신학(장신신학)과
공적 관계성

이 장은 다음의 문헌을 수정·보완한 것이다. 이창호, "교회의 '공적 관계성'의 관점에서 장신신학 읽기: 장로회신학대학교 신학성명에 대한 신학적 윤리적 분석과 평가를 중심으로," 『장신논단』 50-1 (2018), 195-222.

공적 관계성에 포함된 사회윤리적 책무 곧 공적 관계 형성과 공적 참여의 책무에 대한 이론적 실천적 기반을 닦는 것은 기독교회의 중대한 과제라 할 것이다. 본 장의 목적은 이 과제 수행의 일환으로 장로회신학대학교의 신학^{이하 장신신학}의 공적 관계성을 탐색하고 그러한 탐색을 통해 기독교의 공적 관계성 이해를 이론적으로 또 실천적으로 성숙시키는 데 이바지하는 것이다. 이를 위해 필자가 하고자 하는 바는 크게 세 가지이다. 먼저 "1985년 장로회신학대학 신학성명"^{이하 1985년 성명}, "2002년 장로회신학대학교 신학교육성명을 위한 기초문서"^{이하 2002년 기초문서}, 2003년 "21세기 장로회신학대학교 신학교육성명서"^{이하 2003년 성명} 그리고 "2015년 장로회신학대학교 신학성명"^{이하 2015년 성명}[1]을 '공적 관계성'의 관점 곧 교회와 세상의 공적 관계 형성, 공적 참여와 변화^{혹은 변혁} 추구 등의 관점에서 논하고, 공적 관계 형성과 변혁 추구에 대한 신학적 정당화를 논구할 것이다. 다음으로 기독교의 공적 관계성의 패러다임적 모형을 탐색하고 그 신학적 근거를 탐구하고자 한다. 이를 위해 고전 신학자들과 현대 신학자들 가운데 각 모형을 대표하는 인물들을 선별하고 그들의 주된 입장과 신학적 논거를 진술할 것인데, 이 모형들은 어거스틴^{St. Augustine}과 니버^{Reinhold Niebuhr}의 '사회문화적 공적 변혁' 모형,

---

1   1985년 성명은 한국 사회와 교회에 대한 책무의식을 확인하면서 장로회신학대학교의 '신학적 좌표'를 표명하고자 하였으며, 2002년 기초문서와 2003년 성명은 21세기를 맞이하는 세계의 위기적 상황 곧 생태계의 파괴, 전쟁과 분쟁의 증가, 경제적 양극화, 과학기술 발전으로 인한 윤리적 혼란 등의 상황 앞에서 '세상을 구원하는 유일한 길'이신 예수 그리스도에 대한 신앙을 확고히 하면서 신학교육의 이념, 목적, 목표 등을 정립하고자 하였다. 또한 2015년 성명은 광복 70년과 분단 70년의 해인 2015년에 역사의 주관자 되시는 하나님의 섭리를 신학적으로 성찰하면서 장로회신학대학교의 '신학 정체성'을 확립하고 '사회·정치·경제·문화적 상황에 응답하는' 신학의 입장과 실천 강령을 제시하고자 하였다.

아퀴나스Thomas Aquinas와 리츨Albrecht Ritschl의 '윤리적 보편화' 모형, 재세례파와 요더John Howard Yoder의 '교회됨 구현의 사회윤리' 모형 그리고 칼뱅Jean Calvin과 스택하우스Max L. Stackhouse의 '총체적 공공선지향' 모형이며 이에 대해서는 4장에서 상세하게 다루었다. 마지막으로 장신신학의 '공적 관계성'을 패러다임적 모형의 관점에서 분석·평가함으로써 장신신학의 위치를 탐색할 것이며, 장신신학의 정체성 강화와 세계 기독교의 공적 관계성 성숙에 기여하고자 몇 가지 제안을 하고자 한다.

I 장로회신학대학교 신학성명과 '공적 관계성'

1. 기독교윤리적 당위로서의 공적 관계 형성과 공적 변혁의 추구

장신신학 성명은 교회와 교회 밖 영역 사이의 적절한 구분의 필요성을 견지하면서도, 이 둘 사이의 소통과 '관계 형성'은 필수적이며 불가피하다는 점을 견지한다. 1985년 성명은 이를 두드러지게 드러낸다. "교회는 세상과 담을 쌓는 수도원적인 삶의 이상을 실현해도 안 되며, 이 세상과 야합하여 세상과 타협해도 안 될 것이다."[2] 여기서 이 성명은 한편으로 세상으로부터의 도피를 그리고 다른 한편으로 세상과의 타협 혹은 세상에의 무비판적 동화을 경계하면서 세상과의 관계 형성을 신학적 윤

---

[2] 1985년 성명 제4명제.

리적 당위로 천명하고 있는 것이다.

교회 밖 영역과의 관계 형성을 사회윤리적 당위로 받아들이는 기독교회와 신자들은 그 관계성의 대상 영역으로 정치사회 공동체와 세계 전체를 포괄해야 한다. 하나님 나라의 구현을 위해 '교회 안팎에서' 공적 사명을 수행해야 한다는 점을 강조한 2002년 기초문서의 정신을 반영하면서 2003년 성명은 교회 교역 수행뿐 아니라 '사회 및 국가의 차원'에서 '하나님 나라를 위한 삼위일체 하나님의 교역에 동참하는 교육'이라는 목적을 명시함으로써 교역의 대상범위로 정치사회 공동체를 포함하며, 1985년 성명은 신학과 실천의 장場을 교회로만 제한해서는 안 되며 '역사와 사회' 그리고 '한국, 아세아 및 세계'를 포함하는 더 넓은 장을 포괄해야 함을 분명히 한다.[3]

공적 관계 형성에 대한 당위적 인식은 자연스럽게 공적 영향 추구, 좀 더 적극적으로는 공적 변혁 추구에 대한 강조로 이어진다. 1985년 성명은 교회는 복음전도를 비롯한 선교활동을 통해 세상과 소통하고 또 영향을 미쳐야 할 뿐 아니라 이 세상 한 가운데서 '빛과 소금의 역할 수행'과 '하나님이 요구하시는 사랑과 의의 구현'을 통해서도 세상에 참여해야 한다고 역설한다.[4] 특별히 이 성명은 해방신학, 여성신

---

3 1985년 성명 제5명제. 특별히 이 성명은 신학의 폐쇄성을 경계해야 함을 천명하며 이를 지구적 맥락에서 논술한다. "교회를 좁은 의미의 신학의 장으로 하는 우리 신학은 역사와 사회를 보다 넓은 의미의 장으로 한다. 우리의 신학은 한국, 아세아 및 세계를 장으로 해야 한다. 이 세 장들은 서로 동떨어진 것이 아니라, 서로 뒤얽혀져 있기 때문에 민족주의적 폐쇄신학 혹은 이념축소 신학은 잘못된 것이다. 구미가 이미 경험한 기술사회의 혜택과 병폐, 산업주의 사회와 자본주의 사회의 밝은 면과 어두운 면, 자유민주주의 체제의 장점과 단점 및 물질주의와 쾌락주의는 오늘날 아세아와 한국에서도 경험되고 있지 않은가! 신학도 마찬가지다. 즉, 구미의 신학들이 현대의 발달된 출판기술과 교통수단을 통하여 하루아침에 아세아와 한국으로 이어진다. 이처럼 공간적으로 간격이 좁아진 지구촌 내에서 어떻게 한국과 한국적인 신학을 고립시킬 수 있겠는가? 동시에 우리는 시간적으로 볼 때 기독교의 역사를 통하여 노출된 모든 신학적인 유산을 우리의 것으로 해야 할 것이다. 따라서 우리는 이와 같은 넓은 시야를 가지고 한국의 역사와 한국의 종교, 그리고 한국의 사상가와 한국적인 문제들에 관련된 신학을 해야 할 것이다."

4 1985년 성명 제4명제.

학, 흑인신학 등을 근거로 들면서, 교회의 공적 참여는 정치적 사회적 경제적 문제들에 적극적으로 또 구체적으로 응답하는 것이어야 함을 강조한다. 다시 말해, 신학적 윤리적 차원에서 원리적 통찰이나 방향성을 제시하는 것에 머물지 말고 정치적 사회적 경제적 변화를 불러일으킬 수 있는 정책적 제도적 문화적 제안과 실천까지도 포함하는 것이어야 한다는 것이다.

2002년 기초문서와 2003년 성명은 교회와 신학의 공적 관계 형성과 변혁적 참여 논지를 하나님 나라의 복음에 초점을 두고 더욱 뚜렷하게 전개한다. 세상의 다양한 문화는 '창조주 하나님의 선물'이지만, "하나님 나라의 복음에 의해 변혁되어야 하고 하나님 나라를 향하여 새롭게 형성되어야 [하며] 나라와 지역과 민족에 따라 다양한 형태로 표현될 수 있고 또 표현되어야 한다."[5] 하나님 나라의 복음은 기존의 문화 안에 안정적으로 뿌리를 내려야 할 뿐 아니라 복음의 씨앗이 뿌려진 그 문화를 하나님 나라를 지향하며 변혁해 나가야 한다는 점을 역설하고 있는 것이다.[6] 이러한 변혁은 '삼위일체 하나님의 사랑의 코이노니아와 디아코니아'의 구현과 '정의와 공의 그리고 평화와 창조세계에 대한 책임수행'을 통해 이루어질 수 있다고 강조한다. 아울러 교회의 공적 변혁 추구는 궁극적으로 모든 삶의 영역 안에 하나님의 통치가 온전히 구현

---

5   2002년 기초문서.
6   특별히 2002년 기초문서는 이러한 '변혁'을 토착화와 세계화의 균형의 맥락에서 논하되 선후의 과제를 설정하여 진술한다. "동아시아에 속한 한반도를 문화적 맥락으로 살아가는 우리의 과제는 하나님 나라를 주어진 문화 안에서 실현하여 나가는 것이다. 이와 같은 문화형성 작업은 한국적 신학과 동아시아적 신학을 모색함에 있어서 매우 중요한 과제가 될 것이다. 유다 땅에서 시작해서 희랍 로마 세계로 확장된 하나님 나라의 복음이 이제는 한국 문화와 동아시아 문화 속에 뿌리 내려야 할 것이기 때문이다. 이른바 지구화 시대를 살아가는 우리는 동아시아적, 한국적 문화 안에서의 기독교적 정체성을 확립한 후에 지구상의 다양한 종족들과 그 문화들과의 상호존중에 바탕을 둔 이해와 교류를 통한 하나님 나라 실현을 모색하여야 할 것이다."

될 때 곧 하나님의 나라가 이루어질 때 완성될 것인데, 이를 위해 기독교회와 신자들은 신적 통치가 온 세계 가운데 구현되도록 '섬김의 삶을 통하여 하나님 나라의 확장과 완성에 동참'해야 함을 역설한다.[7]

2015년 성명에서도 적극적 참여와 변혁의 추구에 대한 강조는 분명하게 탐지된다. 특별히 변혁해야 할 대상을 세속주의 문화 곧 '창조주 하나님의 자리에 오르려는 인간의 죄성'이 본질적으로 작동하는 문화로 규정하면서, 기독교회는 이러한 세속주의에 맞서고 또 극복해 내야 하는 사회윤리적 소명을 받았다는 점을 분명하게 밝힌다.[8] 이 변혁의 소명은 '예수 그리스도의 복음의 능력으로' 수행되어야 하며 세속주의 문화의 반제反題로서 하나님 나라의 문화는 "세속주의 가치관에 저항하면서 정치, 경제, 사회, 문화, 예술, 교육 등의 전 영역에서 하나님의 다스림이 이루어지기를 갈망하는 곳에 임한다롬 8:21."는 점 또한 적시한다. 다만 교회 공동체는 변혁의 주체로서 작용하기 위해 한편으로 행위론적으로 또 외향적으로 변혁을 불러일으키는 참여와 실천에 진력해야 할 것이며 다른 한편으로 존재론적으로 또 내향적으로 신앙 공동체 안에서 '예수 그리스도를 통한 구속의 은총의 회복'과 '하나님의 의의 추구'를 통해 하나님 나라를 구현함으로써 세속주의 문화에 맞서고 또 변혁하는 '대안공동체'를 형성해 나가야 할 것이다.[9]

---

7   2003년 성명.
8   2015년 성명 제7명제.

2. 공적 관계 형성과 변혁 추구의 신학적 논거

1) 창조의 지평을 존중하는 삼위일체 하나님의 구원론적 섭리

2003년 성명에서 우리는 '하나님의 백성이요 그리스도의 몸이요 성령의 전으로서' 교회는 삼위일체 하나님과 존재론적으로 연속성을 가지면서 삼위간의 완전한 섬김과 헌신과 사랑의 사귐을 내포하는 내재적 삼위일체에 상응할 뿐 아니라 삼위일체 하나님의 피조 세계 전체를 향한 경세적 역사에도 상응하여 세상 안에서 하나님 나라를 구현하기 위해 세움 받고 보냄 받은 공동체라는 교회론적 인식을 확연하게 탐지할 수 있다. 성령의 능력 안에서 내향적으로는 교회 일치 곧 내재적 삼위일체가 지시하는 온전한 상호헌신과 사귐을 구현하며 외향적으로는 세상 속에서의 하나님 나라 구현 곧 경세적 삼위일체 하나님의 섭리적 구원론적 역사의 실현에 동참해야 한다는 신학적 윤리적 이해를 두드러지게 드러내고 있다는 것이다.

2015년 성명은 하나님은 온 우주 만물의 창조주이시며 또 신적 다스림과 섭리의 지평은 창조하신 모든 것을 포괄한다는 점을 분명히 한다.[10] 하나님은 창조하시고 창조하신 세계로부터 멀리 떨어져 계신

---

9   대안공동체로서의 교회는 이 세상과 역사 속에서 하나님 나라를 구현하는 핵심 주체로서의 정체성을 확연하게 보유하는데, 이 정체성은 근원적으로 예수 그리스도와의 연합으로부터 오며 말씀과 성례전을 통한 은혜 체험과 신앙 공동체 안에서의 은혜에 대한 응답을 통해 교회됨을 존재론적으로 견지해 간다. 1985년 성명은 이 점을 적시한다. "크리스챤 내지 성도들의 공동체는 복음과 성령을 통하여 살아계신 예수 그리스도와 연합한 무리들로서 창조주시오, 섭리주이신 하나님 아버지의 백성이다. 이 교회는 십자가에 달리셨다 부활하신 예수 그리스도의 현존양식으로서 말씀 선포, 성례전 등의 은총의 수단을 통하여 믿지 않는 사람들을 예수 그리스도에게로 초대한다. 이 예수 그리스도의 몸된 교회는 역사와 사회 그리고 문화 속에서 하나님의 나라를 실현하며 이 모든 것을 초월하는 종말론적인 하나님의 나라를 지향한다"(제3명제).

10   2015년 성명 제4명제.

하나님이 아니라 지으신 세계와 세계 안의 모든 존재들을 극진한 애정으로 돌보시고 지키시는 분이다. 하나님의 역사내적 섭리는 장차 완성될 하나님 나라를 목적론적으로 지향하며 이 세계와 역사 안에서도 그 나라를 앞당겨 구현함으로써 피조된 존재들을 보존하고 지탱하신다. 여기서 하나님의 애정 어린 섭리는 전체 창조의 지평을 포함하며 이 신적 섭리의 범위에 상응하여 기독교회와 신자들의 공적 참여와 책무 수행은 교회뿐 아니라 온 세상을 포괄한다는 점을 추론할 수 있다. 특별히 2015년 성명은 하나님 나라를 '생명의 나라'로 또 세상을 '하나님의 피조공동체'로 규정하면서, 인간뿐 아니라 모든 피조물을 포함하는 전체 생태계 안에서 생명의 가치를 온전히 실현함으로써 "성육신하신 예수 그리스도의 삶·십자가·부활 안에서 종말론적인 새 창조와 생명질서가 선취적으로^{고후 5:17, 갈 6:15} 도래"한 하나님 나라의 궁극적 완성을 향해 헌신할 것을 역설한다.

    1985년 성명은 "WCC적 에큐메니칼 신학과 비WCC적 에큐메니칼 신학을 모두 추구하며 동시에 WCC적 에큐메니칼 운동과 비WCC적 에큐메니칼 운동에 모두 참여한다."고 천명하고 있으며[11] 2003년 성명은 "예수 그리스도를 통해 계시된 하나님 나라의 복음을 증언하는 성경에 기초하여 교회의 다양한 전통을 존중[해야 함]"을 역설한다. 이러한 에큐메니칼적 지향성에 대한 강조와 더불어, 1985년 성명과 2003년 성명은 공히 다른 학문 분야와의 지속적이면서 광범위한 대화의 필요성을 강하게 피력하고 있다는 점에 주목해야 할 것이다. 이러한 필요성 인식은 어떤 의미가 있는가? 1985년 성명은 장신신학

---

11   1985년 성명 제2명제.

이 일반 학문과의 대화를 지속적으로 모색·실천함으로써 "삶의 '장場'을 중요시하는" 신학적 방향성을 견지해야 함을 역설한다.[12] 인문과학, 사회과학, 자연과학, 기술과학 등을 '인류문화의 핵심'으로 이해하는데, 이러한 이해는 한편으로 일반은총의 드러남이자 하나님의 섭리의 통로로서의 문화에 대한 긍정을 그리고 다른 한편으로 세속 문화 안에서의 하나님 나라 구현이라는 공적 소명 실천을 위한 문화에 대한 비평적 성찰의 요구를 내포한다고 평가할 수 있을 것이다. 또한 2003년 성명은 하나님 나라의 복음과 연계하여 풀이하고 있는 것으로 보이는데, 교회는 세상 안에서 하나님 나라를 구현할 뿐 아니라 세상과 더불어 하나님 나라의 구현에 참여할 수 있다는 점을 제안하면서 신학 외의 다른 학문들과의 대화와 소통이 이러한 참여를 위한 밑거름이 될 수 있다는 생각을 내포하고 있다고 하겠다. 이 점은 "신학은 하나님 나라의 복음에 비추어 교회의 사역을 반성하는 동시에, 정치, 경제, 사회, 문화, 환경 등의 현실을 비판적으로 조명하여야 한다."는 주장을 통해 뒷받침된다고 볼 수 있다.[13]

2) '온전한 복음'을 구현하는 선교 공동체로서의 교회

2015년 성명은 교회는 본질적으로 '하나님의 선교에 동참하는 선교 공동체'임을 밝힌다.[14] 여기서 하나님의 선교는 온 세계 안에서 '온전한 복음'을 구현하는 것을 의미하며 하나님의 선교에 동참하는 교

---

12 1985년 성명 제7명제.
13 2003년 성명.
14 2015년 성명 제5명제.

회는 개인적인 그리고 공동체적인 차원에서 이루어지는 복음전도, 구체적 실천과 삶으로 구현되는 복음증언, 정치사회적 책임수행 등을 위해 힘써야 할 것이다. 선교 공동체로서 교회는 하나님의 선교에 동참함을 통해 공적 관계성을 형성하고 또 공적 변화를 일으키게 되는데, 그 형식에 있어 신자들의 개별적 참여와 공동체적 실천을 그리고 그 내용에 있어 복음전도를 통한 신앙 공동체의 확장과 공적 공동체 안에서의 정의, 평화, 사랑 등과 같은 하나님 나라의 가치의 정치사회적 실현을 포함한다. 특별히 선교 공동체는 '하나의 거룩하고 보편적이며 사도적인' 교회로서 "성령의 능력 안에서 세상의 모든 성도가 교제하는 가운데 연합하는 우주적 신앙 공동체엡 1:23"라는 점을 적시하면서, 하나님의 선교에 동참함을 통해 공적 변혁을 일으키는 사회윤리적 사명은 개별 신자나 개교회뿐 아니라 한 몸으로서의 세계 교회 전체가 감당하는 것임을 강조하고 있다는 점을 주목해야 할 것이다. 2002년 기초문서의 언어로, 하나님 나라의 구현을 위해 온 교회가 '결속되고 하나 되어야' 하는 것이다.[15]

---

15 2002년 기초문서는 세계 교회가 연합하여 감당해야 할 사회윤리적 책무의 규범적 지향이 하나님 나라에 있음을 분명히 하면서, 하나님 나라에 대해 성서적으로 또 신학적으로 진술한다. "교회는 죄와 흑암의 권세에 맞서 싸우며 사랑과 정의가 강같이 흐르는 사회, 억압과 착취가 사라진 나라, 자유와 평화가 넘치는 세상, 인간과 창조세계가 조화롭게 안식하는 지구생명 공동체와 우주의 샬롬을 구현해야 한다. 교회의 존재목적은 하나님 나라 구현에 있다. '오직 성령 안에서 의와 평강과 희락'(롬 14:1)을 경험한 하나님 나라를 위한 교회는 하나님 나라를 미리 맛봄이요, 그 징표요, 그 것을 실현하는 도구이다."

3) 하나님 나라를 역사적으로 구현하고 또 궁극적 완성을 지향하는 종말론

교회의 공적 관계 형성과 변혁 추구의 궁극적 이상과 목적은 하나님 나라이다.[16] 하나님 나라 이상이 공적 변화의 척도가 되며 공적 변혁 추구를 통해 하나님 나라를 구현해야 한다는 것이다. 하나님 나라는 영역의 관점에서 '모든 삶의 영역에서' 그리고 방식의 관점에서 '영혼과 육체, 개인적 영성과 공동체적 영성, 신앙과 삶, 복음전도와 정의와 공의, 평화와 창조세계에 대한 책임수행'을 통해 구현되어야 한다는 점에서 전인적이며 총체적이다. 다만 하나님 나라의 구현은 역사적 차원에 제한되는 것이 아니라 "이 모든 것을 초월하는 종말적인" 완성을 궁극적으로 지향한다는 점을 밝혀 두어야 하겠다.[17] 그리하여 "교회가 하나님 나라를 이 땅위에 구현하는 과정에서 당하는 '고난은 장차 우리에게 나타날 영광과 족히 비교할 수 없다' 롬 8:18."[18]

2015년 성명은 하나님 나라의 복음을 '평화의 복음'으로 규정하며, 기독교회와 신자들은 '평화의 원천'으로서 십자가로 화해를 완수하신 예수 그리스도를 모범으로 삼아 '화해와 평화의 사역자'가 되어야 함을 강조한다.[19] 구체적으로 분단된 한반도가 평화와 통일에 이를 수 있도록 힘써야 하며 더 나아가 세계적 맥락에서 평화를 일구는 교회가 되어야 한다는 실천적 제안도 빼놓지 않는다. 또한 하나님 나라는 '정의

---

16   2002년 기초문서.
17   2003년 성명.
18   2002년 기초문서.
19   2015년 성명 제2명제.

의 나라'이다.[20] 그러므로 먼저 교회 공동체 안에서 하나님의 정의가 실현되도록 힘써야 할 것이며 교회는 세상 속에서도 하나님 나라의 구현을 위해 헌신함으로써 정의가 강물처럼 흐르는 세상을 만들어가야 함을 역설한다. 특별히 사회적 약자에 대한 우선적 배려와 관심과 실천은 기독교적 정의 실현의 중요한 부분임을 강조한다. 또 한 가지, 생명의 나라로서 하나님 나라는 "인간의 구원뿐 아니라 창조질서의 회복과 생명가치의 온전한 구현을 포함한다[사 65:17-25; 겔 36:33-36]."는 점을 밝히면서, "생명을 파괴하고 생명가치를 훼손하는 세력에 맞서 싸우고, 생명의 영이 충만한 세계의 실현을 위해 힘쓰고자 한다."고 천명한다.[21] 같은 맥락에서 2002년 기초문서는 "예수 그리스도의 십자가와 부활은 인류만이 아닌 온 세상을 위한 것이었다."는 점을 밝히면서, '인간중심주의적 구원론'의 극복을 역설한다.[22]

---

20 2015년 성명 제3명제.
21 2015년 성명 제4명제.
22 2002년 기초문서는 인간중심주의적 구원론의 극복과 연관하여 개인의 구속과 전 우주의 구원을 포괄하는 기독교 구원의 총체성을 역설한다. "예수 그리스도의 교회 안에서 그리고 이 교회를 통하여 우리는 성령님의 역사로 하나님 나라의 복음을 믿어, 죄 사함을 받고(롬 3:21-26; 고전 1:30; 엡 1:7), 사망에서 생명으로 옮겨지며(골 1:13; 요 5:24; 요일 3:14), 하나님, 인간 및 자연과 새로운 관계에 돌입하고, 하나님 나라의 교회에 편입된다. 예수 그리스도를 구세주로 영접하고, 동시에 하나님 나라에 대한 기쁜 소식을 받아들인 사람은 이와 같이 믿음으로 의롭다 함을 받아, 성화의 삶을 살고, 부활의 소망 가운데 영화롭게 될 것을 바라본다. 인간구원은 하나님 구원행위의 초점이고, 결정적으로 중요한 일이다. 그러나 이 하나님의 구원행위는 우주적 차원을 갖고 있다는 점을 동시에 알아야 한다. 하나님의 구원행위는 세상 속에 존재하는 모든 신음을 없애고(롬 8:21-22), 죽음을 파괴시키고(고전 15:26; 계 20:10), 마귀의 활동에 종지부를 찍고(눅 10:18), 우주 전체에 하나님의 영광이 빛나는 세계를 향하고 있다."

3. 장신 신학성명의 공적 관계성 이해에 대한 종합적 진술

공적 관계 형성의 관점에서, 장신신학은 교회가 교회 밖 영역과 공적 관계를 형성하는 것을 교회의 공공성의 규범적 요소로 분명하게 인식한다. 공적 관계를 형성함에 있어, 한편으로 교회와 세상의 엄격한 분리를 경계하며 다른 한편으로 교회와 세상의 무비판적 동일시에 대해서도 비판적이다. 후자의 관점은 세속의 권력이 교회의 고유한 영적 영역에 부적절하게 개입해서는 안 된다는 점과 교회가 세속의 문화나 제도에 포섭되어 그 고유성을 상실해서는 안 된다는 점을 중요하게 내포한다. 이런 맥락에서 장신신학이 공동의 공적인 목적을 위한 교회와 정치사회 공동체의 협력적 관계를 긍정적으로 보고 또 지지한다고 하더라도 둘 사이의 일치^{혹은 통일}의 강조가 한 쪽이 다른 한 쪽으로 포섭되거나 둘 사이의 관계가 지배와 복종의 관계로 변질될 수 있는 위험이 존재함을 신중하게 고려하고 있다고 평가할 수 있다.

장신신학의 공적 관계 형성에 대한 긍정은 공적 영향^{혹은 변혁}의 가능성에 대한 긍정으로 이어진다. 세속 영역과의 소통과 관계 형성의 중요성을 강조하는 장신신학은 기독교가 교회와 세상을 포괄하는 인간 삶의 전체 지평에서 하나님 나라를 구현하고자 힘쓸 것을 역설하는데, 하나님 나라를 지향하는 기독교회와 신자들의 공적 참여는 신학적으로 말해 하나님 나라의 확장에 이바지할 것이며 또 사회적으로 말해 전체 사회의 공공선 증진에 의미 있는 기여를 하게 될 것이라는 희망과 가능성을 내포한다.

장신신학은 하나님 나라를 공적 영역에서 구현하는 궁극적 주체는 하나님이심을 분명히 한다. 다만 그렇다고 해서 궁극적 주체이신 하나님이 이루어 가시는 하나님 나라 사역에 인간이 배제되는 것은 아니다. 장신신학은 하나님 나라 사역에 신자들이 적극적으로 동참해야 함을 강조한다. 하나님 나라는 교회 안에서만 이루어져야 하고 또 그렇게 된다는 의미에서 제한적이지 않으며 교회를 넘어서 세속 영역을 포함하여 전체 세계 가운데 이루어져야 하고 또 그렇게 되고 있다는 점에서 기독교회와 신자들에게 하나님 나라 구현을 위해 비신자들 혹은 교회 밖 영역에 있는 이들과도 협력할 수 있는 여지는 열려 있다고 하겠다. 장신신학은 하나님 나라 구현의 참여주체라는 관점에서 이러한 여지를 수용한다.

공적 영향의 방식의 관점에서 장신신학의 공적 관계성 이해는 포괄적인데, 교회와 세상의 적절한 구분을 견지하면서 교회가 교회다운 신앙 공동체를 일구고 또 세상 앞에 나타남으로써 공적 영향을 미쳐야 한다는 입장으로부터 공적 영역에 적극적으로 또 총체적으로 참여하여 변혁을 추구해야 한다고 강조하는 입장에 이르기까지, 공적 참여와 변혁의 다양한 방식을 수용한다는 점에서 그렇다.

공적 참여 영역과 내용의 관점에서도 장신신학은 총체적이다. 장신신학은 기독교의 공적 참여는 전체 사회의 공공선 증진에 이바지해야 한다는 점을 견지한다. 이를 위해서 장신신학은 사회 정의 구현과 시민사회 강화 등의 사회적 과업에 참여하는 것은 물론이고, 동시에 정책적 구조적 차원의 변혁, 사회문화적 윤리적 가치지향 혹은 에토스의 형성 및 변화, 지역 단위의 공동체뿐 아니라 인류 공동체 전체의 평화로운 공존을 위한 원활한 소통과 대화 등의 공적 사명에도 힘써야 한다는 인식을 중요하게 내포한다.

장신신학의 공적 관계성 이해는 창조의 지평을 존중하는 하나님의 섭리적 사랑을 존중한다. 공적 관계 형성과 공적 영향의 추구는 하나님의 창조와 섭리의 보편적 범위를 포괄한다는 말이다. 기독교회와 신자들은 세속 영역에서 인간과 인간 공동체를 향한 하나님의 사랑을 반영하여 정치사회 공동체 구성원들을 포괄적으로 그 사랑의 품 안에 두고자 하며 공적 공동체의 지도자와 구성원들이 공동의 선을 향해 전진할 수 있도록 방향을 제시하고 또 안내할 수 있어야 한다. 장신신학은 하나님은 교회 공동체를 비롯하여 다양한 형태의 기독교 사역 주체들뿐 아니라 정치사회적 체제들과 질서들을 통해서도 하나님 나라를 구현하고자 하신다는 점을 인식하며 그 구현에 응답하여 공적 영역 안에서 하나님 나라의 기준에 충실하게 살아가야 한다는 사회적 소명을 강조한다. 따라서 세속 영역에 대한 궁극적 주권도 하나님께 있으며 하나님은 그 주권을 섭리적 사랑으로 드러내신다는 점이 장신신학의 공적 관계성 이해의 핵심적인 신학적 근거가 된다고 할 수 있다.

장신신학은 기독교회와 신자들의 공적 참여의 궁극적 지향점은 하나님 나라임을 역설한다. 장로회신학대학교 신학성명들은 하나님 나라의 내용을 명확하고 또 풍부하게 제시함으로써, 공적 관계 형성과 변혁 추구를 위한 규범적 방향성을 선명하게 인지할 수 있도록 돕는다. 하나님 나라는 정의와 평화의 나라이며 생명의 나라임을 분명하게 증언한다. 기독교회와 신자들은 이 세계와 역사 속에서 하나님 나라의 이상 곧 '새 하늘과 새 땅'의 정의와 평화와 생명을 앞당겨 구현할 사명을 받는다. 그러기에 하나님 나라는 완전히 미래적이며 저 세상적인 것이 아니다. 지금 여기서 이룰 수 있고 또 그렇게 해야 한다는 점에서 현재적이며 이 세상적인데, 장신신학은 이를 명확히 한다고 평가할 수 있다. 다만 종말론적 여분eschatological remainder의 부정을 경계한다는 점을 주목해야 한다. 하나님 나라를 미리 앞당겨 이루고 맛볼 수 있지만, 그렇다고 그러한 실현이 하나님 나라의 완전한 구현과 동일할 수는 없다. 하나님 나라의 현재적 실현의 궁극적 주체는 하나님이시며, 동일한 하나님께서 마지막 날에 하나님 나라를 '완전하게' 이루실 것이다. 이런 맥락에서 하나님 나라를 소망하며 그 실현에 헌신하는 기독교회와 신자들은 역사적으로 이룰 수 있는 하나님 나라의 선^善과 종말론적 하나님 나라의 완성 사이의 간격을 진지하게 받아들인다. 다시 말해, 한편으로 니버 Reinhold Niebuhr의 개념으로 '이미'와 '아직 아니'의 긴장을 견지하면서 하나님이 이루어 가시는 '새 창조'의 역사에 동참하며 다른 한편으로 마지막 날 하나님께서 궁극적으로 이루실 하나님 나라의 완성을 믿음으로 간절히 소망한다.

Ⅱ 기독교의 공적 관계성 모형과 신학적 논거[23]

1. 사회문화적 공적 변혁 모형 어거스틴-니버 모형

교회의 공적 관계성과 참여의 문제를 신학적으로 전개하면서 어거스틴은 무엇보다도 하나님의 창조와 섭리의 지평을 존중하는 구원사

---

23 이 주제에 대해서는 기독교회와 신자들의 공적 참여와 공동의 신학적 기반을 탐색하였던 필자의 논문("기독교의 공적 참여 모형과 신학적 '공동의 기반'의 모색," 『기독교사회윤리』 31 (2015), 70-104)에서 탐구하였고 앞에서 언급한 대로 4장에서 이 논문을 토대로 상세하게 다루었다. 여기서는 본 장의 목적에 맞추어 핵심적인 내용을 중심으로 다시 전개하였음을 밝힌다.

적 구도 안에서, '신의 도성'의 사람들과 '세속 도성'의 사람들 사이에는 역사적 실존에 필요한 정치적 조건들과 공공선을 마련하기 위한 협력의 사회윤리적 가능성이 존재한다는 점을 강조한다.[24] 어거스틴에 따르면, 기독교인들은 그러한 조건들과 공공선을 보존하고 증진하기 위해 힘써야 한다. 공적 관계성의 신학적 근거로서 어거스틴의 '창조의 지평'과 '구원론적 섭리'의 결합에 맥을 같이 하면서, 니버는 그리스도의 구속의 사역은 단지 개인 신자를 용서하고 새로운 생명을 허락하는 것에 머물지 않고 모든 역사적 공동체들로 확장된다는 신념을 피력한다. 니버에 따르면, 구속의 복음은 개인들 뿐 아니라 정치사회 공동체들에게도 증거 되어야 하는데 그렇게 하여 역사적 시공간 안에서 새롭고 온전한 삶을 향해 전진해 갈 수 있게 될 것이다.[25]

여기서 교회와 신자들의 공적 정체성에 대한 이해는 중요하다. 어거스틴은 교회가 정치권력의 관점에서 국가를 대체하거나 대응할 수 있는 권력 구조체제가 되는 것에 대해 분명하게 반대의사를 표한다. 그러나 개별 신자들과 교회 공동체가 이웃 사랑이라는 소명에 입각해서 전체 사회의 공공선 증진을 위해 공적으로 참여할 수 있는 여지는 허용한다. 다만 교회의 공적 책임 수행은 정치권력의 획득과 통제가 아니라 사회의 윤리적 지향과 문화적 에토스의 형성과 변화를 그 주된 목적으로 삼아야 한다고 강조한다.[26] 니버는 예수의 사랑의 윤리는 교회 공동체 안에서 또 정치사회 영역 안에서 기독교인들이 따라야 하는 궁극적

---

24 Augustine, *The City of God*, trans. Marcus Dods (New York: Random House, 2000), XIX. 17.

25 Reinhold Niebuhr, *Christian Realism and Political Problems* (New York: Scribner's, 1953), 112.

26 Ernst Troeltsch, *The Social Teaching of the Christian Churches* I, trans. Olive Wyon (Louisville: Westminster/ John Knox Press, 1992), 157.

기준이라고 생각하지만 세상 속에서 보편적이고 절대적인 규범으로 제시할 수 있는지에 대해서는 신중한 입장을 취한다. 이러한 신중한 입장은 한편으로 규범생산의 관점에서 현실주의적 고려를 존중하며 다른 한편으로 규범실현의 관점에서 전체 공적 공동체의 도덕적 지향과 문화적 에토스의 변화를 지향하는 변혁적 태도를 요청한다.[27]

교회와 신자들이 하나님 나라의 사회적 이상을 견지하면서 공공선 증진에 이바지할 수 있지만 인간 공동체의 공적인 선^善의 성취는 그것이 아무리 고상한 형태라 하더라도 하나님 나라와 동일시될 수 없다는 점을 어거스틴은 강조한다.[28] 여기서 그는 종말론적으로 하나님 나라의 궁극적 완성과 인간 공동체의 역사적 성취 사이의 긴장^{혹은 간격}을 견지하고 있는 것이다. '이미'와 '아직 아니'의 긴장 속에서 종말을 이해하고자 하는 니버의 변증법적 종말론도 역시 하나님 나라의 궁극적 완성과 인간 능력에 근거한 역사적 성취 사이에 설정해 두어야 할 건강한 거리^{혹은 긴장}를 내포한다.[29]

2. 윤리적 보편화 모형 <small>아퀴나스-리츨 모형</small>

아퀴나스에 따르면, 하나님은 법을 통해 섭리하신다. 창조하신 인간과 세계를 영원법이라는 섭리의 틀을 통해 하나님이 설정하신 궁

27 John C. Bennett, "Reinhold Niebuhr's Social Ethics," in *Reinhold Niebuhr: His Religious, Social, and Political Thought*, ed. Charles W. Kegley (New York: Pilgrim, 1984), 112.

28 E. TeSelle, "아우구스티누스의 정치 윤리," W. S. Bobcock 편, 문시영 역, 『아우구스티누스의 윤리』(서울: 서광사, 1988), 268-279.

29 Reinhold Niebuhr, *An Interpretation of Christian Ethics* (New York: Meridian Books, 1956), 58-60.

극적 선善을 향해 인도해 가신다는 말이다. '영원법에의 참여'로서의 자연법 개념은 창조와 인간 역사의 지평에서 자연법을 실현함으로써 영원법의 성취를 향하게 된다는 의미에서 목적론적 지향을 내포한다.[30] 곧 하나님은 자연법과 그것에 뿌리를 두는 정치사회 공동체의 법적 제도적 질서를 통해 인생과 역사와 세계에 대한 하나님의 보편적 섭리혹은 영원법을 통한 통치를 구현해 가시는 것이다. 또한 리츨에게 하나님의 섭리가 구현된 시공간을 가리키는 대표적인 개념은 하나님 나라이다. 하나님의 섭리적 주권이 이 세계와 역사 속에서 구현됨으로써 하나님 나라는 타계적 이상향이 아니라 현존의 질서로 '이 세상' 안에 존재하게 되는 것이다. 리츨에게 하나님 나라의 본질은 윤리적인데, 인간과 인간 공동체가 하나님 나라를 이루는 길은 도덕적 이상 곧 '사랑'을 구현하는 것이기 때문이다.[31] 신자들은 예수 그리스도의 사랑의 가르침과 본本을 따라 살아가고 또 비신자들은 모든 인간에게 주어진 '도덕법' 곧 사랑의 명령에 충실히 응답함으로써 하나님 나라 실현에 유의미하게 참여하게 되는 것이다.

성과 속 혹은 교회와 교회 밖 영역을 단일체적 틀 안에서 포괄하고자 하는 아퀴나스는 그에게 고유한 종합의 기획에 상응하여 자연과 초자연 그리고 윤리와 종교를 통합한다. 다만 세속 영역을 포함한 전체 세계의 기초는 신학적 신념에 있으며 교회는 세속 영역에 대해 보편적 권위를 가진다.[32] 신학적 윤리가 기독교의 문명 일치를 이론적으로 해

30 Thomas Aquinas, *Summa Theologiae*, I-II. 90. 1.

31 Albrecht Ritschl, *The Christian Doctrine of Justification and Reconciliation*, trans. H. R. MacIntosh and A. B. Maculay (Edinburgh: T.&T. Clark, 1900), 610-611.

32 Ernst Troeltsch, *The Social Teaching of the Christian Churches* I, 259.

석하는 길잡이 역할을 한다고 하겠다. 성과 속을 단일체적 구도 안에서 통합적으로 이해하는 교회론적 특성은 리츨에게서도 드러난다. 예수 그리스도를 따르는 언약 공동체로서의 교회가 공동체의 주인인 예수의 사랑의 본을 따라 살아감으로써 하나님 나라를 실현하고자 하는 것과 세속 영역의 모든 구성원들이 하나님 나라로서의 '도덕적 연합'을 지향하며 도덕법에 부합되는 삶을 살고자 힘쓰는 것을 본질적으로 연결시킴으로써,[33] 리츨은 하나님 나라라는 '목적'과 사랑이라는 '규범'의 관점에서 교회와 세상을 단일체적 구도 안에 두고자 한다.

윤리적 보편화 모형의 종말론은 하나님 나라 이상의 현재적 실현과 궁극적 완성을 향한 목적론적 진보를 주된 특징으로 한다. 이 모형은 역사적 성취와 종말론적 완성 사이의 연속성과 완성을 향한 진보의 과정에서의 인간의 몫을 강조한다. 여기서 '인간'은 성과 속의 영역을 살아가는 모든 사회 구성원들을 의미한다. 다만 아퀴나스는 하나님과의 영적 연합에 상응하는 천상의 지복至福까지도 포괄하는 '하나님 나라' 관념을 갖고 있는 반면, 리츨은 도덕적 이상의 보편적인 현재적 실현을 하나님 나라 구현의 핵심적 요소로 보면서 순전하게 '영적인' 완성에 대해서는 우선순위를 설정하지 않는다.

3. 교회됨 구현의 사회윤리 모형 재세례파-요더 모형

교회됨 구현의 사회윤리 모형의 공적 참여를 위한 신학적 논거

---

[33]　Albrecht Ritschl, *The Christian Doctrine of Justification and Reconciliation*, 511-512.

는 기독론·중심적이다. 재세례파의 신앙에서 그리스도를 따른다는 것은 평화의 도道를 살아낸다는 것을 의미한다.[34] 이러한 재세례파의 평화에의 헌신은 요더의 사회윤리적 가르침을 통해 선명하게 드러난다. 그는 예수 그리스도의 비폭력 무저항의 사랑을 중심으로 한 성경 해석에 근거해서 자신의 사회윤리를 전개해 간다.[35] 다만 이 모형이 공적 참여를 위한 주된 신학적 근거를 기독론적 진술 곧 예수 그리스도에 대한 성서적 계시에서 찾는다 해서, 하나님이 공적 영역에 대한 섭리적 관심을 거두고 계시다는 것을 내포하는 것은 아님을 밝혀 두어야 하겠다. 역사와 세계에 대한 하나님의 섭리를 공적 참여의 신학적 근거에서 배제하지는 않는다는 말이다.

요더에게 교회는 예수 그리스도 안에서 하나님이 이루시는 종말론적 구원 역사의 사회적 현시顯示이다.[36] 요더는 교회의 사명이 교회를 둘러싼 정치사회 체제들을 기독교제국적 구도를 따라 재편하는 것이 아님을 분명히 하면서, 역사와 사회 속에서 복음의 목적들을 실현한다는 의미에서 '교회 신앙의 본질'을 증언하는 사명을 충실히 감당해야 한다고 역설한다. 이런 맥락에서 이 모형은 교회와 세상 사이의 구분을 강조한다. 공적 영역과의 관계 형성에 있어서 제한적인데, 세상과의 완전한 분리를 의도하지 않지만 그렇다고 세상 안으로 들어가 적극적으로 다른 공적 주체들과 소통하고 또 영향을 끼치려 하지는 않는다. 오히

---

34 Menno Simons, *The Complete Works of Menno Simons* (Scottdale, Pa.: Herald Press, 1956), 554-555. Peter H. Davids, "An Anabaptist View of the Church," *The Evangelical Quarterly* 56-2 (1984), 87에서 재인용.

35 John Howard Yoder, *The Priestly Kingdom: Social Ethics as Gospel* (Notre Dame: University of Notre Dame Press, 1984), 43; John Howard Yoder, *The Original Revolution* (Scottdale, Pa.: Herald Press, 1971), 134-135.

36 John Howard Yoder, *The Christian Witness to the State* (Newton, Kan.: Faith and Life Press, 1964), 9.

려 세상을 향하여 예수 그리스도의 윤리적 가르침을 '구현하고 보여주는' 것을 교회의 본질적인 공적 사명으로 이해한다.[37] 다시 말해, 대안공동체를 구현하여 교회를 둘러싸고 있는 세상을 향해 어떤 사회적 영향을 끼치고자 하는 것이다.[38] 이런 맥락에서 요더는 그리스도의 통치는 시간의 관점에서 종말론적 완성의 때까지 유보되는 것이 아니라 현재라는 시간 속에서 실현되며 영역의 관점에서 세속 영역에서가 아니라 교회 안에서 이루어진다고 본다.

4. 총체적 공공선지향 모형 칼뱅-스택하우스 모형

하나님은 만물을 창조하시고 또 섭리를 통하여 창조 세계를 이끌어 가신다고 칼뱅은 강조한다.[39] 하나님의 주권적 섭리는 자연뿐 아니라 자연을 토대로 이루어지는 인간의 역사도 포괄한다. 하나님은 교회의 주권자이실 뿐 아니라 정치사회 영역의 궁극적 통치자도 되신다. 정치권력을 비롯한 정치사회 공동체의 정치적 권위의 기원이 하나님께 있다는 이해로부터 우리는 정치사회 공동체는 그 운영에 있어서 하나님의 주권적 의도와 계획을 존중해야 한다는 점을 추론할 수 있다. 교회와 마찬가지로 국가혹은 세속 정부는 하나님의 주권 아래 있으며 교회와 더

---

37 이창호, "교회의 공공성에 관한 신학적 윤리적 탐구: 고전적 '두 정부'론의 규범적 이해와 현대신학적 전개 및 발전 탐색을 중심으로," 『기독교사회윤리』 29 (2014), 166. 특별히 교회는 이러한 구현과 현시를 통해 이 역사 가운데 하나님 나라를 불러일으킨다. 종말론적 관점에서 교회의 소명을 논할 때, 요더는 이 점을 매우 중요하게 여긴다.

38 John Howard Yoder, *The Original Revolution*, 107-124.

39 Jean Calvin, *Institutes of the Christian Religion*, ed. John T. McNeill and trans. Ford Lewis Battles (Philadelphia: Westminster, 1960), I. 16. 1-9.

불어 '거룩한 연방'을 향하여 전진할 때 참된 의미를 확보하게 되는 것이다.[40] 또한 칼뱅은 '변혁적 교회'론을 제시하는데, 특별히 신적 주권론의 관점에서 이를 전개한다. 자연과 역사에 대한 하나님의 주권 신앙은 교회와 신자들의 구체적인 삶의 현장에서 세계 변혁적 신앙으로 작동한다. 이 신앙은 일상의 삶 속 모든 생명을 향하는데, 기독교인들로 하여금 세속의 영역에 적극적으로 참여하도록 독려한다. 칼뱅에게 믿음은 순전히 사적인 신앙의 목적들을 지향한다는 뜻에서의 '개인적인' 일이 아니다. 오히려 믿음은 타락한 세상과 그 세상 안의 존재들이 하나님과의 바른 관계를 회복하는 것에 소명적 관심을 두어야 한다는 점에서 공적이어야 한다.[41]

스택하우스에 따르면, 교회는 공적 영역 안에서 규범적 차원에서 또 체제적·제도적 차원에서 방향을 제시하고 공적 삶의 길잡이 역할을 함으로써 공적 교회로서의 본질을 구체화하는 공적 소명에 부름 받는다.[42] 기독교회와 신자들은 다양한 공적 삶의 자리에서의 기독교윤리 실천, 체제적 구조적 관점에서의 갱신의 추구, 문화와 에토스의 형성과 변혁 모색 등을 통해 공적 변화를 일으키는 주체가 되어야 하는 것이다.[43] 공적 존재로서 교회의 공적 참여의 가장 중요한 목적은 공공선이며, 교회가 중요하게 여겨야 하는 공공선의 내용에는 사회적 정의의 회복과 확장 그리고 공적 변혁의 원동력인 시민사회의 활성화 등이 포함

---

40 Ernst Troeltsch, *The Social Teaching of the Christian Churches* II, trans. Olive Wyon (Louisville: Westminster/ John Knox Press, 1992), 602-608.

41 Alister E. McGrath, *Spirituality in an Age of Change: Rediscovering the Spirit of the Reformers* (Grand Rapids: Zondervan Publishing House, 1994), 129.

42 Max L. Stackhouse, *Public Theology and Political Economy: Christian Stewardship in Modern Society* (Grand Rapids: Eerdmans, 1987), 10-12.

43 Max L. Stackhouse, *Globalization and Grace*, 이상훈 역, 『세계화와 은총』(서울: 북코리아, 2013), 137-138.

된다. 이러한 공공선은 제도와 구조의 개선, 공공선 증진을 지향하는 가치관과 문화의 진작, 여러 형태의 정치사회 공동체들 안에서 이루어지는 다양한 전통, 문화, 학문 사이의 활발한 소통과 대화 등을 통해 이루어질 것이다.[44] 기독교회와 신자들은 교회 밖 영역과 적극적으로 또 광범위하게 공적 관계를 형성해야 한다는 점에서, 스택하우스의 공적 교회론은 칼뱅과 강한 연속성을 지닌다. 교회와 세속 영역을 포괄하여 하나님의 주권적 섭리가 구현되는 '거룩한 연방'을 기독교의 사회적 이상으로 제시한 칼뱅의 가르침은 스택하우스의 공공신학적 교회론과 맥을 같이 한다고 평가할 수 있다.

칼뱅은 현세적 차원에서 세계 변혁적 신앙을 역설하면서, 동시에 마지막 날 완성될 종말론적 하나님 나라에 대한 기대와 묵상에 대해서도 강조한다.[45] 마지막 날 구원받은 이들은 부활의 몸을 입을 것이다. 여기에 연속성과 불연속성이 있다. 이 땅의 몸과 부활의 몸은 그 본질에 있어 같고, 그 질에 있어서는 다르다. 둘 사이에 연속성을 인정하지만, 부활의 종말론적 역사를 통해 이루어질 '몸'의 완성은 이 땅의 몸의 현실과는 큰 차이가 있다는 말이다. 또한 스택하우스에게 하나님 나라는 '전적으로' 미래적이고 또 타계적인 나라가 아니다. 오히려 하나님 나라는 지금 여기에 들어와 종말론적인 궁극적 완성을 향해 끊임없이 전진하게 하는 원동력이다. 다만 지속적으로 도래하는 하나님 나라의 생명과 능력의 역사를 궁극적으로 또 본질적으로 초월적인 은총으로 이해하기 때문에, 인간 편에서의 최상의 행위와 그 결과마저도 은총 없이는

---

44 위의 책; 문시영, "공공신학 실천을 위하여: 공-사의 이분법을 넘어서," 새세대 교회윤리연구소 편, 『공공신학, 어떻게 실천할 것인가?』(서울: 북코리아, 2008), 46-52.

45 Jean Calvin, *Institutes of the Christian Religion*, III. 9. 1.

도무지 있을 수 없다는 겸손한 자세를 견지해야 한다는 것이 스택하우스의 생각이다.[46] 이런 맥락에서 기독교인들은 하나님 나라 이상을 이 땅에서 완전히 다 이룰 수 있다는 환상을 경계해야 하며 지금 여기서 미리 앞당겨 맛볼 수 있는 하나님 나라의 현실이라는 것은 마지막 완성에 비하면 단지 '서막에 지나지' 않는다는 인식을 견지해야 할 것이라고 스택하우스는 조언한다. 그리하여 총체적 공공선지향 모형은 한편으로 하나님 나라 이상의 현재적 실현의 가능성을 열어 두며 다른 한편으로 하나님 나라의 궁극적 완성의 주권을 하나님께 돌림으로써 인간과 인간 공동체의 역사적 성취를 상대화한다.[47]

III 네 가지 모형의 관점에서의 장신신학의 공적 관계성 이해에 대한 분석과 평가

1. 창조의 지평을 존중하는 구원론적 섭리와 공적 관계성

네 모형 모두 창조의 지평을 존중하는 하나님의 구원론적 섭리를 기독교의 공적 관계성 공적 관계 형성과 변혁 추구의 중요한 신학적 기반으로 삼는데, 이 점에서 장신신학의 공적 관계성 이해도 그 맥을 같이 한다.

46　Max L. Stackhouse, 『세계화와 은총』, 328-329.
47　위의 책, 321-340.

다만 교회의 공적 참여의 '대상'과 '방식^{혹은 강도}'이라는 관점에서는 네 모형의 차이가 존재하는 것으로 보이며, 장신신학의 이해는 이 네 모형의 특징을 모두 반영하되 유사성에 있어 친소親疎가 탐지된다. 사회문화적 공적 변혁 모형과 총체적 공공선지향 모형과 마찬가지로, 장신신학은 신앙 공동체 안팎을 포괄하는 하나님의 섭리적 사랑에 상응하여 교회와 신자들은 공적 참여에 있어 전체 사회를 포괄해야 한다는 점을 견지한다. 또한 다른 학문과의 소통과 대화를 통해 공적 참여의 보편적 기반을 닦고자 한다는 점에서 인간 공동체의 다양한 공동의 선과 온 인류의 도덕적 연합 안에서의 일치 추구 등을 위한 신앙 공동체 안팎의 구성원들 사이의 유기적 소통과 협력을 강조하는 윤리적 보편화 모형의 특성을 탐지할 수 있다. 장신신학이 공동체내적지향성을 견지하는 취지에서 교회일치와 세속의 문화에 대한 '대안공동체'로서의 교회됨 구현을 강조한다는 점에서 교회됨 구현의 사회윤리 모형에 친화적이라고 평가할 수 있지만, 이 모형이 하나님의 주권적 의도와 계획은 주로 교회 공동체 '안에서' 또 그것을 '통하여' 이루어진다는 신념을 배타적으로 견지한다는 점을 고려할 때 장신신학은 이 보다는 공동체외적지향성이 좀 더 강하다고 할 것이다.

참여의 방식^{혹은 강도}의 관점에서 이 네 모형은 일종의 스펙트럼을 형성한다. 한편으로 윤리적 보편화 모형과 총체적 공공선지향 모형은 전체 사회 안에 이루어져야 할 하나님의 섭리의 포괄성을 상정하면서 적극적으로 참여하고 또 공적 변혁의 동인으로 작용하고자 하며 다른 한편으로 교회됨 구현의 사회윤리 모형은 정치사회 영역을 '기독교적으로' 좌지우지하거나 변혁하고자 하는 의도를 경계한다. 사회문화적 공적 변혁 모형은 공적 변혁을 위한 교회의 공적 참여를 권장하지만,

정치권력의 대체제가 되려는 시도나 정치사회 공동체의 법적 체제적 질서를 기독교적으로 변화시키려는 의도에 대해서는 신중하게 접근하려 한다. 장신신학은 공적 참여와 변혁 추구에 있어서 영역의 포괄성과 방식의 적극성을 견지한다는 점에서 대략적으로 윤리적 보편화, 총체적 공공선지향 그리고 사회문화적 공적 변혁 모형의 특징을 내포한다고 볼 수 있지만, 정치사회적 경제적 체제나 법의 변화에도 관심을 둔다는 점에서 사회문화적 공적 변혁 모형을 넘어서며 총체적 공공선지향 모형이나 윤리적 보편화 모형에 좀 더 가까이 위치한다고 볼 수 있다. 다만 하나님의 보편적 섭리의 실현으로서의 하나님 나라에 대한 비전 vision 안에서 사회를 구성하는 신자들과 비신자들이 역사적이고 윤리적인 공동의 선을 이루기 위해 매진할 것을 도전하는 윤리적 보편화 모형 보다는, 장신신학이 좀 더 명시적으로 하나님 주권의 실현으로서의 하나님 나라를 기독교적 정체성에 기초하여 추구한다는 점에서 총체적 공공선지향 모형에 좀 더 가깝다고 할 수 있겠는데 이 모형은 성과 속을 포괄하는 전체 세계와 역사를 향한 신적 의도와 계획에 응답하여 하나님 나라의 사회윤리적 이상에 부합되는 책임적 삶을 살 것을 역설한다.

2. 기독교회의 공적 정체성에 관한 교회론적 논의와 공적 관계성

총체적 공공선지향 모형은, 교회와 세상의 통일체적 사회이상을 지향하면서 교회의 세상에 대한 선도적 역할을 견지하며 아퀴나스 신앙의 유무를 뛰어넘어 모든 인간이 도덕적 연합을 이루기 위해 '보편적 사랑'의 구현에 매진하고 협력해야 한다고 강조하는[리츨] 윤리적 보편화 모형에 대해 대체적으로 긍정적 평가를 내릴 것이지만, 한편으로 교회와 세상의 신정체제적 통일 추구를 부정적으로 보며 다른 한편으로 교회의 공적 참여의 신학적 윤리적 독특성이 자연법이나 도덕법에 입각한 보편적 사회이상에 포섭되는 것을 경계한다. 이 점에서 장신신학의 교회론적 인식은 총체적 공공선지향 모형에 친화적인 것으로 판단할 수 있다.

　　　장신신학의 공적 교회론은 교회가 대안공동체로서의 정체성을 분명하게 세워가야 한다는 신념을 교회됨 구현의 사회윤리 모형과 공유하지만, 이 모형이 교회가 사회변혁의 주체가 되어야 한다는 변혁적 교회론을 비판적으로 바라본다는 점에서 둘 사이에 차이가 있다. 사회문화적 공적 변혁 모형은 교회됨 구현의 사회윤리 모형과 마찬가지로 교회의 공적 대안성을 중요하게 여기지만 후자 보다는 적극적으로 또 구체적으로 전체 사회의 공공선 증진과 정의로운 사회 건설을 위한 공적 주체로서 참여하고자 한다. 여러 주체들 가운데 하나로 성실하게 참여하되, 세속 영역을 기독교의 사회이상에 따라 전면적으로 변혁하거나 정치사회적 경제적 체제와 질서 안에 예수 그리스도의 윤리적 이상을 '직접적으로' 구현하려고 하는 시도에는 신중한 입장을 취한다. 장신신학의 공적 관계성 이해 역시 사회변혁의 주체로서의 인식을 강조하며 또 다른 주체들과의 협력을 추구한다는 점에서 사회문화적 공적 변혁 모형에 가깝다고 평가할 수 있을 것이지만, 삶의 전 영역에서 하나님 나라 이상을 구현하고 그리스도의 윤리적 가르침을 적극적으로 또 광범위하게 실현하고자 힘쓴다는 점에서 이 모형보다는 총체적 공공선지향 모형에 좀 더 가깝다고 볼 수 있겠다.

3. 하나님 나라에 대한 종말론적 논의와 공적 관계성

　　윤리적 보편화 모형과 교회됨 구현의 사회윤리 모형은 종말론적 하나님 나라의 '현재성'에 강조점을 둔다. 다만 전자는 그 현재적 실현의 영역을 교회 공동체 안팎의 전체 사회로 상정하는 반면, 후자는 신앙 공동체 안으로 제한한다. 이와 대비적으로 사회문화적 공적 변혁 모형과 총체적 공공선지향 모형은 하나님 나라의 '완전한' 실현은 지금 여기에서가 아닌 종말론적 미래에 있고 또 궁극적으로 하나님께 달려있다는 점을 견지한다는 의미에서 '미래성'에도 적절한 비중을 두며, 역사내적 성취를 부정하지 않지만 종말론적 완성과의 '긴장'을 견지하면서 하나님 나라의 현재적 도래를 통한 공적 변혁의 가능성을 열어둔다. 다만 긴장을 강조하면서도 총체적 공공선지향 모형은 역사와 세계에 대한 하나님의 주권 신앙에 입각하여 하나님 나라 실현의 추를 '현재' 쪽으로 좀 더 가깝게 위치시키는 반면, 사회문화적 공적 변혁 모형은 종말론적 완성의 주권을 하나님께 돌림으로써 그 추를 '미래' 쪽으로 더 기울도록 설정한다.

　　장신신학이 정의, 평화, 생명 등과 같은 하나님 나라의 가치혹은 원리가 지금 여기에서 이루어질 수 있기에 그 구현에 참여해야 한다고 역설한다는 점에서 하나님 나라의 '현재성'을 견지하고 있으며, 이 점에서 윤리적 보편화 모형과 교회됨 구현의 사회윤리 모형에 상응한다. 다만 장신신학은 그 구현의 영역을 교회 공동체뿐 아니라 전체 사회로 상정하기에, 후자보다는 전자의 현재성 논지에 더 가깝다고 평가할 수 있다. 그러나 장신신학은 하나님 나라의 현재성과 더불어 미래성도 강조한다는 점을 주목해야 할 것이다. 역사와 세계의 주권자이신 하나님이 오늘 여기에서 이루시는 하나님 나라에 대한 신앙을 굳게 견지함과 동시에, 하나님 나라의 종말론적 완성을 궁극적으로 또 결정적으로 하나님의 주권에 둠으로써 '마지막 날'과 '새 하늘과 새 땅'으로 대표되는 종말론적 완성의 미래성을 강조한다는 것이다.

Ⅳ 장신신학과 세계 기독교의 공적 관계성 성숙을 위한 신학적 윤리적 제안

지금까지의 탐구와 논의를 토대로 몇 가지 신학적 윤리적 제안을 할 것인데, 이 제안들이 장신신학과 세계 교회 및 신학의 공적 관계성 성숙에 이바지할 수 있기를 바란다. 첫째, 창조와 구원론적 섭리의 관점이다. 피조 세계 전체를 포괄하는 하나님의 구원론적 섭리는 기독교회와 신자들의 공적 관계성을 위한 중요한 신학적 근거가 됨을 네 가지 모형과 장신신학 모두에서 확인할 수 있었다. 다시 말해, 교회 공동체뿐 아니라 교회 밖 영역에 대한 궁극적 주권은 하나님께 있으며 하나님은 전체 세계를 향한 애정 어린 섭리를 결코 중단하지 않으시고 신실하게 구현해 가신다는 신념은 교회의 공적 참여와 변혁 추구를 위한 중요한 신학적 기반이 된다는 말이다. 이에 장신신학은 기독교회와 신자들은 이러한 하나님의 주권과 구원론적 섭리에 상응·반응하여 삶의 전 영역에서 공적 봉사를 수행함으로 전체 사회의 공공선에 이바지해야 할 공적 주체라는 신학적 윤리적 신념을 견지하고 발전적으로 전개해

나가야 할 것이다.[48]

둘째, 교회의 공적 본질과 연관된 교회론적 관점이다. 공적 교회론의 관점에서 네 가지 모형은 공히 세상과의 공적 관계성을 교회의 본질적인 요소로 본다. 앞에서 살핀 대로, 윤리적 보편화 모형은 교회와 세속 영역 사이의 유기적 통일성을 강조하는 반면, 교회됨 구현의 사회윤리 모형은 극단적 분리는 아니더라도 둘 사이의 구분을 견지하면서 대안공동체로서의 교회됨을 확고하게 형성함으로써 교회 밖 영역을 향해 공적 영향을 끼치고자 한다. 총체적 공공선지향 모형은 교회의 공적 영역과의 포괄적 총체적 관계 형성과 적극적인 공적 변혁 추구를 지지하며, 사회문화적 공적 변혁 모형은 공적 관계 형성과 참여를 교회의 공적 본질로 여기지만 총체적 공공선지향 모형에 견준다면 변혁적 의지는 상대적으로 약하며 변혁의 대상 영역과 방식에 있어서도 문화와 사회적 에토스의 형성에 좀 더 비중을 둔다는 점에서 다소 제한적이다.

장신신학은 한편으로 통일성을 강조하는 모형이 교회와 세상의 일치와 연속성을 강조하다가 적절한 구분까지도 철폐함으로써 교회에서 온 것이든 정치사회 공동체에서 온 것이든 단일한 세계관이 전체 사회를 독점적으로 지배하게 되는 것을 경계한다. 다른 한편으로 적절한 구분의 필요성을 수용하지만 구분을 과도하게 지향하다가 엄격한 분리의 양상으로 경도되고 그리하여 공적 관계 형성과 변혁의 가능성을 배제하거나 부정하게 되는 것도 반대한다. 이에 장신신학은 이러한 균형 잡힌 교회론적 입장을 견지하면서, 교회가 세속 영역 안에서 적극적으

---

48 교회의 본질로서의 '공공성'의 관점에서 기독교회의 현실을 분석하고 공적 책무의 강화를 위한 신학적 토대 구축을 모색한 연구로 다음의 논문을 참고하길 바란다. 임성빈, "21세기 초반 한국 교회의 과제에 대한 소고 - 공공신학적 관점에서," 『장신논단』 47-2 (2015), 179-207.

로 또 포괄적으로 공적 책무를 감당하되 기독교적 고유성이 완전히 상실되는 결과에 이르게 하는 통일성과 일치 추구를 비평적으로 성찰하는 방향에서 이론적 실천적 담론을 전개해 나가야 할 것이다. 그리하여 기독교의 공적 관계 형성과 변혁 추구에 관한 다양한 이론과 실천이 극단적인 양상으로 빠지지 않고 상호간 차이를 넘어서서 함께 할 수 있는 공동의 기반을 마련하는 데 긍정적인 역할을 수행할 수 있게 될 것이다.

셋째, 종말론적 하나님 나라의 관점이다. 기독교의 종말은 세계의 파멸이나 파국이 아니라 하나님 나라의 궁극적 완성을 가리킨다는 점을 생각할 때, 역사의 과정과 종말론적 완성은 필연적으로 연속성이 있다고 볼 수 있다. 이러한 연속성에 대한 인식은 하나님 나라의 이상이 공적 봉사를 위한 교회의 역사적 실천에 있어 규범적 기준과 행위의 동인으로 작용한다는 점을 내포한다. 그러나 동시에 역사내적 성취와 하나님의 궁극적 완성 사이에 존재하는 간격 혹은 불연속성에 대한 적절한 고려도 요구된다. 인류가 문명적으로 또 도덕적으로 최상급의 역사적 성취를 이루었다고 해도 그것은 하나님 나라와 동일시될 수 없으며 하나님 나라의 완성은 궁극적으로 하나님께 달려 있다는 신념에 대한 존중이 필요하다는 말이다. 이런 맥락에서 장신신학은 한편으로 하나님 나라의 이상과 역사적 성취 사이의 연속성과 하나님 나라의 현재성을 강조하여 지속적으로 하나님 나라가 기독교의 공적 실천의 기준과 동력이 될 수 있도록 해야 할 것이며 다른 한편으로 불연속성과 미래성을 강조하여 완전한 실현은 그 '때'와 주권에 있어 하나님께 결정적으로 달려 있다는 점을 분명하게 인식할 뿐 아니라 역사내적 성취를 하나님 나라와 동일시하는 오류에 빠지지 않도록 해야 할 것이다.

참고문헌

강사문. 『구약의 하나님』. 서울: 한국성서학연구소, 1999.

강인철. 『한국 기독교회와 국가시민사회 1945-1960』. 서울: 한국기독교역사연구소, 1996.

_____. 『한국의 개신교와 반공주의』. 서울: 중심, 2006.

길진경. 『영계 길선주』. 서울: 종로서적, 1980.

김교신. 『김교신 전집』. 노평구 편. 서울: 부키, 2001.

김명용. "칼 바르트 신학에 있어서의 교회와 국가." 이형기 외. 『공적신학과 공적교회』. 용인: 킹덤북스, 2010.

김인수. 『한국 기독교회의 역사』. 서울: 장로회신학대학교 출판부, 1997.

노치준. 『일제하 한국 기독교 민족운동 연구』. 서울: 한국기독교역사연구소, 1993.

문시영. "공공신학 실천을 위하여: 공-사의 이분법을 넘어서." 새세대 교회윤리연구소 편. 『공공신학, 어떻게 실천할 것인가?』. 서울: 북코리아, 2008.

민경배. 『교회와 민족』. 서울: 대한기독교출판사, 1981.

_____. 『한국 기독교 사회운동사』. 서울: 대한기독교출판사, 1988.

_____. 『일제하 한국 기독교 민족 신앙 운동사』. 서울: 대한기독교서회, 1991.

_____. 『한국기독교회사』. 서울: 연세대학교 출판부, 1993.

박형룡. 『박형룡 박사 저작 전집』 14권. 서울: 한국기독교교육연구소, 1981.

_____. 『박형룡 박사 저작 전집』 6권. 서울: 한국기독교교육연구소, 1983.

서보혁 외. "문재인 정부의 2018 대북정책 방향." 북한연구학회, 2018.

손규태. 『마르틴 루터의 신학사상과 윤리』. 서울: 대한기독교서회, 2004.

신상우. "춘원의 민족개조론을 독하고." 『신생활』 1. 1922.

신채호. 『단재 신채호 전집』. 서울: 단재 신채호 전집 편찬위원회, 1972.

안창호. 『안도산 전집』. 주요한 편. 서울: 삼성당, 1963.

이광수. "민족개조론." 『이광수 전집』 17권. 서울: 삼성당, 1962.

이근삼. "신사참배 거부에 대한 재평가." 김승태 편. 『한국 기독교 신사참배 문제』. 서울: 한국기독교역사연구소, 1991.

이상훈. "신학해제: 스택하우스의 공공신학에 관한 이해." 새세대 교회윤리연구소 편. 『공공신학이란 무엇인가?』. 서울: 북코리아, 2007.

_____. "공공신학적 주제로서의 소명과 코이노니아 관점에서 본 고령화사회." 『기독교사회윤리』 28 (2014), 193-230.

이신욱. "문재인정부의 통일정책과 추진환경." 『윤리연구』 117 (2017), 274-294.

이신형. 『리츨 신학의 개요』. 서울: 한국장로교출판사, 2004.

이유선. 『리차드 로티』. 서울: 이룸, 2003.

이장형. 『라인홀드 니버의 社會倫理 構想과 人間理解』. 서울: 선학사, 2002.

이창호. "정치적 사랑에 대한 기독교윤리적 모색." 『신앙과 학문』 15-3 (2010), 195-227.

_____. "역대 한국 정부의 통일 정책에 대한 기독교윤리적 응답: 전쟁과 평화 전통을 중심으로." 『기독교사회윤리』 20 (2010), 223-268.

_____. "하나님의 사랑과 인간의 사랑, 그 같음과 다름에 관한 신학적·윤리적 연구." 『기독교사회윤리』 22 (2011), 265-301.

_____. "기독교의 공적 참여에 관한 철학적 윤리적 연구: 로티(Richard Rorty)에 대한 비판적 성찰과 참여 모형 모색을 중심으로." 『신앙과 학문』 56 (2013), 157-192.

_____. "교회의 공공성에 관한 신학적 윤리적 탐구: 고전적 '두 정부'론의 규범적 이해와 현대신학적 전개 및 발전 탐색을 중심으로." 『기독교사회윤리』 29 (2014), 141-189.

_____. "기독교의 공적 참여 모형과 신학적 '공동의 기반'의 모색." 『기독교사회윤리』 31 (2015), 70-104.

_____. "문화사역의 신학적 토대에 대한 성찰: 몰트만과 마우를 중심으로." 『기독교사회윤리』 46 (2020), 209-246.

이형기. 『역사속의 종말론: 교부신학으로부터 20세기 에큐메니즘까지』. 서울: 대한기독교서회, 2004.

임성빈. "맥스 스택하우스의 신학윤리사상과 한국교회에 주는 의미." 새세대 교회윤리연구소 편. 『공공신학이란 무엇인가?』. 서울: 북코리아, 2007.

임을출. "새 정부의 대북정책." 『정세와 정책』, 2017.

장규식. "군사정권기 한국교회와 국가권력: 정교유착과 과거사 청산 의제를 중심으로." 『한국기독교와 역사』 24 (2006), 103-129.

장로회신학대학교 교수 일동. "1985년 장로회신학대학 신학성명." 1985.

장로회신학대학교 교수 일동. "2002년 장로회신학대학교 신학교육성명을 위한 기초문서." 2002.

장로회신학대학교 교수 일동. "2015년 장로회신학대학교 신학성명." 2015.

장로회신학대학교 교수 일동. "21세기 장로회신학대학교 신학교육성명서." 2003.

장신근. "공적신학이란 무엇인가?: 신학의 공적 역할 논의에 대한 지형연구." 이형기 외. 『공적신학과 공적교회』. 서울: 킹덤북스, 2010.

주서택. 『하나님을 주로 삼는 민족: 김준곤 목사 국가조찬기도회 메시지』. 서울: 순출판사, 1988.

최윤배. 『깔뱅신학 입문』. 서울: 장로회신학대학교 출판부, 2002.

통일부. 『문재인의 한반도 정책: 평화와 번영의 한반도』. 서울: 통일부, 2017.

한경직. "기독교와 공산주의." 『한경직 목사 설교 전집』. 서울: 대한예수교장로회총회 교육부, 1971.

Ahn, Byung Mu. "Jesus and the Minjung in the Gospel of Mark." In *Minjung Theology: People as the Subjects of History*. Edited by Yong Bock Kim. Singapore: The Commission on Theological Concern/The Christian Conference of Asia, 1981.

Annual Report of the Board of Foreign Missions of the Presbyterian Church in the U.S.A., 1910.

Aquinas, Thomas. *Summa Theologiae*. Translated by Fathers of the English Dominican Province. New York: Benziger Brothers, 1947.

_____. *Summa Theologiae*. In *St. Thomas Aquinas on Politics and Ethics*. Translated and edited by Paul E. Sigmund. New York: Norton, 1988.

_____. *Summa Theologiae*. http://www.newadvent.org/summa/.

_____. *On Kingship*. In *St. Thomas Aquinas on Politics and Ethics*. Translated and edited by Paul E. Sigmund. New York: Norton, 1988.

Audi, Robert. "Religious Commitment and Secular Reason: A Reply to Professor Weithman." *Philosophy & Public Affairs* 20-1 (1991), 66-76.

_____. *Religious Commitment and Secular Reason*. New York: Cambridge University Press, 2000.

Audi, Robert and Nicholas Wolterstoff. *Religion in the Public Square: The Place of Religious Convictions in Political Debate*. Lanham, Md.: Rowman & Littlefield, 1997.

Augustine. *The City of God*. Translated by Marcus Dods. New York: Random House, 2000.

_____. "Letter 138, to Marcellinus." In *Augustine: Political Writings*. Translated by Michael W. Tkacz and Douglas Kries. Indianapolis and Cambridge: Hackett Publishing Company, Inc., 1994.

Bainton, Roland H. *Christian Attitudes Toward War and Peace: A Historical Survey and Critical Re-Evaluation.* Nashville: Abingdon, 1979.

Barth, Karl. "First Letter to the French Protestants." In *Letter to Great Britain from Switzerland.* Edited by Alec R. Vidler. London: The Sheldon Press, 1941.

_____. *Die Kirchliche Dogmatik. Church Dogmatics* II/2. Edited by Thomas F. Torrance and Geoffrey W. Bromiley. Translated by Geoffrey W. Bromiley, J. C. Campbell, Iain Wilson, J. Strathearn McNab, Harold Knight and R. A. Stewart. Edinburgh: T.&T. Clark, 1957.

_____. *Die Kirchliche Dogmatik. Church Dogmatics* IV/2. Edited by Thomas F. Torrance and Geoffrey W. Bromiley. Translated by Geoffrey W. Bromiley. Edinburgh: T.&T. Clark, 1958.

_____. *Der Römerbrief.* 조남홍 역. 『로마서 강해』. 서울: 한들, 1997.

_____. "Church and State." In *Community, State, and Church.* Edited by Will Herberg. Eugene: Wipf and Stock, 2004.

_____. "The Christian Community and the Civil Community." In *Community, State, and Church.* Edited by Will Herberg. Eugene: Wipf and Stock, 2004.

Bennett, John C. "Reinhold Niebuhr's Social Ethics." In *Reinhold Niebuhr: His Religious, Social, and Political Thought.* Edited by Charles W. Kegley. New York: Pilgrim, 1984.

Blomberg, Craig L. *Neither Poverty Nor Riches: A Biblical Theology of Possessions.* Downers Grove: InterVarsity Press, 1999.

Bouwsma, William J. *The spirituality of John Calvin. In Christian Spirituality: High Middle Ages and Reformation.* Edited by Jill Raitt. New York: The Crossroad Publishing Company, 1987.

Bowlin, John R. "Augustine on Justifying Coercion." *Annual of the Society of Christian Ethics* 17 (1997), 49-70.

Brown, Arthur Judson. *The Mastery of the Far East.* New York: C. Scribner's, 1919.

Cahill, Lisa Sowle. *Love Your Enemies: Discipleship, Pacifism, and Just War Theory.* Minneapolis: Fortress, 1994.

Calvin, Jean. *Institutes of the Christian Religion* I & II. Edited by John T. McNeill and translated by Ford Lewis Battles. Philadelphia: Westminster, 1960.

_____. 원광연 역. 『기독교강요(중)』. 서울: 크리스챤 다이제스트, 2004.

Chang, Yun-Shik. "The Progressive Christian Church and Democracy in South Korea." *Journal of Church and State* 40-2 (1998), 437-465.

Clark, Donald N. *Christianity in Modern Korea.* Lanham, Md.: University Press of America, 1986.

Couenhoven, Jesse. "Grace as Pardon and Power: Pictures of the Christian Life in Luther, Calvin, and Barth." *Journal of Religious Ethics* 28 (2000), 63-88.

Davids, Peter H. "An Anabaptist View of the Church." *The Evangelical Quarterly* 56-2 (1984), 81-94.

Erasmus. *Dulce bellum in expetis* in *The 'Adages' of Erasmus*. Translated by Margaret Mann Phillips. London: Cambridge University Press, 1964.

_____. "Antipolemus: Or the Plea of Reason, Religion and Humanity Against War" (1813). http://mises.org/daily/4134.

Gilkey, Langdon. *On Niebuhr: A Theological Study*. Chicago: The University of Chicago Press, 2001.

Haeming, Mary Jane. "The Confessional Basis of Lutheran Thinking on Church-State Issues." In *Church and State: Lutheran Perspectives*. Edited by John R. Stumme and Robert W. Tuttle. Minneapolis: Fortress, 2003.

Han, Chul-Ha. "Involvement of the Korean Church in the Evangelization of Asia." In *Korean Church Growth Explosion*. Edited by Bong-Rin Ro and Marlin L. Nelson. Seoul: Word of Life, 1983.

Hartwell, Herbert. *The Theology of Karl Barth: An Introduction*. London: Duckworth, 1964.

Heaming, Mary Jane. "The Confessional Basis of Lutheran Thinking on Church-state Issues. In *Church and State: Lutheran Perspectives*. Edited by John R. Stumme and Robert W. Tuttle. Minneapolis: Fortress, 2003.

Hefner, Philip. *Faith and the Vitalities of History: A Theological Study Based on the Work of Albrecht Ritschl*. New York: Harper & Row, 1966.

Hillerbrand, Hans J. "The Anabaptist View of the State." *The Mennonite Quarterly Review* 32-2 (1958), 83-110.

Hollenbach, David. *The Common Good and Christian Ethics*. Cambridge: Cambridge University Press, 2002.

Kang, Wi Jo. *Christ and Caesar in Modern Korea: A History of Christianity and Politics*. New York: State University of New York Press, 1997.

Koo, Hagen. "The State, *Minjung*, and the Working Class in South Korea." In *State and Society in Contemporary Korea*. Edited by Hagen Koo. Ithaca: Cornell University Press, 1993.

Ladd, George Trumbull. *In Korea with Marquis Ito*. New York: C. Scribner's, 1908.

Lazareth, William H. *Christians in Society: Luther, the Bible, and Social Ethics*. Minneapolis: Fortress, 2001.

Lee, Chong-sik. *The Politics of Korean Nationalism*. Los Angeles: University of California Press, 1963.

Lee, Jong-Yun. "North Korea: Mission Possible?" In *Korean Church Growth Explosion*. Edited by Bong-Rin Ro and Marlin L. Nelson. Seoul: Word of Life, 1983.

Little, David. "Calvin and the Prospects for a Christian Theory of Natural Law." In *Norm and Context in Christian Ethics*. Edited by Gene Outka and Paul Ramsey. New York: Scribner, 1968.

_____. "Reformed Faith and Religious Liberty." In *Major Themes in the Reformed Tradition*. Edited by Donald K. McKim. Grand Rapids: Eerdmans, 1992.

Luther, Martin. *Sermons on the First Epistle of St. Peter*. In *Luther's Works* 30. Edited by Jaroslav Pelikan. Saint Louis: Concordia, 1955.

_____. "Whether Soldiers, Too, Can Be Saved." In *Luther's Works* 46. Edited by Jaroslav Pelikan. Saint Louis: Concordia, 1955.

_____. "Commentary on Galatians." In *Martin Luther: Selections from His Writings*. Edited by John Dillenberger. New York: Anchor Books, 1962.

_____. "Freedom of a Christian." In *Martin Luther: Selections from His Writings*. Edited by John Dillenberger. New York: Anchor Books, 1962.

_____. "Secular Authority: To What Extent It Should Be Obeyed." In *Martin Luther: Selections from His Writings*. Edited by John Dillenberger. New York: Anchor Books, 1962.

Mafico, Temba L. J. "Just, Justice." In *The Anchor Bible Dictionary* III. Edited by David Noel Freedman et al. New York: Doubleday, 1992.

Markus, R. A. *Saeculum: History and Society in the Theology of St. Augustine*. New York: Cambridge University Press. 1989.

McGrath, Alister E. *Spirituality in an Age of Change: Rediscovering the Spirit of the Reformers*. Grand Rapids: Zondervan Publishing House, 1994.

_____. *Passion for Truth: the Intellectual Coherence of Evangelicalism*. 김선일 역. 『복음주의와 기독교적 지성』. 서울: IVP, 2001.

Moltmann, Jürgen. *Theologie der Hoffnung*. 전경연·박봉배 역. 『희망의 신학』. 서울: 대한기독교서회, 1973.

_____. *Gott in der Schöpfung*. 김균진 역. 『창조 안에 계신 하느님』. 서울: 한국신학연구소, 1986.

_____. *Der Geist des Lebens*. Translated by Margaret Kohl. *The Spirit of Life*. Minneapolis: Fortress Press, 1992.

_____. *Das Kommen Gottes*. Translated by Margaret Kohl. *The Coming of God*. Minneapolis: Fortress Press, 1996.

_____. *Gott im Projekt der modernen Welt*. 곽미숙 역. 『세계 속에 있는 하나님: 하나님 나라를 위한 공적인 신학의 정립을 지향하며』. 서울: 동연, 2009.

_____. *Ethik der Hoffnung*. 곽혜원 역. 『희망의 윤리』. 서울: 대한기독교서회, 2012.

_____. *Der Weg Jesu Christi: Christologie in messianischen Dimensionen*. 김균진·김명용 역. 『예수 그리스도의 길: 메시아적 차원의 그리스도론』. 서울: 대한기독교서회, 1990.

Moon, Chung-In. "Understanding the DJ Doctrine: the Sunshine Policy and the Korean Peninsula." In *Kim Dae-jung Government and Sunshine Policy: Promises and Challenges*. Edited by Chung-In Moon and David I. Steinberg. Seoul: Yonsei University Press, 1999.

Mouw, Richard J. *He Shines in All That's Fair*. 권혁민 역. 『문화와 일반 은총: 하나님은 모든 아름다운 것 가운데 빛나신다』. 서울: 새물결플러스, 2012.

_____. *Uncommon Decency*. 홍병룡 역. 『무례한 기독교: 다원주의 사회를 사는 그리스도인의 교양』. 서울: IVP, 2014.

_____. *Abraham Kuyper: A Short and Personal Introduction*. 강성호 역. 『리처드 마우가 개인적으로 간략하게 소개하는 아브라함 카이퍼』. 서울: SFC 출판부, 2015.

_____. "Thinking about 'Many-ness': Inspirations from Dutch Calvinism." 미간행 원고. 2015.

Niebuhr, H. Richard. *The Responsible Self: An Essay in Christian Moral Philosophy*. New York: Harper & Row, 1963.

_____. *Christ and Culture*. 황병룡 역. 『그리스도와 문화』. 서울: IVP, 2007.

Niebuhr, Reinhold. *The Children of Light and the Children of Darkness*. New York: C. Scribner's, 1944.

_____. *The Nature and Destiny of Man: A Christian Interpretation*. New York: C. Scribner's, 1951.

_____. *Christian Realism and Political Problems*. New York: C. Scribner's, 1953.

_____. *An Interpretation of Christian Ethics*. New York: Meridian, 1956.

_____. *Moral Man and Immoral Society: A Study in Ethics and Politics*. New York: C. Scribner's, 1960.

_____. *Christianity and Power Politics*. Hamden: Archon Books, 1969.

O'Donovan, Oliver. *The Desire of the Nations: Rediscovering the Roots of Political Theology*. Cambridge: Cambridge University Press, 1996.

Ogletree, Thomas. "The Public Witness of the Christian Churches: Reflections Based Upon Ernst Troeltsch's Social Teaching of the Christian Churches." *Annual of the Society of Christian Ethics* 12 (1992), 43-74.

Oosterom, Leo. *Contemporary Missionary Thought in the Republic of Korea.* Utrecht-Leiden: Interuniversitair Instituut Voor Missiologie En Oecumenica, 1990.

Outka, Gene. "Comment on 'Love in Contemporary Christian Ethics'." *Journal of Religious Ethics* 26 (1998), 435-440.

Pak, Ung Kyu. *Millennialism in the Korean Protestant Church.* New York: Peter Lang, 2005.

Park, Chung-shin. *Protestantism and Politics in Korea.* Seattle: University of Washington Press, 2003.

Rahner, Karl. "Nature and Grace." *Theological Investigations* IV. Baltimore: Helicon, 1966.

_____. *Foundations of Christian Faith: An Introduction to the Idea of Christianity.* New York: Crossroad, 2000.

Rawls, John. *Political Liberalism.* New York: Columbia University Press. 1996.

Ritschl, Albrecht. *The Christian Doctrine of Justification and Reconciliation.* Translated by H. R. MacIntosh and A. B. Maculay. Edinburgh: T.&T. Clark, 1900.

Robinson, Michael Edson. *Cultural Nationalism in Colonial Korea, 1920-1925.* Seattle: University of Washington Press, 1988.

Rorty, Richard. *Consequences of Pragmatism.* 김동식 역. 『실용주의의 결과』. 서울: 민음사, 1996.

_____. "Religion as Conversation-stopper." *Philosophy and Social Hope.* London: Penguin Books. 1999.

_____. "Religion in the Public Square: A Reconsideration." *Journal of Religious Ethics* 31-1 (2003), 141-149.

Sandel, Michael. *Public Philosophy: Essays on Morality in Politics.* 안진환·이수경 역. 『왜 도덕인가?』. 서울: 한국경제신문, 2010.

Schubeck, Thomas L. *Love That Does Justice.* New York: Orbis, 2007.

Schuele, Adreas. "Sharing and Loving: Love, Law, and the Ethics of Cultural Memory in the Pentateuch." In *Having: Property and Possession in Religious and Social Life.* Edited by William Schweiker and Charles Mathewes. Grand Rapids: Eerdmans, 2004.

Schweiker, William. "Reconsidering Greed." In *Having: Property and Possession in Religious and Social Life.* Edited by William Schweiker and Charles Mathewes. Grand Rapids: Eerdmans, 2004.

Scullion, J. J. "Righteousness(OT)." In *The Anchor Bible Dictionary* V. Edited by David Noel Freedman et al. New York: Doubleday, 1992.

Skinner, Quentin. *The Foundations of Modern Political Thought II: The Age of Reformation.* New York: Cambridge University Press, 1978.

Stackhouse, Max L. *Public Theology and Political Economy: Christian Stewardship in Modern Society.* Grand Rapids: Eerdmans, 1987.

＿＿＿＿. 심미경 역. 『지구화·시민사회·기독교윤리』. 서울: 패스터스하우스, 2005.

＿＿＿＿. 이상훈 역. "공공신학이란 무엇인가? - 미국 기독교의 관점에서." 새세대 교회윤리연구소 편. 『공공신학, 어떻게 실천할 것인가?』. 서울: 북코리아, 2008.

＿＿＿＿. *Globalization and Grace.* 이상훈 역. 『세계화와 은총』. 서울: 북코리아, 2013.

TeSelle, E. "아우구스티누스의 정치 윤리." W. S. Bobcock 편. 문시영 역. 『아우구스티누스의 윤리』. 서울: 서광사, 1988.

Thiemann, Ronald F. *Religion in Public Life: A Dilemma for Democracy.* Washington, D.C.: Georgetown University Press. 1996.

Troeltsch, Ernst. *The Social Teaching of the Christian Churches* I & II. Translated by Olive Wyon. Louisville: Westminster/ John Knox Press, 1992.

Weithman, Paul J. "The separation of Church and State: Some Questions for Professor Audi." *Philosophy & Public Affairs* 20-1 (1991), 52-65.

Wells, Kenneth M. *New God, New Nation: Protestants and Self-Reconstruction Nationalism in Korea 1896-1937.* Honolulu: University of Hawaii Press, 1990.

Willis, Robert E. *The Ethics of Karl Barth.* Leiden: E. J. Brill, 1971.

Wolterstoff, Nicholas. *Until Justice and Peace Embrace.* 홍병룡 역. 『정의와 평화가 입맞출 때까지』. 서울: IVP, 1983.

＿＿＿＿. "An Engagement with Rorty." *Journal of Religious Ethics* 31-1 (2003), 129-139.

Wolterstoff, Nicholas and Robert Audi. *Religion in the Public Square: The Place of Religious Convictions in Political Debate.* Lanham, Md.: Rowman & Littlefield Publishers, Inc., 1997.

Wuellner, Bernard J. *Dictionary of Scholastic Philosophy.* Milwaukee: Bruce, 1956.

Yim, Hee-Mo. *Unity Lost – Unity to be Regained in Korean Presbyterianism: A History of Divisions in Korean Presbyterianism and the Role of the Means of Grace.* Frankfurt am Main: Peter Lang, 1996.

Yoder, John Howard. *The Christian Witness to the State.* Newton, Kan.: Faith and Life Press, 1964.

＿＿＿＿. *The Original Revolution.* Scottdale, Pa.: Herald Press, 1971.

_____. *The Priestly Kingdom: Social Ethic as Gospel*. Notre Dame: University of Notre Dame Press, 1984.

_____. *Body Politics: Five Practices of the Christian Community before the Watching World*. Nashville: Discipleship Resources, 1992.

_____. *The Politics of Jesus: Vicit Agnus Noster*. Grand Rapids: Eerdmans, 1994.